NATURALEZA ASOMBROSA

EN MÁS DE CIEN PREMIOS Y FOTOS COMENTADAS

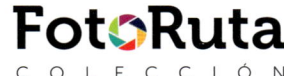

FotoRuta
COLECCIÓN

NATURALEZA ASOMBROSA

EN MÁS DE CIEN PREMIOS Y FOTOS COMENTADAS

FRANCISCO MINGORANCE

[JdeJ *Editores*]

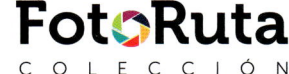
FotoRuta COLECCIÓN

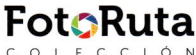

FotoRuta
COLECCIÓN

NATURALEZA ASOMBROSA
EN MÁS DE CIEN PREMIOS Y FOTOS COMENTADAS

© JdeJ Editores, 2014
© Juan Carlos González Pozuelo, 2014
© de los textos y fotografías, Francisco Mingorance

Editor:
Javier de Juan y Peñalosa

Diseño y maquetación:
Juan Carlos González Pozuelo
www.juancarlosgonzalez.es

Corrección textos:
María Dolores Bagudá

JdeJ Editores
Sauces 7, Chalet 8. Montepríncipe
28660 - Boadilla del Monte (Madrid)
www.jdejeditores.com

Más información de la Colección FotoRuta:
www.FotoRuta.com

Impresión: Monterreina, S.A.
Distribución: Logintegral

ISBN: 978-84-15131-50-2
Depósito Legal: M-9196-2014

Impreso en España – *Printed in Spain*

Índice

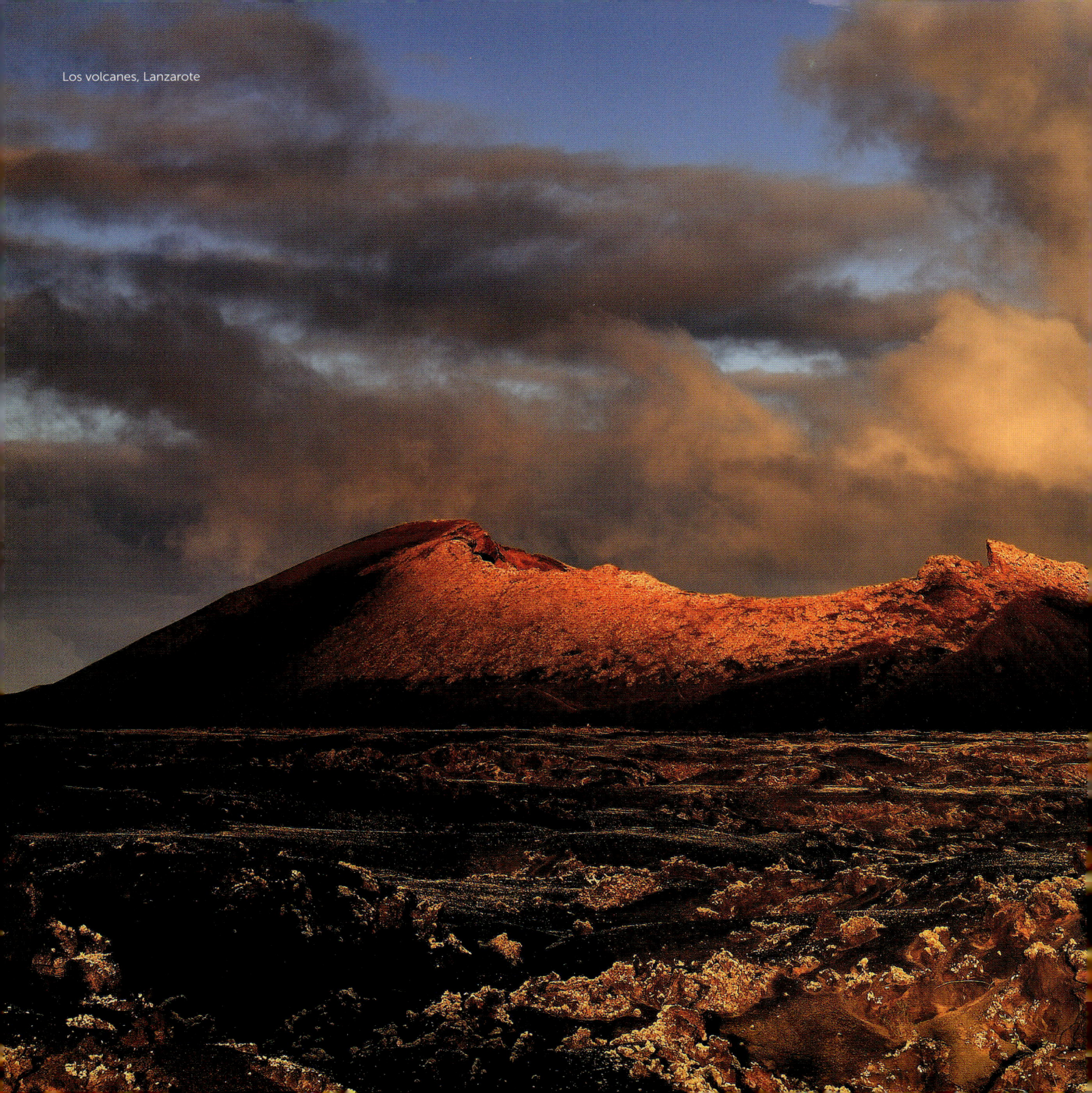
Los volcanes, Lanzarote

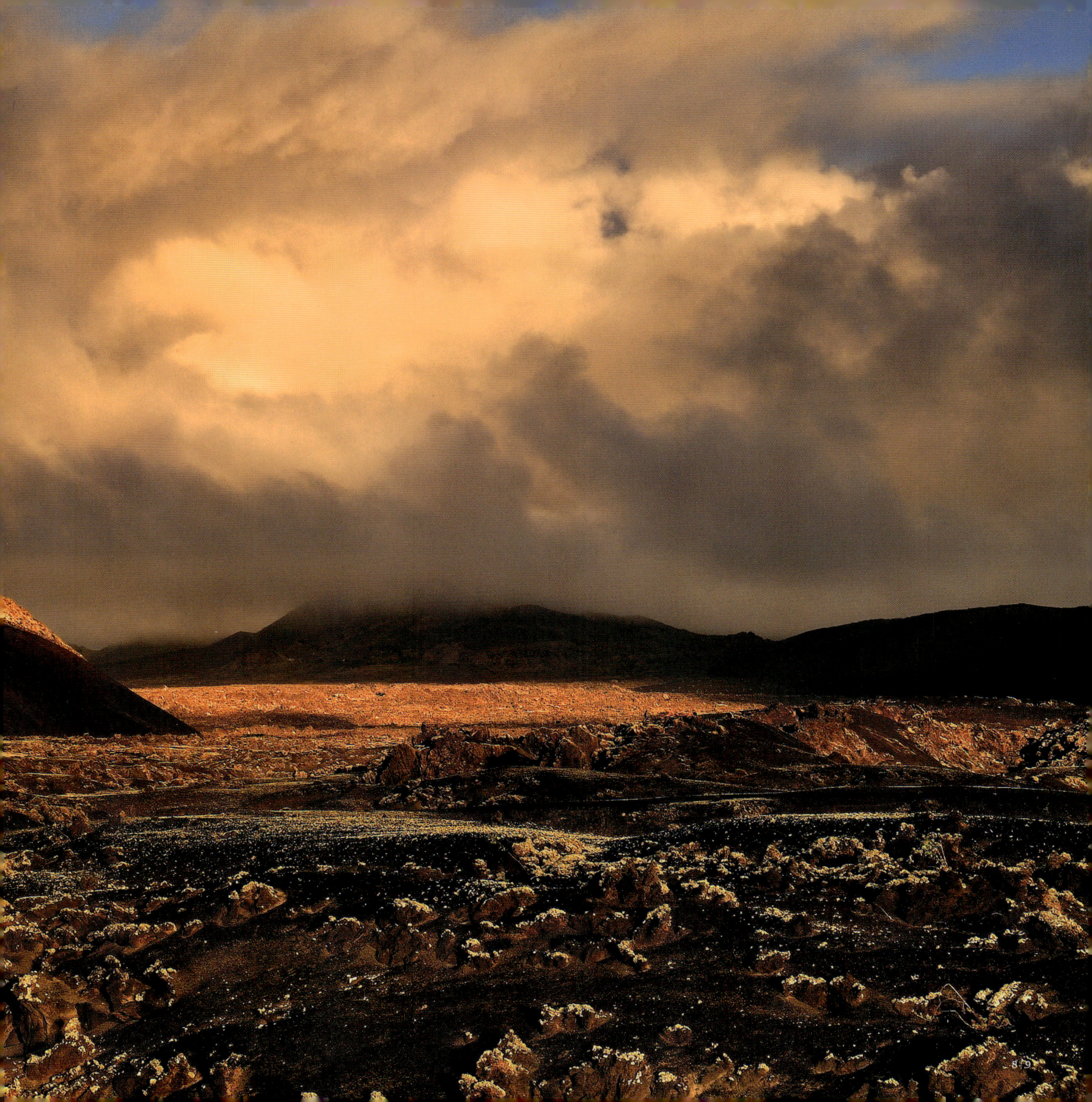

Pasión por la fotografía y por la naturaleza

Comencé a trabajar en este libro desde el primer día que me dediqué a la fotografía con toda la ilusión, tiempo y medios disponibles. Es por tanto una obra de muchos años que ahora quiero compartir con todos los amantes de la naturaleza y los aficionados a la fotografía.

Cuando decidí editarlo, largo tiempo después de aquella primera imagen reconocida y avalada por un jurado profesional, tenía el convencimiento de que la persona que hiciera el recorrido de esta obra, página a página, quedaría embelesado por el espectáculo de la naturaleza en sus momentos y lugares más diversos. Un viaje al que invito al amigo lector, a quien recomiendo que pase despacio de una imagen a otra, para encontrar en cada fotografía el mensaje que transmite.

En estas cien fotos, premiadas en distintos concursos internacionales, disfrutaremos y descubriremos lugares increíbles de nuestro país y otros rincones del planeta Tierra, ese regalo único del universo conocido, de color azul mar desde el espacio y con la diversidad más increíble y maravillosa de vida, que debemos preservar para las generaciones de los hijos de nuestros hijos.

Para poder realizar este libro he viajado a muchos rincones de nuestra geografía que me han deslumbrado antes de enfocar mi cámara; he pasado noches en los lugares más recónditos a la espera de esa luz de amanecer o la aparición de un animal que muchos de mis lectores no han tenido nunca cerca. Y creí llegado el momento de compartirlo con cada uno de vosotros, los que valoran una foto que habla por sí misma y aquellos que disfrutan de un libro de fotografía de autor.

A lo largo de estas cien imágenes, cada una con su historia y su galardón, he querido escribir unos breves comentarios para tratar de compartir el momento que viví mientras realizaba la fotografía. He incluido también los datos técnicos para que si un día te encuentras en aquel lugar, puedas —a tu estilo y con tu creatividad—, realizar una imagen similar.

La fotografía ha sido y sigue siendo para mí un modo de vivir y de compartir, un oficio y una afición, un arte y en ocasiones una dura tarea. Por ella he pasado momentos difíciles pero estaría dispuesto a repetirlos. No me imagino el resto de mis días sin fotografiar.

Como después comentaré con más detalle, debo a un hombre como Félix Rodríguez de la Fuente que despertara en mí este amor por la aventura de la vida convirtiéndome en un entusiasta de la naturaleza reflejado en estos cien momentos vividos y fotografiados, pensando en que llegara el momento de darlos a la luz tal como la vida me los regaló y por ello los comparto con usted amigo lector y espectador.

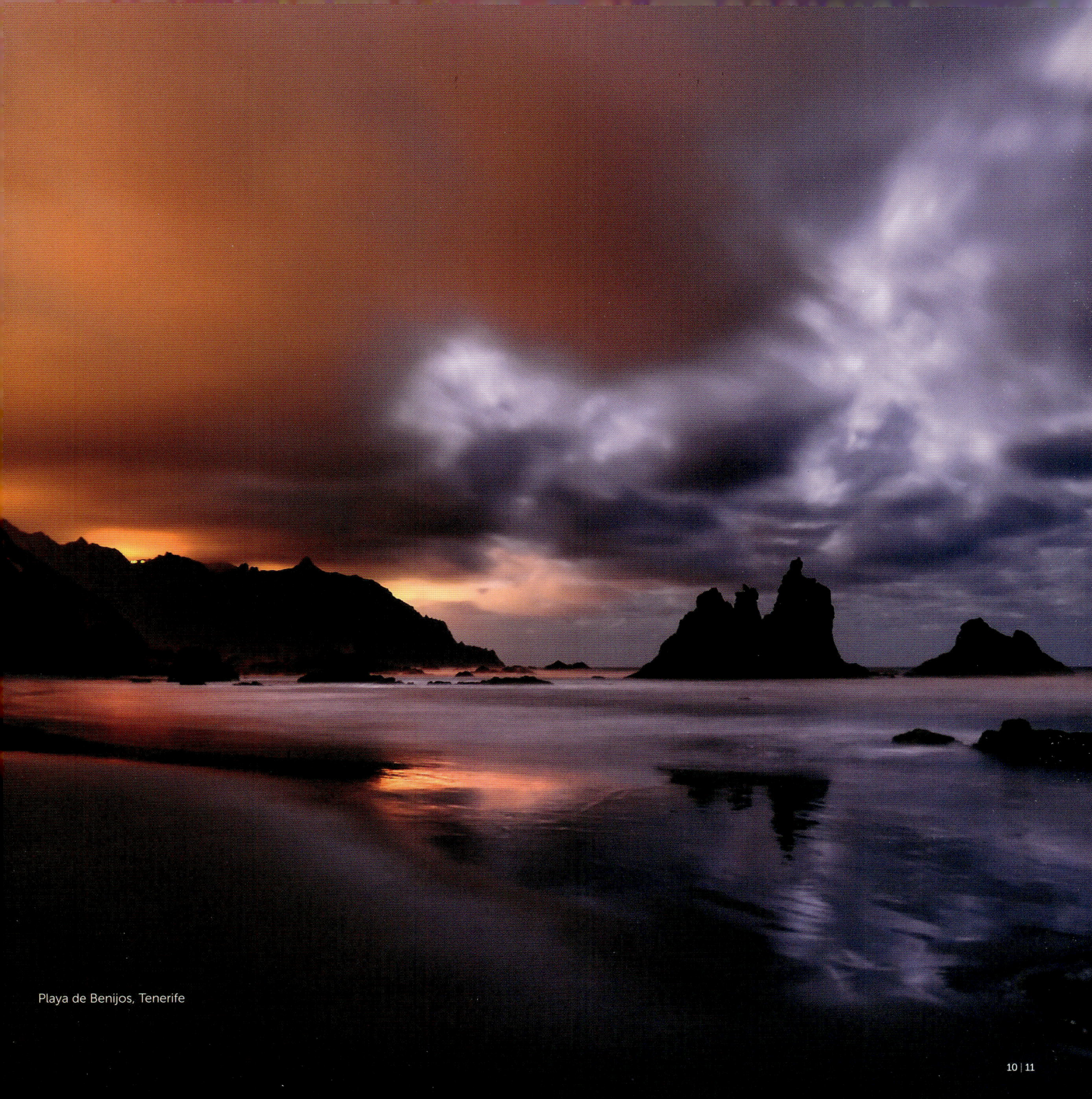

Playa de Benijos, Tenerife

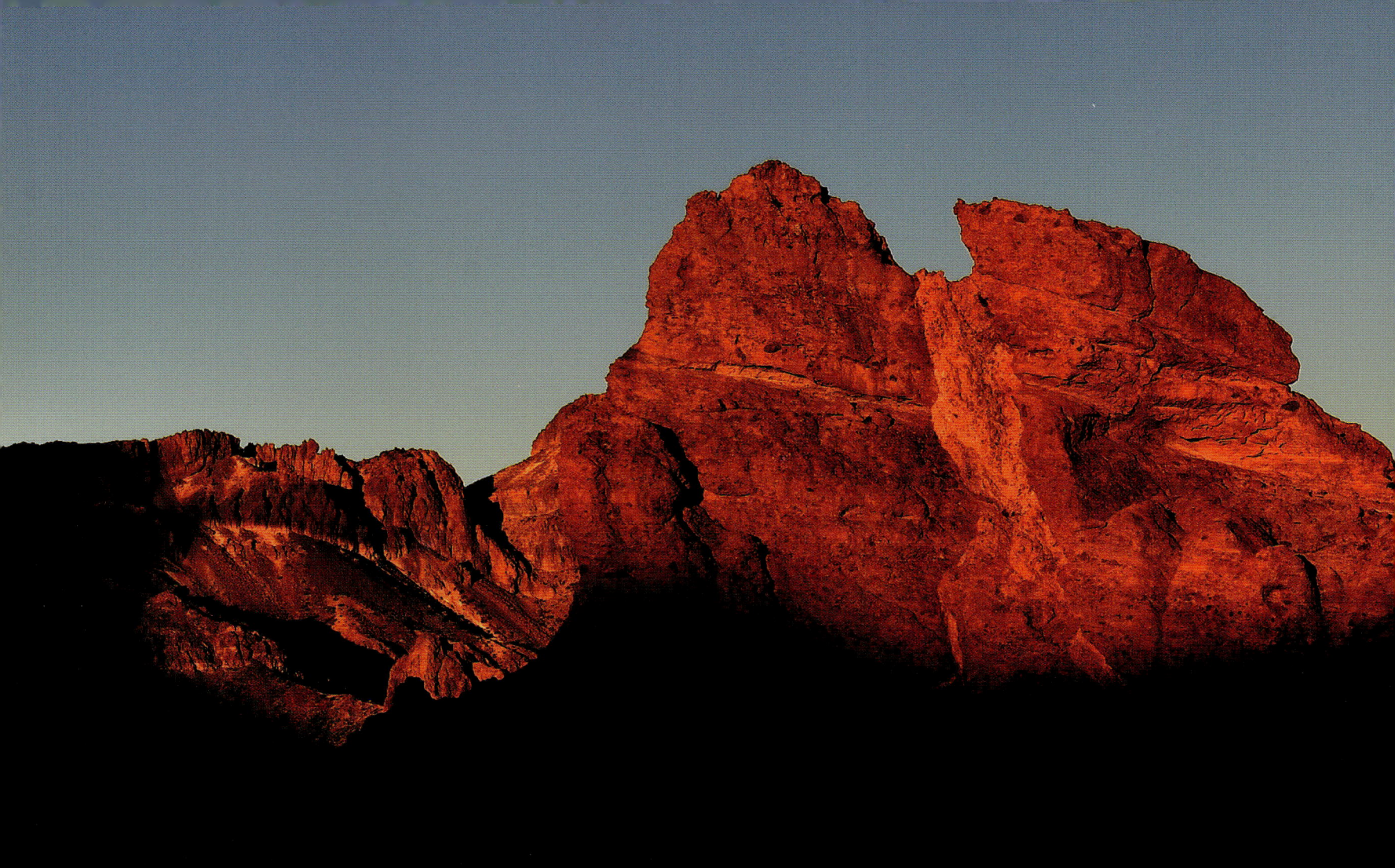

DESCUBRIENDO LA NATURALEZA
Y LA FOTOGRAFÍA DE LA MANO DE FÉLIX

Siempre me he sentido atraído por la naturaleza. Desde que era un chaval, la inolvidable sintonía del programa Fauna Ibérica me arrastraba hipnotizado frente al televisor y al escuchar la voz de nuestro irrepetible y añorado Félix Rodríguez de la Fuente, el mundo conocido por mí se evaporaba porque sólo existía uno, el de sus aventuras; como tantas personas en aquel tiempo, me entregaba al emocionante universo que nos ofrecía en la pantalla.

Vibraba con los apasionantes episodios de caza del último lince ibérico, la vida secreta de los lirones caretos en la vieja tronca, o los majestuosos vuelos del águila imperial dueño y señor de los cielos de Doñana; con las historias de lobos, de sus jerarquías, la manada cazando y luchando en equipo por la supervivencia. No olvido la berrea del ciervo en Cazorla y como marco natural el pantano del Tranco, o los machos más poderosos retándose en violentos combates y dejándose la vida por conservar sus harenes.

Estas son algunas de las escenas que más me cautivaron y aún hoy las llevo conmigo en la maleta de la vida, así como tampoco puedo olvidar el magnetismo que desprendían los relatos de ese gran comunicador que fue Félix, que al igual que un mago agitando su varita, supo prender en muchos de nosotros la chispa de una vocación, despertándonos hacia

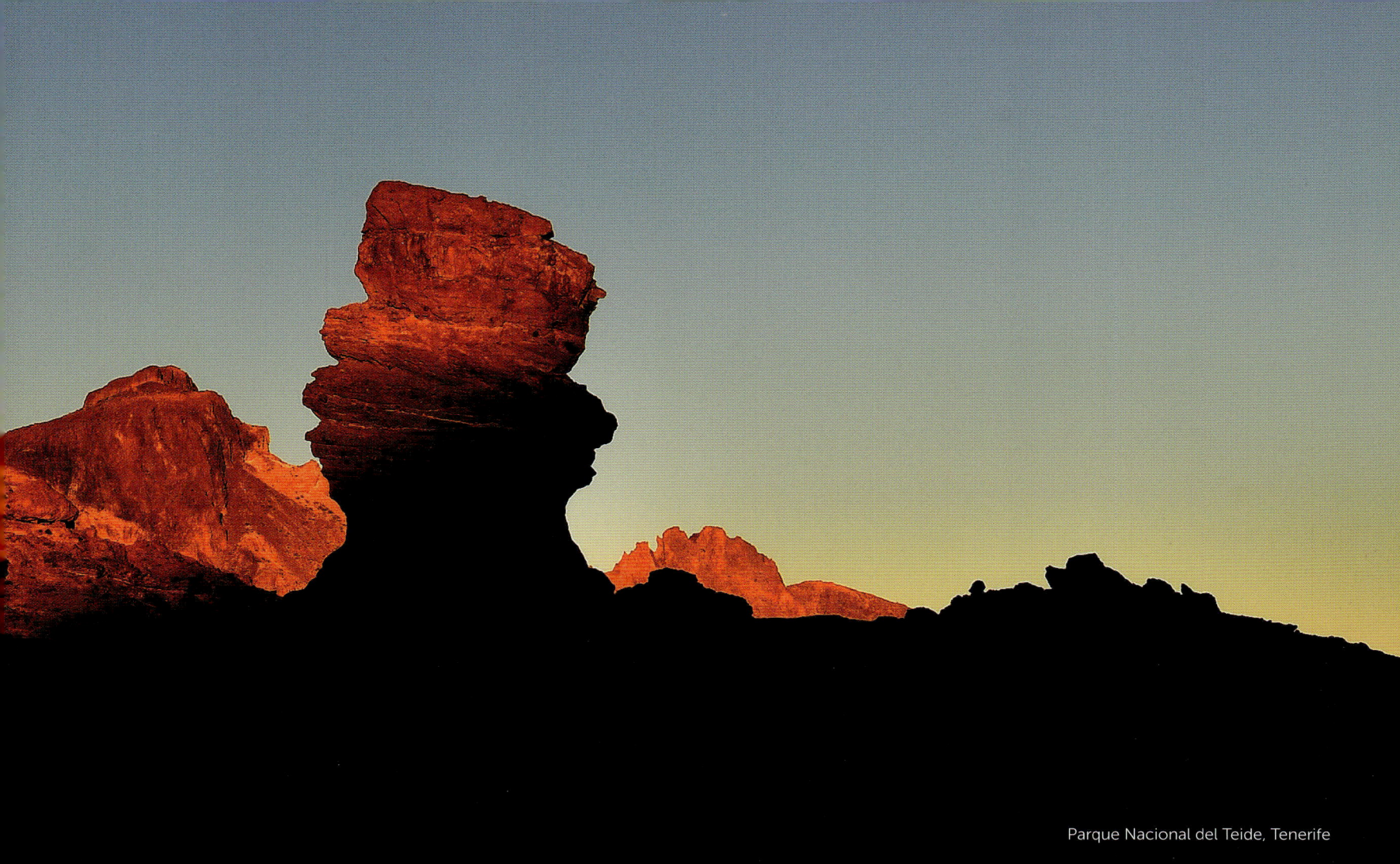

Parque Nacional del Teide, Tenerife

una actividad hoy tan necesaria como es la protección de todas las especies y del medio ambiente.

Aún evoco con nostalgia aquellas primeras salidas al campo en compañía de otro amigo; las escenas que contemplábamos con nuestros sencillos prismáticos nos dejaban extasiados. Pajaritos, zorros, lagartos, en fin, cualquier animalillo que distraído se cruzara frente a nuestra cándida mirada, se convertía en objetivo de excepción.

¡De qué forma fuimos seducidos por aquellas imágenes y cómo cambiarían mi vida! Recuerdo aquel chico deslumbrado por el descubrimiento de un universo fantástico. Todavía hoy regresaría a la mirada primera de

niño que soñaba con retener aquellos momentos antes de perderlos para siempre.

LA ERA DIGITAL REVOLUCIONA LA FOTOGRAFÍA

En los años ochenta se inició una de las épocas más trascendentales en la historia de la información; el mundo de la red virtual y millones de usuarios comenzamos a usar servicios digitales. En los últimos tiempos la fotografía de naturaleza ha sufrido una transformación radical que muy pocos podían imaginar. La fotografía digital ha suplantado el mundo analógico, y el mundo editorial se encuentra también en proceso de transformación. En este contexto, el fotógrafo de naturaleza se ve obligado a buscar nuevas formas de

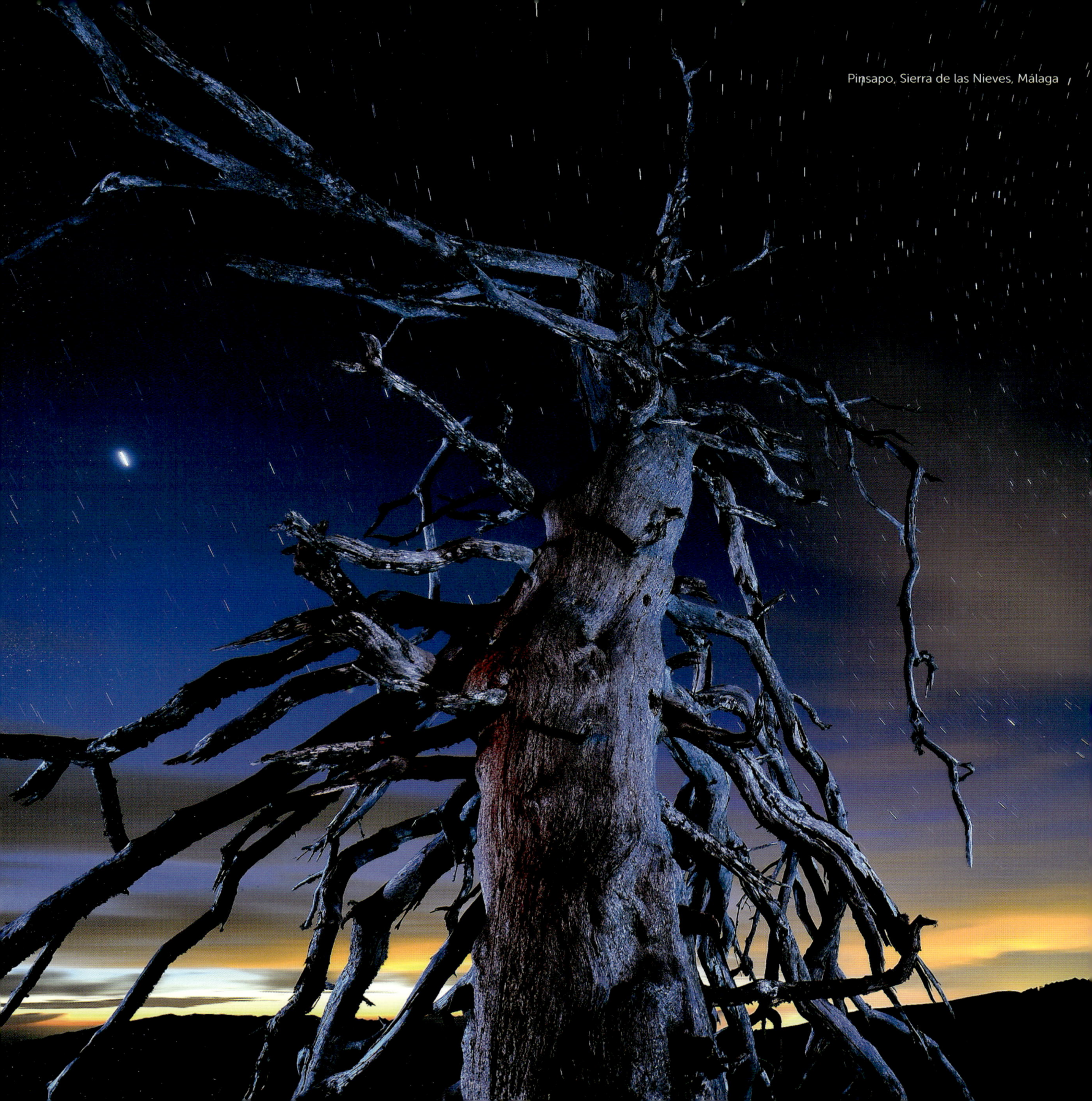

Pinsapo, Sierra de las Nieves, Málaga

distribución de sus imágenes. Revistas ya desaparecidas como *Natura* o *Periplo*, donde curtí mi carrera con reportajes como los relacionados con el lagarto gigante de El Hierro, el camaleón, la pardela balear, el buitre negro, el águila pescadora, me ayudaron a comprender las claves y entresijos del periodismo y la fotografía de naturaleza. Sin esta larga andadura difícilmente hubiese alcanzado un grado de calidad y experiencia necesaria para publicar en otras ediciones internacionales del prestigio de la *BBC* o la *National Geographic*.

La era digital convive con nosotros en todos los aspectos de la vida cotidiana, incluida la fotografía. Las cámaras digitales llegan con una calidad y precisión asombrosa y, en segundos, podemos enviar las imágenes a cualquier rincón del planeta, compartirlas en alguna de las redes sociales o especializadas como Whytake, La Mirada Natural o Fotoenlacenatural. Pero el foro más importante profesional son las competiciones de fotografía donde cada año se da cita la excelencia fotográfica y podemos disfrutar de las imágenes más sorprendentes de los fotógrafos más prestigiosos del mundo.

SUBIR AL ESCENARIO A RECOGER EL 'WILDLIFE PHOTOGRAPHER OF THE YEAR'

Hace 50 años nacía, con la intención de aprovechar el poder de la fotografía para promover el descubrimiento y disfrute responsable del mundo natural, el *Wildlife Photographer of the Year*, la primera competición de fotografía de naturaleza del mundo. Empezó en el Reino Unido como un concurso de la revista *Animals*, la precursora de la *BBC Wildlife Magazine*, que lo organiza en colaboración con el museo de Historia Natural de Londres. En su primera fase las obras presentadas eran de unos cientos, pero el concurso arrancó definitivamente como certamen internacional cuando la *BBC Wildlife Magazine* aunó sus esfuerzos con el museo de Historia Natural.

En la actualidad el *WPY* sigue siendo el concurso de referencia de la fotografía de naturaleza a nivel mundial. Ser finalista en este concurso es un paso a lo que todos los fotógrafos del mundo aspiran. Cada año los talentos emergentes compiten con nombres establecidos por la oportunidad de ser aclamado *Wildlife Photographer of the Year*. Personalmente, muy pocas veces en el transcurso de mi carrera he vivido momentos tan emocionantes como la entrega de premios de esta prestigiosa competición. Subir al escenario como ganador de categoría, donde han participado más de cuarenta mil imágenes en representación de cerca de cien países, y teniendo como marco de fondo el Natural History Museum, resulta un momento inolvidable para cualquier fotógrafo de naturaleza. Aún ahora, después de pasados cuatro años, recuerdo con emoción ese día en el que se cumplió un sueño, el reconocimiento a nivel mundial de toda una vida dedicada a la fotografía de naturaleza y su conservación.

Reconozco que mi aportación a las competiciones internacionales ha enriquecido de forma extraordinaria mi trabajo; incluso la visión actual de concebir la fotografía ha cambiado positivamente después de estos años compitiendo. Sigo una evolución contante, un proceso de adaptación a las exigencias marcadas por las directrices de los concursos más importantes del mundo. Ahora, cada vez que me pongo delante del ocular de una cámara, ya no prima en mi trabajo la especie, como en tiempos pasados, sino la estética: ¿una foto de lince ibérico o águila imperial tiene más posibilidades de ser premiada que un caracol común deslizándose por una brizna de hierba verde? La repuesta es rotundamente negativa, porque en una competición internacional de la magnitud del *GDT European Wildlife Photographer of the Year* por ejemplo, no es lo principal la especie sino la belleza estética de la imágenes. Al final valorarán y premiarán una foto por su calidad técnica y originalidad. Una competición de la envergadura del

Glanzlichter alemán nunca valorará el aspecto de la exclusividad, sino la creatividad de la imagen.

MÁS DE CIEN PREMIOS INTERNACIONALES GANADOS Y CRITERIOS PARA COMPETIR

En estos últimos años compitiendo, mi trabajo ha sido galardonado con más de cien premios internacionales incluidos cuatro en el *Veolia Environnement Wildlife Photographer of the Year* 2010 y cuatro en el *Windland Smith Rice International Awards* 2010, siendo el fotógrafo más premiado de ambas ediciones. Ninguno de ellos fue obtenido con fotos de lince ibérico, águila imperial o el lobo, sino con especies de plantas y animales mucho más discretas.

Con el paisaje pasa exactamente lo mismo; es cierto que los míticos Parques Nacionales de Norte América, Canadá o Argentina resultan espectaculares, pero también tenemos que tener en cuenta que se presentan cada año miles de fotos parecidas de estos mismos escenarios. No ha sido la primera vez, ni creo que será la última, que una simple playa de Asturias, una rambla de un desierto español o un paisaje canario relega a estos grandiosos marcos naturales a un puesto inferior, simplemente porque para el jurado ha primado la novedad y frescura de la imagen. Entonces ¿cómo podemos conseguir que nuestra foto traspase fronteras y tenga el privilegio de estar algún día entre las ganadoras de una competición internacional? Son muchos los que habitualmente se hacen esta pregunta. En mi humilde opinión como participante, creo que las claves del éxito radican especialmente en la adaptación y evolución constante, la búsqueda de la estética en las imágenes, la calidad y, sobre todo, la obsesión creativa a la hora de plasmar una fotografía.

Mi trabajo se basa principalmente en planificar mis fotos al milímetro porque nada es accidental. Dedico mucho tiempo a la elección de la especie así como al estudio minucioso de su hábitat, igualmente a la localización, composiciones posibles y no pisar sobre terrenos trillados. Prefiero que la foto sea lo más novedosa posible. Por último valoro si la elección del motivo tendrá opciones suficientes para dar la vuelta al mundo y si no es así, la descarto.

Otra de las cuestiones sumamente importantes a tener en cuenta, son las normas éticas y de procesado de imágenes exigidas en las bases de la gran mayoría de competiciones de ámbito internacional como por ejemplo, el *WPY, GDT, Glanzlichter, Asferico, Montier-en-Der, Windland Smith Rice, Memorial María Luisa, Montphoto* y otras. Entre las normas éticas, los participantes deben tener en cuenta el bienestar de los animales y la protección del medioambiente; también asegurarse de que no causas sufrimiento a los animales o destruyes su hábitat por intentar obtener una imagen.

En cuanto a las estrictas normas de procesado solo se permiten la eliminación de manchas de polvo del sensor, la corrección de la aberración cromática, eliminar el ruido de fondo, niveles, curvas, color, saturación , contraste, sombras y luces y máscara de enfoque, todos estos factores con moderación. Afortunadamente, estas normas permiten un exhaustivo control sobre las imágenes impidiendo que la manipulación digital prime sobre la imagen natural. Una foto premiada en una competición de estas características obtiene indiscutiblemente el sello de garantía a la imagen veraz, la absoluta certeza que lo que estamos viendo es original sin ningún género de dudas. En este sentido y conociendo ya las normas de participación, es del todo absurdo pensar que una imagen ganadora ha sido manipulada o alterada digitalmente porque el jurado en la fase final de comprobación del RAW la descalificaría sin miramientos.

Francisco Mingorance

Rebeco cantábrico

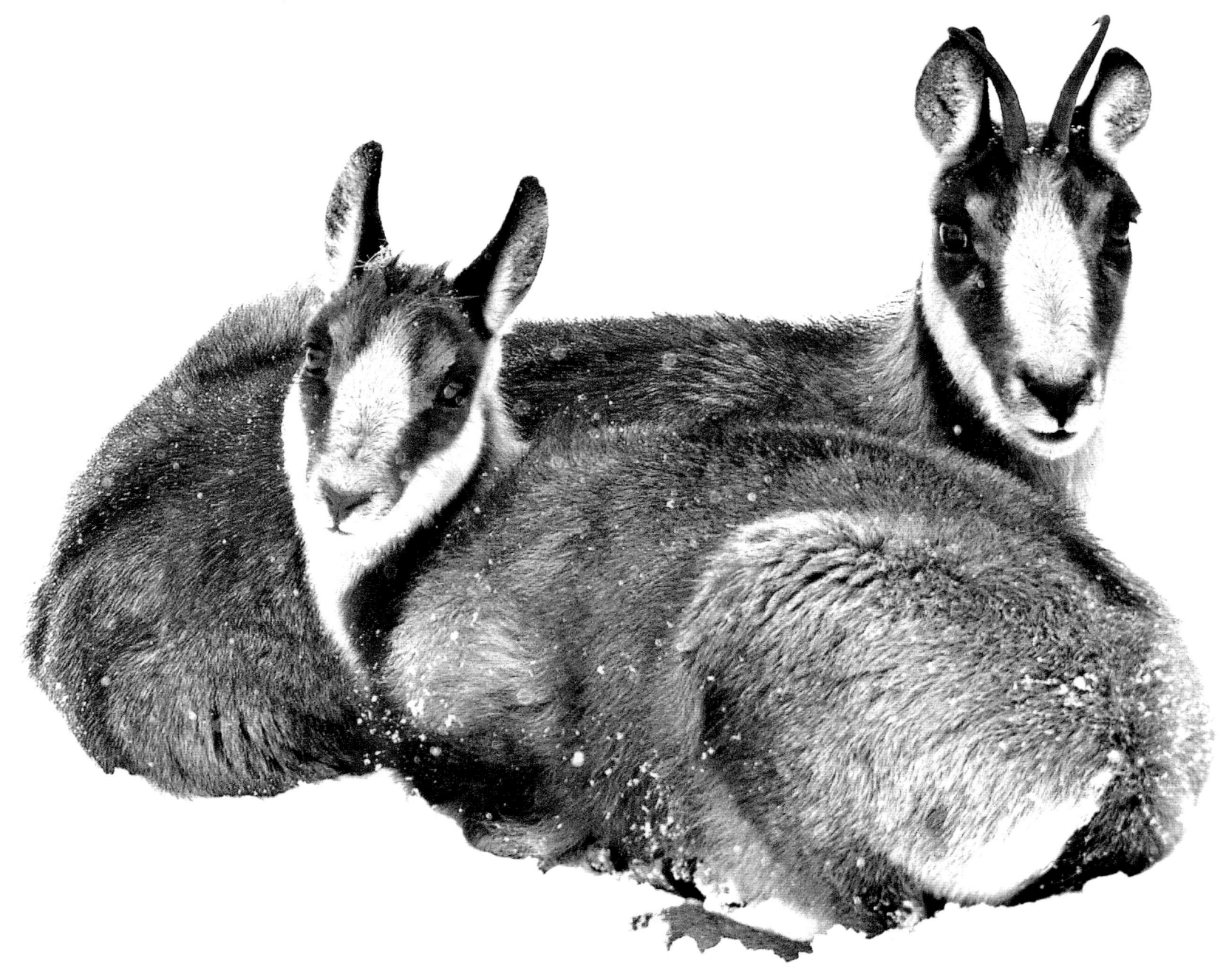

Una mirada insólita

Quien ama la naturaleza ha sentido en algún momento la necesidad de conservarla. No hay nada mejor que una foto para atrapar y reflejar la belleza de nuestro planeta; en ese momento la imagen se convierte en una obra de arte, sin tacha ni censura.

Después de muchos años dedicándome a la fotografía de la naturaleza, me puse como meta acercarla a los demás. Para llevar a cabo este objetivo, lo ideal era reunir a los mejores fotógrafos en esta especialidad en un certamen, y así surge en 1999 *Glanzlichter*, el primer concurso internacional de fotografía de esta modalidad en Alemania en el que participaron 299 fotógrafos con 3.000 imágenes. Hoy, después de 15 años, los miembros del Jurado han visionado un total de 155.643 imágenes. Muchas impresionan y despiertan profundas emociones.

En este concurso se tiene la posibilidad de presentar fotografías en las categorías clásicas: paisajes, plantas, aves, mamíferos y otros animales, así como la de la naturaleza como arte. Muchos concursantes emprenden viajes a países lejanos para lograr motivos espectaculares. Sin embargo, Francisco Mingorance sigue otro camino: se centra en su país natal, España, y con sus brillantes resultados se convierte en un espléndido embajador de su patria. Pero no sólo el hecho de fotografiar en su entorno más cercano hace que sus fotografías sean tan extraordinarias. Desde 2009 participa en *Glanzlichter* y en cada una de sus imágenes sorprende a los espectadores una y otra vez con miradas insólitas, mostrándoles la naturaleza de una manera desconocida.

Su manera de ver paisajes y plantas, la composición de las fotografías y el aprovechar al máximo los recursos técnicos de su equipo, le llevan a conseguir tomas excepcionales. Tampoco el momento del día en el que las realiza es la hora habitual para los fotógrafos; le gusta capturar momentos por la noche o en la caída del crepúsculo. El uso del tiempo de exposición, a menudo muy largo, produce resultados que asombran al espectador. Francisco nos lleva de este modo hacia las áreas fronterizas de la vista humana y nos presenta nuevas percepciones que no se conseguirían sin una larga exposición.

Así el tajinaste rojo se convierte, en el entorno del paisaje fantasmal de lava del Teide, en el guardián nocturno de las vías estelares. O las aguas que se agolpan en la escarpada costa de Asturias le inspiran una estrella del silencio. Los paisajes desérticos del nordeste de España los refleja como poderosos panoramas. No sólo crea sus imágenes con la ayuda de las horas nocturnas; sus vistas desde el aire le permiten crear composiciones en las que la naturaleza se convierte en el principal artista. La niebla que se arrastra por el paisaje de montaña de La Gomera convierte en místico el bosque de esta isla canaria.

Cada año Francisco ha llegado a *Glanzlichter* con su estilo y siempre con éxito; a los miembros del Jurado les llamaba la atención el talento de este fotógrafo español al presentar la naturaleza desde una perspectiva insólita y con una técnica excelente.

Mara Fuhrmann
Directora de *Glanzlichter*

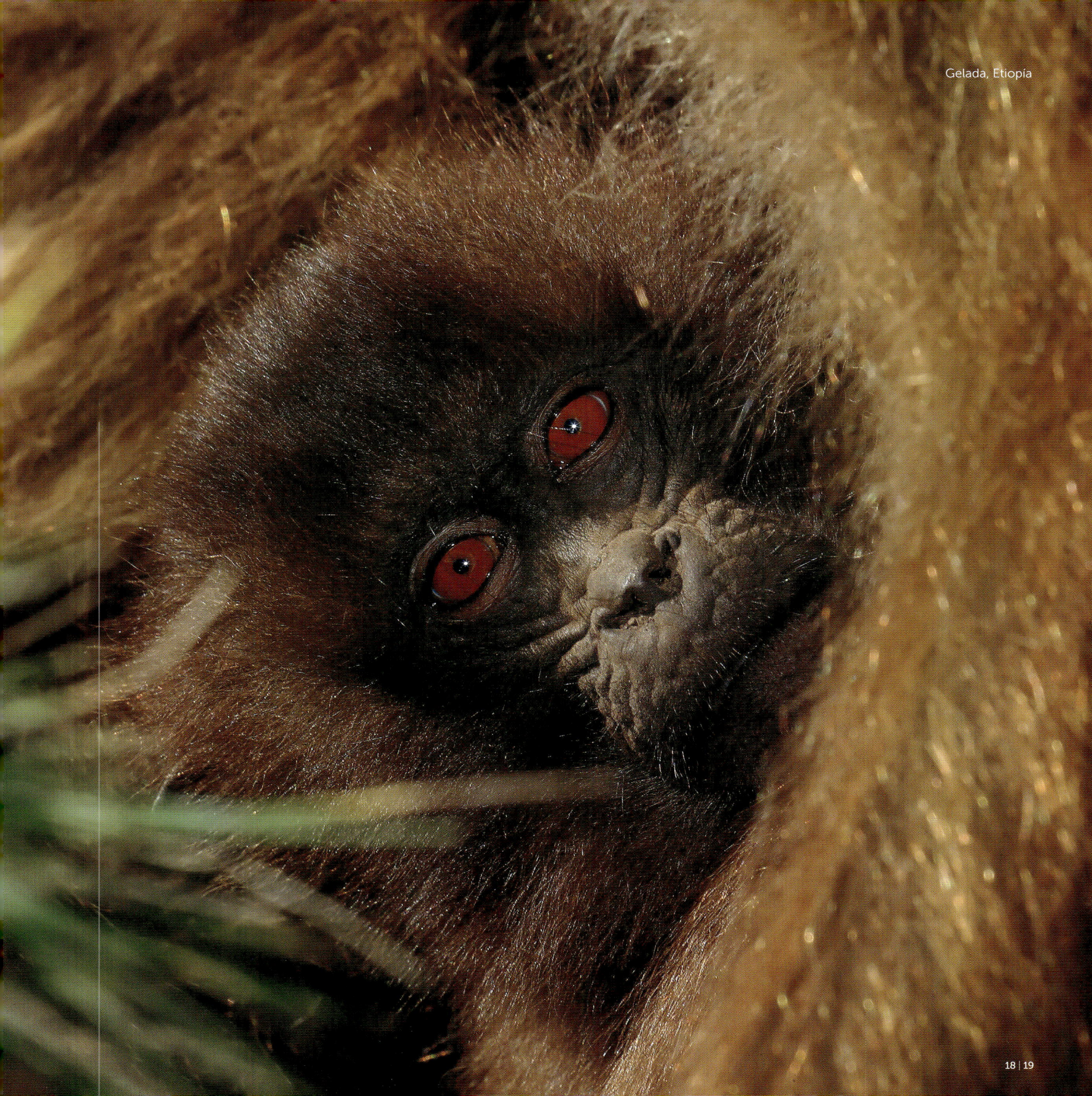

Regreso al futuro

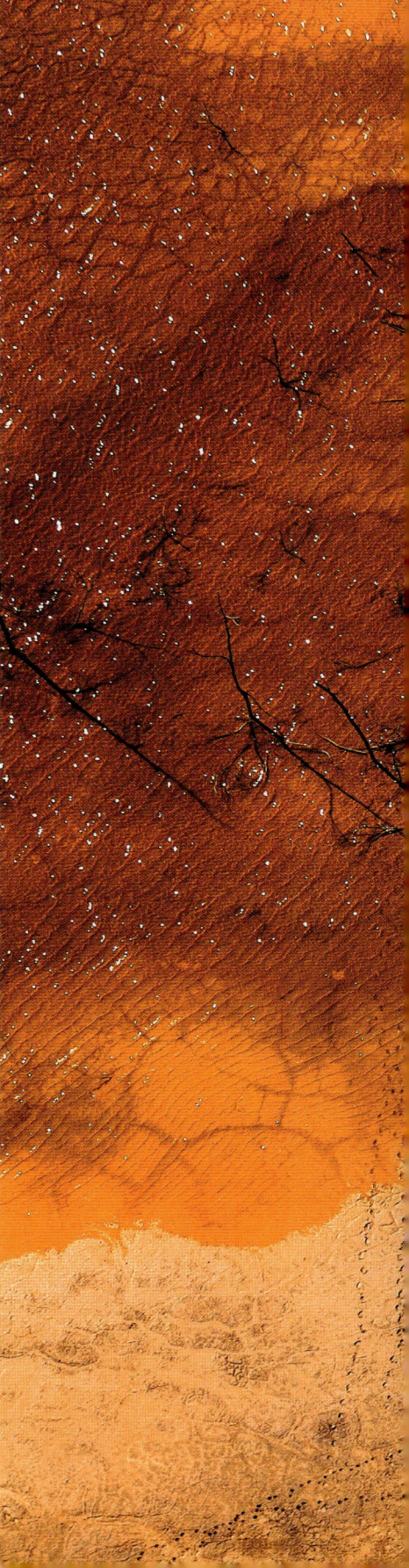

Los fotógrafos de la naturaleza son los embajadores de nuestro planeta, porque a través de sus imágenes nos descubren no sólo los rincones más remotos y bellos de la tierra, sino también lo más cercano, aquellas imágenes que la vida frenética de todos los días nos impide ver.

El mundo digital e internet han revolucionado la fotografía, y el espejo del cambio está representado por los concursos que se han convertido en los laboratorios donde es posible ver esa maravillosa mezcla de técnica y creatividad que está aportando aire fresco a la fotografía de naturaleza.

El éxito de Francisco radica en su originalidad, *nuevos* temas, visiones innovadoras y creativas. Recuerdo que quedé fascinado cuando vi por primera vez sus fotos de Riotinto o las nocturnas del Teide. Y después de Francisco ¿cuántos han tratado de copiar su estilo y temática? En sus imágenes se pueden apreciar nuevos enfoques y formas distintas de interpretar la naturaleza. Esta colección de fotografías que ha logrado captar la atención de los jurados internacionales, también atraerá la atención y admiración de un público más amplio a través de este libro que resultará único, como su fotografía.

Armando Maniciati
Director de *Asferico*

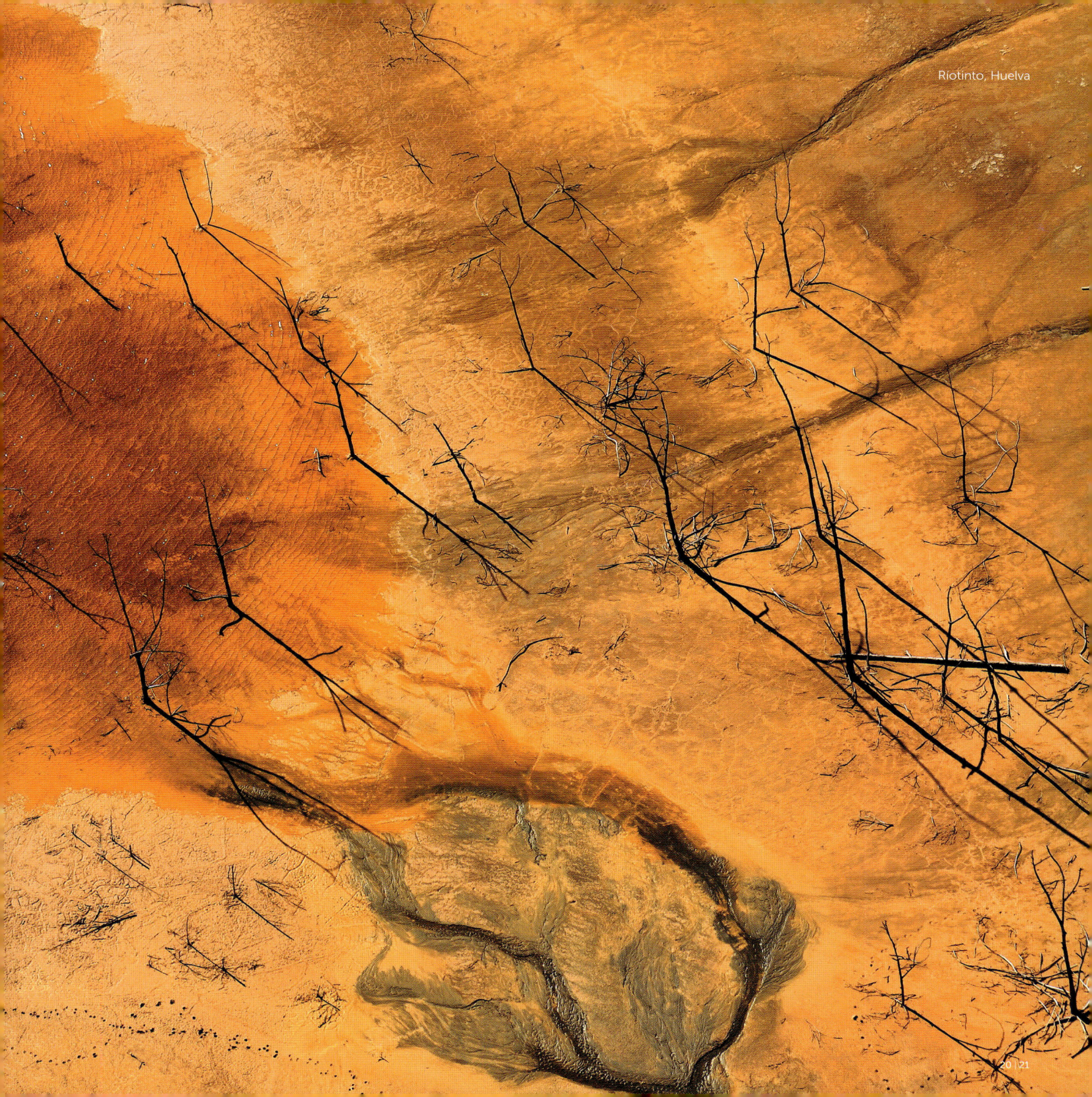

Los paraísos biológicos

Tengo amigos que con frecuencia me hacen la misma pregunta: "Francis, has recorrido España en infinidad de ocasiones. Te has adentrado en los lugares más escondidos de nuestra geografía. Después de tanto andado, ¿cuál es ese lugar idílico con el que te quedarías?". Mi respuesta, desde el cariño y la admiración que profeso por nuestros espacios naturales, no puede ser otra que la de "con todos", ya que cada uno de ellos atesora unos valores naturales propios que los hacen únicos.

Desde un punto de vista ecológico, sería irracional ponerse a comparar enclaves tan dispares como puedan ser los hayedos del norte peninsular y las frondosas selvas de laurisilva canaria. Las lenguas de rojizas y cortantes lavas que descienden como torrentes por las laderas heladas del Teide, y las nieves perpetuas que se aferran a las crestas azabaches de pizarra en las cumbres del Veleta y Mulhacén en Sierra Nevada. ¿No pecaríamos de ingenuos si quisiéramos enfrentar a esas imponentes agujas graníticas de la cordillera pirenaica, con los angostos acantilados marinos de la sierra de Tramontana, en Mallorca, donde los pinos carrascos desafían al recio viento y acarician el mar?

Es imposible encontrar parecido entre las sabinas de El Hierro, que en su intento por esquivar el constante vendaval que asola la isla se retuercen sobre sí mismas, dibujando siluetas surrealistas que envueltas entre nieblas recuerdan a míticos monstruos y los pinsapos de la Serranía de Ronda, esos abetos andaluces rancios y resquebrajados por el irrefrenable paso del tiempo, que se yerguen atormentados por las rigurosas condiciones meteorológicas, resistiendo en pie sobre las cimas de los riscos como colosos, vencedores durante miles de años a todas las batallas.

ENCUENTROS CON EL PAISAJE CANARIO

Amanece, el frío es tan intenso que me resulta difícil manejar los controles de la cámara. A mis pies se extiende un abrupto campo de quebradas y puntiagudas lavas infranqueables. Al fondo, con sus 3.718m, se levanta el baluarte más simbólico de Canarias, el imponente pico del Teide. Su esplendoroso perfil se tiñe de rojo incandescente cuando le abrazan los primeros rayos solares; por fin consigo esa toma que tantas veces me había denegado esta montaña.

Por la noche la lluvia ha caído torrencialmente, tanto que se ha formado un inmenso lago donde a modo de espejo se refleja inmaculado el contorno del Teide. Tres horas ha durado el milagro. El agua se va filtrando para alimentar en su ciclo vital las semillas de margaritas, retamas, violetas y tajinastes rojos que en primavera tapizarán sus praderas y cañadas. Y es que esta montaña es uno de esos lugares cuya magnitud se ve mermada con el solo hecho de intentar describirla.

Para comprender su grandeza hay que ascender a la cima y sentir en el aire gélido ese aroma a azufre que emana por los respiraderos. Asomarse al mismo corazón del cráter nevado y contemplar los ríos de lava que descienden anárquicos por sus laderas para ir a morir en la inmensidad de los prados, sintiéndonos grandiosos al adentrarnos por los roques y cañadas.

Cae una llovizna primaveral sobre la selva de Garajonay en la isla de la Gomera. El suelo está cubierto por un tapiz de geranios violetas que apenas tendrán unas semanas de vida. La niebla, casi constante, envuelve al bosque de laurisilva confiriendo al paisaje un aspecto de ensueño. Las formaciones de musgos se aferran a los troncos y, en su intento por retener la humedad, tapizan de verde la diversidac arbórea que conforma este entorno único; brezos, laureles, tiles, acebiños o viñátigos, apenas se dejan ver entre esta maraña impenetrable de musgo y plantas epifitas que cuelgan por todas partes.

Perdido en lo más recóndito de estos bosques del Terciario me siento como un hombre primitivo. Camino por el Barranco de El Cedro entre tiles y laureles, que en su ascenso hacia la luz se elevan al cielo. En estos momentos de silencio me asaltan emociones nuevas, porque Garajonay es uno de esos lugares donde el ser humano se empequeñece. Regreso con algunas *imágenes regalo* de esta bella tierra, pero sobre todo me marcho con algo que para mí es mucho más valioso: el recuerdo de sus brumas envolviéndome y el suave tacto del musgo empapando mis manos.

Desde el mirador del Roque de los Muchachos contemplo a vista de pájaro los más profundos barrancos de la Caldera de Taburiente, en la isla de La Palma. Al fondo, las cascadas de nubes cabalgan sobre la cresta de las montañas empujadas por los alisios mientras los roques, tomados por gigantescos pinos y cedros canarios, emergen entre los nublos como gigantes de piedra. Solazado por cantos de chovas piquirrojas y vuelos de cernícalo espero impaciente el ocaso, cuando las sombras se deslizan entre roques y capas basálticas realzando sus formas. Son las seis de la tarde; el sol incendia los cedros milenarios que cuelgan de las paredes desafiando las leyes de la gravedad. Desde el acantilado que cae hacia Los Cantos de Turugumay se divisan las islas de Tenerife, La Gomera, y El Hierro; es difícil abarcar tanta grandeza.

Despunta el día; los primeros rayos de luz se abren paso entre el tupido techo del bosque del Canal y los Tiles en la isla de La Palma. Camino por la garganta del canal que le da nombre a esta reserva de la biosfera. Me siento abrumado por la belleza de la vegetación. Los helechos gigantes cuelgan de los tabiques de rocas que iluminados por el sol de la mañana parece como si emanaran luz propia. Las palomas de la laurisilva, turqué y rabiche que en otros lugares parecen fantasmas del boscaje, aquí se dejan contemplar con facilidad volando atareadas a la búsqueda de frutos con los que alimentarse. Las charcas son un hervidero de vida. Pinzones, petirrojos, mirlos y aves de todo tipo descienden para beber y bañarse ajenos a nuestra presencia.

Guío mis pasos por la cresta de una duna gigante en el Parque Natural de Jandía en Fuerteventura, hundiéndome entre olas de arenas blancas dibujadas por la brisa. En una pausa de la tormenta el mar se torna azul turquesa y se escuchan los primeros trinos de alcaravanes y tarabillas canarias. Contemplo desde lo más alto de la duna de Jandía la inmensidad de sus horizontes modelados por el paso del tiempo.

Parece como si el pintor más romántico hubiese volcado su paleta de colores ocres y pasteles para conferir a esta isla canaria ese toque de melancolía que te embriaga desde que la pisas. Seguimos nuestro destino final, a la búsqueda de los cardones de Jandía, una joya botánica en forma de cactus que solo se localiza en la vertiente norte del Parque Natural. Este endemismo junto a la hubara canaria, una pequeña y esbelta avutarda de hábitos corredores, han sido elegidos oficialmente como símbolos de la naturaleza de Fuerteventura.

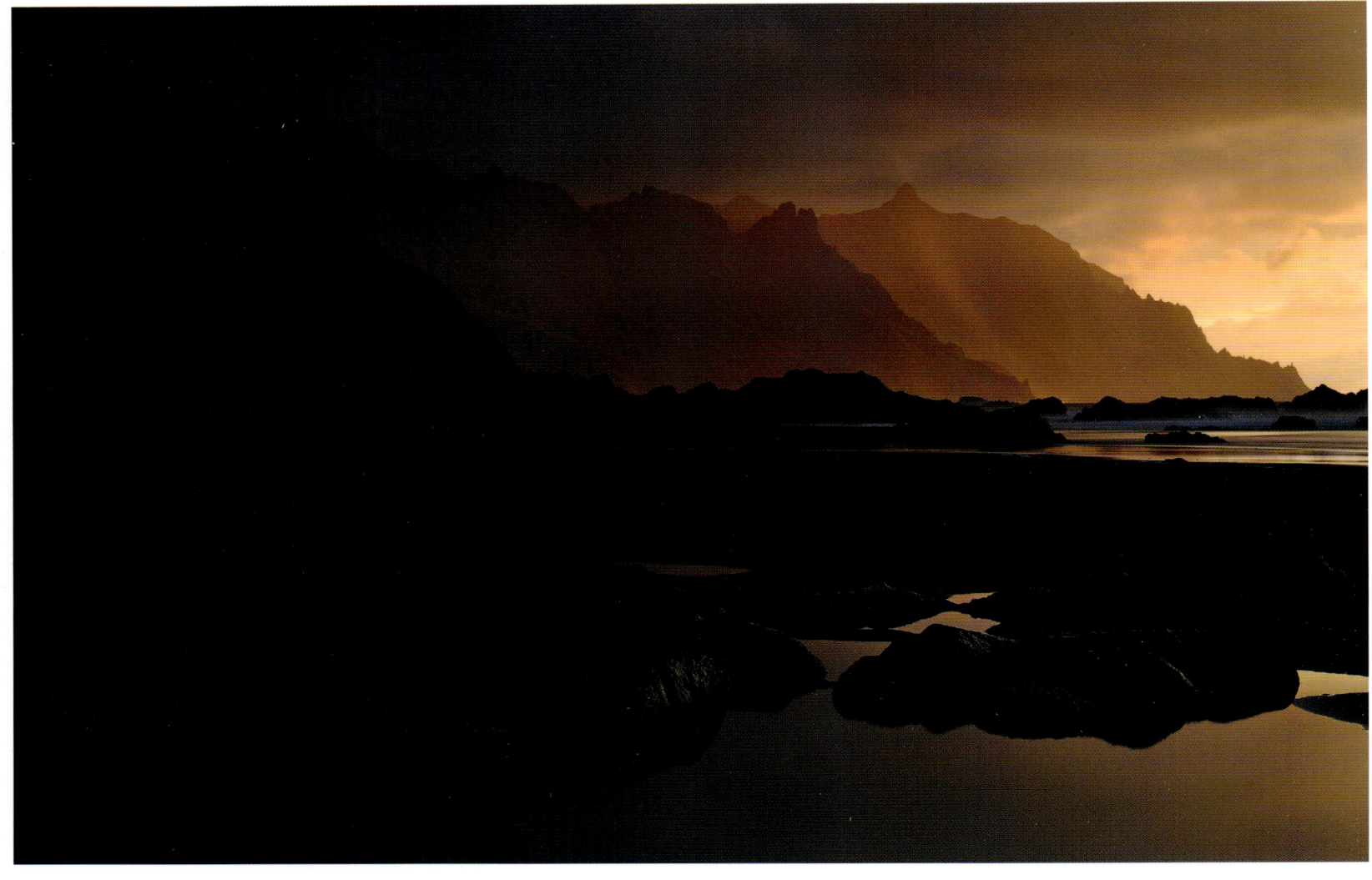

REGRESO AL PARAISO

La playa de Benijos se encuentra en el macizo montañoso de Anaga, un espacio protegido de la isla de Tenerife. Esta playa se mantiene en estado natural, sin construcciones alrededor y con un paisaje adornado por acantilados, islotes y arrecifes volcánicos. Su arena es negra y fina, y extiende su orilla por 300 metros de largo y casi 30 de ancho. Se trata sin duda de una de las playas más bellas de todo el Archipiélago.

En el macizo de Anaga se localiza uno de los reductos de laurisilva mejor conservados de toda Canarias. Aquí los vientos alisios mantienen las nieblas casi constantes dando cobijo a una vegetación rica y exuberante. Con el descenso de la presión atmosférica el mar de nubes se aferra con fuerza a estas montañas donde las condiciones climatológicas pueden cambiar en cuestión de minutos. Después de un fuerte aguacero, un pequeño tornado se desliza entre los claros de la tormenta, un conjunto de luces y sombras, montaña y mar que hacen las delicias del fotógrafo más exigente.

Nikon D3S, Nikon 24-70mm f/2.8G, ISO 200, f11. v6s

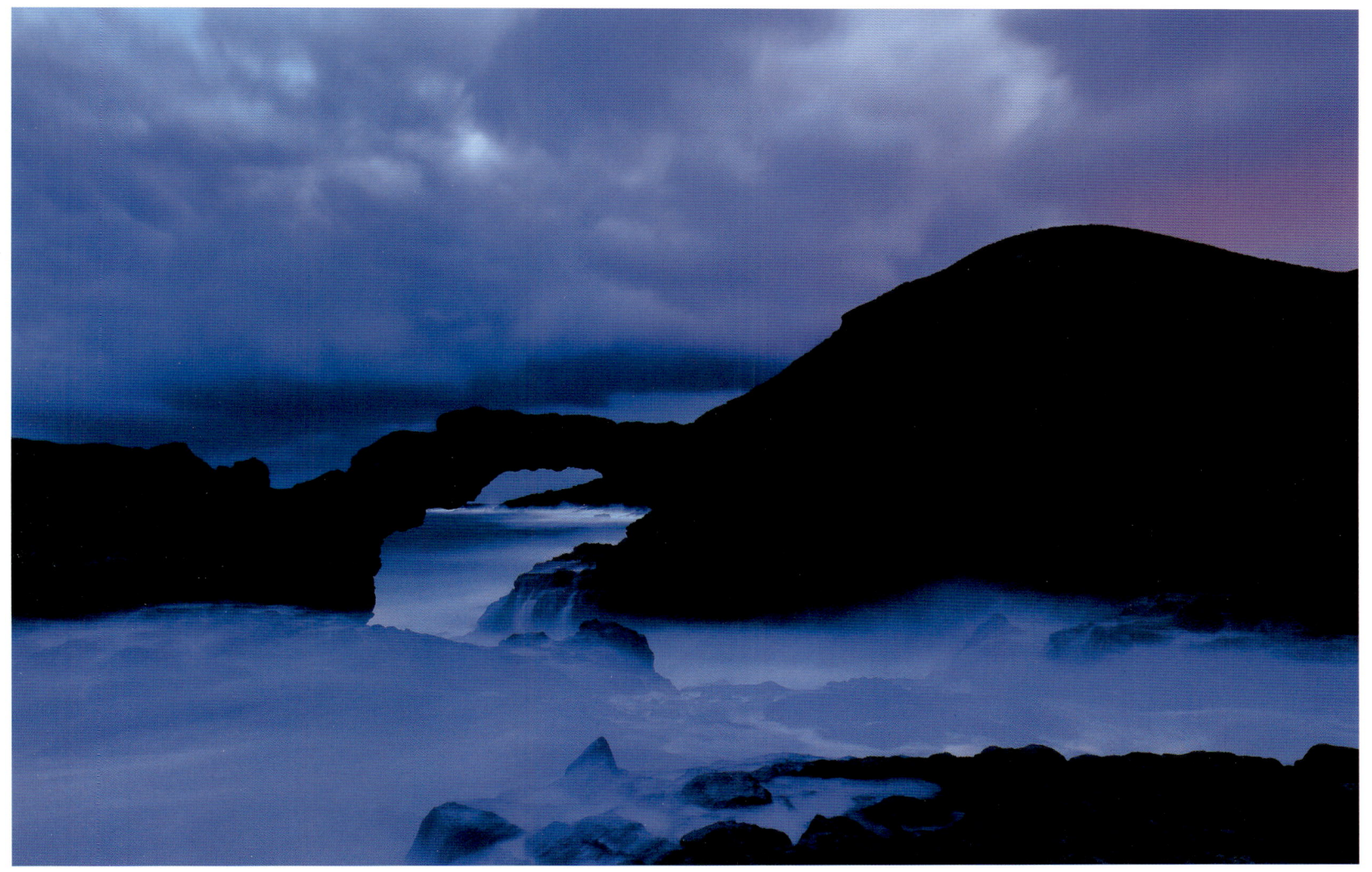

LA ISLA MÍSTICA

Cuando el magma rompió el fondo marino, se creó una grieta por la que empezó a salir lava. La isla se fue formando y tomó la apariencia de Y dejada por las brechas en el lecho marino. Las coladas de lava cubrieron las zonas costeras del sur y oeste de la misma, y también de la zona norte. En el sur se encuentra la Cueva de Don Justo, la mayor de la isla, compuesta de un sistema de tubos volcánicos formados por el enfriamiento de las corrientes de lava en el exterior.

Una fuerte tormenta azota la costa de la isla de El Hierro. El mar embravecido golpea con fuerza las aristas de la costa volcánica. Un espectacular arco de lava se levanta ante mí, mientras unas olas penetran por debajo de la formación volcánica y otra por un corredor trasero cerrándome la salida peligrosamente. Un acto de inconsciencia por parte del fotógrafo que pudo costarle la vida.

Nikon D3S, Nikon 14-24mm f/2.8G, ISO 800, f4.5. v12.5s

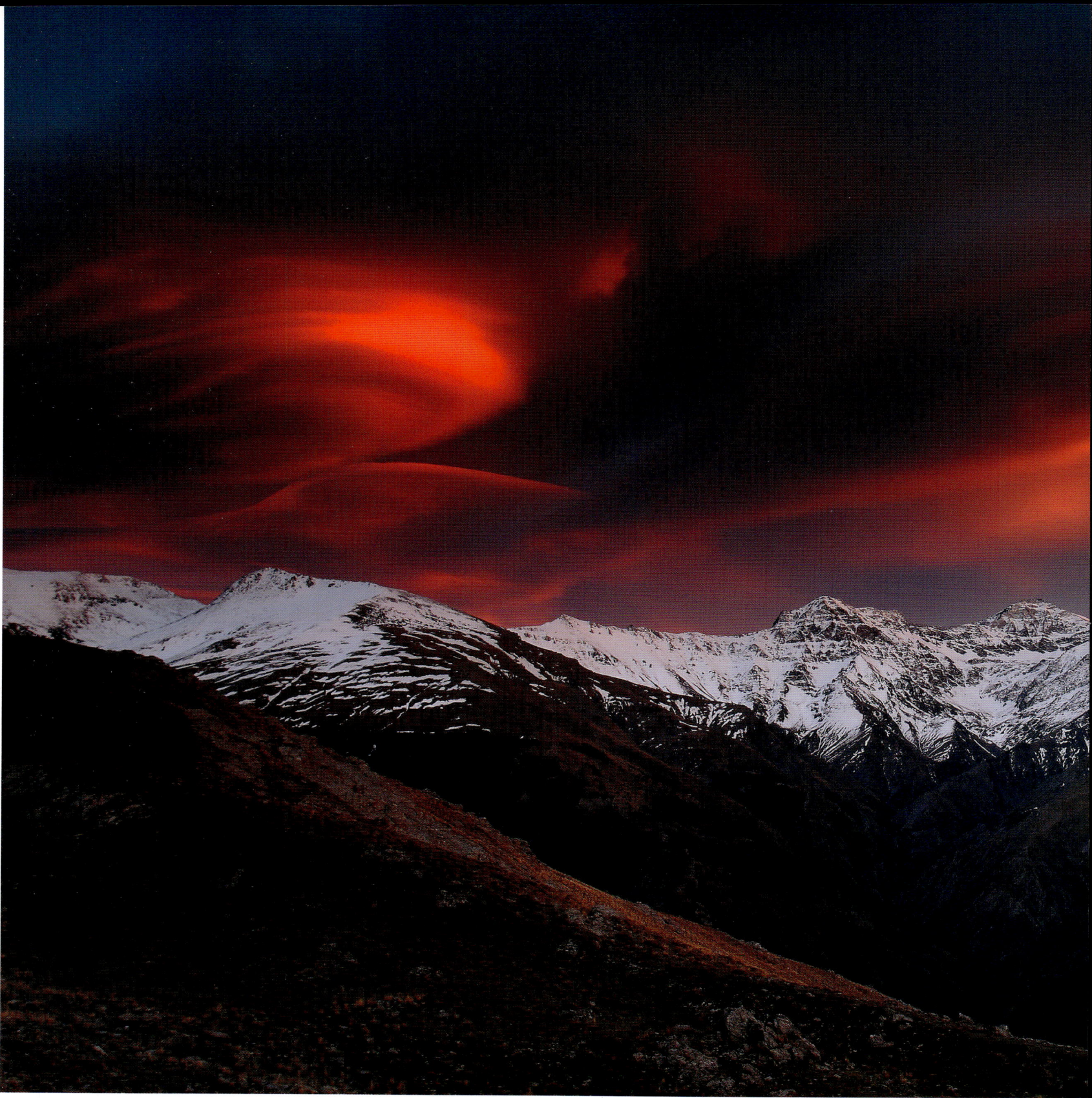

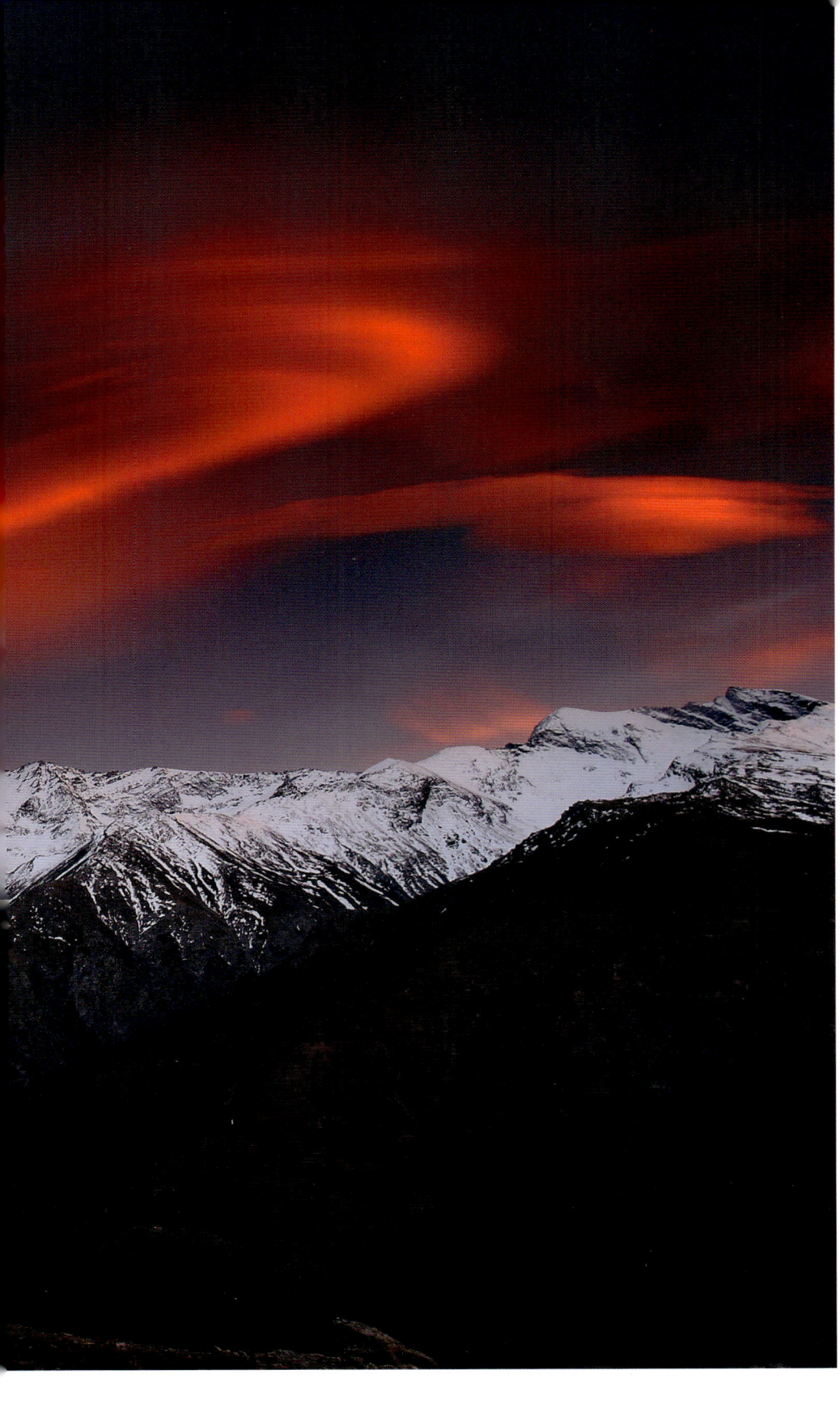

LA CORDILLERA DE LOS TRESMILES

Este inmenso Parque Nacional de Sierra Nevada se extiende a lo largo de 80 km, entre las provincias de Granada y Almería, y cuenta con una veintena de cumbres que superan los 3.000 m, entre las que se encuentran el Veleta y el Mulhacén, que con sus 3.482 m es la montaña más alta de la Península Ibérica. Aquí las condiciones invernales son extremadamente duras, ventiscas y tormentas azotan sin tregua estas montañas que permanecen ocultas por un espeso manto de nieve desde principios de otoño a bien entrado el verano.

Después de visitar sin éxito este punto en innumerables ocasiones durante varios años, por fin pude captar la imagen que tenía en mi cabeza. En principio el día no pintaba nada halagüeño, una fuerte tormenta aferrada a la cordillera apenas me dejó ver los picos en todo el día. Minutos antes de caer la noche unas espectaculares nubes lenticulares se prenden de rojo incandescente regalándome ese momento mágico que tantas veces había imaginado.

Canon EOS-1D Mark II N
Objetivo 17-35mm f/4
ISO 100
f8. v2.5s

★ Mención de Honor *Windland Smith Rice International Awards* 2009

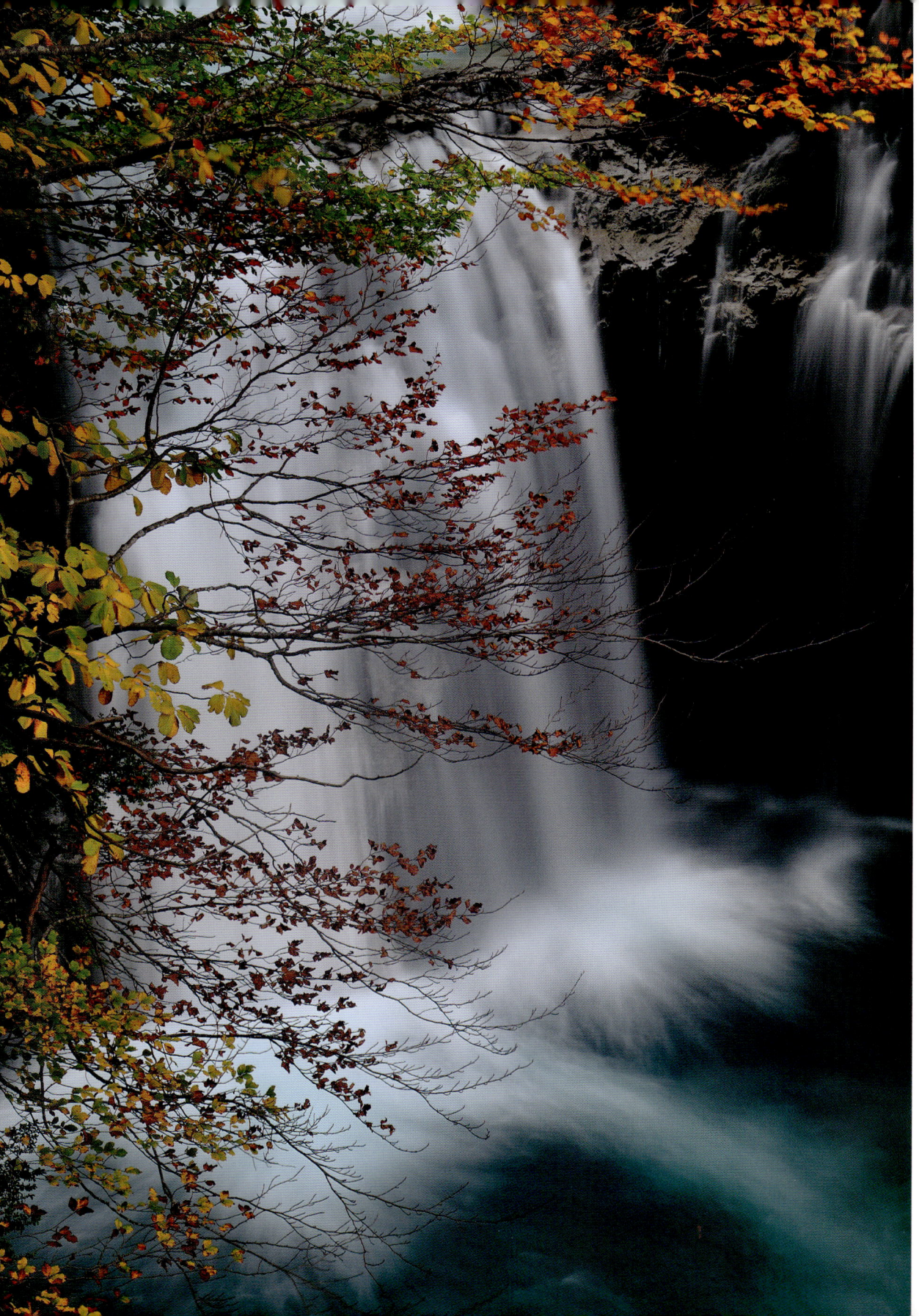

SUSURROS DE OTOÑO

La mezcla de hayas y abetos forman, sin duda, la muestra más pura y genuina de los bosques pirenaicos. Es en los meses de otoño cuando estas selvas alcanzan su momento culminante. Los ríos de Ordesa se embravecen colmados por las constantes lluvias otoñales y los hayedos se visten a su paso con las mejores galas, una explosión de fuerza y color que hacen las delicias de visitantes de todo el mundo.

Ordesa es sin duda uno de los Parques Nacionales más espectaculares no solo de España sino de todo el continente europeo. Aún así su naturaleza permanece intacta habiendo recibido varios galardones internacionales por su impecable estado de conservación y limpieza. En los meses de otoño pocos lugares encierran tanta belleza y colorido como sus bosques de hayas y sus cascadas enfurecidas por las lluvias otoñales. Un espectáculo incomparable que atrae año tras año a fotógrafos de todo el mundo. En la fotografía la Cascada del Estrecho en el valle de Ordesa.

Nikon D3S
Nikon 24-70mm f/2.8G
ISO 100
f10. v2s

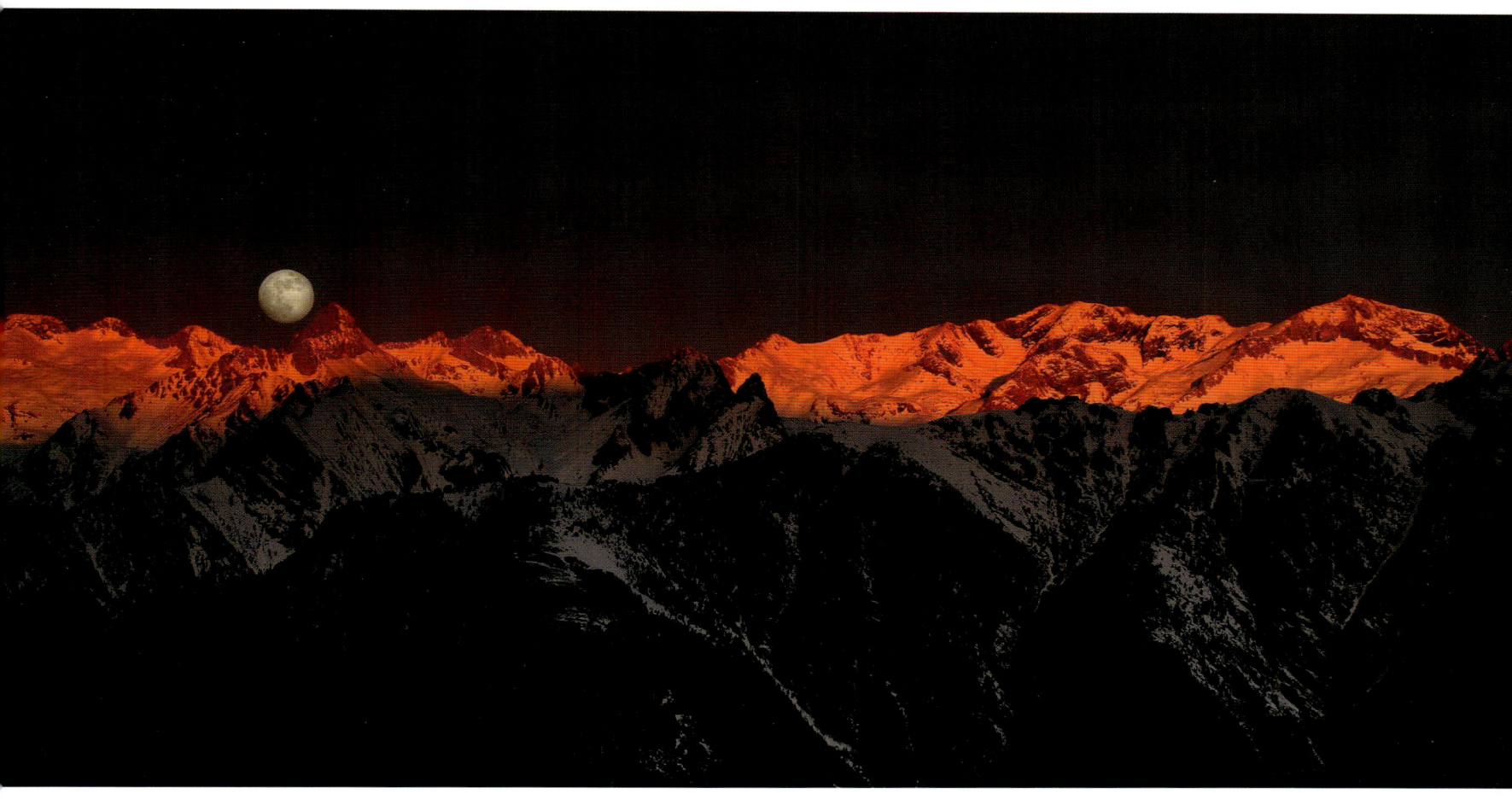

LUCES DEL PIRINEO

La buena conservación de este conjunto montañoso, sin duda el más importante del macizo pirenaico, y su gran riqueza geológica, faunística y botánica, propiciaron la creación en 1994 del Parque Natural Posets-Maladeta situado en el extremo norte del valle de Benasque. Aquí, se encuentra la mayor concentración de picos superiores a los 3.000 metros de todo el Pirineo además de una riqueza natural excepcional, con más de 13 glaciares, 95 lagos y numerosas cascadas junto con múltiples especies vegetales y animales.

Son las ocho de la mañana de un 23 de enero en el valle de Benasque y la luna llena ilumina las crestas de los riscos nevados. El cielo está completamente despejado lo que hace que el frío se agudice aún más, unos siete grados bajo cero. Después de una media hora de espera por fin los primeros y tímidos rayos de sol tiñen de rojo la cordillera del Parque Natural Posets- Maladeta al tiempo que se oculta la luna. Montaña, sol y luna se fusionan armoniosamente para crear esta imágen que muestra toda la belleza y grandeza del Pirineo Aragonés.

Canon EOS-1D Mark II N, Objetivo 17-35mm f/4, ISO 100, f8. v1s

Cascada en rosa

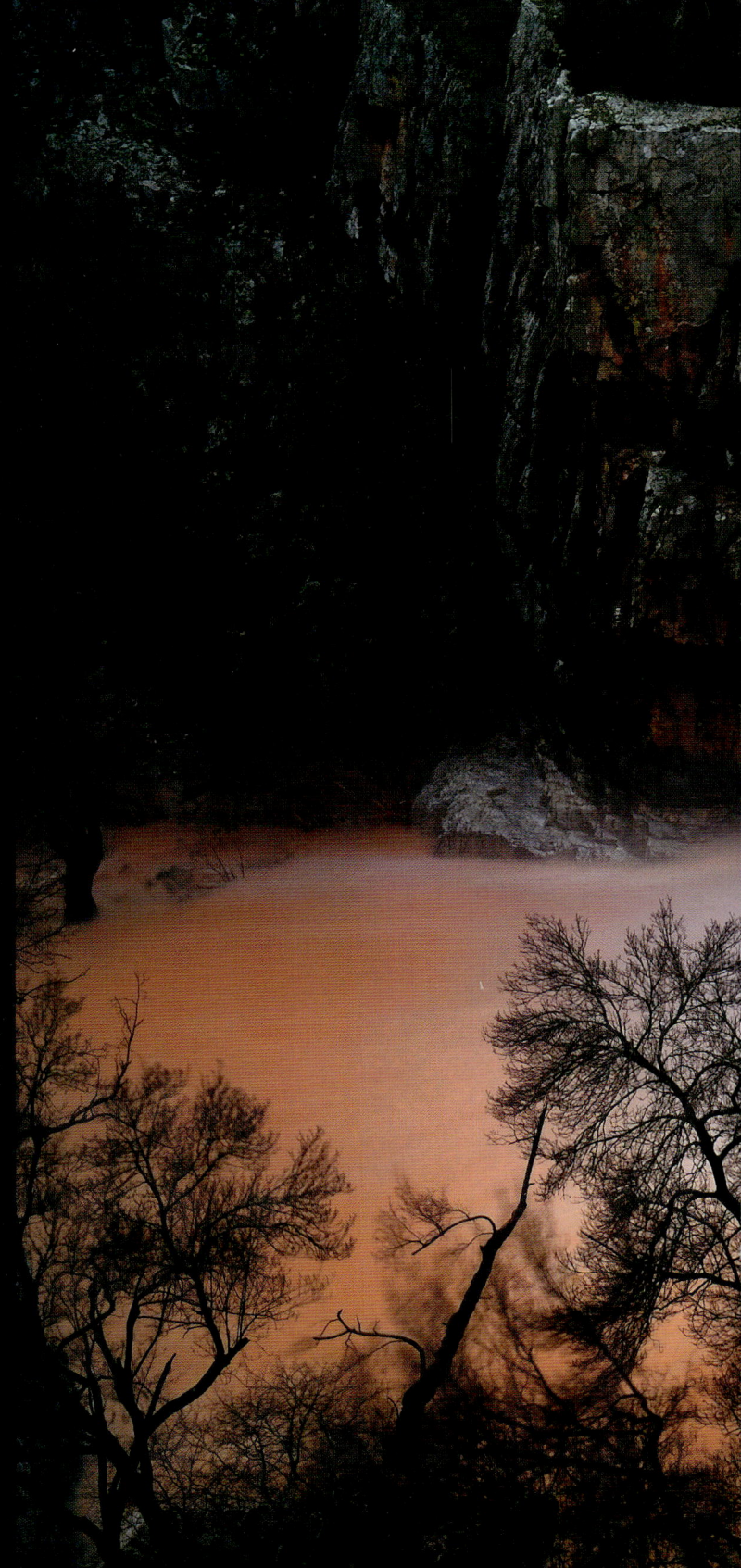

■ CONTEXTO

En la zona central de Sierra Morena, a pocos kilómetros del Parque Natural de Despeñaperros se localiza el Paraje Natural de la Cascada de la Cimbarra, espacio protegido caracterizado por su accidentado relieve que supone una auténtica sorpresa para los escasos visitantes que se atreven a transitar por estos solitarios parajes serranos, antiguo refugio de bandoleros y, hoy en día, auténtico repertorio de los mejores valores naturales del monte mediterráneo. En la vertiente suroeste aparece encajado el río Guarrizas, creando fuertes pendientes; este encajamiento, producido como consecuencia de la erosión remontante favorecida por la presencia de fallas, da lugar a la aparición de algunos saltos de agua, siendo el más espectacular el denominado de la Cimbarra mostrado en la fotografía. La cascada (cimbarra significa aquí salto de agua) se crea por una falla transversal en el cauce del río Guarrizas. Así, al interés paisajístico de todo el paraje (una verdadera delicia en primavera), se une una flora y fauna única que merece la pena experimentar.

■ LA IMAGEN

Aprovechando las lluvias torrenciales caídas sobre esta zona de Andalucía, pude plasmar la insólita imagen en la que el agua de la cascada se torna de color rosa con las tierras que arrastra el río provenientes de los olivares de la provincia. Un acontecimiento tan espectacular como efímero.

■ TRATAMIENTO

La imagen fue capturada en formato RAW, balance de blancos automático.
He utilizado Nikon Capture NX2 en su edición con un procesado normal; niveles y curvas, saturación, contraste y máscara de enfoque.

■ RESULTADOS

Opté por una velocidad de obturación lenta para lo que me ayudé de un filtro neutro de 6 pasos. Mi intención era conseguir un velo en el agua que mezclada con el barro rojizo aportara a la imagen gran impacto visual.

■ CONSEJOS

La bajada a la cascada de Cimbarra se realiza por un camino empedrado muy resbaladizo. Hay que tener especial cuidado en días de lluvia y calzarnos con unas buenas botas con suela antideslizante. Dejar constancia de nuestro paradero y llevar el móvil en todo momento. Un buen chubasquero y un paraguas son también imprescindibles para no terminar empapados.

Nikon D3
Nikon 24-70mm f/2.8G
ISO 100
f/16. v13s
Filtro neutro 6 pasos

★ Primer Premio, *Asferico* 2011

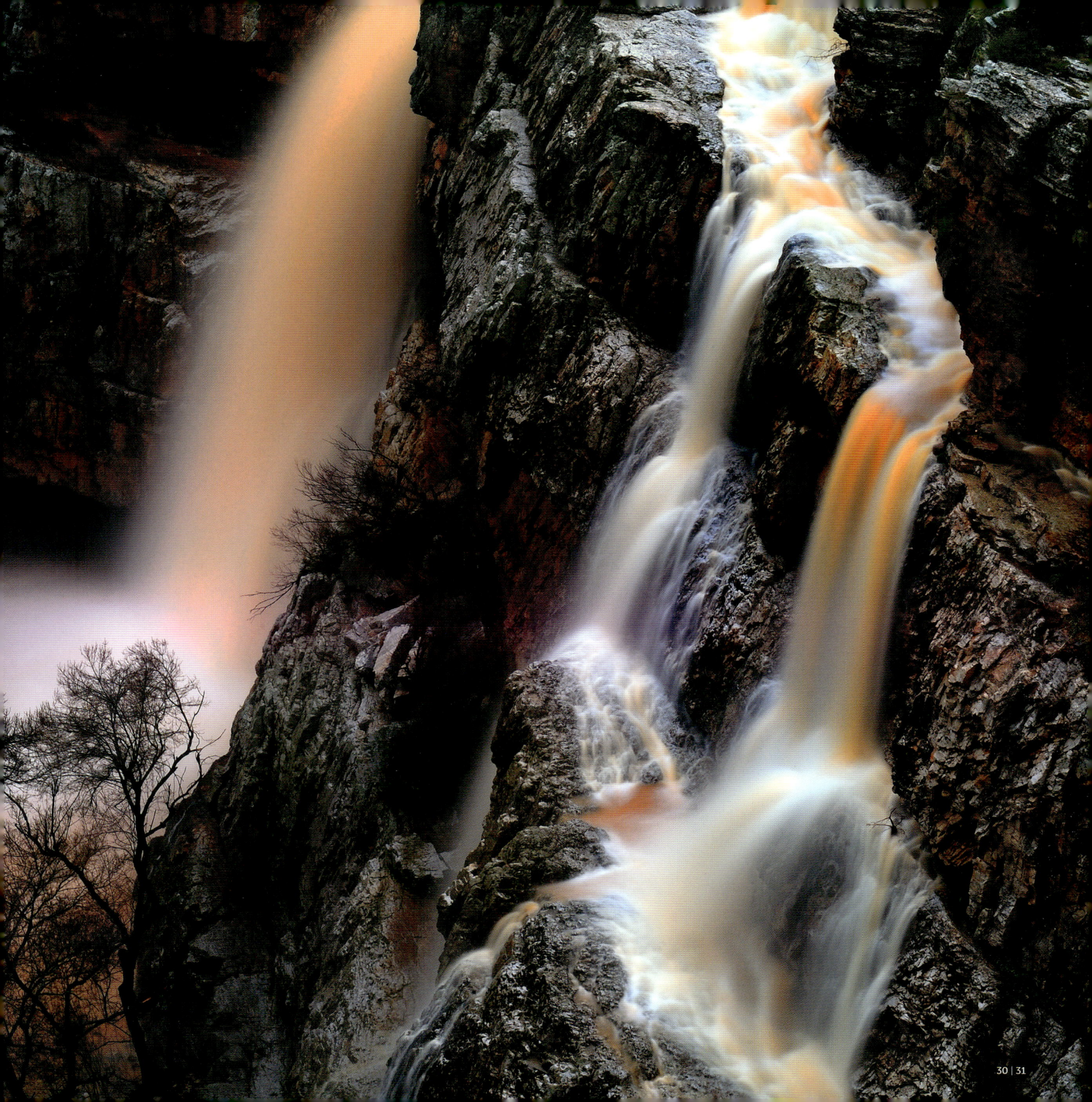

FLORACIÓN EN GARAJONAY

El Parque Nacional de Garajonay acoge en sus
límites la mejor representación del bosque de
laurisilva existente en el Archipiélago. Declarado
en 1986 Patrimonio de la Humanidad por la
UNESCO, sus 3.948 hectáreas ofrecen la imagen
que podrían tener, hace millones de años
(Terciario), el sur de Europa y norte del
continente africano. Esta vegetación *relíctica*,
auténtico fósil viviente, tiene su representación
actual en determinados enclaves de los
archipiélagos *macaronésicos*.

Durante unas pocas semanas, generalmente en
el mes de abril, el suelo de la selva de Garajonay
se cubre de geranios canarios que aquí, en el
fayal-brezal, forman extensos tapices. A este
acontecimiento primaveral se unen las
retorcidas formas de la laurisilva, que envueltas
por las nieblas casi constantes confieren al
paisaje un aspecto de ensueño.

Canon EOS-1D Mark II N
Objetivo 17-35mm f/4
ISO 100
f22. v8s

⭐ Premiada en *Glanzlichter* 2009
⭐ Sexto Premio, *OASIS* 2010

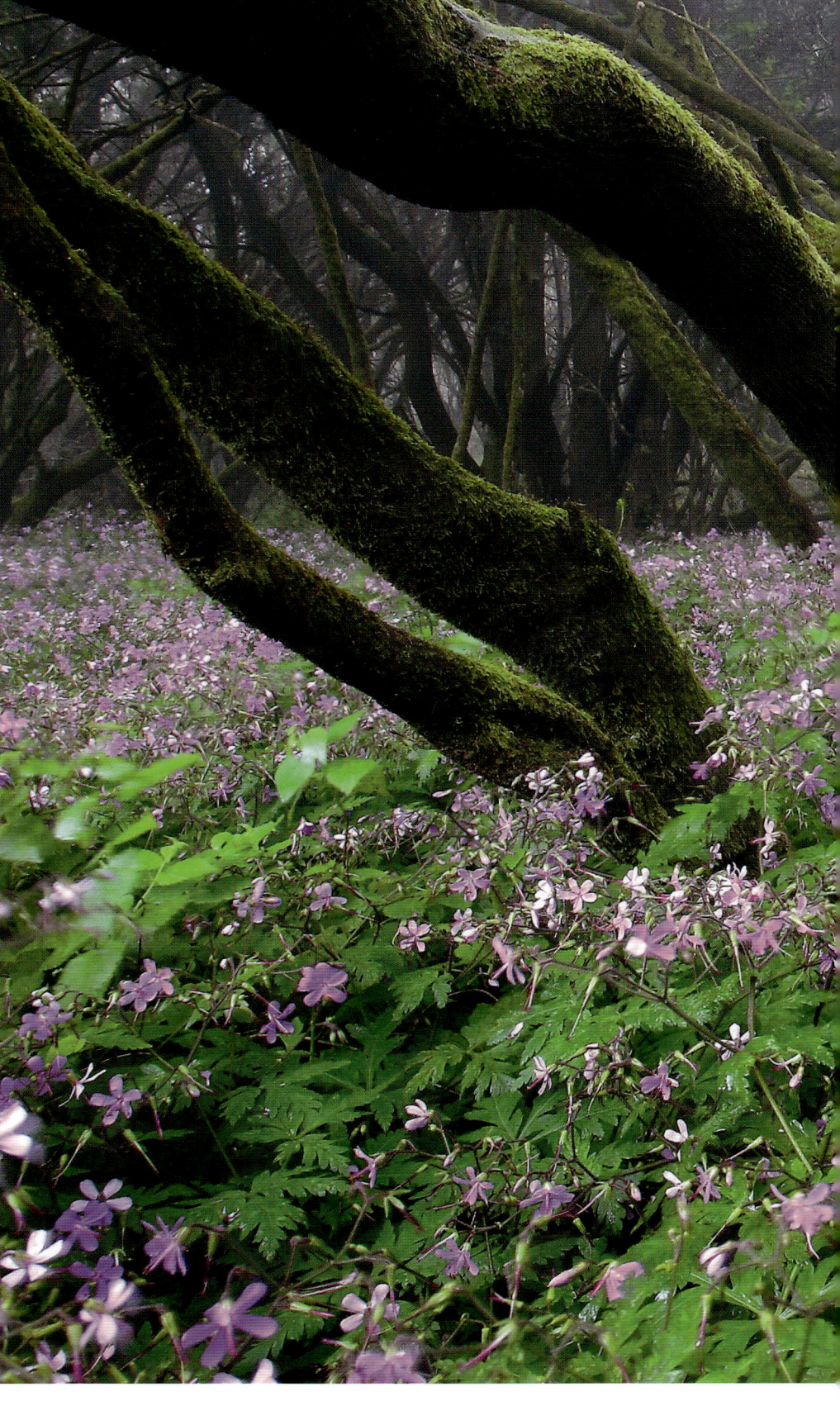

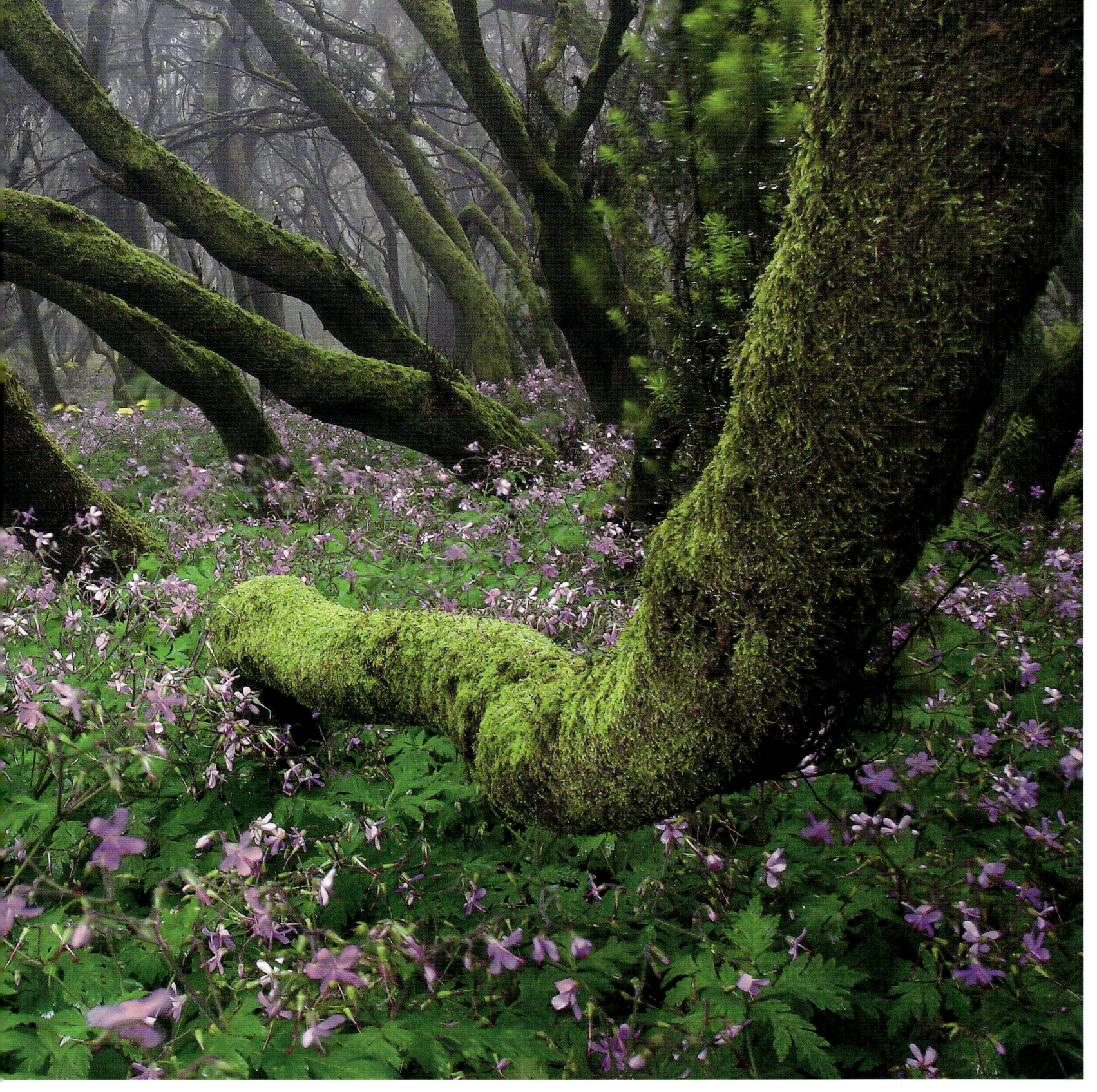

OTOÑO EN SOMIEDO

Somiedo es el ejemplo palpable del respeto y adaptación de sus habitantes al medio. Esto llevó a la UNESCO en el año 2000 a su declaración como Reserva de la Biosfera. Hoy lo podemos ver en su etnografía y riqueza natural, en la trashumancia de los vaqueiros de alzada o de los pastores de Extremadura y en las construcciones populares: hórreos y paneras, molinos y pisones, las fuentes y lavaderos de piedra o las *cabañas de teito,* como ésta de la fotografía, salpicadas por todo el paisaje de Somiedo.

Canon EOS1 Mark II, Canon 70-200mm F/2.8, ISO 100, f11. v2,5s

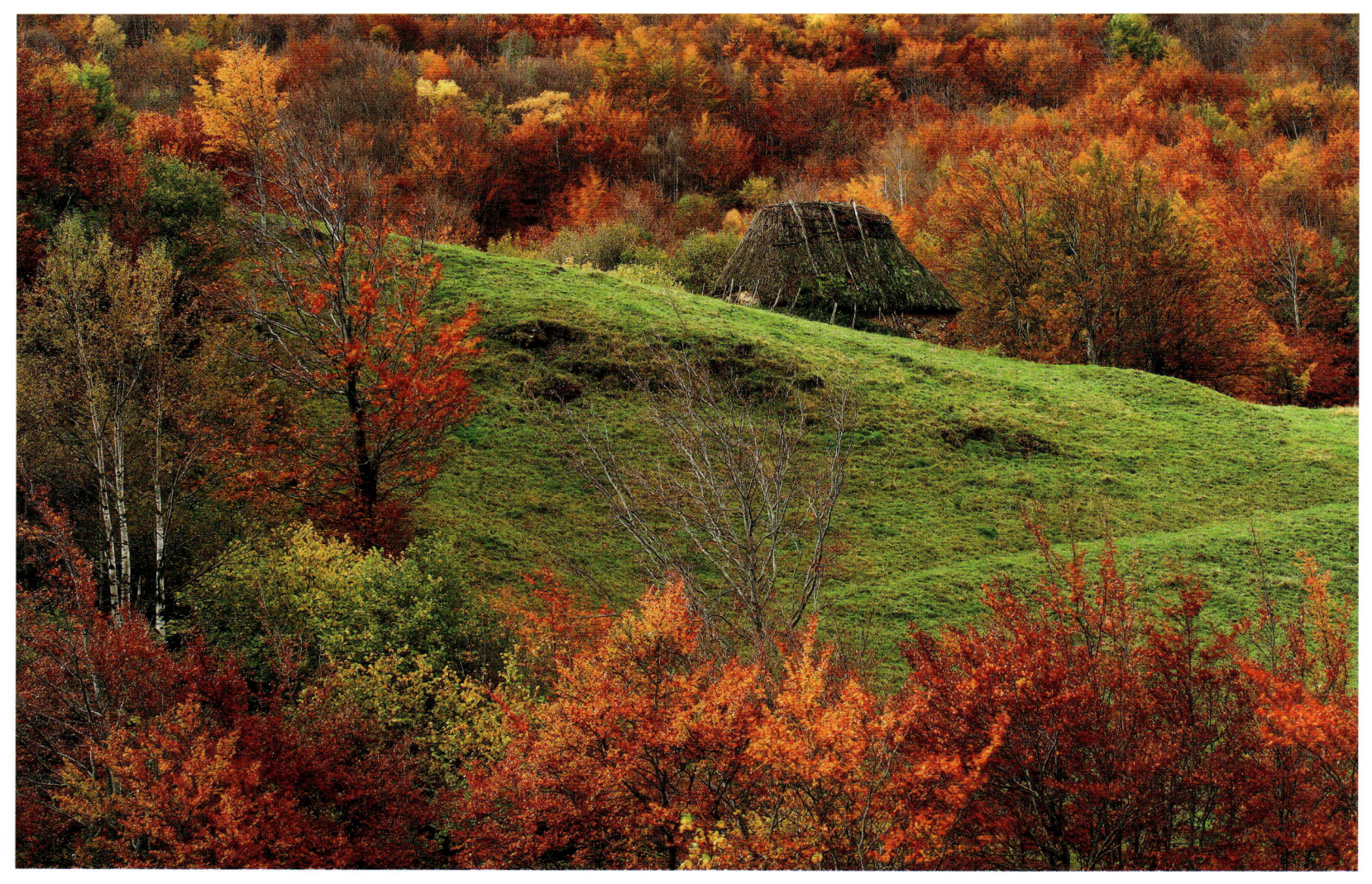

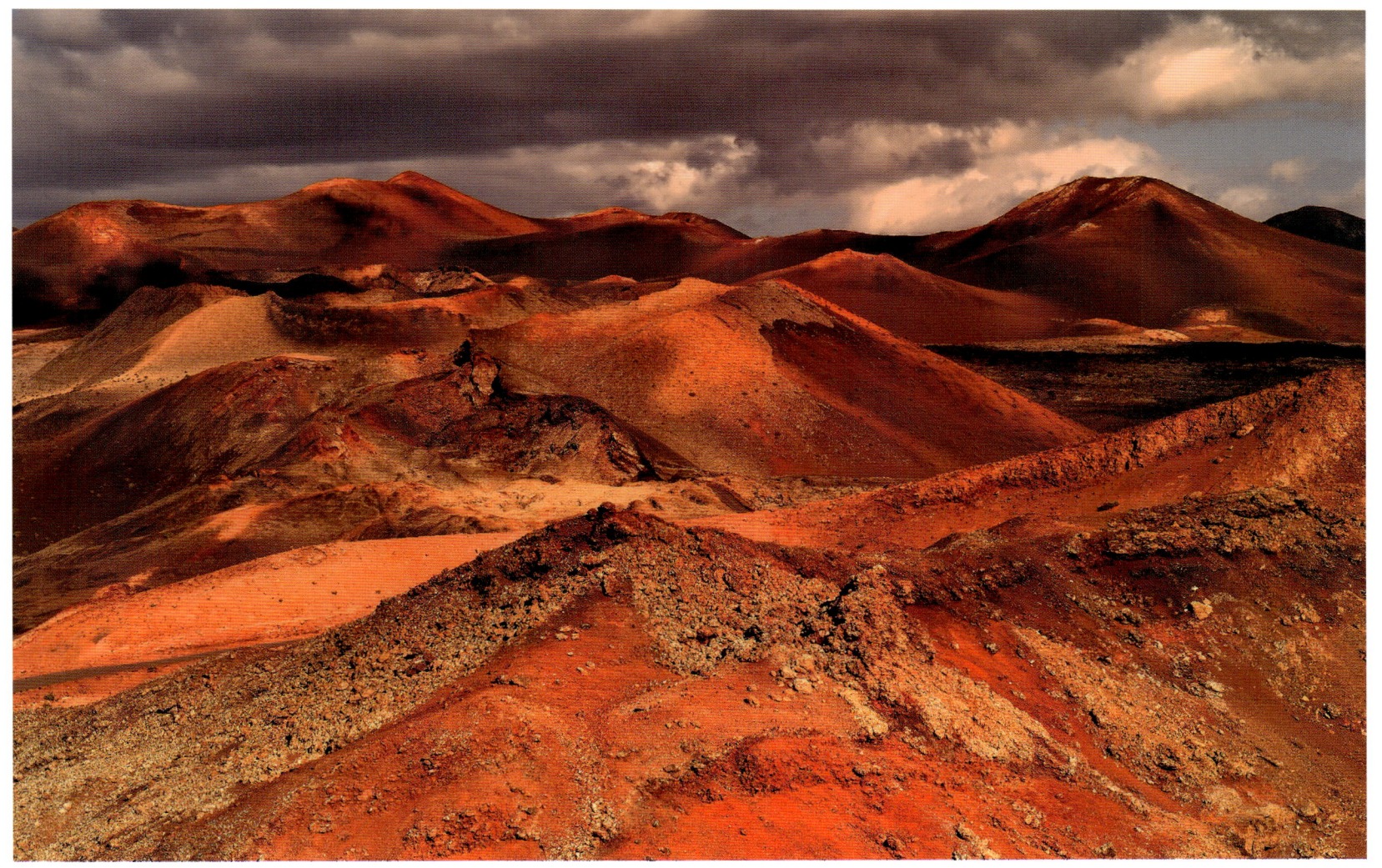

LA TIERRA DEL FUEGO

Las Montañas del Fuego o Timanfaya forman parte de una amplia zona afectada por las erupciones volcánicas acaecidas en Lanzarote entre 1730-1736 y con posterioridad en el año 1824. Este largo proceso eruptivo, uno de los más relevantes y espectaculares del volcanismo histórico de la Tierra, cambió drásticamente la morfología de la isla quedando prácticamente sepultada una cuarta parte de la misma bajo un grueso manto de lava y ceniza.

Del lugar dicen que no es una tierra muerta, sino recién nacida. En estos aparentemente y desolados paisajes predominan las tonalidades negras y rojizas, arenas y las obscuras de las lavas basálticas. La ruta de los volcanes, en la fotografía, quizás sea la parte más espectacular del Parque Nacional de Timanfaya, una alineación de cráteres de todos los colores que forman uno de los conjuntos más exclusivos de la vulcanología en el archipiélago canario.

Nikon D3S, Nikon 24-70mm f/2.8G , ISO 200, f6.3. v1/15s

RINCONES SALVAJES DE ASTURIAS

Probablemente sea una de las playas más
salvajes y fotogénicas de todo el occidente
asturiano y, aún, a pesar de su belleza, se
conserva intacta a la presión turística.
Espectaculares islotes de diferentes tamaños la
cierran por sus márgenes. Próxima al pueblo de
Castañeras, entre Soto de Luiña y Novellana e
incluida dentro del Paisaje Protegido de la Costa
Occidental.

Uno de los motivos que más llamaron mi
atención en la espectacular playa de Gueirua fue
esta cascada efímera que se forma entre sus
rocas en tiempos de lluvias abundantes. Esperé
pacientemente la puesta de sol con la intención
de incluir la cascada dentro de un marco marino
que dibujara un paisaje más propio de islas
paradisíacas que de la Península Ibérica.

Nikon D3S
Nikon 24-70mm f/2.8G
ISO 200
f22. v4s

⭐ Mención de Honor, *Glanzlichter* 2010

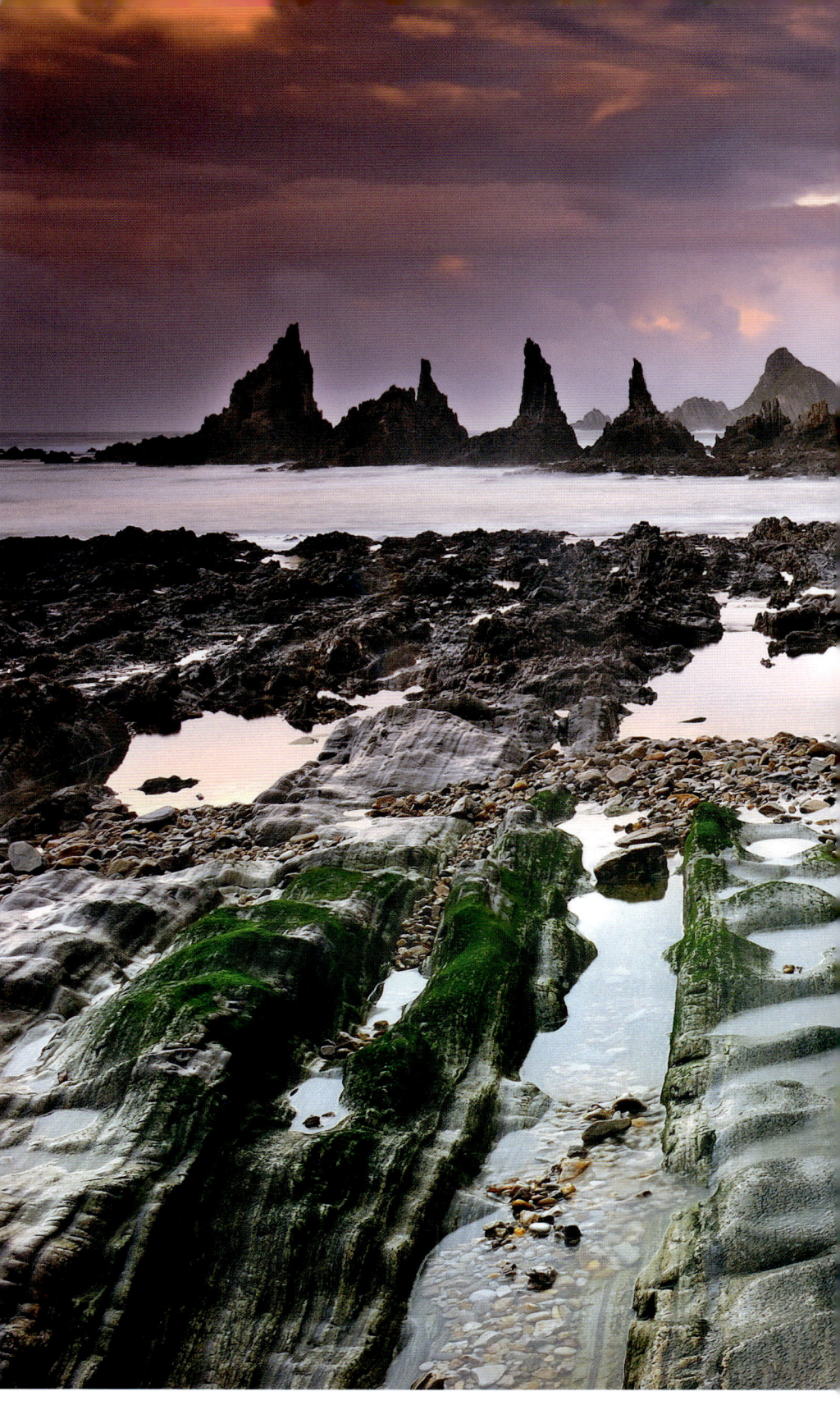

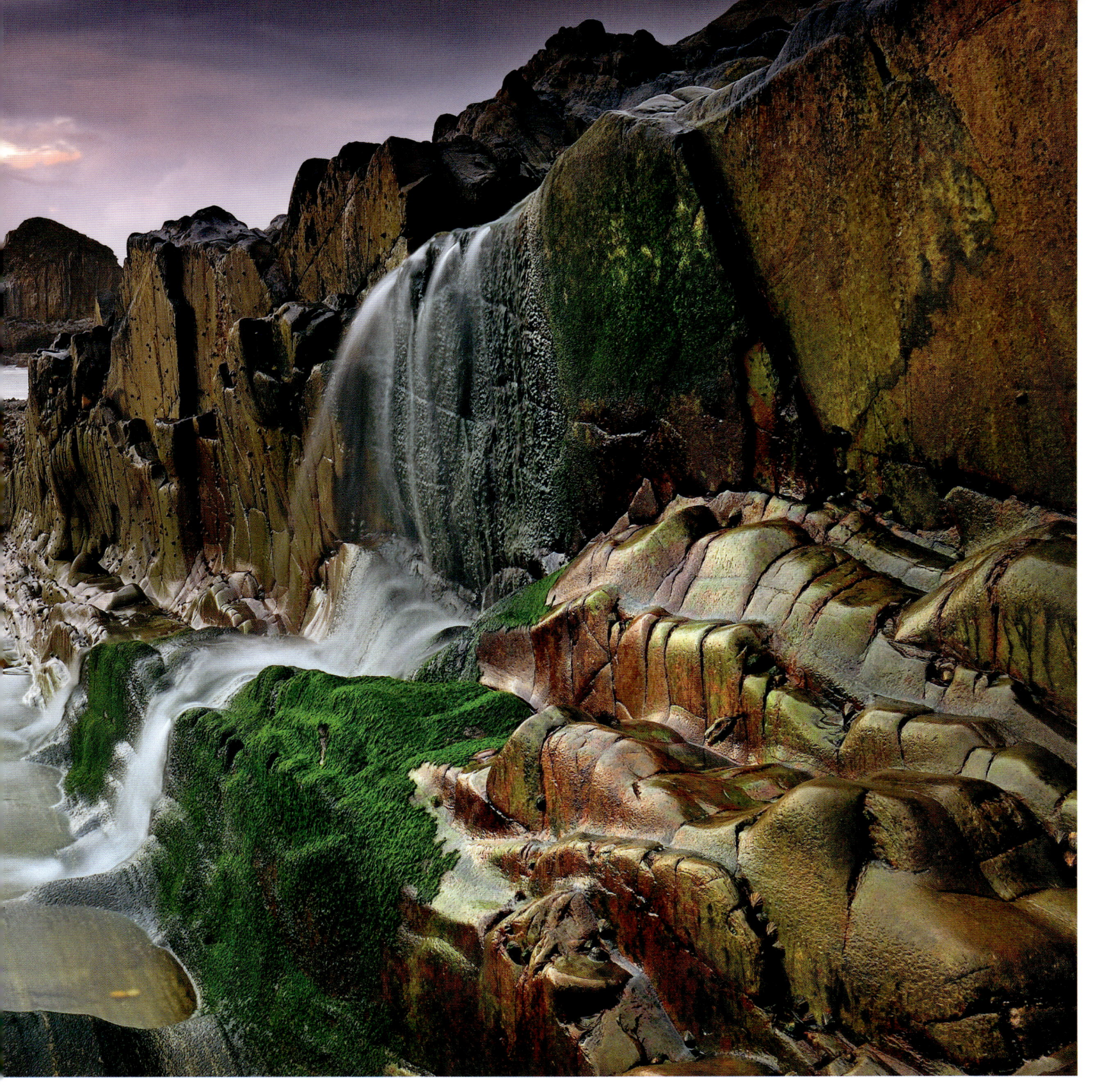

En busca de la foto soñada

Éste podría ser el título de una película en la que los fotógrafos de naturaleza nos vemos inmersos en el día a día. Porque, una vez estamos en el campo, los actores principales son animales salvajes, seres que no puedes controlar en ningún momento y que actúan siguiendo sus propias pautas de conducta, motivo por el cual en muy contadas ocasiones consigues llevar a cabo con éxito tu sueño. Las fotos que ilustran este libro, por ejemplo, no son la consecuencia de un encuentro casual con estas especies, ni por supuesto se consiguieron a las primeras de cambio, todo lo contrario, han sido logradas tras muchos años de experiencia acumulada, preparación meticulosa y trabajo.

Tener un animal a tiro no es sinónimo ni mucho menos de fotografiarlo, pues son muchos los factores que influyen en esos momentos para la consecución de una buena imagen: cámara, objetivo, encuadre, iluminación, velocidad, diafragma, entorno y, sobre todo, intuición para saber cuál es ese momento idóneo en el que te va a regalar la toma que tanto hemos perseguido.

En la fotografía de animales salvajes lo último que te planteas, cuando verdaderamente ya tienes *tablas*, es apretar el botón de la cámara. Previamente, hay tal cúmulo de problemas y formulismos por solucionar, que no son pocas las ocasiones en las que pueden pasar incluso años desde que piensas la realización de un reportaje hasta que lo ves por fin culminado. Además, y por desgracia, muchas de las especies de la fauna española están en peligro de extinción, por lo que en incontables ocasiones la dificultad no reside en fotografiar al águila imperial, al quebrantahuesos, o al halcón peregrino, sino que el impedimento radica en que te dejen hacerlo quienes legalmente tienen el control sobre estas especies.

Aún hoy, cuando el periodismo medioambiental juega uno de los papeles más importantes en la conservación de la naturaleza, la fotografía sigue siendo la hermana pobre, teniendo que superar mil y una trabas a la hora de ejercer nuestro trabajo.

CÓMO ACERCARNOS A LAS AVES MÁS ESQUIVAS

Mucha gente te hace el mismo comentario cuando suele ver mis imágenes del halcón peregrino regresando al nido del acantilado marino con una presa, de un pequeño alcaudón volando entre amapolas, unos abejarucos en la campiña florecida, o los amoríos de las grullas en los gélidos meses de invierno: "Tendrás un objetivo muy potente para realizar estas fotos". Es cierto que el teleobjetivo es un arma muy importante en este tipo de fotos, pero con seguridad el éxito en la fotografía de aves radica sin duda en los *hides*, escondites camuflados que se instalan estratégicamente meses antes. De esta forma podremos permanecer invisibles a la atenta mirada de especies tan esquivas como los halcones peregrinos y las grullas, animales que, sin esta ayuda seríamos incapaces de fotografiar por potente que sea nuestro teleobjetivo.

En cuanto a los *hides*, los hay de mil formas y colores; algunos ya vienen adaptados para este fin y podemos comprarlos en cualquier casa especializada en fotografía, o en la sección de caza y deportes de aventura de las grandes superficies. Otros se fabrican sobre el terreno aprovechando la vegetación existente, oquedades en la roca, o se construyen de forma permanentes para que los animales se acostumbren a ellos con el paso del tiempo. Muchos de los espacios más representativos ya cuentan con estos escondites como en las lagunas de Gallocanta para las grullas, Fuente de Piedra para los flamencos, la Serena para las avutardas, Ordesa para los quebrantahuesos, y otras muchas reservas.

Para este tipo de fotografías también cuenta la imaginación, adaptándonos a los retos que la naturaleza nos presenta. En una zona inundada de la marisma lo podemos resolver con el *hidrohide*, o escondite flotante con el que es posible aproximarse a las aves de este entorno. Una extensa llanura sin vegetación sería un lugar poco idóneo para montar un *hide*; ese problema lo solucionamos con un escondite a ras del suelo donde tumbados pasaremos algo más desapercibidos. En un acantilado tendríamos que recurrir a las redes de camuflaje que nos ayudarán a ocultarnos aprovechando una grieta o un oquedad en la propia roca. ¿Y si se trata un nido en lo alto de una árbol? Los nidos requieren, además de torres o andamiajes para solucionar el inconveniente de la altura, una gran experiencia y cuidado por parte del fotógrafo, así como las autorizaciones convenientes por parte de la Administración si se trata de una especie protegida.

AMANECER EN LOS BARRUECOS

Son las cinco y media de una fría mañana del mes de mayo en el Monumento Natural de los Barruecos. Un agente de medio ambiente me espera ya en el centro de recepción para acompañarme al escondite que días antes habíamos colocado en una de las orillas de la laguna. En plena oscuridad entramos en el parque, aunque, a lo lejos, se divisan iluminadas por la luna llena las siluetas blanquecinas de las cigüeñas en lo alto de rocas graníticas. Aguardo el amanecer, mientras, intento en vano evitar que los mosquitos me devoren; el escondite está plagado de ellos; no han encontrado otro lugar más cálido en el que refugiarse durante la noche.

Por fin luce la aurora en la campiña extremeña. Mis primeros temores se disipan y creo que va a hacer un buen día. Son las ocho de la mañana y la charca se tiñe de rojo iluminada por los primeros rayos solares. La neblina se apodera de ella debido a la diferencia de temperatura entre el agua y el ambiente. Miles de estelas brillantes se dibujan provocadas por el paso lento y pausado de las cigüeñas que poco a poco se acercan a mi escondite. Mientras, en el centro de la charca, una pareja de somormujos lavancos se afanan en el ir y venir a la búsqueda de vegetación para la construcción del nido flotante donde llegarán al mundo sus polluelos. Es una experiencia conmovedora; la luz parece de ensueño y el incandescente color naranja se acentúa con la bruma. Ha resultado una jornada inolvidable: las horas han pasado y el guarda vuelve de nuevo a recogerme. Los somormujos empiezan a alejarse al centro del embalse donde se sienten más protegidos; allí pasarán entre galanteos de cortejo la mayor parte del día.

EL PEQUEÑO MATADOR

Desde una pequeña apertura en el escondite donde me encontraba, tuve esta inesperada visita, un pequeño semáforo de colores que bajaba y subía como una bala en su primer intento para a toda costa hacerse con el cebo. Corregí el encuadre y cambié el objetivo por otro más preciso que me permitiera captar un segundo ataque. En esta ocasión, inmóvil en el aire, se quedó mirando de espaldas a mí intuyendo que allí pasaba algo raro, y es que debió percibir algún movimiento extraño mientras yo cambiaba mi objetivo con rapidez. Los alcaudones son, pese a su reducido tamaño, unos cazadores implacables. Su perfecto dominio del vuelo y su valentía para enfrentarse a presas que le doblan en tamaño han dotado a estos pequeños matadores de una fama merecida. En la campiña andaluza, en plena primavera, pude captar esta inusual imagen que aún guardo en mi retina.

Canon EOS1- MARK II
Canon 300mm f/2.8
ISO 100
f4. v1/2500s

⭐ Mención de Honor, *Windland Smith Rice International Awards* 2009

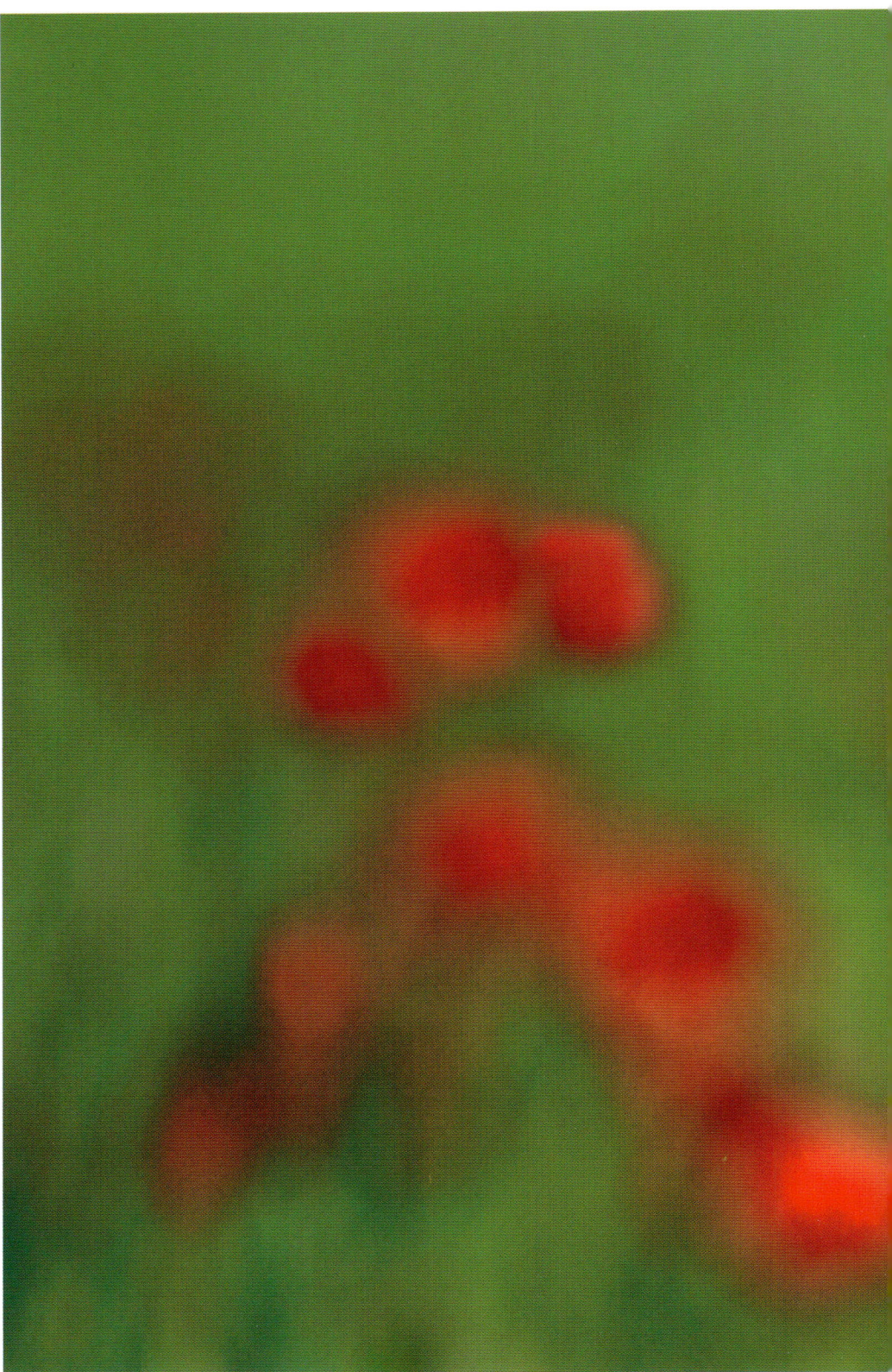

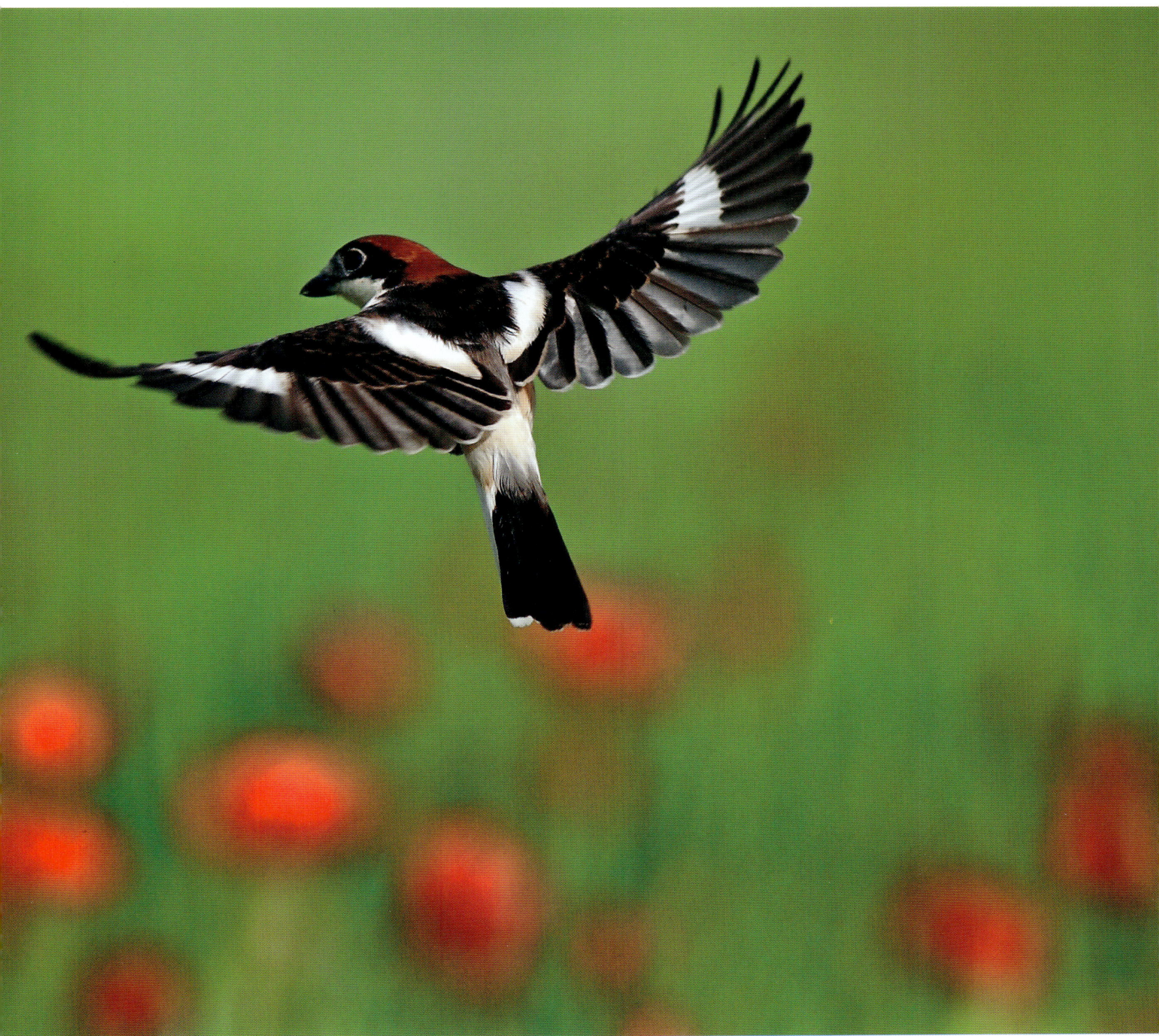

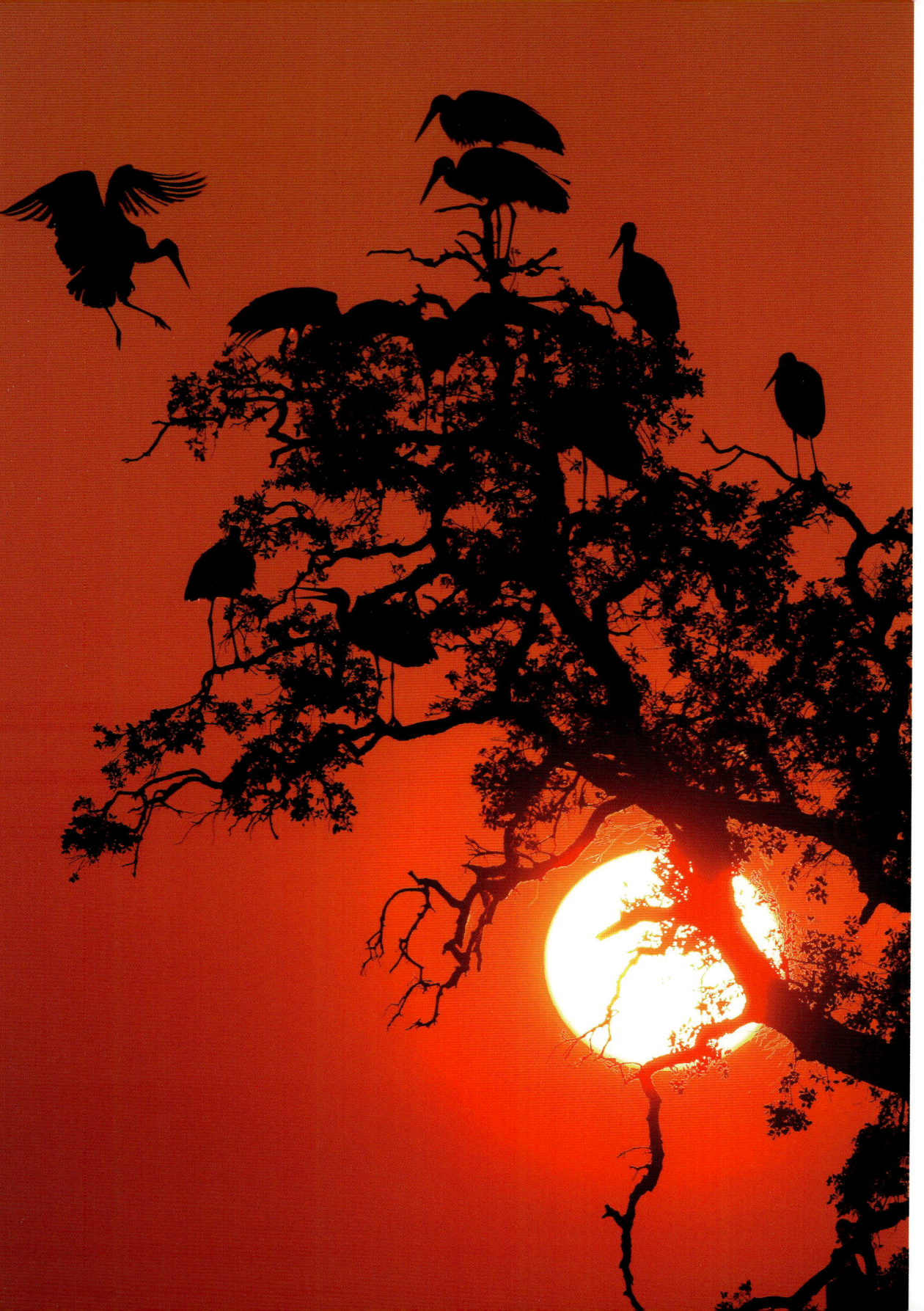

PAJARERAS EN EL OCASO

Doñana es el auténtico símbolo de la naturaleza salvaje. No sólo de Andalucía, sino también de toda Europa.

Más de un centenar de especies de aves y una cincuentena de mamíferos, anfibios y reptiles viven de manera permanente en este rincón de Andalucía. Sus privilegiados ecosistemas, sucesión de marismas, humedales, dunas y bosques secos, algo único en toda Europa, albergan más de doscientas especies de vertebrados y ofrecen refugio y comida cada temporada a más del 80% de las aves migratorias de Europa. Razones más que suficientes para que los sanluqueños llamen a Doñana "la otra banda". Una "banda" que nos permite disfrutar en el presente de buena parte del esplendor natural de un mundo pasado, tantas veces destruido por el hombre.

Canon EOS-1D MarkII N
Canon 500mm f/4.5
ISO 100
f8. V1/640s

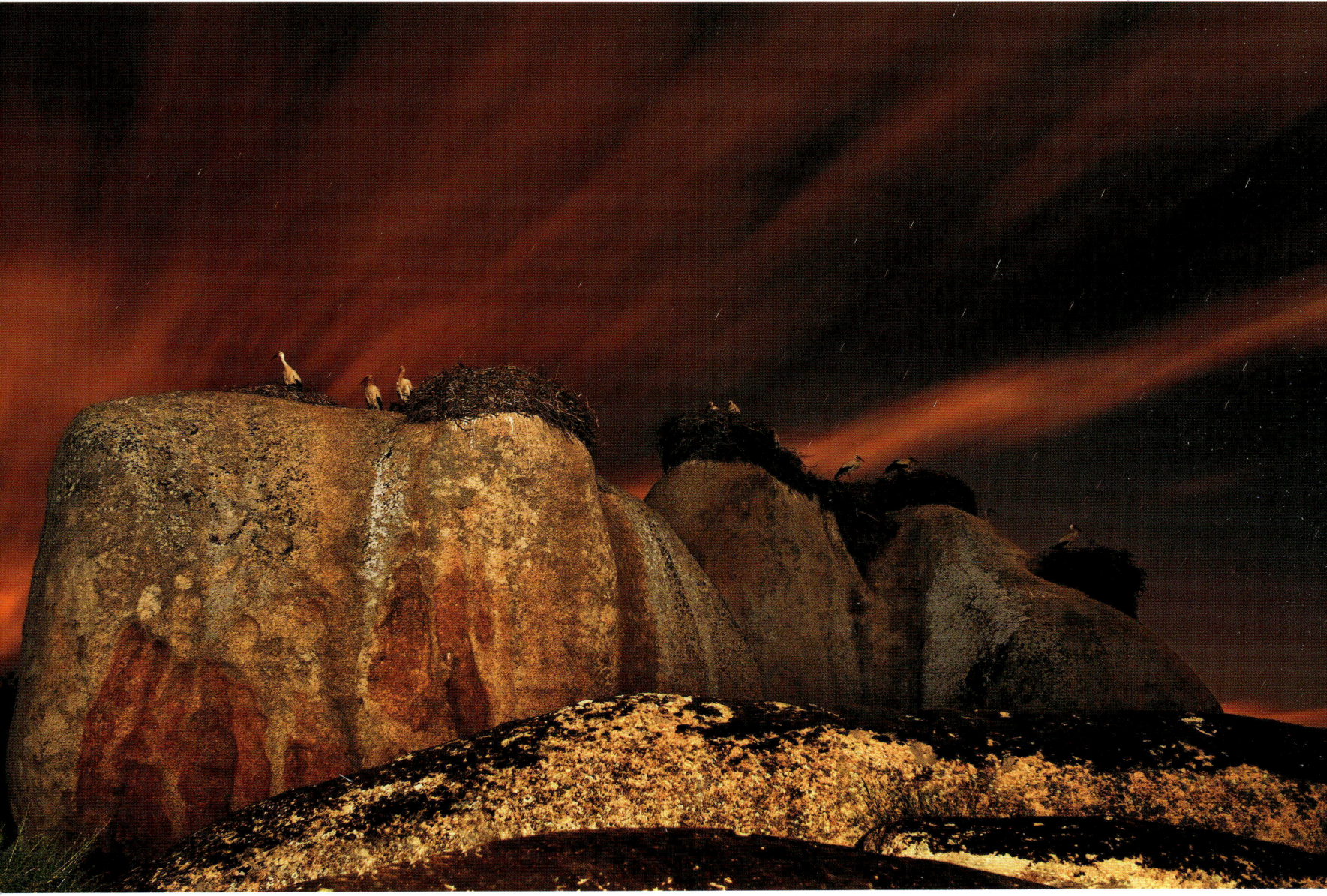

CIGÜEÑAS BAJO LAS ESTRELLAS

El Monumento Natural de Los Barruecos en Cáceres dibuja excepcionales siluetas que trasladan la imaginación de quien las contempla a pasadas y remotas épocas. En una noche de tormenta las nubes se revuelven al frenético ritmo que marca el viento del norte. La impresionante formación de roca granítica está cubierta de nidos de cigüeñas blancas que han elegido este ecosistema pétreo para reproducirse. La ciudad de Cáceres a tan solo 13 kilómetros de distancia, acaricia de rojo las nubes con su contaminación lumínica aportando a la escena un toque de dinamismo y fantasía.

Nikon D3, Nikon 24-70mm f/2.8G, ISO 200, f5.6. v80s, Flash

⭐ Mención de Honor, *Voel GDT European Wildlife Photographer of the Year* 2009

MI ÚLTIMA COMETA

El *Gypaetus barbatus* es la única ave comedora de huesos del planeta. Su nombre común, quebrantahuesos, viene de la particular técnica de romper los huesos grandes para fracturarlos en trozos de tamaño adecuado para sus ingesta, que son lanzados desde el aire en zonas rocosas.

Especie emblemática donde las haya, el quebrantahuesos es hoy un auténtico símbolo viviente de nuestra fauna y el más fiel exponente de la naturaleza salvaje de alta montaña. Lamentablemente sigue siendo una especie en grave peligro de extinción aunque, lentamente, parece que vuelve a adornar con su silueta, cual cometas al viento, los cielos y montañas peninsulares.

Canon EOS1 Mark II, Canon 500mm F/4, ISO 100, f5.6. v1/1000s

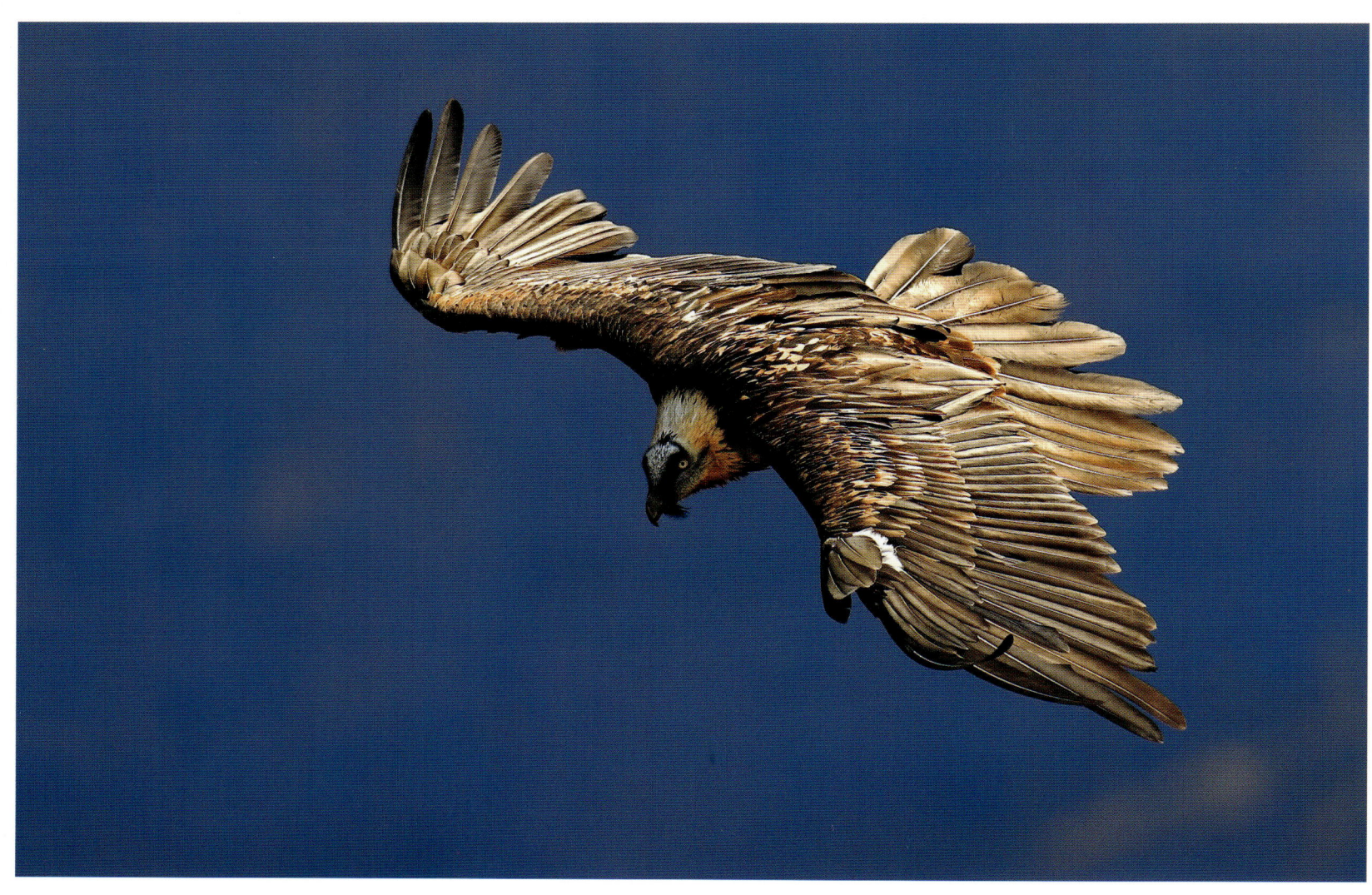

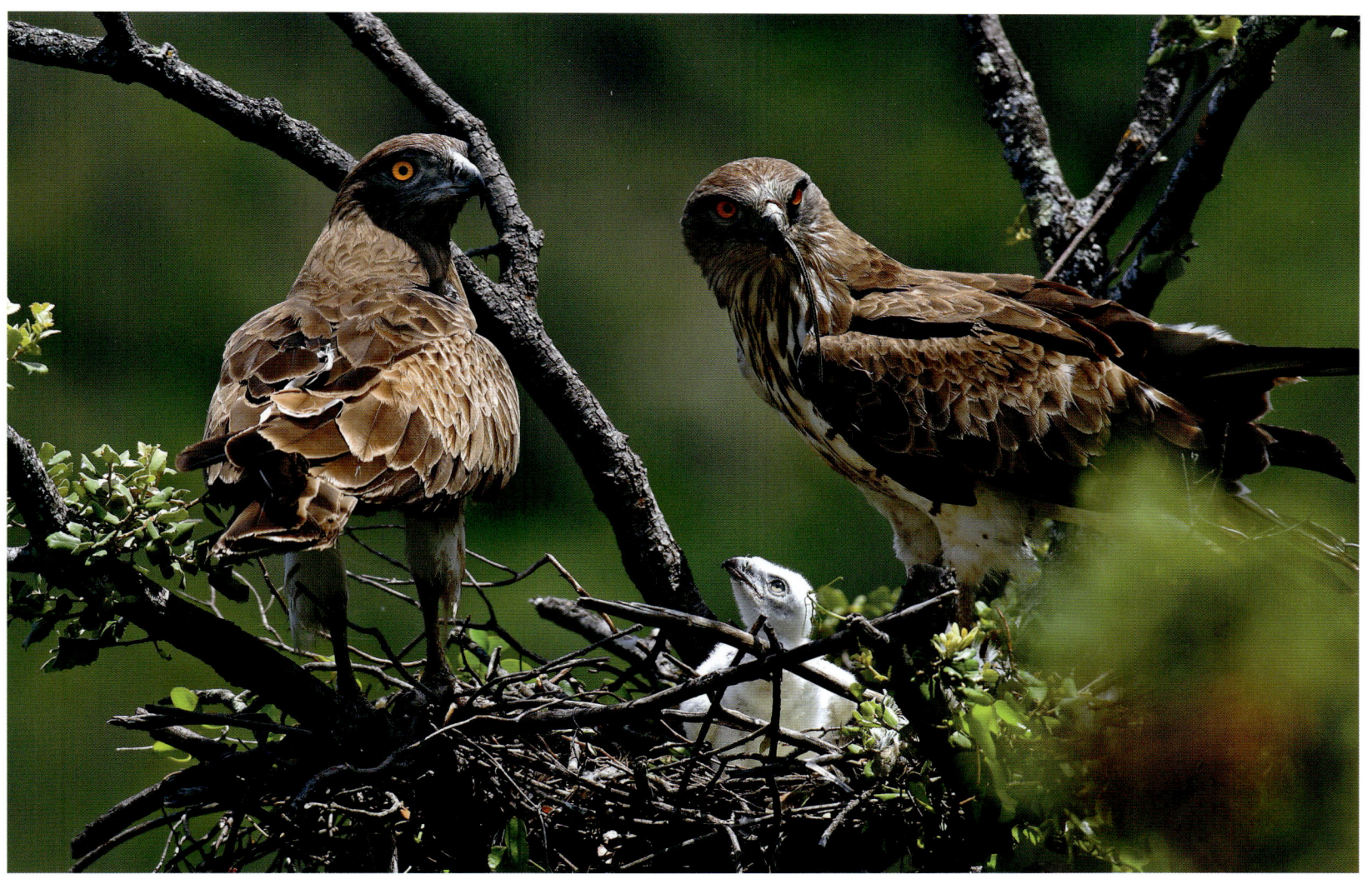

CAZADORAS DE SERPIENTES

Una majestuosa pareja de águilas culebreras han construido el nido sobre una añosa encina y se afanan en criar su único polluelo. Mientras la hembra llega al nido con una culebra en el pico, el macho se dispone a relevarla en la caza de ofidios, siendo éstos el noventa por ciento de sus presas. Son instantes en los que el corazón se acelera y cuesta mantener la calma, poder mirar los ojazos amarillos de estas extraordinarias rapaces, supone para un fotógrafo de naturaleza una experiencia inolvidable.

Canon EOS1 Mark II, Canon 500mm F/4, ISO 100, f6.3. v1/640s

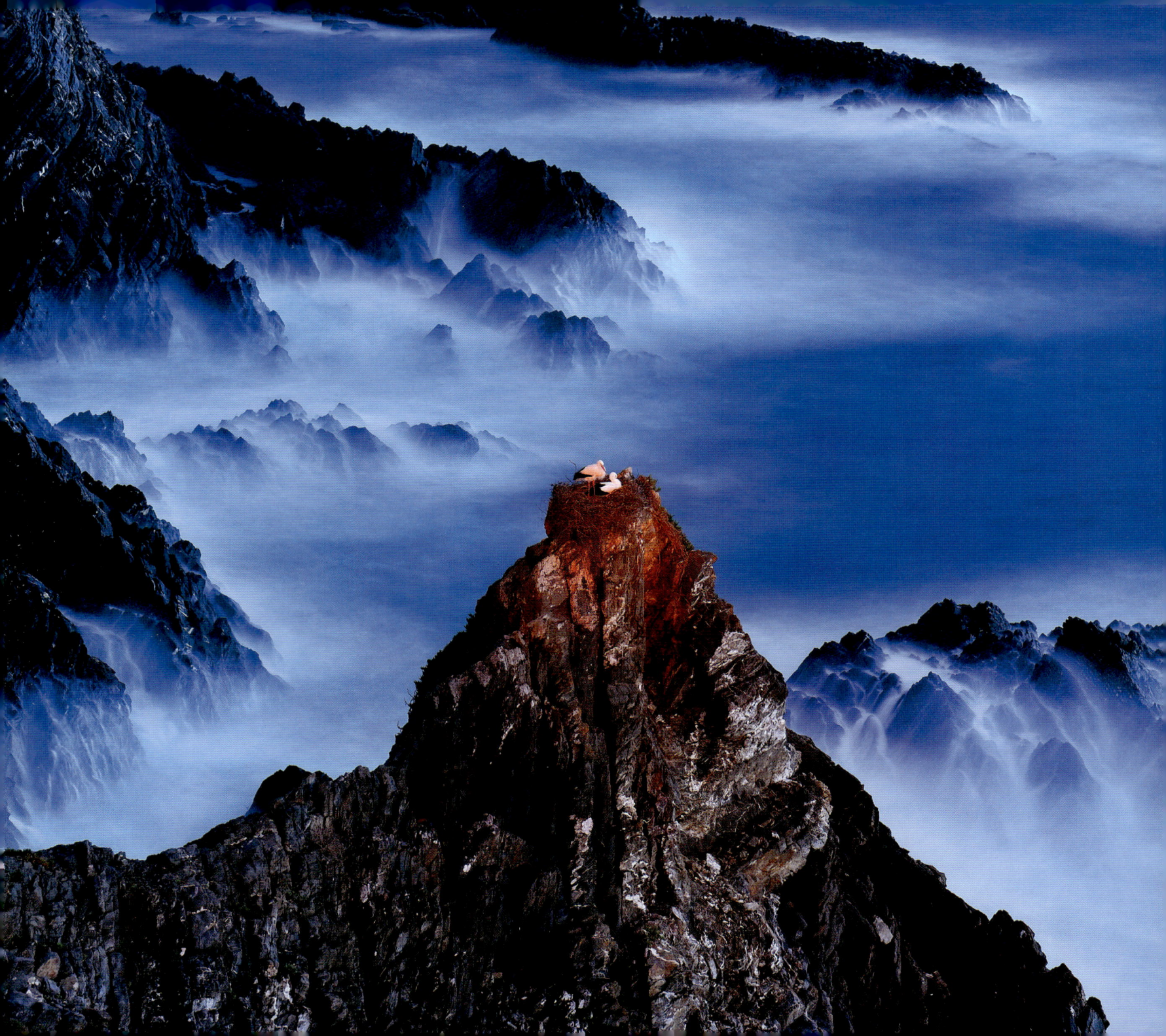

Las damas del mar

■ CONTEXTO

Me encuentro en el Parque Natural del Suroeste Alentejano y Costa Vicentina en Portugal, donde vive quizás la única colonia de cigüeñas en acantilado marino del planeta. Aquí las olas del mar Atlántico golpean con furia y el viento sopla con violencia prácticamente a diario. Siempre planifico mis fotos al milímetro y dedico mucho tiempo al estudio del lugar, especie, ubicación y composiciones posibles. Posteriormente creo la imágenes en mi mente y, por último, valoro si esta foto es capaz de dar la vuelta al mundo o de lo contrario, la descarto. Claramente merecía la pena luchar por la imagen que ya tenía en mi cabeza, solo quedaba llevarla a cabo.

■ LA IMAGEN

Para esta fotografía totalmente nocturna utilicé la luz de la luna y una iluminación artificial cálida que resaltara de forma importante el plano principal. Mi intención era conseguir una imagen con profundidad y relieve en la que se fusionasen armónicamente arte fotográfico y naturaleza.

■ TRATAMIENTO

La imagen fue capturada en formato RAW, balance de blancos luz fluorescente fría.

He utilizado Nikon Capture NX2 en su edición con un procesado normal; niveles y curvas, saturación, contraste y máscara de enfoque.

■ RESULTADOS

Elegí teniendo muy en cuenta la marea alta, una noche con un cielo raso, es decir, sin nubes, con la intención que obtener un azul profundo en el mar. Opté por una luna creciente y esperé que ésta estuviese declinante cerca del horizonte con el fin de evitar sombras en las grietas y cuevas del acantilado como también para conseguir una luz más polarizada y menos dura que con la luna en lo alto del cielo.

Para conseguir unos colores más vivos elegí un balance de blancos frío y ajusté el *Control Picture* de mi cámara en la opción Paisaje. Estos ajustes me proporcionarían un resultado muy parecido al de una película Velvia pura y dura. Realicé unas fotos de comprobación de encuadre, profundidad de campo y efecto del movimiento del agua, así como los niveles en la propia cámara corrigiendo estos desde el ISO. Por último, y con todo bajo mi control, lancé al final de la exposición un destello de luz roja sobre la punta de la roca y el nido, de esta forma conseguiría una combinación de colores impresionante, rojo sobre azul intenso, además de volumen. Al mismo tiempo elegí una óptica corta para incluir todo el paisaje destacando con el rojo lo incrédulo del lugar donde una pareja de cigüeñas blancas han construido su nido. Esta parte fue la más difícil ya que durante la larga exposición los animales no pueden moverse lo más mínimo y esto era casi imposible por el viento que las golpeaba. La gran mayoría de imágenes estaban trepidadas por esta circunstancia, en otras muchas las cigüeñas se movían, el resto, unas veces me pasaba con la luz roja y otras me quedaba corto. Solo, finalmente, esta imagen se salvó de la papelera.

■ CONSEJOS

Los acantilados marinos de esta parte de Portugal alcanzan una altura de 30 metros por lo que debemos tener especial cuidado, sobre todo, si decidimos hacer fotografía nocturna. Lo más aconsejable es situarnos durante el día, componer y comprobar la profundidad de campo cuando aún tengamos luz.

Nikon D3s, Nikon 70-200mm f/2.8G, ISO 200, f5.6. v25s

⭐ Primer Premio, *Worldwide Photography Gala Awards* 2011

⭐ Bronce, *Loupe* 2011

⭐ Premio por Votación Popular, *MontPhoto* 2011

⭐ Primer Premio, *Foto Nikon* 2011

⭐ Ganador Biodiversidad y Ganador Absoluto, *Memorial María Luisa* 2011

⭐ Noveno Premio, *OASIS* 2011

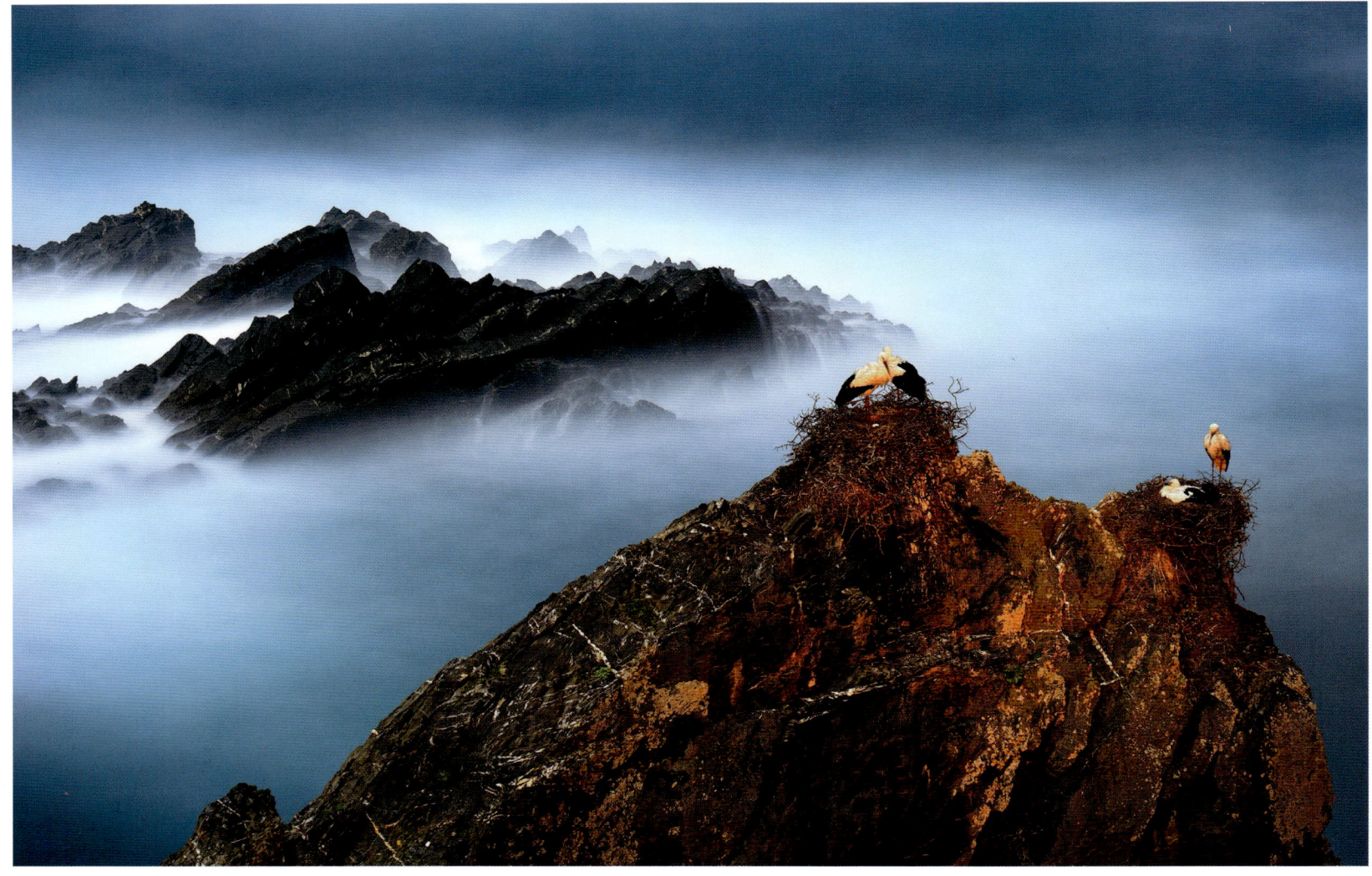

LA NOCHE DE LAS CIGÜEÑAS MARINAS

Para mí, la mejor foto que he realizado en el 2010 y una de las mejores de toda mi vida. Imagen compleja en su realización y al mismo tiempo, quizás, con la que he sentido mayor frustración. Utilicé luz de luna llena junto a un aporte de luz cálida sobre el plano principal con una temperatura de color igual a la puesta de sol con la intención de obtener volumen y centrar la vista del espectador sobre las cigüeñas, la velocidad de obturación fue de unos interminables 157s, la hora de realización 2 de la mañana. Fue publicada en el *BBC Wildlife* en su número de diciembre como la foto más sorprendente del mes. La envié dos años seguidos al *WPY* y al *GDT* y aunque llegó a la final en ambas competiciones, nunca obtuvo premio. Curiosamente en las dos convocatorias se premiaron fotos mías infinitamente inferiores a ésta, paradojas de la vida. En el *Montphoto* 2011 fue la imagen más votada por el público con más del triple de votos que la siguiente, aún así tampoco fue considerada por el jurado para ser premiada. ¿Cuándo volveré a obtener una imagen como ésta?, posiblemente nunca. ¿ Mereció la pena tantas noches de frío, viento y soledad al filo de un acantilado? Rotundamente sí porque, en realidad, lo verdaderamente importante para un fotógrafo son los momentos íntimos vividos en la naturaleza; nunca olvidaré aquellas noches de luna llena contemplando éstas, las damas del mar.

Nikon D3S, Nikon 70-200mm f/2.8G, ISO 400, f5.6. v157s

⭐ Mención de Honor y Premio Votación Popular, *MontPhoto* 2011
⭐ Mención de Honor y Mención Especial, *Montier-en-Der* 2012
⭐ Mención de Honor, *National Wildlife Photo Contest* 2012

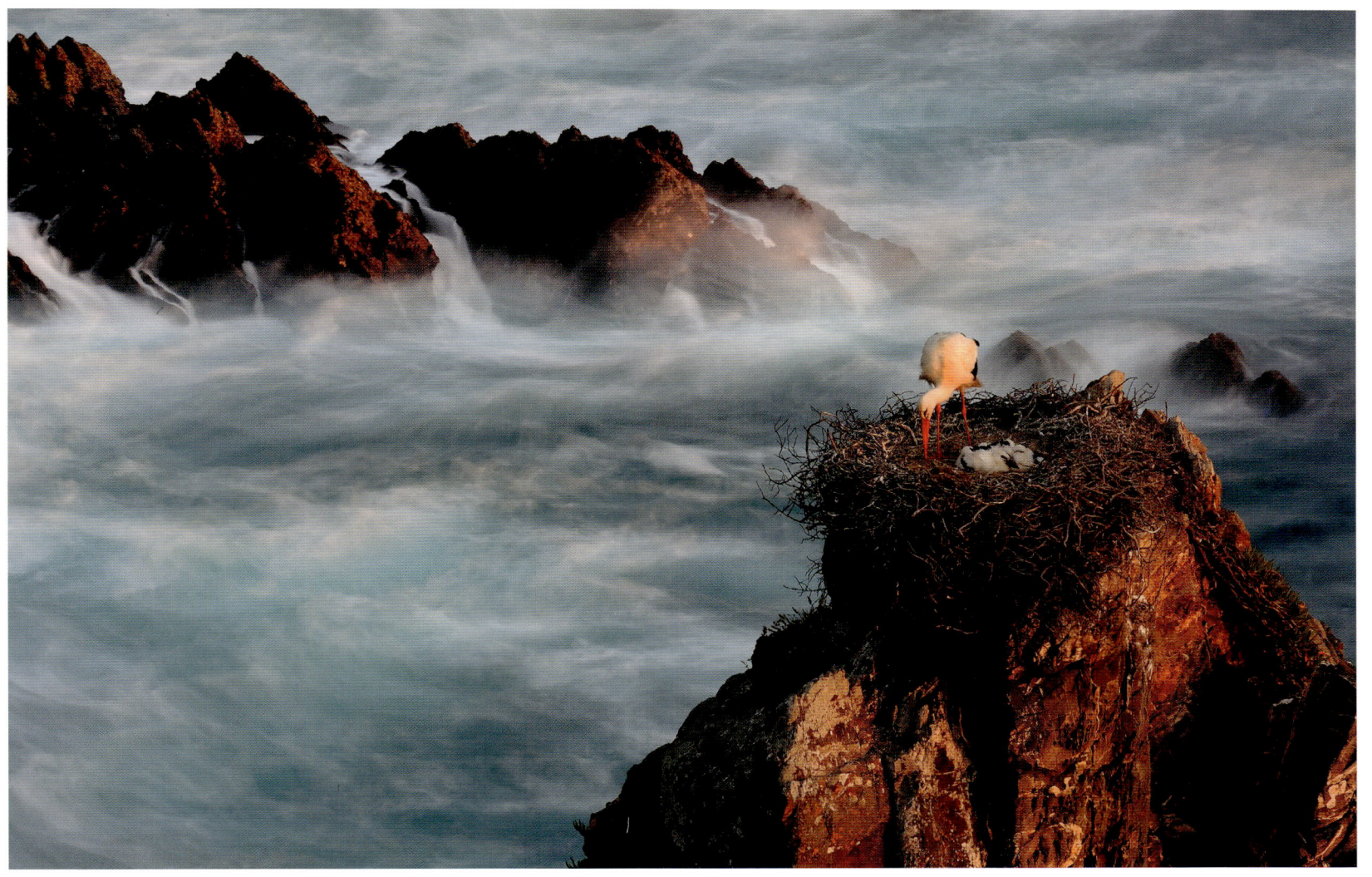

AL LÍMITE DE LAS MAREAS

Existe un edén único en la costa portuguesa donde el tiempo parece haberse detenido. Aquí las olas del mar Atlántico golpean con furia las aristas del acantilado marino moldeando un paisaje tan exclusivo como bello. Increíblemente, hay un animal que desafía las rigurosas condiciones climáticas del Atlántico, las cigüeñas blancas que han elegido este ecosistema marino para depositar sus nidos. Aprovechando la última luz del atardecer y el fuerte oleaje que azotaba el acantilado, decidí jugarme la toma con una exposición arriesgada de 1.6s, con la intención de plasmar un efecto más pictórico en las olas del mar. La luz era simplemente perfecta pero la cigüeña no paraba de moverse en ningún momento. Al final de las cinco tomas cuatro movidas y ésta para el recuerdo.

Nikon D3S, Nikon 200-400mm f/4G, ISO 800, f32. v1.6s

⭐ Mención de Honor, *MontPhoto* 2012
⭐ Mención de Honor, *OASIS* 2012
⭐ Mención de Honor, *Melvita* 2013

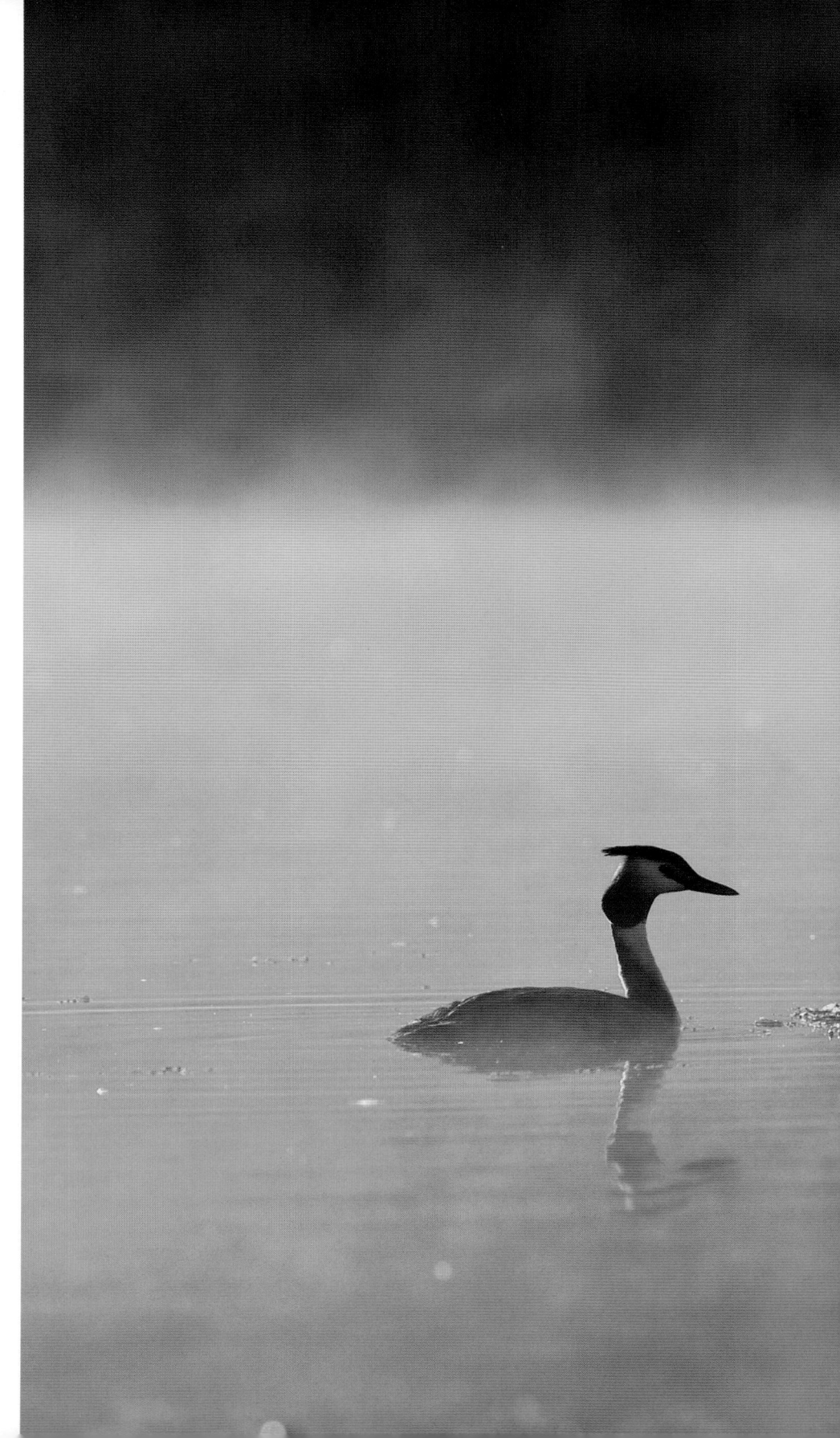

AL AMOR DE LOS SOMORMUJOS

Los Barruecos fueron declarados Monumento Natural por la espectacularidad de su paisaje, dominado por los grandes bolos graníticos que se asientan a la orilla de las charcas. Las aguas embalsadas, dotan a este paisaje de un encanto especial, además de ser el hábitat idóneo para muchas especies importantes que encuentran aquí un enclave perfecto para reproducirse. Uno de los numerosos encantos de los Barruecos son los somormujos como los de la fotografía. La parada nupcial es uno de los acontecimientos más singulares de la avifauna ibérica. La pareja se pone frente a frente y abren sus golas de plumas al tiempo que giran sus cabezas uno frente al otro. Este comportamiento es conocido como el baile del somormujo. Una vez que se han formado las parejas los bailes son más habituales y se ofrecen hierbas y plantas acuáticas para la construcción del nido.

Nikon D3
Nikon 200-400mm f/4G
ISO 400
f8. v1/640s

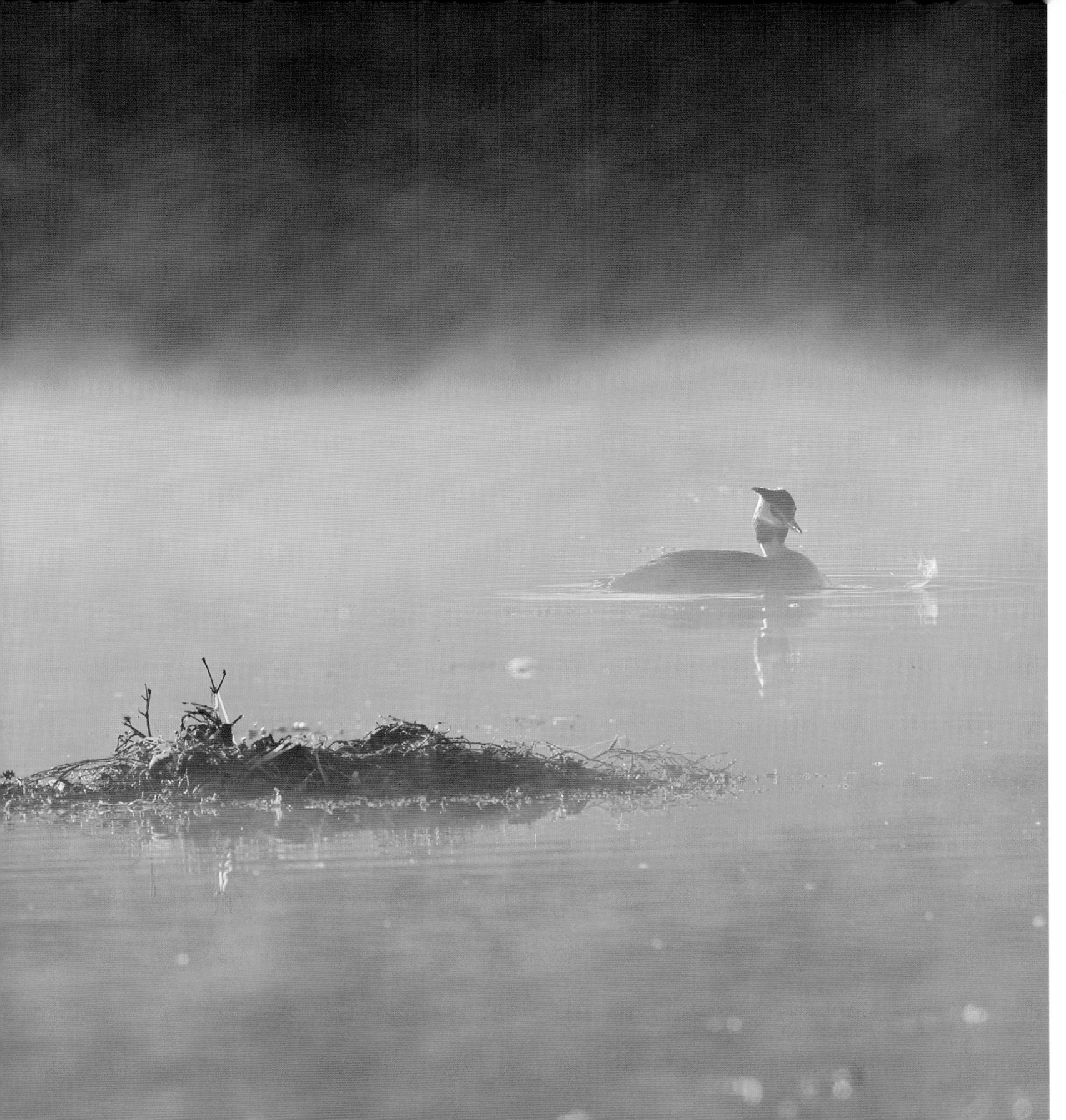

DANZAS DE AMOR

La laguna de Gallocanta es, sobre todo, un lugar de paso para las aves que se mueven entre las zonas de cría noreuropeas y las zonas para pasar el invierno del sur de España o del norte de África. Pero nos encontraremos también con aves que la utilizan como lugar de destino en invierno o para nidificar en los meses estivales. La procedencia de estas aves es bien diversa (desde Francia y Países Bajos, hasta Islandia, Países Nórdicos e incluso Siberia). La diversidad también afecta a las especies que participan en este rito anual. Hacia finales del invierno o comienzos de la primavera, las aves inician su viaje en dirección norte hacia las áreas de nidificación. Por el contrario, desde el verano hasta el comienzo del invierno las aves invierten su recorrido en dirección sur, hacia sus áreas de invernada para pasar allí los meses más fríos del año. Desde los meses de octubre a marzo la laguna de Gallocanta se convierte en una delicia para la vista y para el oído. Más de 40.000 grullas llegan al humedal en grandes bandos, entre rumores de algarabía y de batir de alas. Todo un espectáculo al amanecer y al atardecer, cuando al volver a los dormideros sus siluetas se recortan en el cielo.

Nikon D3, Nikon 200-400mm f/4G, ISO 250, f6.7. v1/640s

⭐ Mención de Honor, *La Gacilly* 2010
⭐ Mención de Honor, *Foto Nikon* 2010

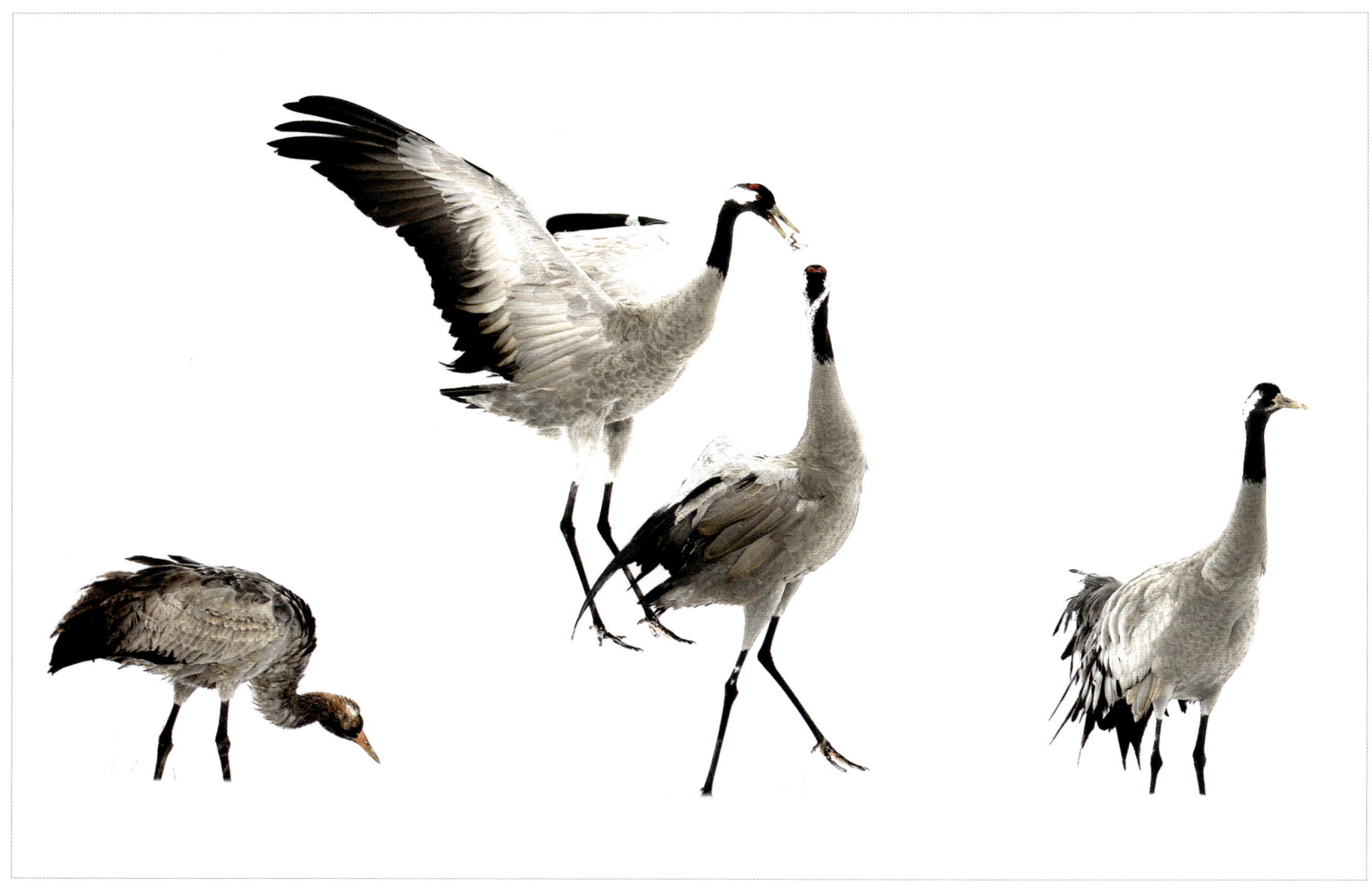

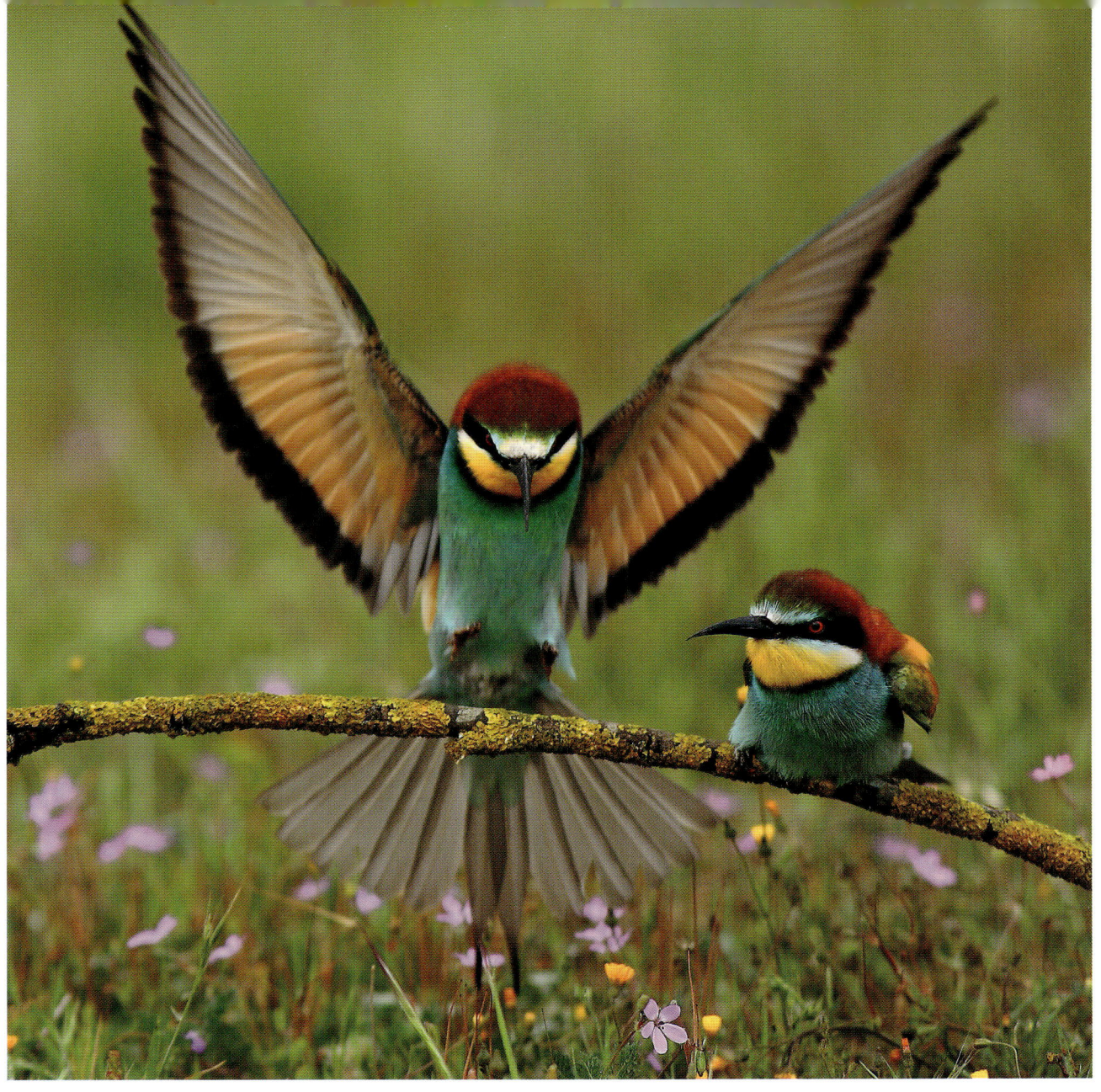

EL ARCO IRIS ALADO

A principios de primavera los abejarucos recién llegados de África toman sus territorios en la Península Ibérica. Pasados unos días de frenética actividad, se van formando las parejas que ya han tomado las parcelas de cría donde seguidamente empezarán la construcción de los nidos. Estos, por lo general, se encuentran en taludes de tierra o, como en el caso de la fotografía, en el suelo. En primavera y en años de lluvias copiosas la campiña andaluza se tapiza con verdaderas alfombras de florecillas multicolores, es entonces cuando la fotografía de abejarucos alcanza el momento cumbre para un fotógrafo de naturaleza.

Canon EOS1- MARK ll, Canon 300mm f/2.8, ISO 100, f4.5. v1/500s

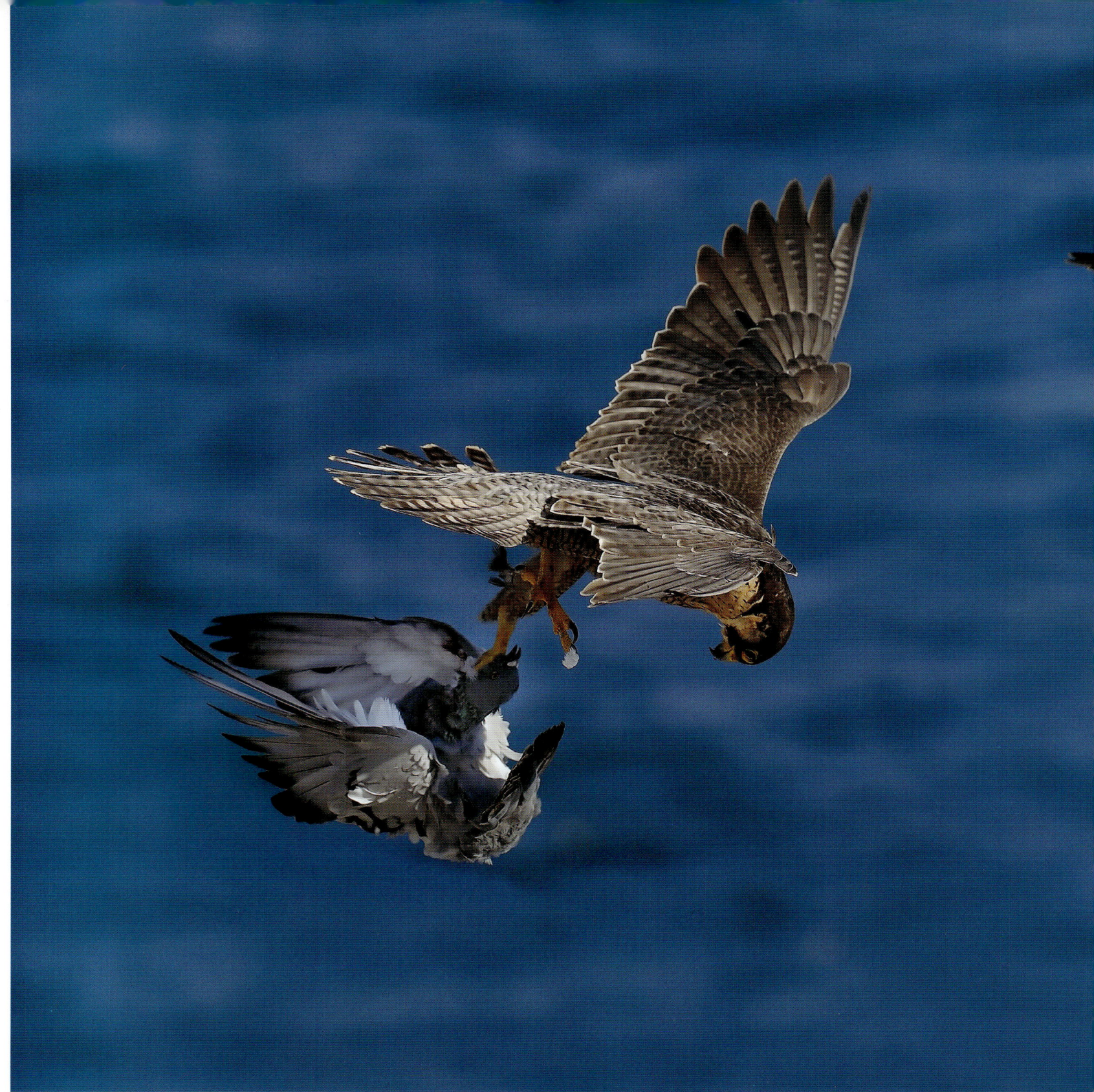

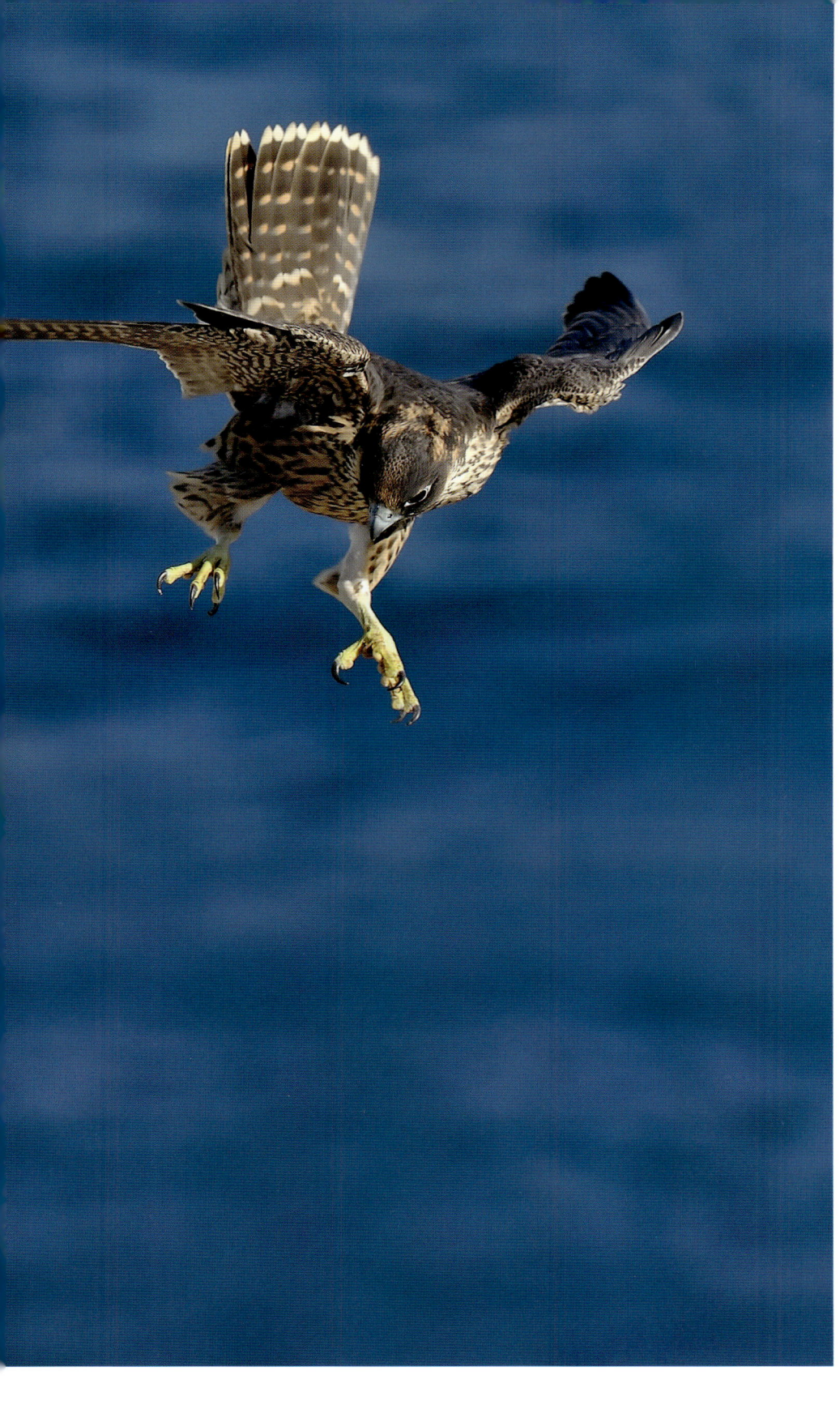

DANZANDO CON EL VIENTO

El halcón peregrino es el animal más veloz sobre la faz de la tierra, más de 400 kilómetros hora en picado, un auténtico proyectil viviente, una perfecta masa aerodinámica concebida para volar y matar. Su presa por excelencia son las palomas zuritas que comparten hábitat en los cantiles más inaccesibles. Su sofisticado sistema de caza consiste en acuchillar con sus garras las presas en el aire a gran velocidad, una vez aturdidas el halcón las captura y las mata degollándolas con su potente pico, una técnica prácticamente infalible conseguida a base de años de experiencia y evolución. En la fotografía el macho de halcón peregrino ha capturado una paloma. Llegado a la zona de cría en un remoto acantilado marino uno de sus polluelos, ya muy crecido, intenta arrebatarle la presa en el aire. El fuerte viento de poniente azota la costa, lo que hace que la operación sea algo más dificultosa para ellos y una ventaja para el fotógrafo.

Nikon D3
Nikon 200-400mm f/4G
ISO 500
f7.1. v1/1600s

⭐ Mención de Honor, *Foto Nikon* 2009

Lo pequeño también es hermoso

Parece como si no interesara mucho la otra cara de la naturaleza, esa menos amable y generosa con especies incluidas entre las más discretas y desconocidas. Son normalmente las más grandes, las espectaculares, las que despiertan el atractivo por encontrarse en peligro de extinción y se convierten en protagonistas. En el frágil mundo natural, todo lo que hay bajo el firmamento es protagonista imprescindible en el equilibrio ecológico.

Quizás la razón principal por la que he sentido una inclinación especial por la macrofotografía es la dificultad añadida que encierra trabajar en un mundo de apariencia insignificante, un universo microscópico que te desafía a investigar y que en la mayoría de las ocasiones escapa imperceptible a nuestros sentidos.

La fotografía de la naturaleza, más que un instrumento de comunicación, es una forma de sentir la vida y así he intentado expresarlo. Modelar la luz y crear ambientes con relieve, someter la profundidad de campo a mi antojo y, sobre todo, alcanzar ese ideal en el que consigues tu propósito: conjugar una imagen en la que se fusionen armoniosamente arte fotográfico y naturaleza con seres

vivos que pululan a sus anchas, evitando todo contacto con el ser humano.

Es ésta una técnica tremendamente complicada, un reto diario al que debo enfrentarme cada vez que me pongo delante del ocular. A diferencia de otras prácticas fotográficas, su ejercicio requiere no sólo atesorar buenas dosis de paciencia, ni basta con apretar el obturador de la cámara cuando por fin el animal en cuestión se ponga al alcance de nuestro objetivo.

En la macro, el minimalismo de las escenas exige el uso de sofisticados equipos de iluminación y aproximación, para lo cual se necesita dominar la técnica fotográfica. Flashes, células fotoeléctricas, cables de conexión y distribuidores TTL, baterías turbo, anillos y fuelles de extensión, lentes de aproximación, objetivos macro, cámaras y trípodes, son elementos esenciales para adentrarse en este apasionante cosmos infinitesimal.

La macrofotografía es una fuente rebosante de sorpresas. En ella nada es lo que parece a simple vista, y tras un inapreciable detalle puede esconderse la más grande y valiosa de las obras. Cuando se practica es esencial saber observar con otra mirada, con ojos microscópicos, repasar la puesta en escena una y otra vez. Pero, sobre todo, es fundamental hacerlo sumamente despacio.

La macro es una técnica para descubrir, para componer y crear, una faceta donde la capacidad artística de cada autor se pone más de manifiesto. Unos diminutos caracoles de espiral deslizándose suavemente por la superficie verde de una hoja, una colorida libélula soleándose a primeras horas de la mañana cuando la vegetación se encuentra empapada por las gotas de rocío, o una *mamá* tarántula en postura defensiva para proteger su ooteca, pueden ser el modelo perfecto para conseguir una foto interesante.

EL TÚNEL DE LA VIDA
Permanece fiel en mi retina aquel maravilloso día en el que, tras ocho años dedicado al estudio de los camaleones andaluces, conseguí captar dos de los instantes más críticos de la vida de estos reptiles: la puesta y la eclosión.

En un túnel de unos setenta centímetros de profundidad excavado a lo largo de varias jornadas, en total oscuridad y a salvo de intrusos, se produce el milagro. *Mamá* camaleón va depositando uno por uno todos los huevos que ha gestado en su vientre, hasta una treintena. Agotada, exánime por el tremendo esfuerzo realizado durante el desove, aún conserva fuerzas para salir lentamente, y en un postrer arranque de energía, sellar la entrada del cubil donde late su preciado tesoro. Ahora resta una larga espera con la incógnita de si todo irá bien o no. Las amenazas se suceden; un año es mucho tiempo y por nada del mundo quisiera perderme la eclosión.

Once meses después de la puesta, hacia finales de septiembre, cuando las condiciones meteorológicas eran más favorables para su desarrollo, se activó el fenómeno. Los pequeños camaleones empezaron, no sin antes realizar un tremendo esfuerzo, a resquebrajar el envoltorio que les había cobijado durante tan prolongado periodo. Algunos, en su afán por abandonar esa vieja morada que ya se les había quedado pequeña, necesitaron horas para poder librarse del flexible pero duro cascarón. Rememorando estas increíbles imágenes mi mente se trasladó en el tiempo, parecían auténticos minidragones, diminutos dinosaurios salidos más bien de una película de la Era Jurásica.

LA FLECHA ROJA

Este pequeño odonato (*Sympetrum sanguineum*) de apenas cuatro centímetros de longitud destaca, y muy especialmente en los machos, por lucir un color rojo vivo en todo el cuerpo, incluyendo sus enormes hijos , de ahí que se le conozca vulgarmente como flecha roja . Este detalle unido a los cientos de lentes que componen sus ojos hizo que centrara mi atención reflejándolo en este primer plano.

Cuando el hombre empezó a fundar sus ciudades cerca de los ríos las libélulas ya estaban allí. Investigadores estadounidenses han encontrado fósiles con más de 312 millones de años de antigüedad y su tamaño debió ser muy parecido al de los halcones actuales. A las libélulas se les atribuye el don de la buena suerte y los samuráis, antiguos guerreros japoneses, las utilizaron como emblema y símbolo de buena suerte, y en el México Prehispánico se les consideró un símbolo de pureza del agua.

Nikon D3S, Nikon 105 macro f/2.8G, ISO 200, f8. v1/400s, flash

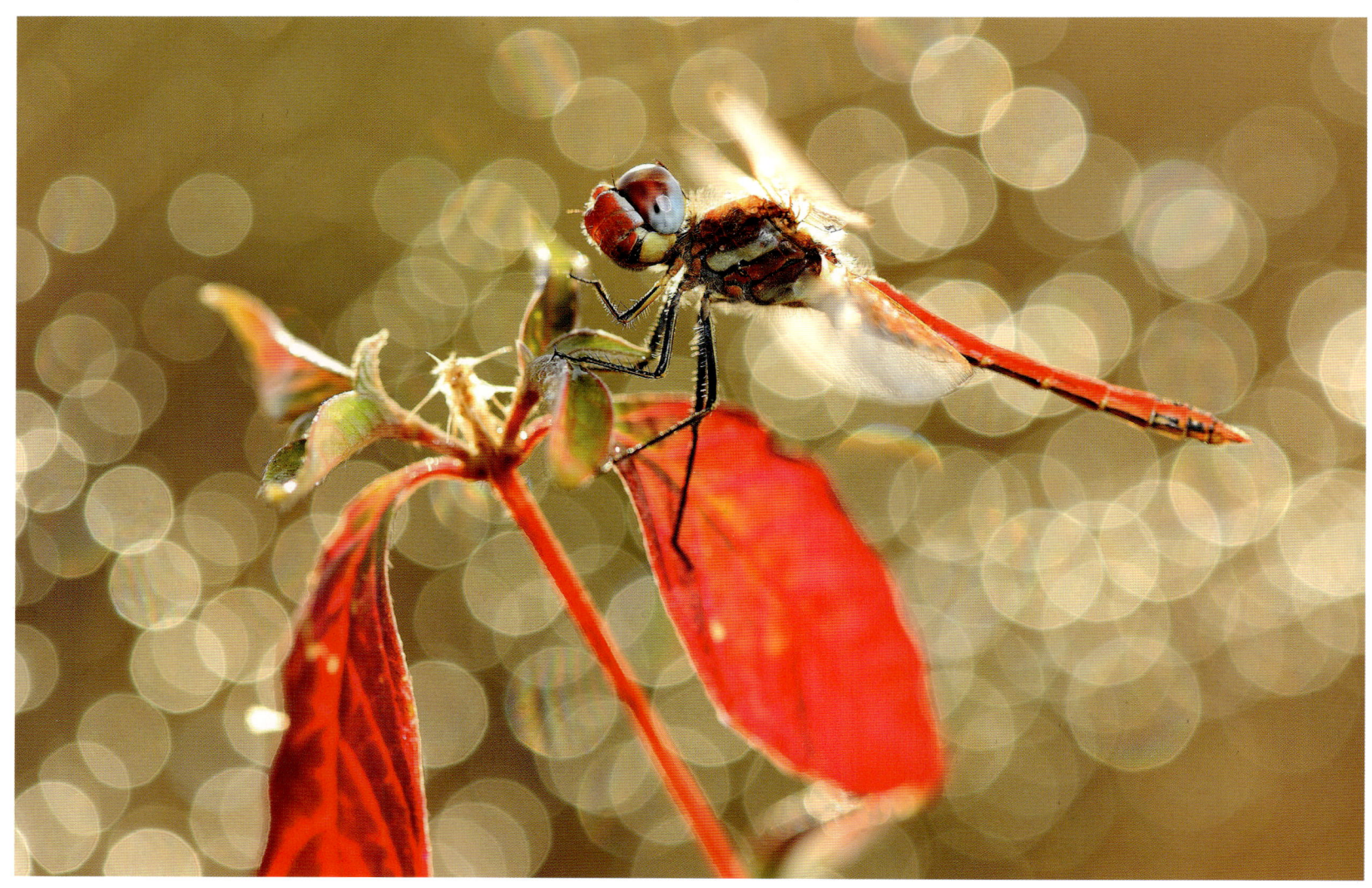

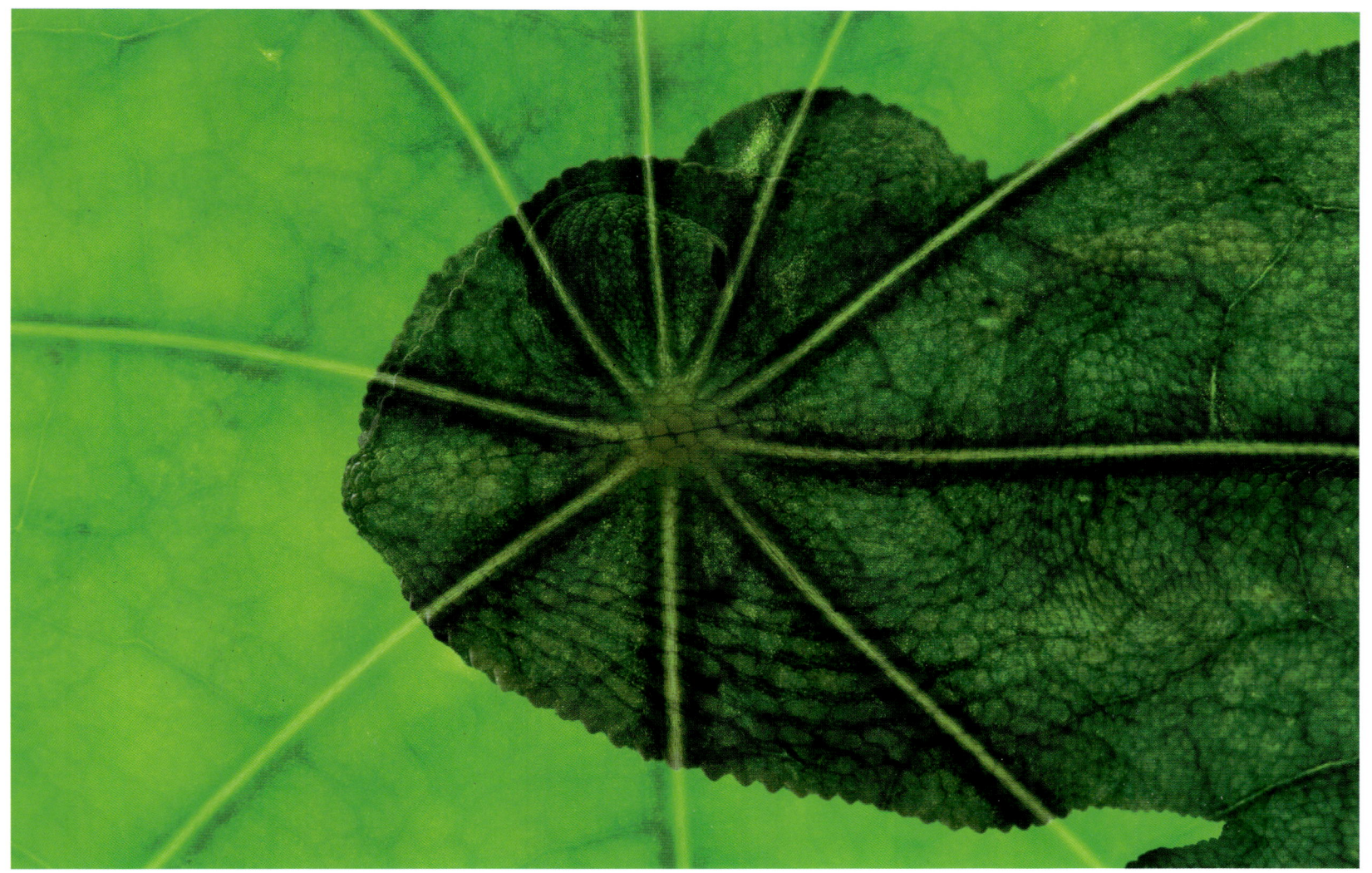

EL REPTIL INVISIBLE

El mimetismo es una habilidad que ciertos seres vivos poseen para asemejarse a otros organismos (con los que no guarda relación) y a su propio entorno para obtener alguna ventaja funcional.

El objeto del mimetismo es engañar a los sentidos de los otros animales que conviven en el mismo hábitat, induciendo en ellos una determinada conducta. Los casos más conocidos afectan a la percepción visual, pero también hay ejemplos de mimetismo auditivo, olfativo o táctil.

Probablemente uno de los ejemplos más conocidos del mundo animal es el de los camaleones. Al contrario de lo que siempre se ha pensado, el camaleón no solo tiene la capacidad de cambiar de color para mimetizarse con el medio donde vive, sino que su riqueza de matices es mucho más amplia y exclusiva. Así estos reptiles a través del color y diseño de su piel dan respuesta a cambios de ánimo, disputas, miedo, amor e incluso la muerte. Toda esta variedad parece residir en un solo tipo de células especiales pigmentadas de la piel, los melanóforos, capaces de contraer o expandir un pigmento pardo, la melanina, cuya densidad y extensión modifican de forma selectiva el tono y la visualización de otros pigmentos permanentes y de colores intensos, situados en capas de la piel más profundas.

Nikon D3S, Nikon 105 macro f/2.8G, ISO 200, f22. v1/13s

⭐ Mención de Honor, *National Wildlife Photo Contest* 2013

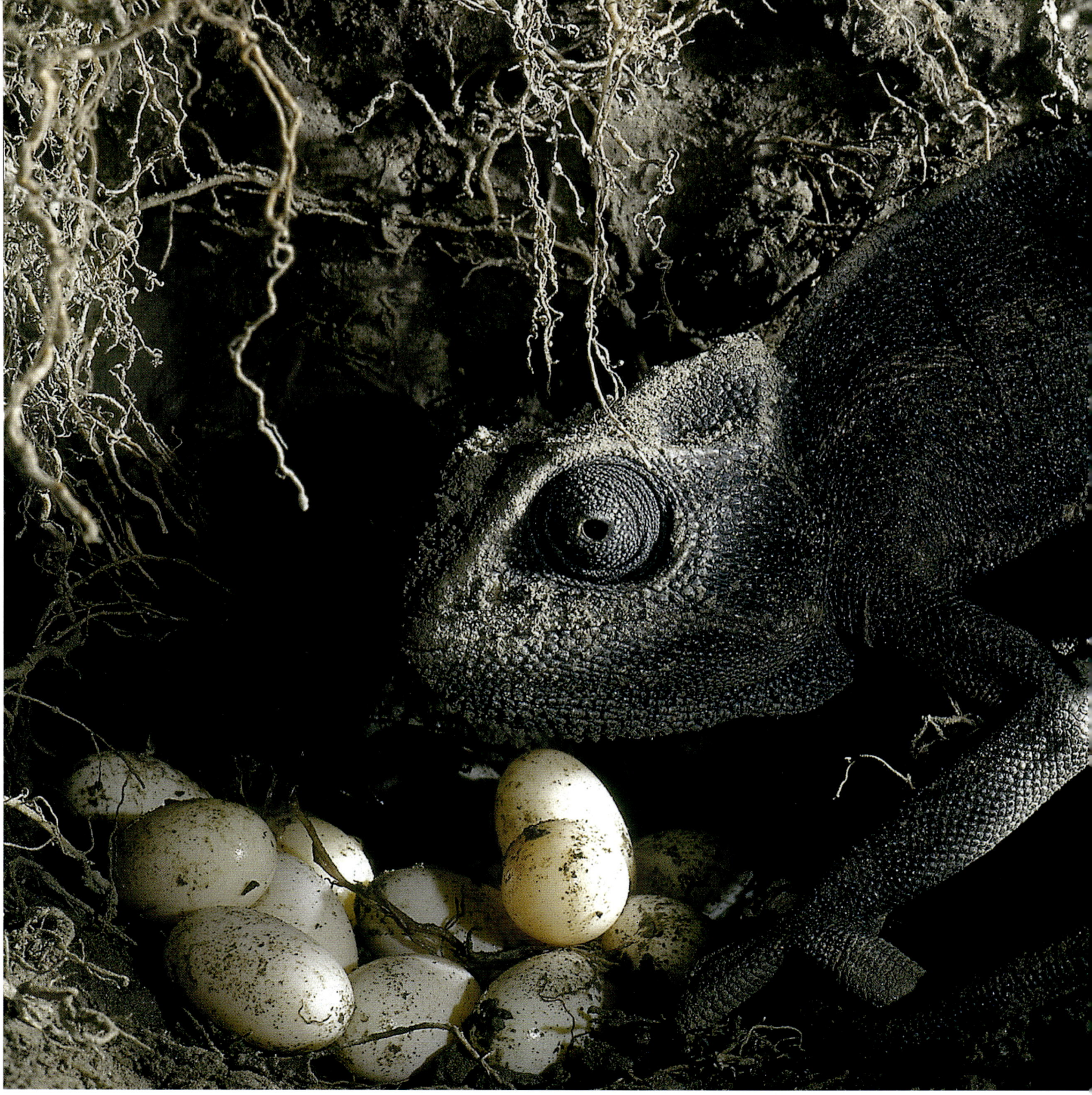

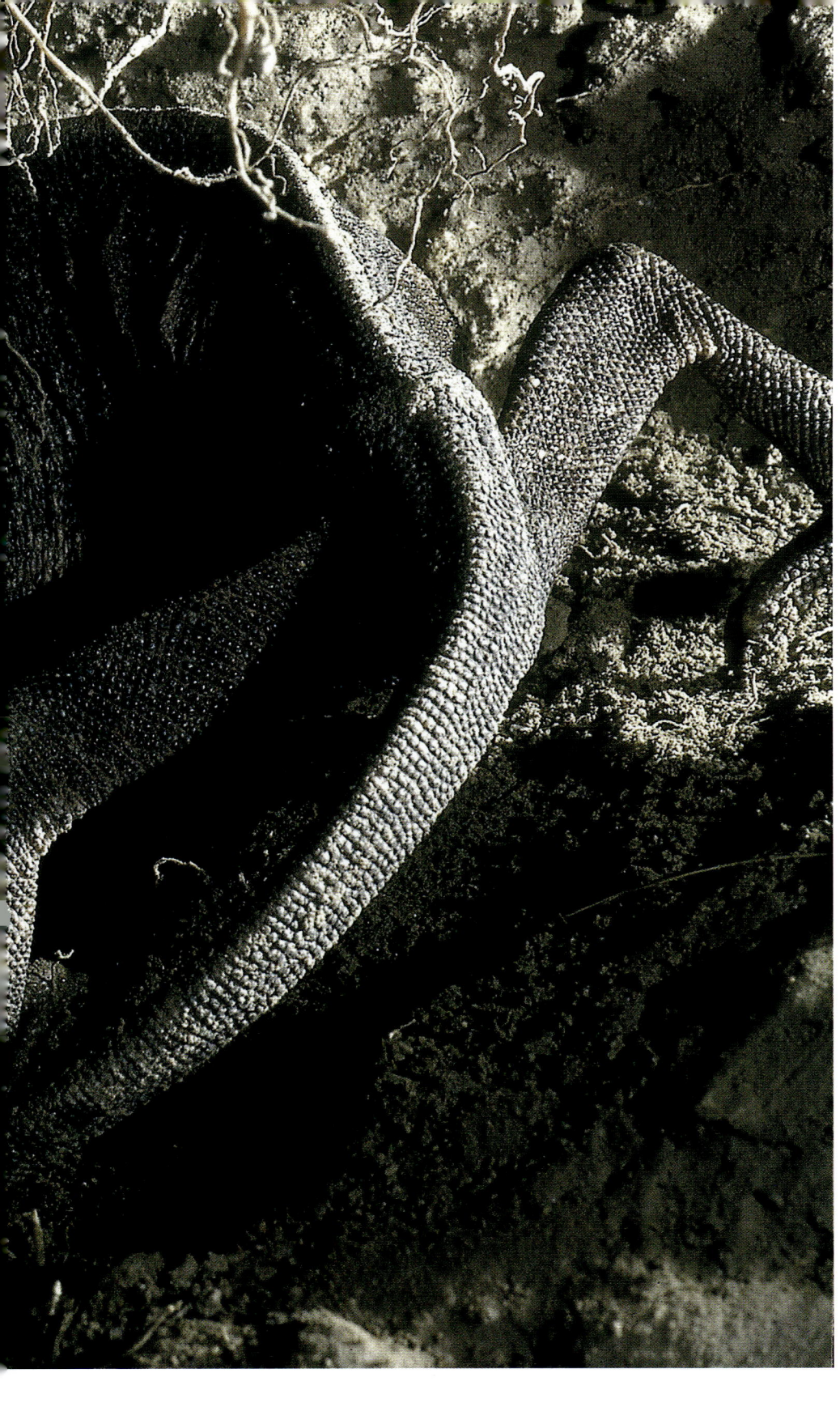

ESPERANZA DE UNA ESPECIE EN PELIGRO

Al abrigo de los intrusos la hembra de camaleón excava un túnel de hasta 70 centímetros de largo en cuyo final hay una cámara donde ella, en la más absoluta intimidad, deposita entre 6 y 40 huevos de apenas un gramo de peso; son blancos, con forma elíptica y flexibles. La hembra camufla la entrada a la cámara con hojas y otros restos vegetales y confía en que allí se incuben. En cuanto la hembra tapa el agujero, se desentiende de la futura prole, como sucede con todos los reptiles. El esfuerzo que ha hecho es tan grande que más del 75% muere tras la puesta, y sólo sobrevive el 1% en los siguientes tres años. Los huevos permanecen en el nido durante meses hasta que eclosionan durante el verano y principios de otoño dependiendo de la temperatura y humedad de la tierra, que debe estar a unos 25 grados; por debajo de este parámetro no eclosionarían.

Canon EOS1n
Canon 100 macro f/2.8G
ISO 50
f22. v1/250s
Película Velvia
Flash

⭐ Segundo Premio, *Asferico* 2010
⭐ Segundo Premio, *Melvita* 2012

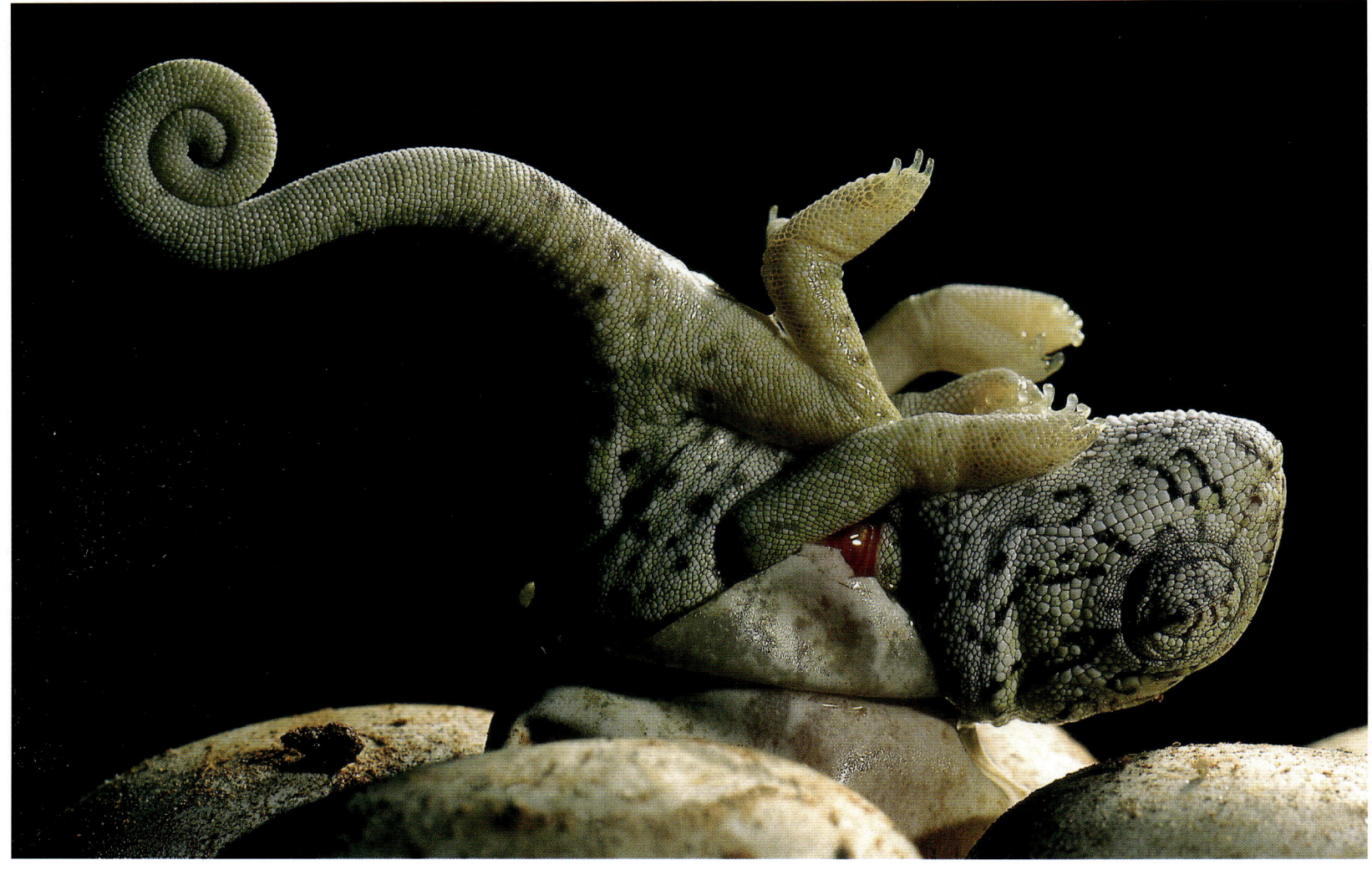

EL PEQUEÑO DRAGÓN ANDALUZ

Casi un año después de la puesta de huevos, a unos setenta centímetros de profundidad se produce la eclosión de los pequeños camaleones. Como auténticas réplicas de los adultos, vienen al mundo no sin antes realizar un tremendo esfuerzo para librarse de su flexible envoltorio. Con un tamaño de 5 centímetros, incluída la cola, los diminutos camaleones salen del huevo y se instalan camuflándose a la perfección en alguna planta del terreno donde escapar de posibles depredadores. Los primeros 5 días se nutren de la bolsa vitelina; cuando ésta se acaba y ya han aprendido a utilizar la lengua para cazar, se dispersan por el campo y atrapan pequeños insectos. Contemplando esta imagen podemos recrear nuestra mente imaginando como debieron nacer los dinosaurios.

Canon EOS1n, Canon 100 macro f/2.8G, ISO 50, f22. v1/250s, Película Velvia, Flash

⭐ Segundo Premio, *Asferico* 2010
⭐ Segundo Premio, *Melvita* 2012

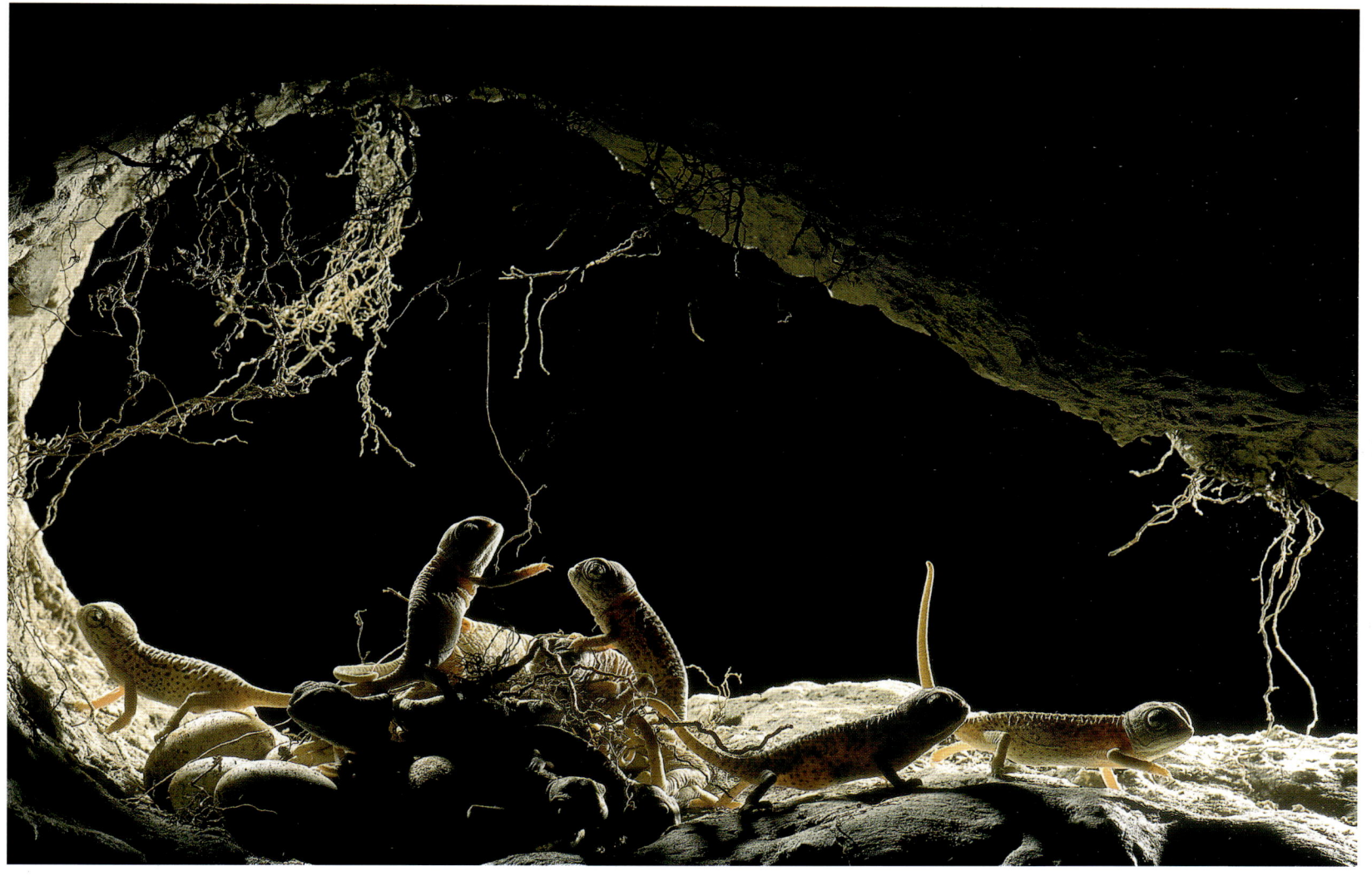

EL TÚNEL DE LA VIDA

El túnel de cría excavado por la hembra puede tener una profundidad que oscila entre los 25 y los 70 centímetros y acaba en una pequeña bóveda donde esta deposita su preciado tesoro. Esto, unido al largo periodo de incubación han hecho de estas fotografías una auténtica primicia, ya que nunca antes se había podido constatar el sorprendente acontecimiento. Como se puede apreciar en la imagen, minutos después de la eclosión, los pequeños camaleones abandonan el cubil por la misma galería que su madre excavó un año antes.

Canon EOS1n, Canon 100 macro f/2.8G, ISO 50, f22. v1/250s , Película Velvia, Flash

⭐ Primer Premio, *OASIS* 2010
⭐ Segundo Premio, *Asferico* 2010
⭐ Segundo Premio, *Melvita* 2012

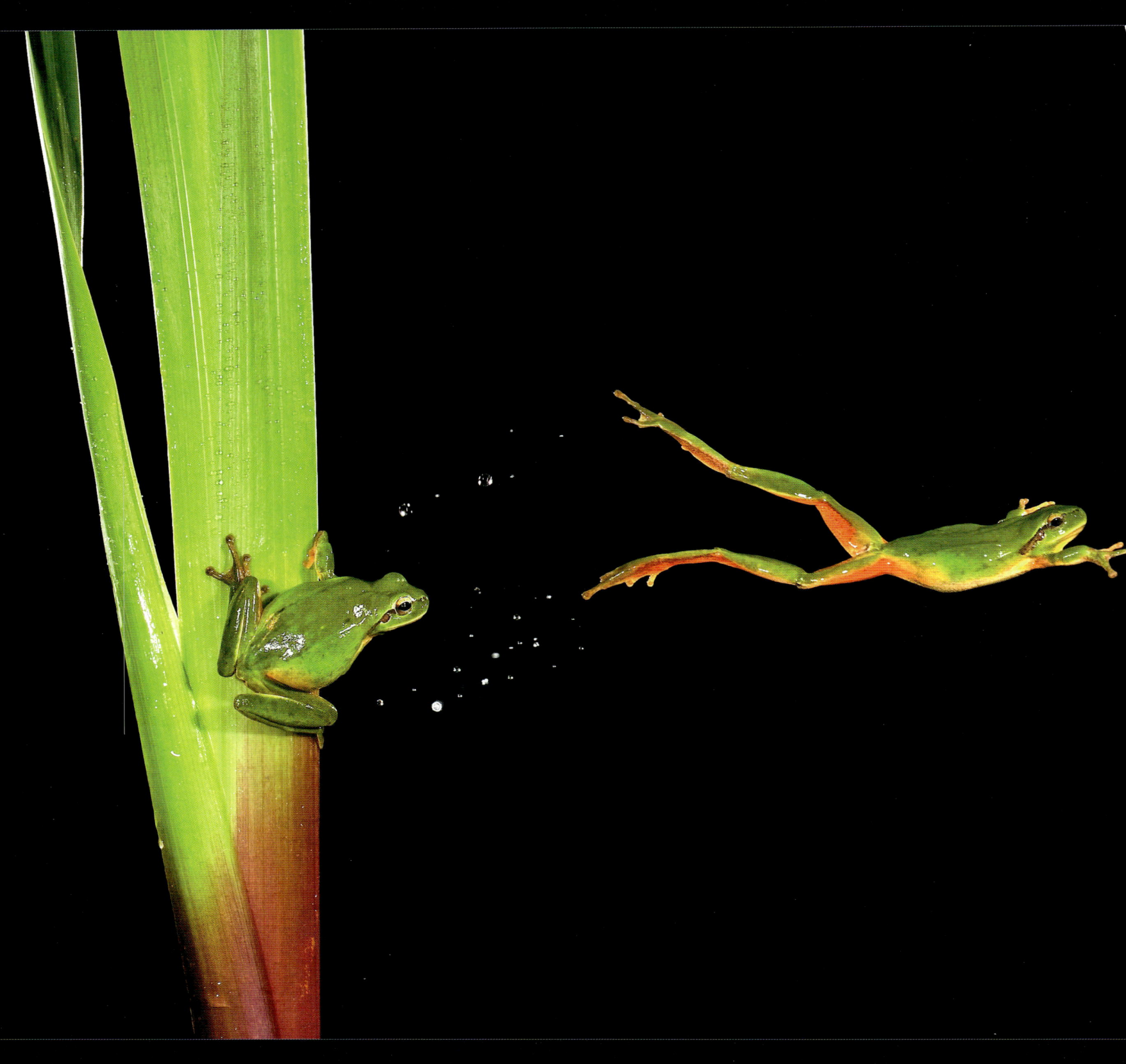

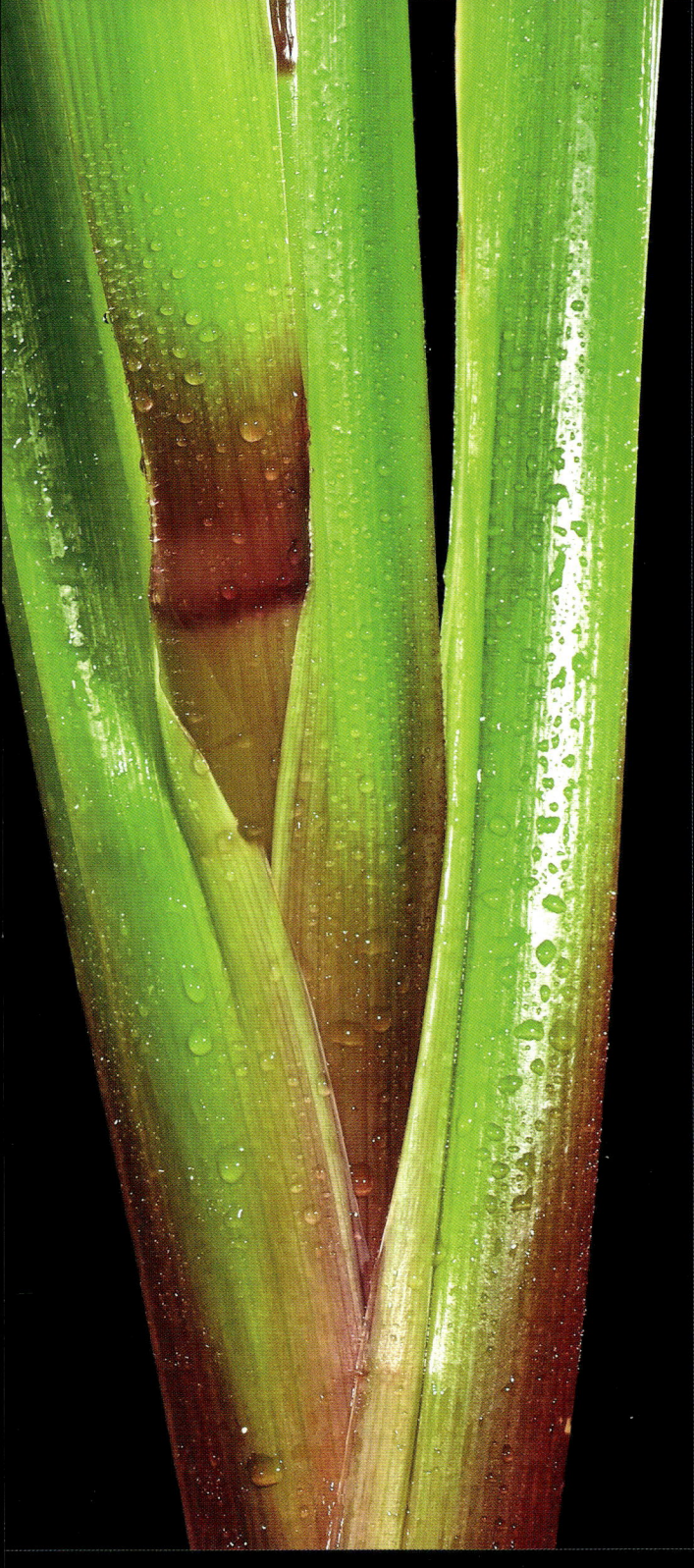

Los equilibristas de las charcas

◼ CONTEXTO

Desafortunadamente, también los anfibios como estas ranitas meridionales están viendo sus poblaciones reducidas, muchas de ellas casi a la extinción total. Son muchos los peligros que están acabando con ellos a nivel mundial. Algunos por la acción directa del hombre, como la desecación de zonas húmedas, la contaminación de las aguas y la polución. Pero quizás el más preocupante ha sido la aparición de un hongo conocido como *chytrid* descubierto a finales de los 90 y que ha puesto en jaque mate a más de 300 especies de anfibios que hoy se encuentran al mismo borde de la extinción.

◼ LA IMAGEN

Esta ranita de apenas cinco centímetros es, gracias a sus dedos terminados en discos adhesivos, un equilibrista consumado tal y como muestra la imagen. En la época de celo los *coros* comienzan durante el crepúsculo y suelen continuar hasta primeras horas de la madrugada. Es entonces cuando los machos muestran sus mejores galas en un intento por conquistar a las hembras. Para este ritual disponen de un saco bucal que inflan al máximo mostrando a modo de semáforo su intenso color amarillo.

◼ TRATAMIENTO

La imagen fue capturada en formato RAW.

He utilizado Nikon Capture NX2 en su edición con un procesado normal; niveles y curvas, contraste y máscara de enfoque.

◼ RESULTADOS

Dos de las características que más llamaron mi atención estudiando y fotografiando esta pequeña y llamativa ranita, fue sin duda su mimetismo que las hace casi invisibles a los ojos de posibles predadores. En esta fotografía quise plasmar esas facetas a través de una exposición múltiple en la que se manifestara a la perfección la capacidad para saltar de una planta a otra.

◼ CONSEJOS

Todas las ranitas arborícolas tienen una piel extremadamente delicada. Por esta razón hay que tener especial cuidado si tenemos que tocarlas o manipularlas. Siempre es aconsejable optar por su hábitat natural a la hora de hacer cualquier tipo de fotografía, nunca llevarnos ejemplares a casa donde puedan dañarse, además de someterlos a un estrés innecesario. Si deseamos tener un control exhaustivo de la escena, barrera de infrarrojos, flashes, etc., lo idóneo es montar el pequeño decorado en su entorno aunque después cojamos durante unos pocos segundos un ejemplar para sacar la fotografía.

Nikon D3, Nikon 105 macro f/2.8G, ISO 200, f16. v1/200s, Flash, Barrera de infrarrojos

⭐ Ganador, *Windland Smith Rice International Awards* 2010
⭐ Tercer Premio, *OASIS* 2011

LLUVIA EN LA TELA DE ARAÑA

La *argiope bruennichi* también conocida como
araña tigre, araña avispa o araña cestera, es una
especie muy común en el sur de España.
Construyen sus invisibles telas en terrenos secos
y soleados donde normalmente hay gran
riqueza de insectos de los que se alimenta. Elegí
esta tela con un precioso ejemplar hembra,
entre otras muchas, por su situación en el
terreno. Me permitía resaltar cada detalle sobre
un fondo negro natural de un talud donde
nunca daba el sol. Utilizando un pequeño
pulverizador de agua y apoyándome en un flash
capturé esta imagen donde las gotas de agua
flotan como perlas iluminadas en un contraluz
en torno a la tela de araña.

Nikon D3S
Nikon 105 macro f/2.8G
ISO 200
f5.6. v1/2000s
Flash

★ Mención de Honor, *Montier-en-Der,* 2012

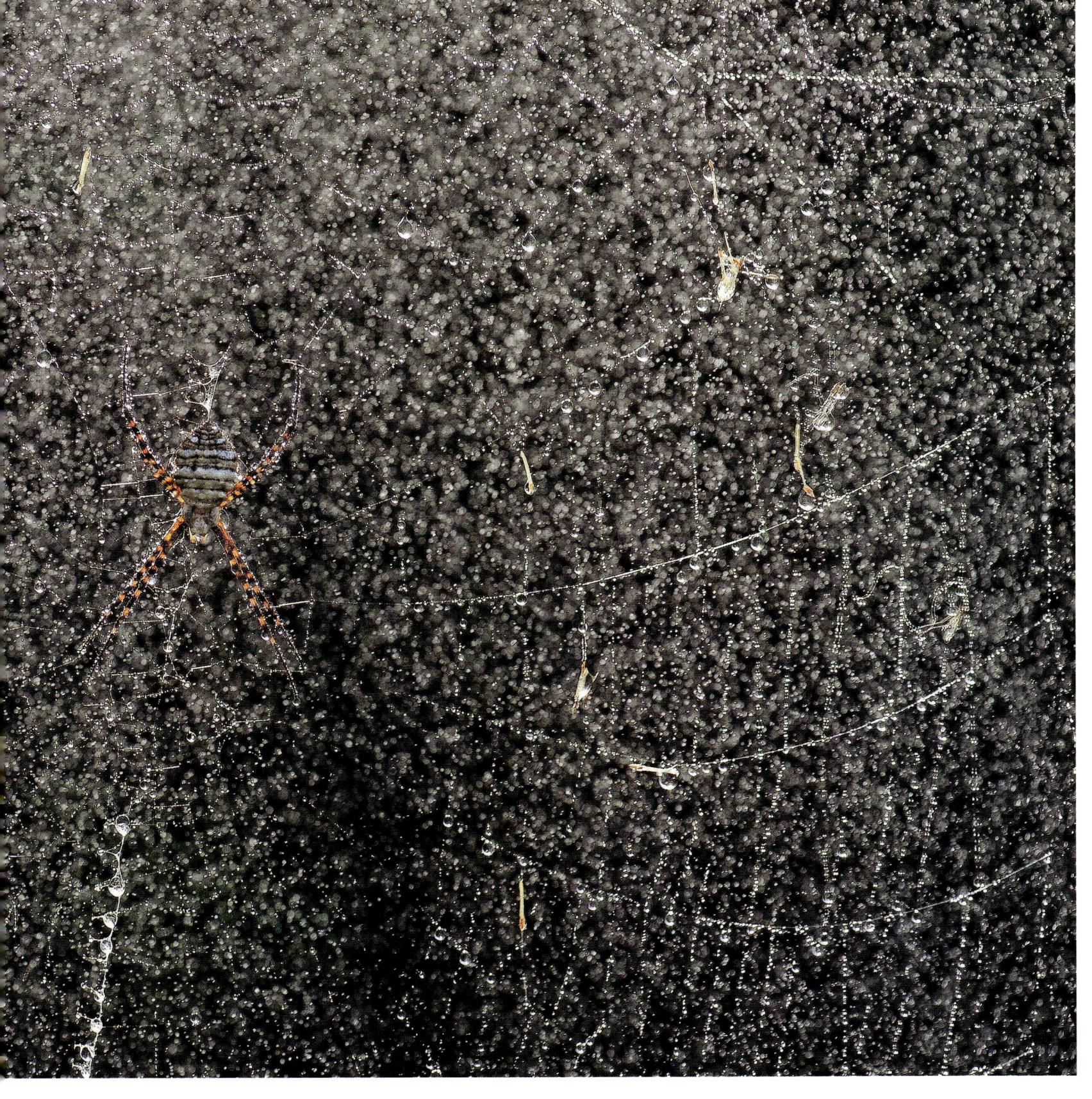

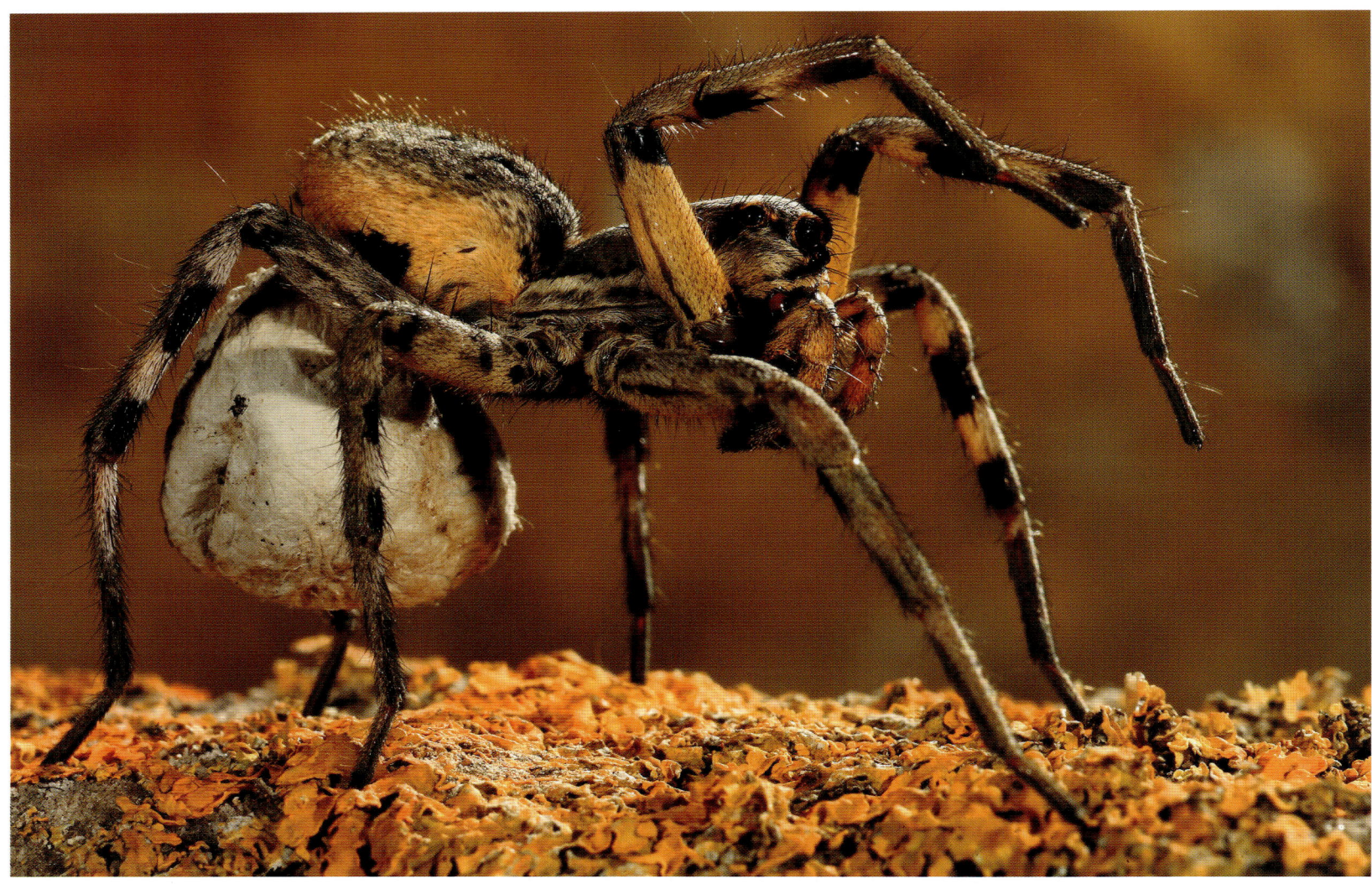

CAZANDO COMO LOBO

Esta poderosa especie que llega a alcanzar los 30 mm de longitud y cuya fama de extraordinaria cazadora le valió el sobrenombre de araña lobo por su forma de cazar al acecho, es además una delicada y madre. En verano la hembra construye un capullo de grandes dimensiones en el que pueden caber más de cien huevos. Una vez llegado el momento de la eclosión las pequeñas arañas, que son auténticas replicas de sus progenitores, suben inmediatamente al abdomen de su madre aferrándose a unos pelos especiales con protuberancias que tienen allí. Durante siete meses permanecerán sin comer, siendo su única fuente de energía la luz solar y la humedad ambiental. Ni siquiera muchos vegetales sobrevivirían en estas condiciones. *Mamá* tarántula las sacará del nido para que se calienten al sol cuando baje la temperatura y ellas las acompañarán también en sus salidas de caza; la única obligación de las pequeñas crías será no caerse.

Nikon D3S, Nikon 105 macro f/2.8G, ISO 200, f22. v1/250s, Flash

⭐ Mención de Honor, *Montier-en-Der,* 15E

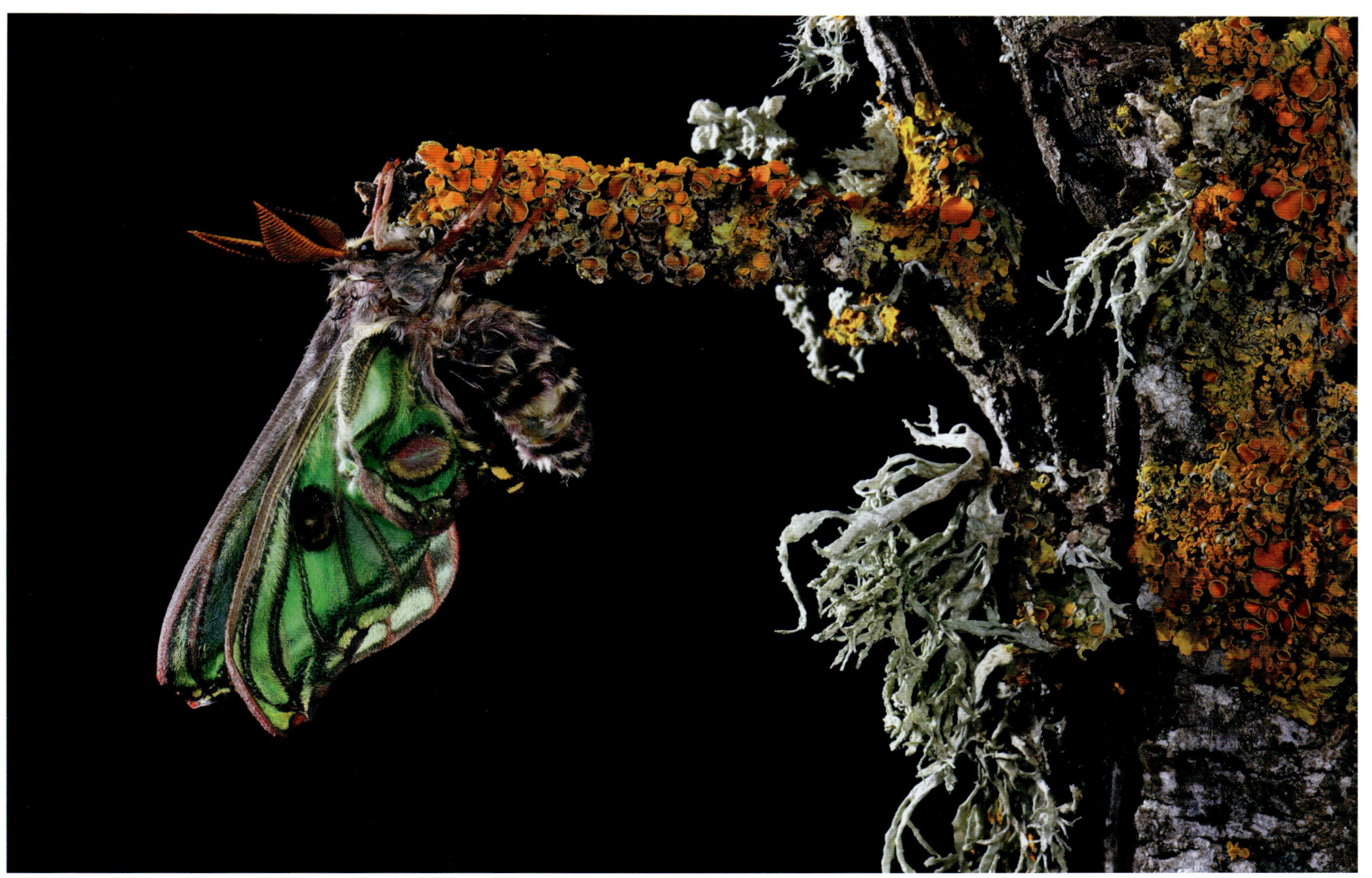

LA REINA DE LAS MARIPOSAS

La mariposa *Graellsia isabellae*, es una de las mariposas más bellas y espectaculares de Europa. El bello lepidóptero debe su nombre en honor al eminente científico español Mariano de la Paz Graëlls, quien dedicó su descubrimiento a la reina Isabel II de Borbón, quedando la soberana infinitamente agradecida y sorprendida por su belleza y porte. El macho se distingue por sus alas posteriores más largas y por sus antenas plumosas que pueden detectar las feromonas de las hembras a más de diez kilómetros de distancia. En la fotografía, un macho recién emergido de su crisálida estira las alas aún arrugadas en una vieja rama de pino.

Nikon D3, Nikon 200-400mm f/4G, ISO 200, f36. v1/250s, flash

⭐ Mención de Honor, *Windland Smith Rice International Awards* 2010

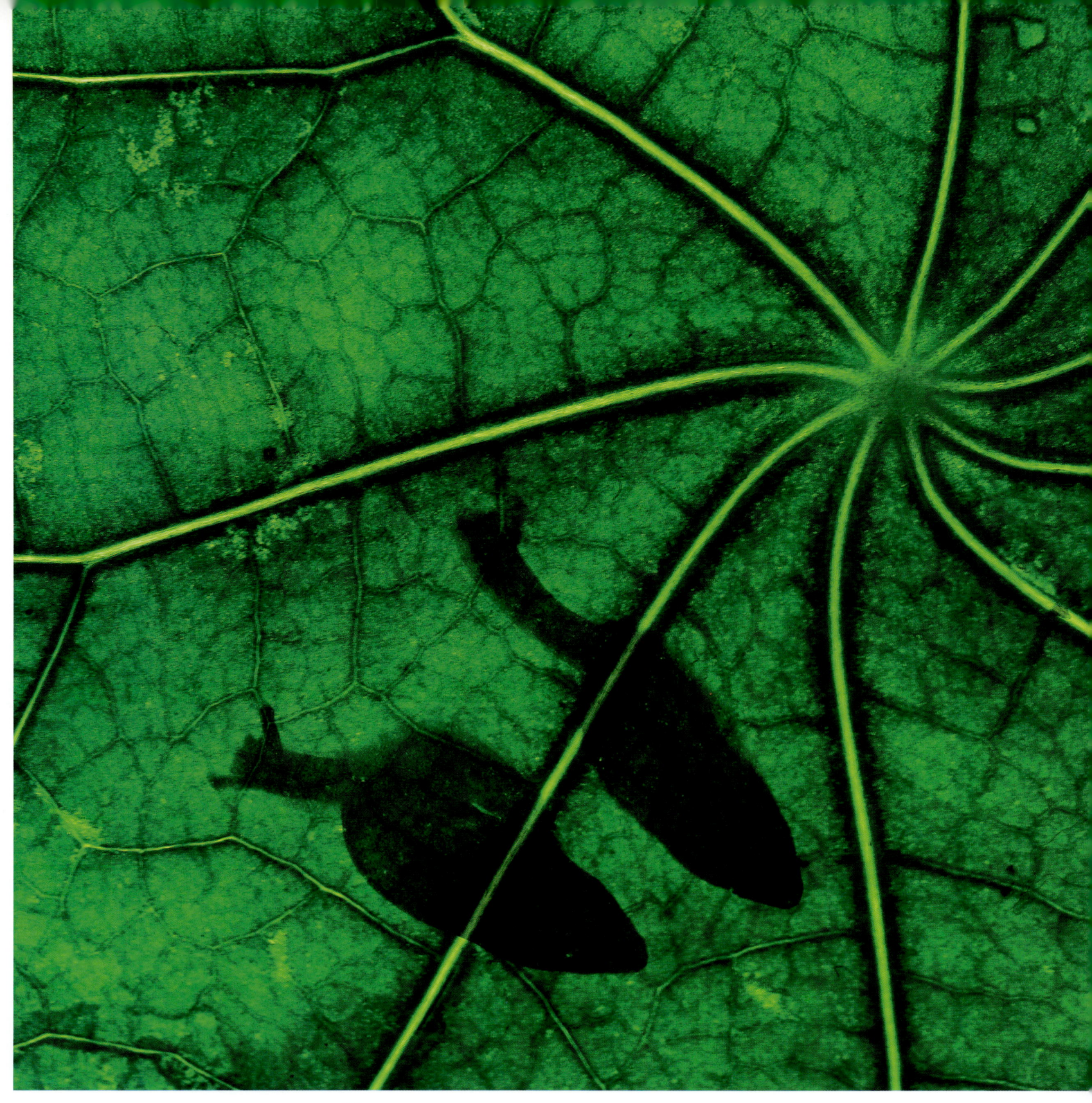

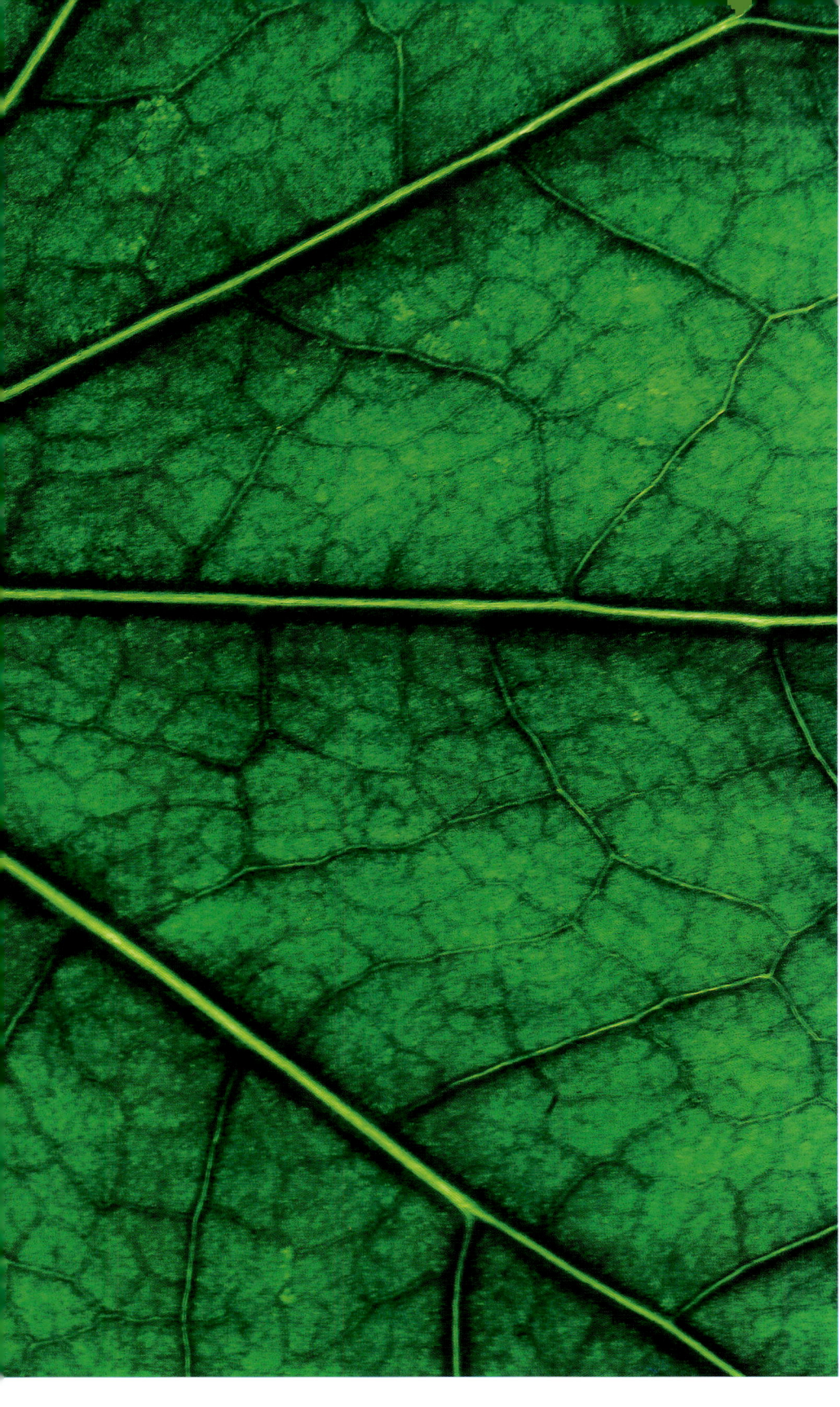

HABITANTES DE LAS HOJAS

Los caracoles son unos de los primeros tipos conocidos de animales en el mundo. Hay pruebas de que evolucionaron hace más de 600 millones de años. Ellos son capaces de adaptarse a una gran variedad de condiciones de vida y no requieren grandes cantidades de alimentos. Han sido capaces de evolucionar continuamente para sobrevivir a las condiciones que los rodean. A pesar de la lejana relación evolutiva con el hombre, los caracoles están muy presentes en las sociedades humanas. Fascinantes, durante nuestra infancia; interesantes e incluso algunos sabrosos, en nuestra madurez, estos pequeños invertebrados forman humildemente parte de nuestras vidas. Pero ¿qué sabemos en realidad de ellos? ¿Conocemos la gran diversidad de caracoles del mundo y sus amenazas? En la fotografía se muestran dos diminutos caracoles de espiral del tamaño de un grano de arroz que pululan por la superficie de una hoja verde.

Nikon D3S
Nikon 100 macro f/2.8G
ISO 200
f22. v1/13s

★ Mención de Honor, *Glanzlichter* 2013

De Riotinto a El Hierro

Después de muchos años inmerso en la fotografía de naturaleza me di cuenta que, no solo la fauna o la flora tenían que ser los objetivos prioritarios en mi trabajo sino que, también existían otros valores naturales igualmente sorprendentes. Mi interés empezó a despertar con fuerza desde el primer momento que pisé las tierras de Riotinto; quedé ensimismado por la fuerza y el colorido de este lugar.

Mi cámara se deslizaba por el paisaje sin poder dejar de componer. Me dejé llevar por el embrujo de las mil y una abstracciones que este río encantado me ofrecía. Desde aquella experiencia mis ansias por descubrir nuevos lugares que pudieran igualar en belleza a Riotinto han ido creciendo y he encontrado sitios donde la inspiración natural ha brotado con fuerza. Los rancios y atormentados pinsapos de la Sierra de las Nieves, las retorcidas sabinas de la isla de El Hierro, los puntiagudos arrecifes del Cabo de Gata, las exclusivas formaciones de sal fosilizada de la Montaña de Sal de Cardona, la ruta de los volcanes en Lanzarote, los Roque de García en el Teide, las minas de Pozo Alfredo en Riotinto, el Roque de los Muchachos en La Palma, o como no, el intrincado mundo de roca caliza de El Torcal de Antequera, son solo algunos ejemplos de lugares que no puedo dejar de visitar a menudo.

Algunos han sido destruidos para siempre como las minas de Pozo Alfredo en Riotinto que hoy yacen bajo las aguas que lo inundaron con su cierre, o el Dedo de Dios en Gran Canarias que después de librar 300.000 años de batallas contra las condiciones meteorológicas, sucumbió a la tormenta Delta cuyos vientos huracanados lo fracturaron quedando sumergido en el océano para siempre. Para cada fotógrafo existen nuestros santuarios personales, lugares que por una razón u otra nos atraparon para siempre y que con su magia parecen lanzar una llamada de atención para que volvamos de vez en cuando.

No puedo olvidar aquellas noches en las playas de Benijo, descalzo, con mis pies grabando las huellas sobre su arena negra; me sentía como Robinson Crusoe en la soledad de la noche mientras perseguía olas y nubes que se fundían de rojo con la contaminación lumínica de Taganana. Recuerdo las noches en las cumbres del Teide; parece que puedas tocar las estrellas con la punta de los dedos. Inmensos barrancos cubiertos de tajinastes rojos se iluminan con la luz de la luna mientras Los Roques de García se levantan imponentes a los pies del Coloso. Cómo olvidar las impresionantes grutas marinas del Algarve portugués, colosales edificios que guardan en su interior playas donde el tiempo parece haber retrocedido.

Desde estas páginas te invitamos a conocerlas, a fotografiarlas, o simplemente a admirarlas porque provocarán el mismo sentimiento de sorpresa y admiración que despertaron en mí cuando las capté en imágenes.

POZO ALFREDO, LA ALTAMIRA DE LA GEOLOGÍA

Recientemente me encontraba realizando un trabajo sobre la naturaleza de Sierra Morena, un vasto territorio de más de 650.000 hectáreas en las que se incluyen cinco Parques Naturales de enorme valor ecológico: Despeñaperros, Sierra de Andujar, Sierra de Cardeña y Montoso, Sierra Norte de Sevilla, y Sierras de Aracena y Picos de Aroche. Me impresionaba la espectacularidad de esta tierra salvaje donde la vista se pierde entre encinas y toros bravos de lidia que campean sobre alfombras de lavanda y montes cubiertos de jaras.

Llevábamos cerca de dos semanas atravesando esta cordillera, días de dura marcha en un todoterreno con la espalda destrozada por los baches del camino. Mi único pensamiento, tras el palizón de kilómetros por aquellos tortuosos carriles de pedregales, era poder descansar en el pueblo de Nerva, con la intención de visitar al día siguiente las marismas del Odiel.

No madrugamos ya que mi reportaje sobre Sierra Morena estaba prácticamente cerrado. Pero, animados por los lugareños decidimos visitar un cañón de Riotinto. Partimos en aquella dirección, adentrándonos cada vez más en un mundo que nunca hubiésemos imaginado, un paisaje marciano, modelado por la potencia de los distintos minerales. Lagos de colores imposibles donde los matices rojos y verdes esmeralda desafiaban a la realidad. Cascadas embravecidas de aguas oxidadas, que en un intento por abrirse paso por la montaña hasta su desembocadura en las marismas del Odiel, forman cañones entre toboganes de rocas rojas cinceladas por el ácido del agua y el hierro.

Antes de regresar quise conocer los secretos de esta sorprendente tierra. Visitamos en primer lugar el Museo Minero que se encuentra en el mismo pueblo de Ríotinto, con la intención de recopilar toda la información posible sobre rutas, itinerarios y demás datos que pudieran facilitar nuestra labor. Fue precisamente en el museo, donde tuve la suerte de toparme con la primera imagen de lo que para mí significaría la experiencia más intensa que he vivido como fotógrafo profesional: las grutas de Pozo Alfredo.

Decidí visitar el interior y dos expertos mineros me acompañaron en el descenso que se hace en todoterreno, accediendo a través de un túnel situado al fondo de Corta Atalaya, la explotación a cielo abierto más grande de Europa. Otros dos compañeros nos esperaban en una pequeña base que tienen dispuesta en el interior de la mina, con el complejo dispositivo que vamos a necesitar: focos halógenos portátiles, baterías, linternas frontales, picolas, botas, algunas cuerdas y los plásticos que protegieran el equipo fotográfico del agua corrosiva que gotea incesantemente. Paramos unos minutos justo en la entrada del túnel para acostumbrar nuestra vista a la oscuridad. En el punto donde se separan los dos mundos, el de la resplandeciente luz que queda a mi espalda y el de la más angustiosa negrura que se abre al frente, mis primeras inquietudes se desatan: "¿Cómo reaccionaré ante una situación tan extrema? ¿Seré capaz de mantener la calma en todo momento ante lo desconocido o por el contrario me convertiré en una carga más que sólo aumentará el riesgo ya existente para estos hombres que me acompañan?"

Al entrar veo a mi izquierda la vieja cinta transportadora, antaño pieza básica para la extracción de minerales, así como el obsoleto ferrocarril con su oxidada locomotora al mando devorada por el olvido.

La tenue luz que procedía de la entrada se va diluyendo hasta quedar sumidos en la oscuridad más completa; el túnel parece estrecharse y siento que me engulle por momentos. Me invaden los primeros síntomas de ansiedad. Pablo, el minero más experto, percibe mi nerviosismo e intenta animarme; me comenta que ha estado media vida dentro de esta mina, que es como su propia casa y que no va a pasar nada; además me mostrará rincones a los que nunca antes había acompañado a nadie. Sus palabras me tranquilizan. La marcha del vehículo se ralentiza, hecho sintomático de que estamos llegando al nivel 33, puerto de nuestro destino. Comprobamos por última vez los equipos de iluminación y nos colocamos los cascos provistos de linternas frontales. Giramos suavemente en una bóveda que se abre en la pared del túnel cuando de forma asombrosa una luz verde incandescente empieza a envolvernos, como si nos adentráramos en otra galaxia.

La luz se intensifica y el color esmeralda se puede casi tocar con la mano; son los reflejos de las imponentes formaciones de vitriolos de melanterita que como espadas afiladas cuelgan del techo. La imagen es indescriptible; por primera vez en mi carrera siento que la cámara fotográfica se queda pequeña ante esta obra de la naturaleza, sin duda una de las más espectaculares formaciones de arte mineral en estado puro de todo el mundo. Con el sobrecogimiento que me impone esta escenografía, intento fotografiar las columnas de estalactitas y estalagmitas, pero no consigo ver nada a través del visor de la cámara que debió empañarse con el brusco cambio de temperatura. El calor y la humedad son insoportables, con olor tan fuerte a ácido que el aire se hace irrespirable. Nuestra situación no es nada atractiva, aunque en estos momentos no me marcharía por nada del mundo.

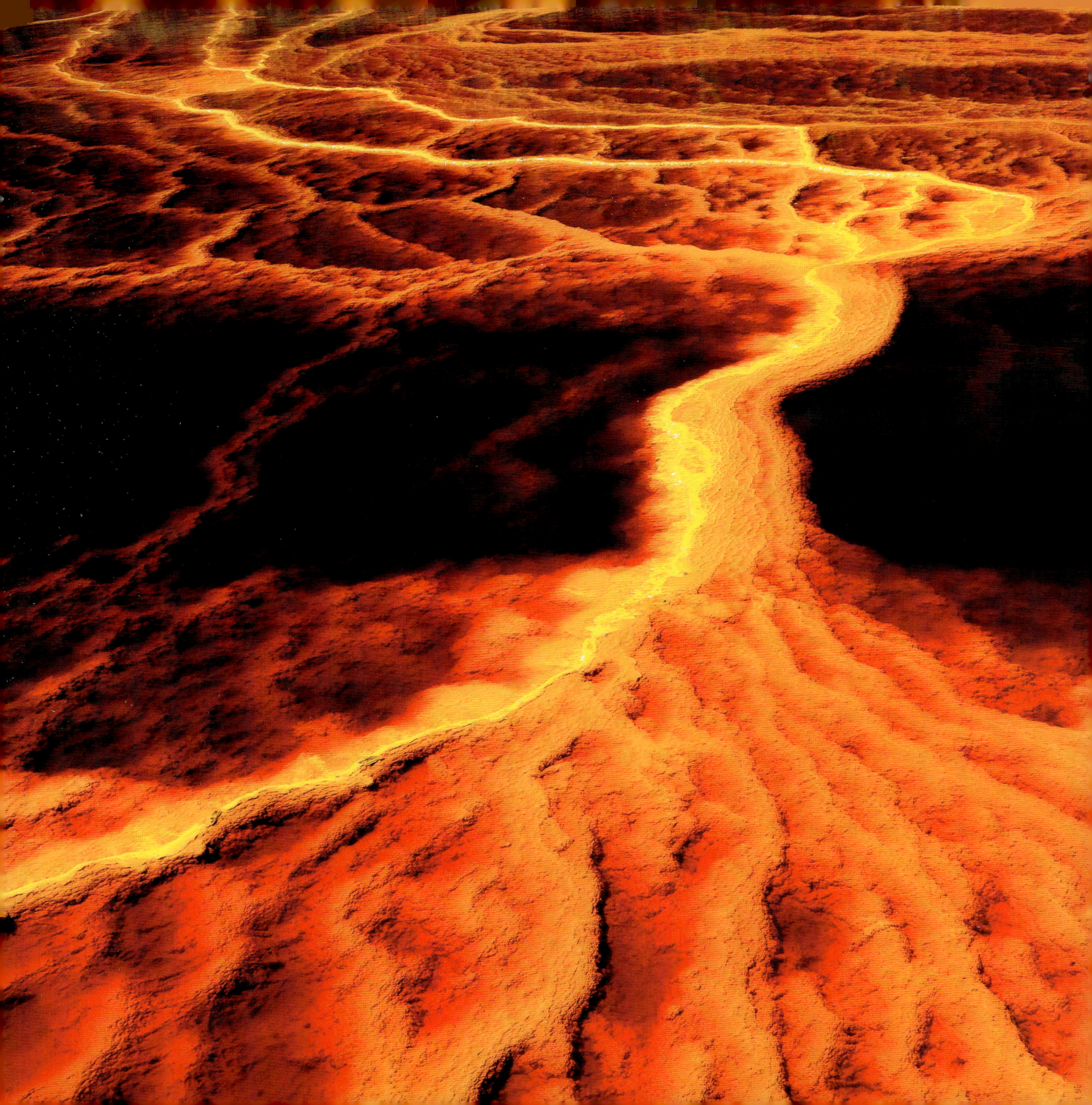

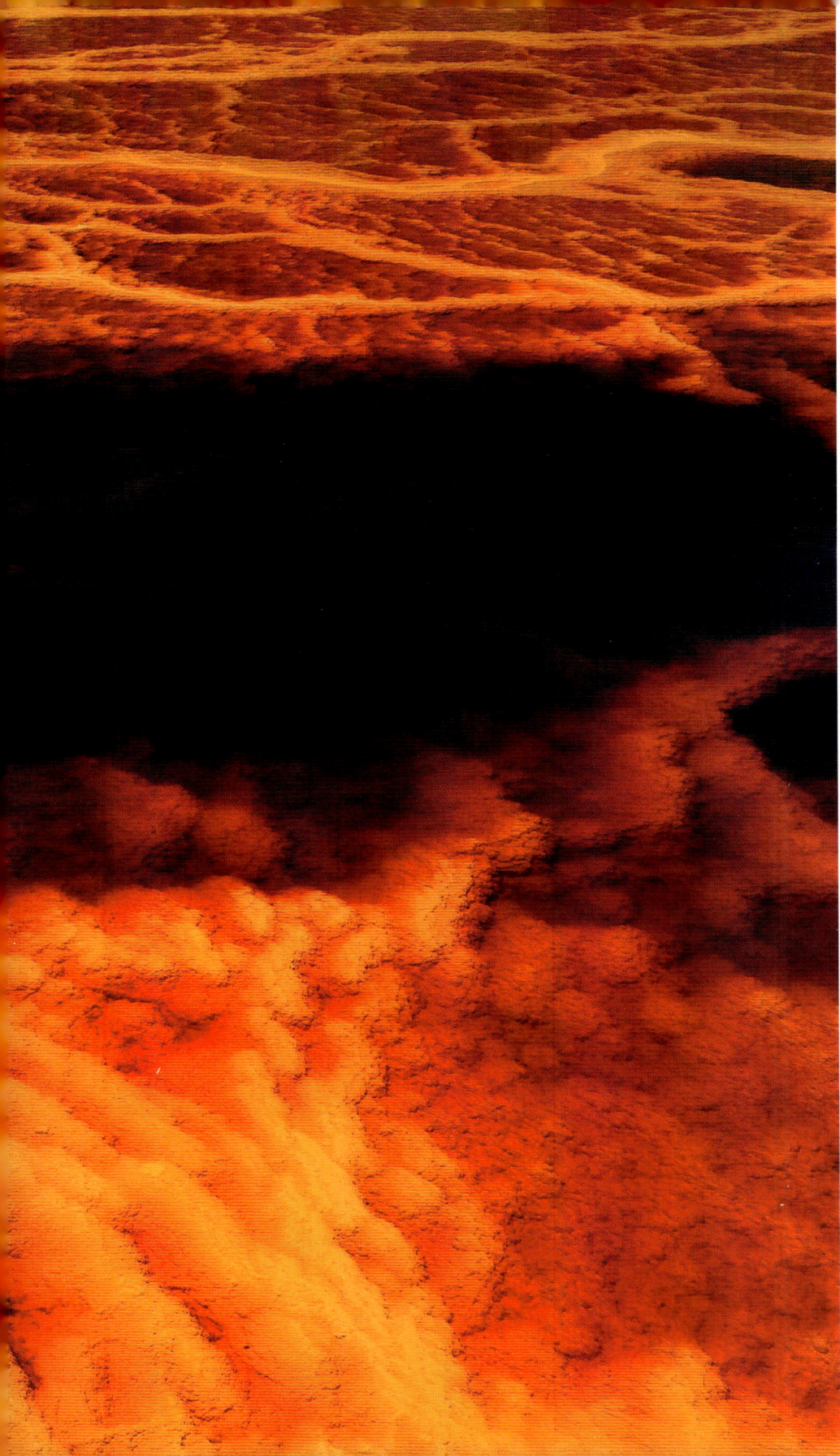

RÍOS DE LAVA

Las aguas del río Tinto alcanzan un cromatismo extremo debido a la acumulación de minerales en el subsuelo, sobre todo hierro, que aquí adquiere proporciones inusuales, hasta el punto de que los geólogos tienen clasificada esta cuenca como *provincia metalogénica*, sólo comparable a las que existen en algunos puntos de Australia y Canadá. Los paisajes que se forman, como estos remansos de color rojo, parecen extraterrenales. Y no es solo una metáfora, pues la NASA ve en sus hongos y bacterias una forma de vida similar a la de Marte. En la fotografía, la cal fosilizada traza una colección de líneas, texturas y formas que recuerdan los ríos de lava de un volcán.

Nikon D3S
Nikon 24-70mm f/2.8G
ISO 400
f16. v1/25s

★ Mención de Honor, *Windland Smith Rice International Awards* 2013

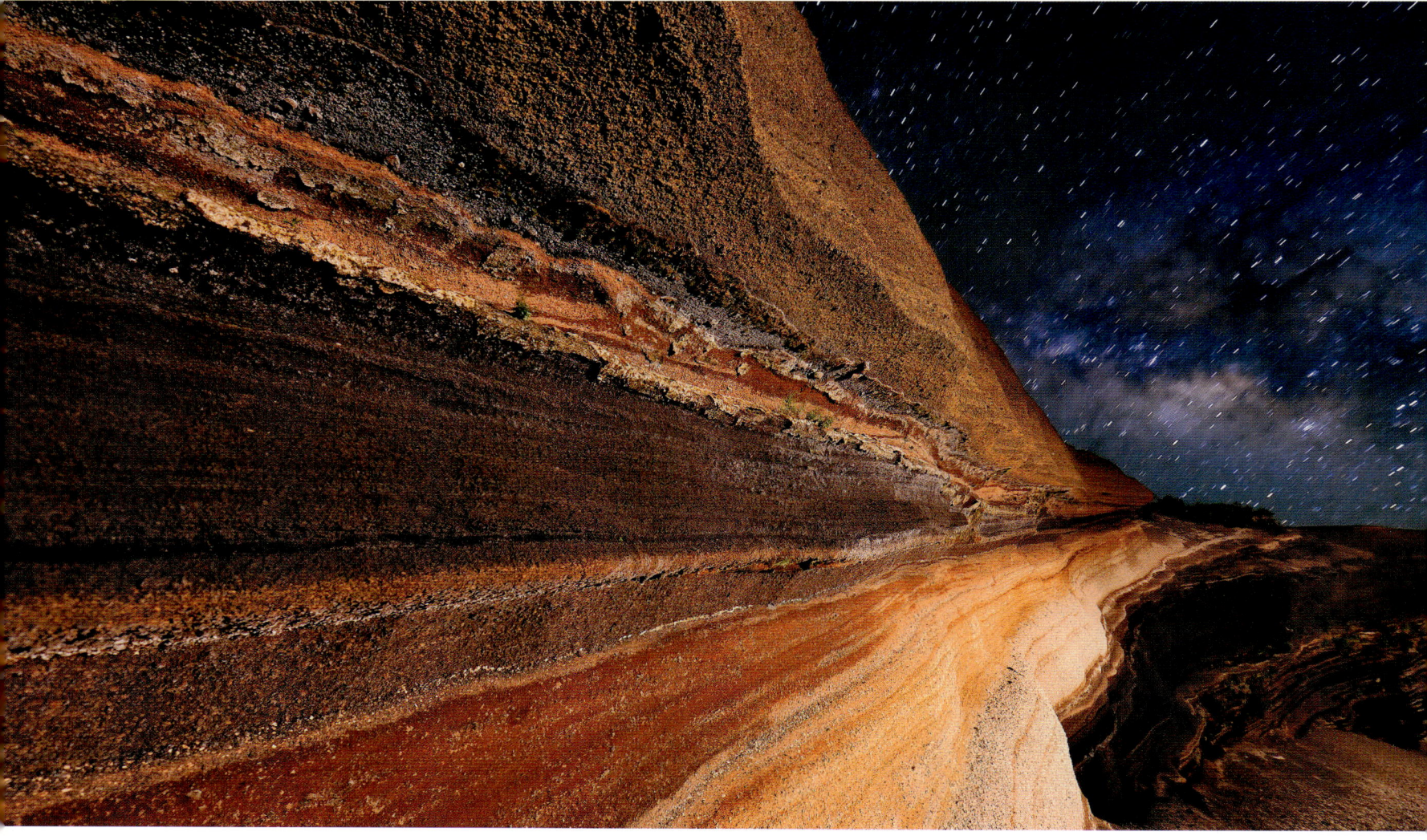

CAPRICHOS DE UN VOLCÁN

Todo el Parque Nacional de Las Cañadas del Teide es en sí un monumento natural sin parangón en el mundo. Buena muestra de ello, son los más de tres millones de visitantes que recibe cada año, convirtiéndolo en el Parque Nacional más visitado de España y posiblemente también de Europa. Sus espectaculares formaciones de lava conforman un muestrario difícilmente contemplable fuera de esta tierra. Malpaíses de puntiagudas he impenetrables lavas rojas y negras, colosales edificios volcánicos como los Roques de García, suaves campos de arena canela como los de Montaña Mostaza, o las más espectaculares e imponentes paredes de rocas basálticas como las de la fotografía, son solo algunas de las exclusividades del volcán del Teide, la montaña más alta de España.

Nikon D3S, Nikon 14-24mm f/2.8G, ISO 1600, f4.5. v106s

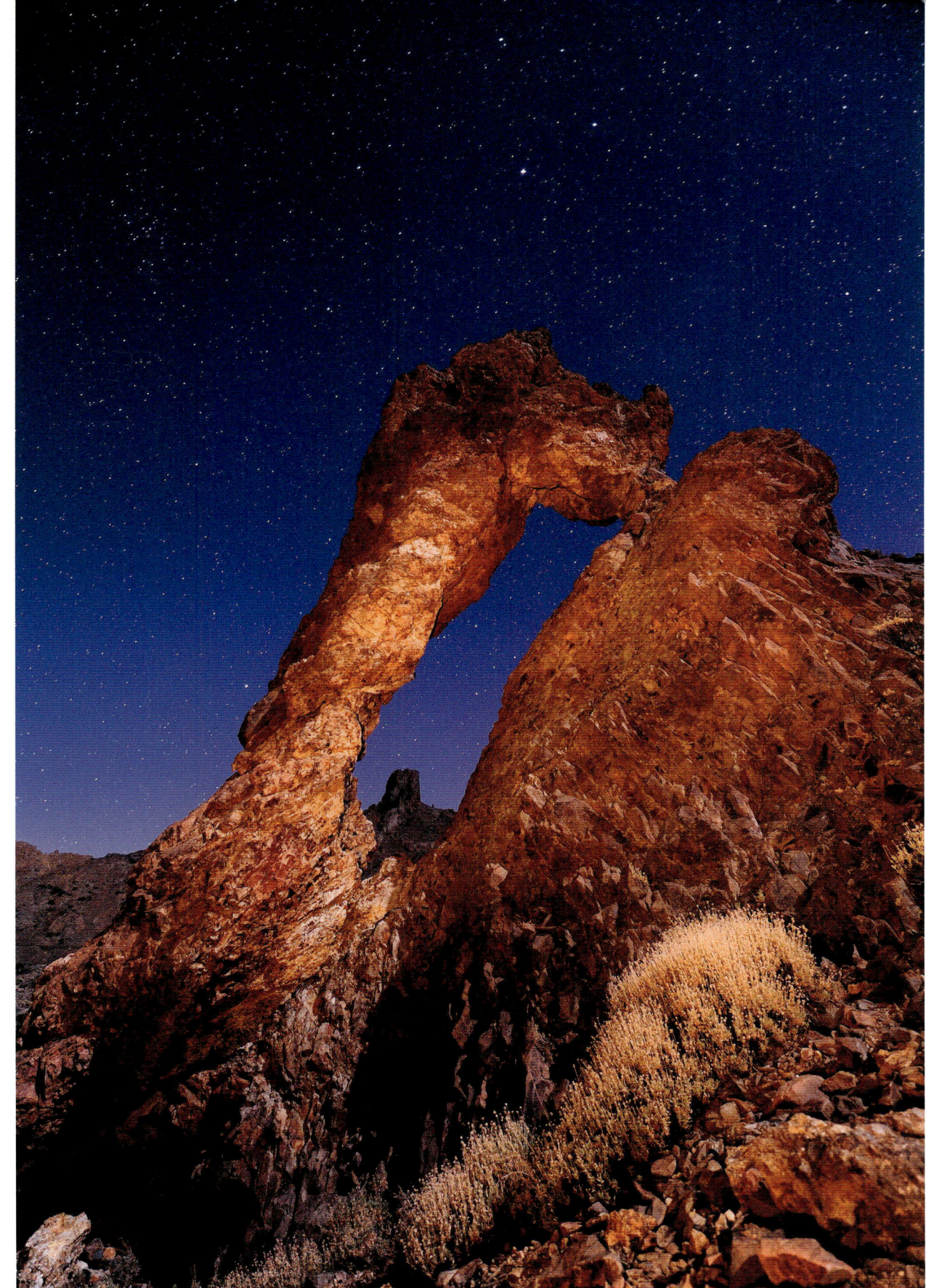

EL ZAPATITO DE LA REINA

Las erupciones volcánicas que han tenido lugar en Canarias dejaron sobre el suelo maravillas como el Parque Nacional del Teide, campos de lava que ofrecen extrañas y complicadas figuras como Siete Cañadas, los Roques de García o el Zapatito de la Reina en la fotografía, el más amplio y variado muestrario de ecosistema volcánico de alta montaña de España. En estos desiertos de lava aparentemente sin vida crecen, sin embargo, joyas de la flora canaria como el tajinaste rojo, el tajinaste azul, la violeta del Teide, el pensamiento de la cumbre o la retama del Teide entre otros muchos endemismos.

Nikon D3S
Nikon 14-24mm f/2.8G
ISO 1600
f2.8. v28s

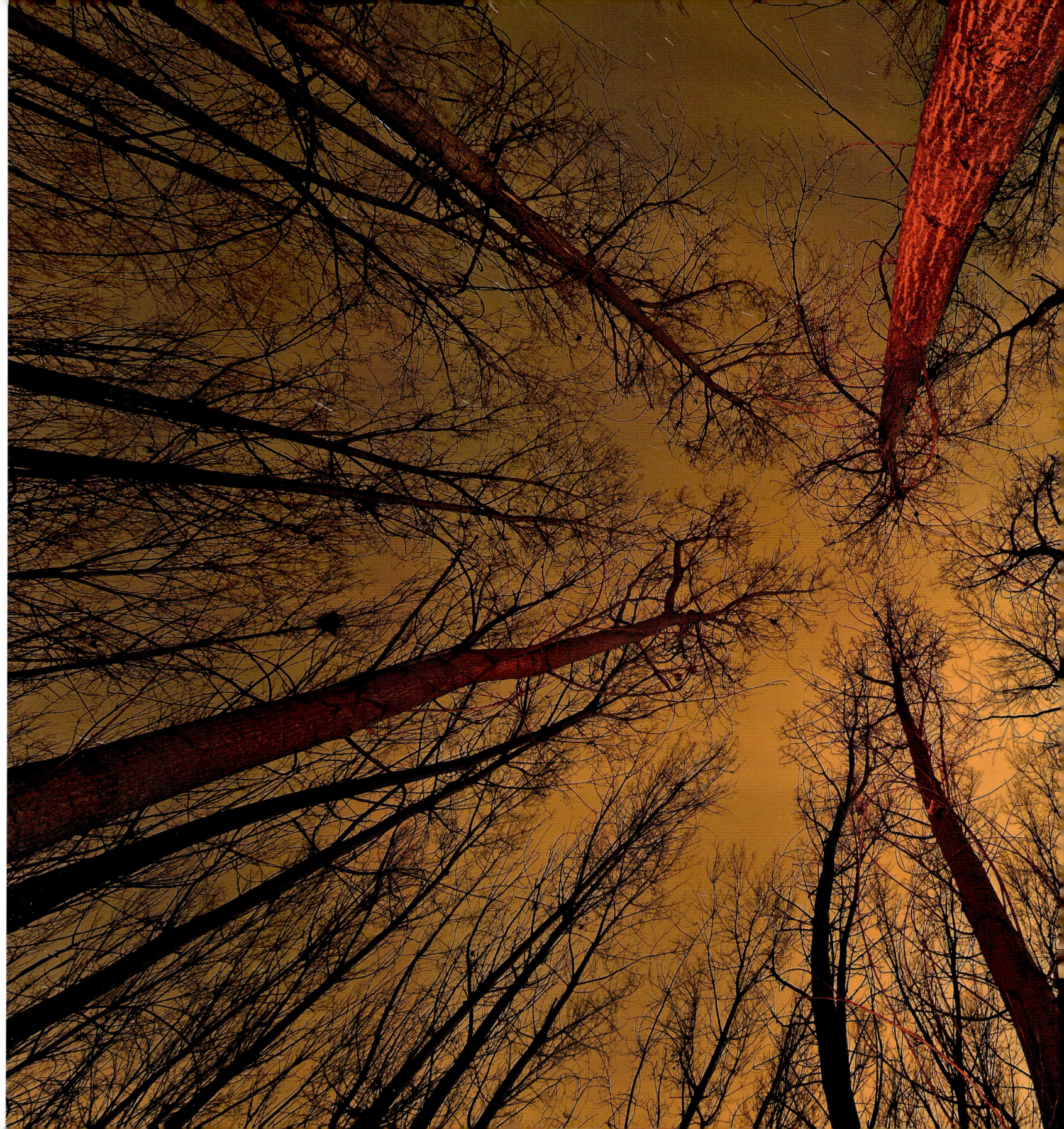

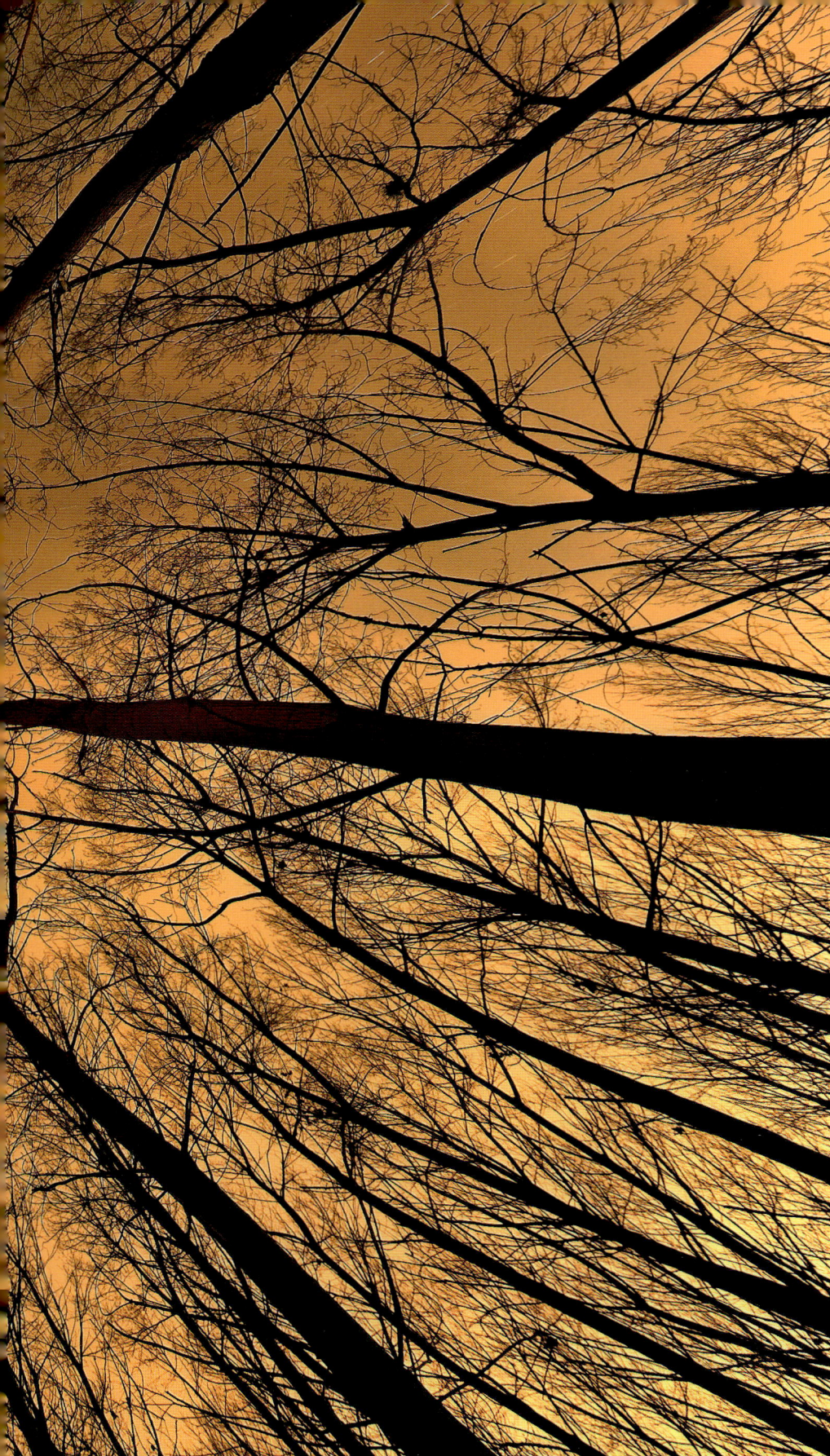

EL BOSQUE ENCANTADO

En una noche sin luna y utilizando una técnica de larga exposición quise captar las copas de los árboles gigantescos de este bosque de ribera. Para darle a la imagen un aspecto más fantasmagórico esperé al invierno con la intención de captar los chopos desprovistos de sus hojas. Un pequeño toque de luz roja confiere a la escena un porte de gran impacto visual por el colorido de los árboles. Una exposición de 5 minutos capta los rojos de la bruma del cielo después de la puesta de sol armonizando la escena.

Nikon D3S
Nikon 14-24mm f/2.8G
ISO 200
f5.6. v301s

★ Mención de Honor, *Memorial María Luisa* 2011

LUCES DE BENIJO

La playa de Benijo es sin duda un lugar mágico y cargado de energía, donde se para el tiempo y hasta la respiración. Si llegar a Taganana es una estampa inolvidable, seguir hasta esta playa y disfrutar de sus paisajes nocturnos es una experiencia única. Sus espectaculares y puntiagudos roques de lava y su característica arena negra dibujan un paisaje tan espectacular como exclusivo. En la fotografía, el macizo de Anaga se levanta imponente en medio de un mar embravecido. Las nubes se desplazan velozmente al ritmo que marcan los vientos alisios mientras la contaminación lumínica de las farolas naranjas de Taganana crean una atmósfera casi irreal.

Nikon D3S, Nikon 24-70mm f/2.8G, ISO 1600, f2.8. v20s

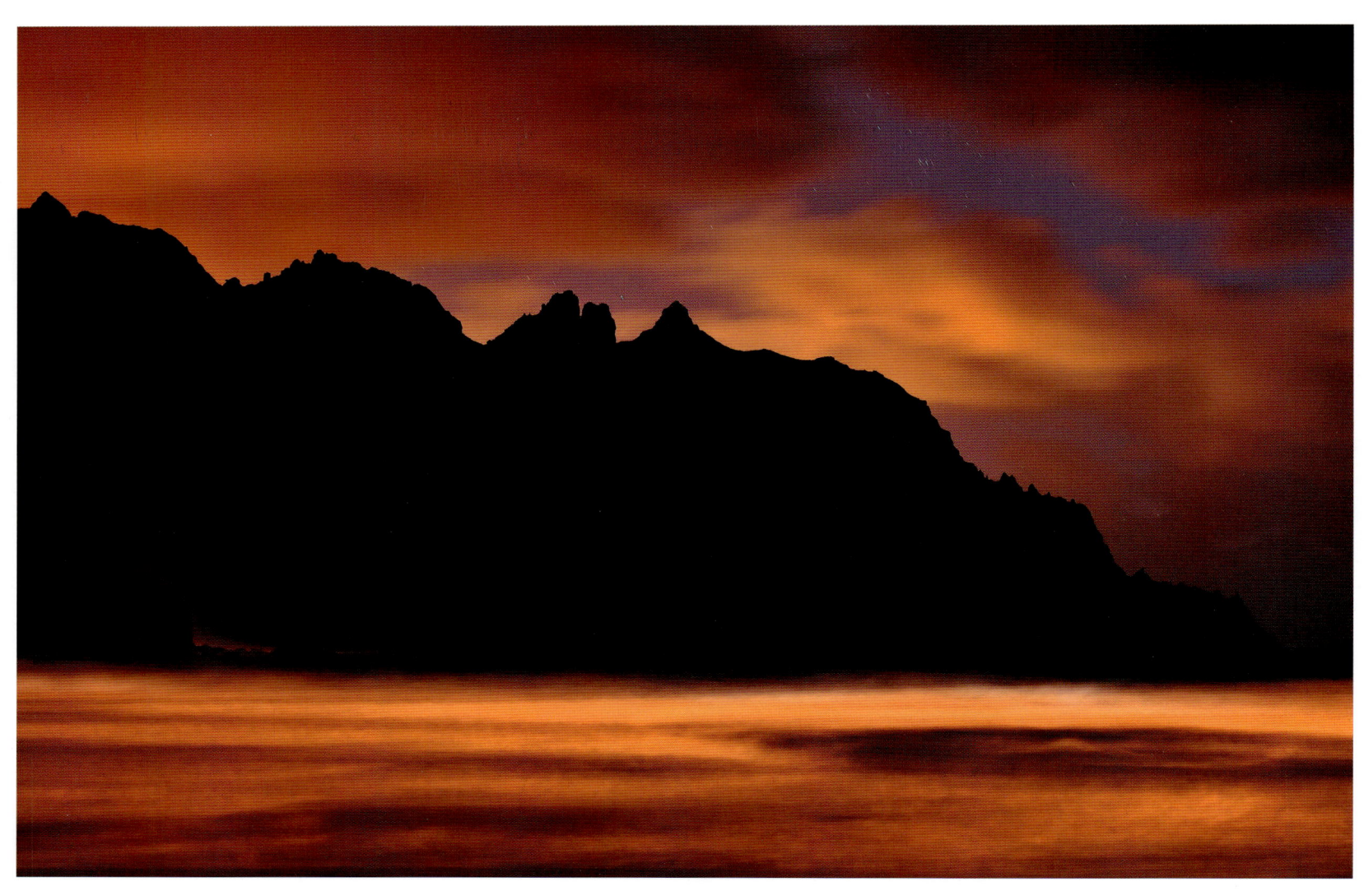

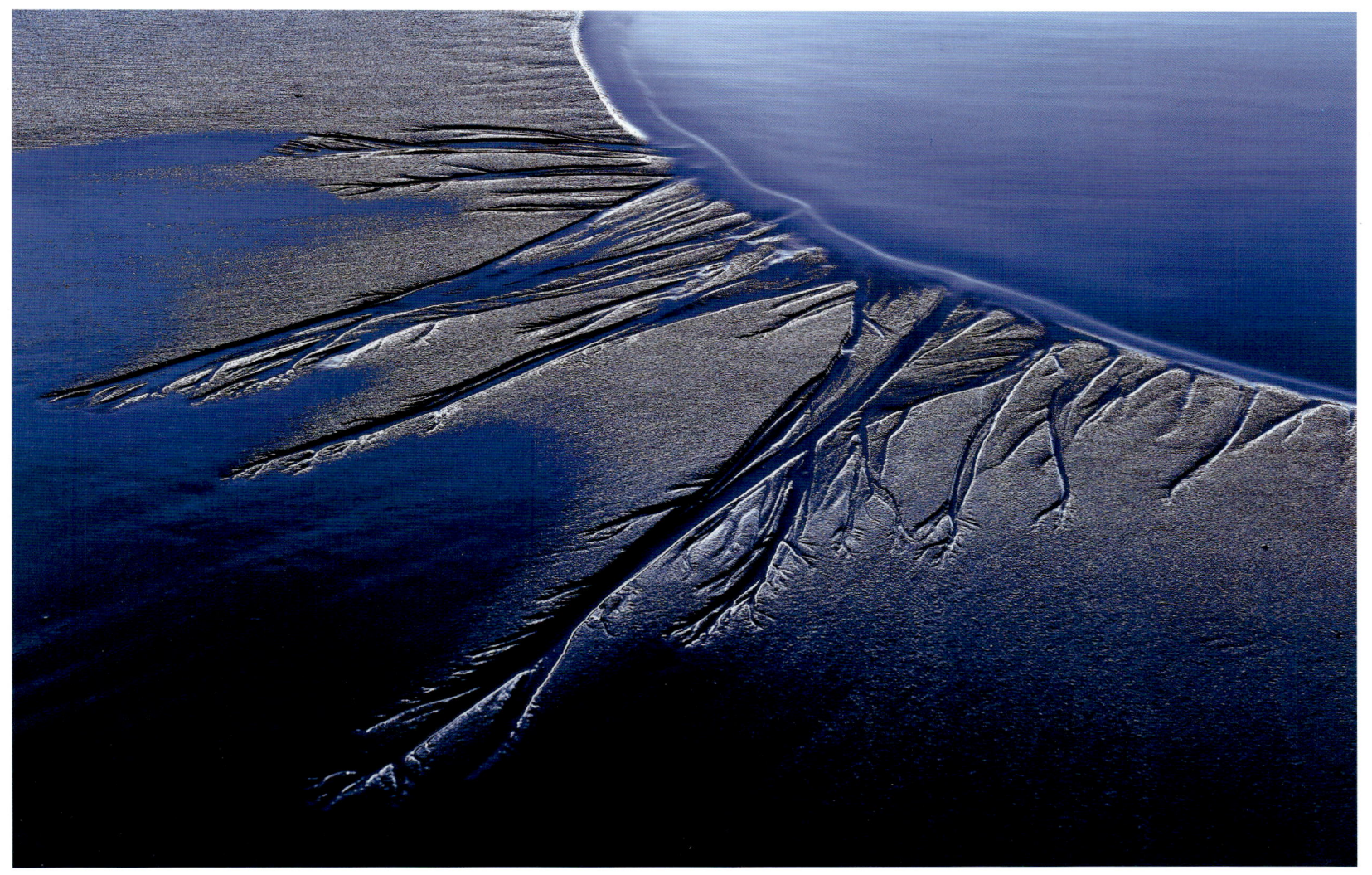

TEXTURAS BAJO LA LUNA

Si tuviese que decidirme por la playa más bonita y salvaje de todo Tenerife, sin duda alguna me quedaría con Benijo. Su peculiar arena negra se enclava en un impresionante paraje protegido donde los Roques de Anaga se alzan desde el fondo del mar. Con la marea baja un amplio muestrario de grabados quedan esculpidos entre las rocas. Descubrí en plena noche, estas espectaculares ramificaciones en una charca que el mar había creado en su retirada. Opté por utilizar *luz de luna* con la intención de conseguir este efecto visual que recuerda al mercurio. Después de captar esta curiosa imagen, regresé varias noches seguidas a la playa, aunque, nunca más volví a encontrarme con una formación parecida.

Nikon D3S, Nikon 24-70mm f/2.8G, ISO 200, f11. v30s

⭐ Mención de Honor, *MontPhoto* 2012
⭐ Mención de Honor, *Glanzlichter* 2013

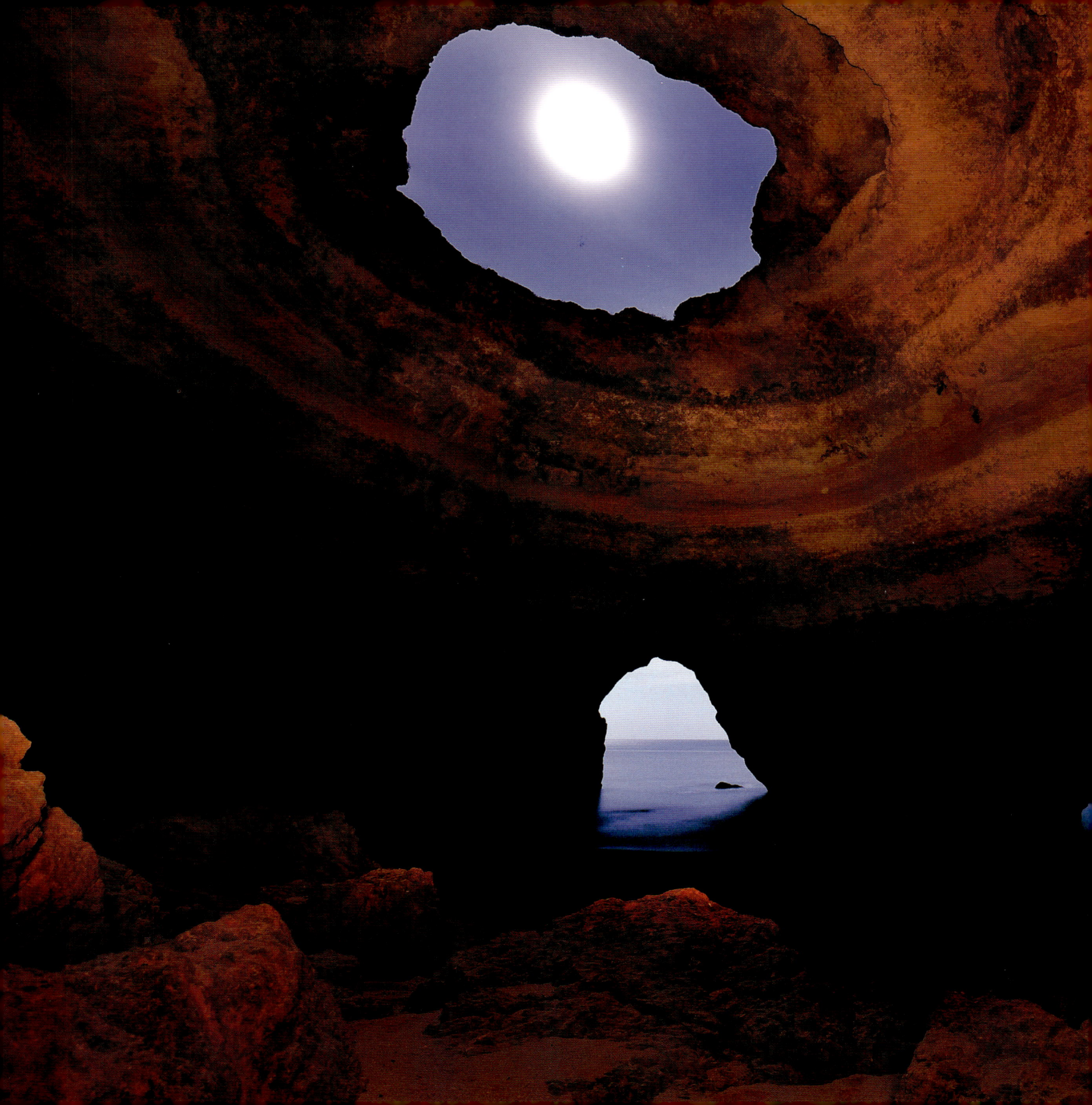

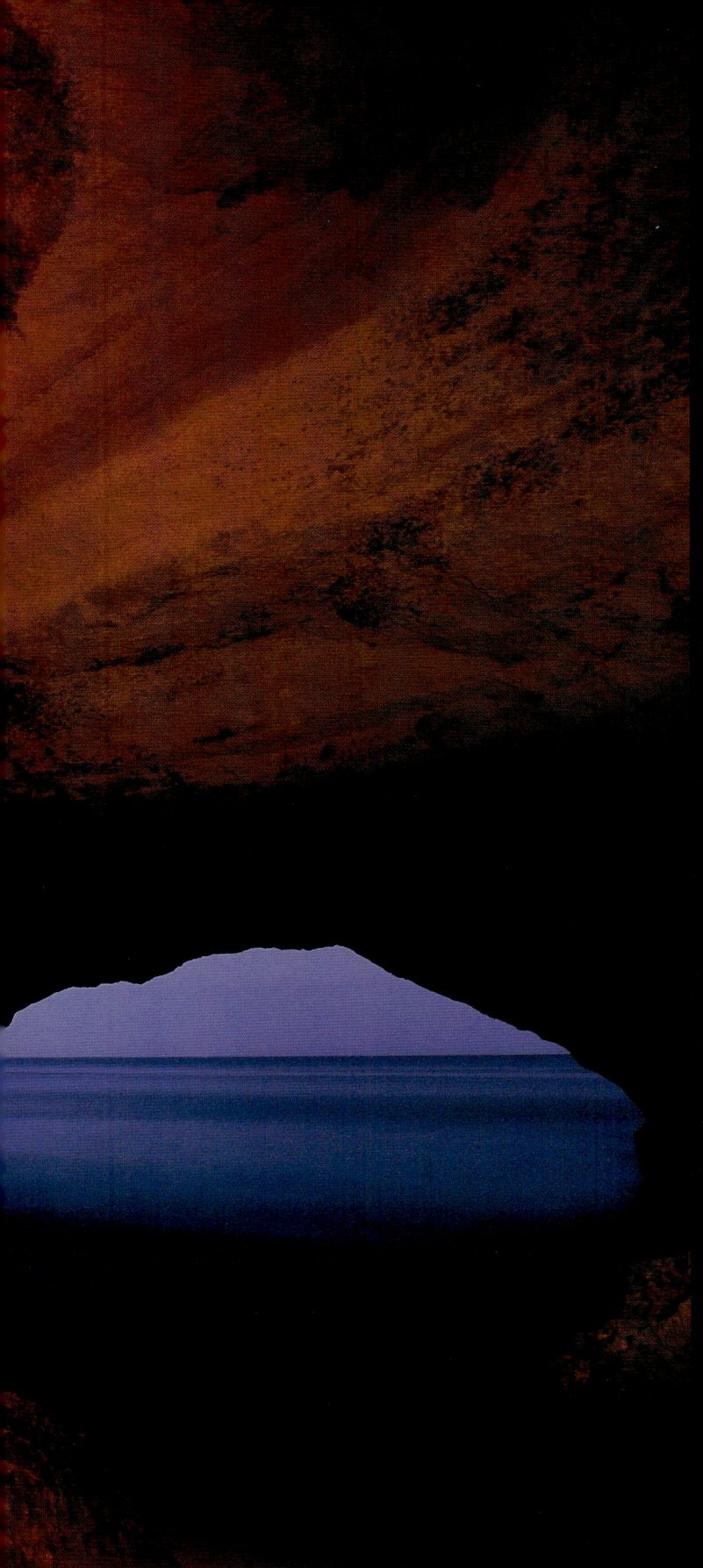

Maravillas geológicas de Portugal

■ CONTEXTO

El Algarve es sin duda el destino turístico principal de Portugal. Esta región, situada al sur del país, tiene playas espectaculares de arena fina salpicadas de grandes acantilados, grutas marinas y un clima envidiable durante todo el año. Su principal reclamo son las pequeñas calas escarpadas en la costa occidental, y grandes arenales en la costa oriental, la más cercana a España. Sagres es sin duda el pueblo más agreste del Algarve, al estar sobre los grandes acantilados del extremo suroccidental de Portugal. Toda la costa está dentro del Parque Natural del Suroeste Alentejano y Costa Vicentina, por lo que la zona se mantiene libre del desenfreno urbanístico.

■ LA IMAGEN

Con motivo de la publicación de este libro decidí viajar al país vecino, Portugal, para conocer de primera mano algunas exclusividades de su naturaleza. Sin duda alguna, su colonia de cigüeñas en el Parque Natural de Alentejo y Sierras Vicentinas y las cuevas marinas del Algarve portugués fue lo que más me cautivó. Después de visitar infinidad de cuevas a las que solo es posible acceder con barco, ésta, en concreto, fue mi preferida por su espectacular estructura y color rojizo. Paseando durante el día por su playa interior creé esta foto en mi mente para meses más tarde llevarla a cabo.

■ TRATAMIENTO

La imagen fue capturada en formato RAW, balance de blancos fluorescentes blancos fríos.

He utilizado Nikon Capture NX2 en su edición con un procesado normal; niveles y curvas, saturación, contraste y máscara de enfoque.

■ RESULTADOS

Para mí, una de las fotos más complicadas en su realización. La cueva era de unas dimensiones descomunales, por lo que conseguir iluminar su interior parcialmente fue algo muy complejo. Tenía que captar la luna justo en el momento en que asomaba por la oquedad de la bóveda superior y en pocos segundos hacer una docena de disparos de flash para conseguir algo de iluminación en su interior, cosa que resultaba inútil por las propias dimensiones de la gruta. Como última opción y con el tiempo en contra, pues la luna se desplazaría en poco tiempo quedando fuera de la composición, decidí ampliar la exposición a 25s y utilizar cuatro unidades de flash de mano disparadas al unísono. Tanto mi ayudante de cámara como yo hicimos todos los disparos que pudimos en este tiempo de exposición; el resultado es una única imagen antes de que la luna se ocultase definitivamente detrás de la roca.

■ CONSEJOS

Visitar estas cuevas marinas durante la noche está completamente prohibido sin la autorización conveniente. Por otro lado hay que tener muy en cuenta el ritmo de las mareas ya que solo podemos acceder cuando el mar está completamente en calma y con baja mar. Es aconsejable visitar estas grutas durante el día para familiarizarnos con el terreno. El acceso se hace en barcos que disponen de rutas turísticas guiadas desde varios puntos del Algarve. Lo mejor es conseguir toda la información necesaria que está disponible en la oficina de turismo del lugar.

Nikon D3S, Nikon 14-24mm f/2.8G, ISO 400, f4.5. v25.5s, flash

EL MUNDO DE LA SAL

Hace 40 millones de años, la región conocida hoy como Cataluña Central fue ocupada por un antiguo mar que con el cierre del mismo y la evaporación del agua, provocaron la lenta deposición de las distintas sales a modo de sedimento creando estratos de sal que posteriormente mineralizaron. Con la formación de los Pirineos y las presiones de la Tierra, las capas se plegaron, ascendiendo y surgiendo al exterior configurando la espectacular Montaña de Sal de Cardona. El singular paisaje es el resultado de la combinación de la sal con los óxidos de hierro, de la filtración del agua provocando las estalactitas y estalagmitas y de las peculiares texturas de los tres minerales del yacimiento: la sal común, la potásica y la magnésica. Solo hay otra montaña de sal en el mundo, y está en Venezuela.

Nikon D3S
Nikon 105 macro f/2.8G
ISO 200
f8. v1/200s

⭐ Mención de Honor, *Asferico* 2013

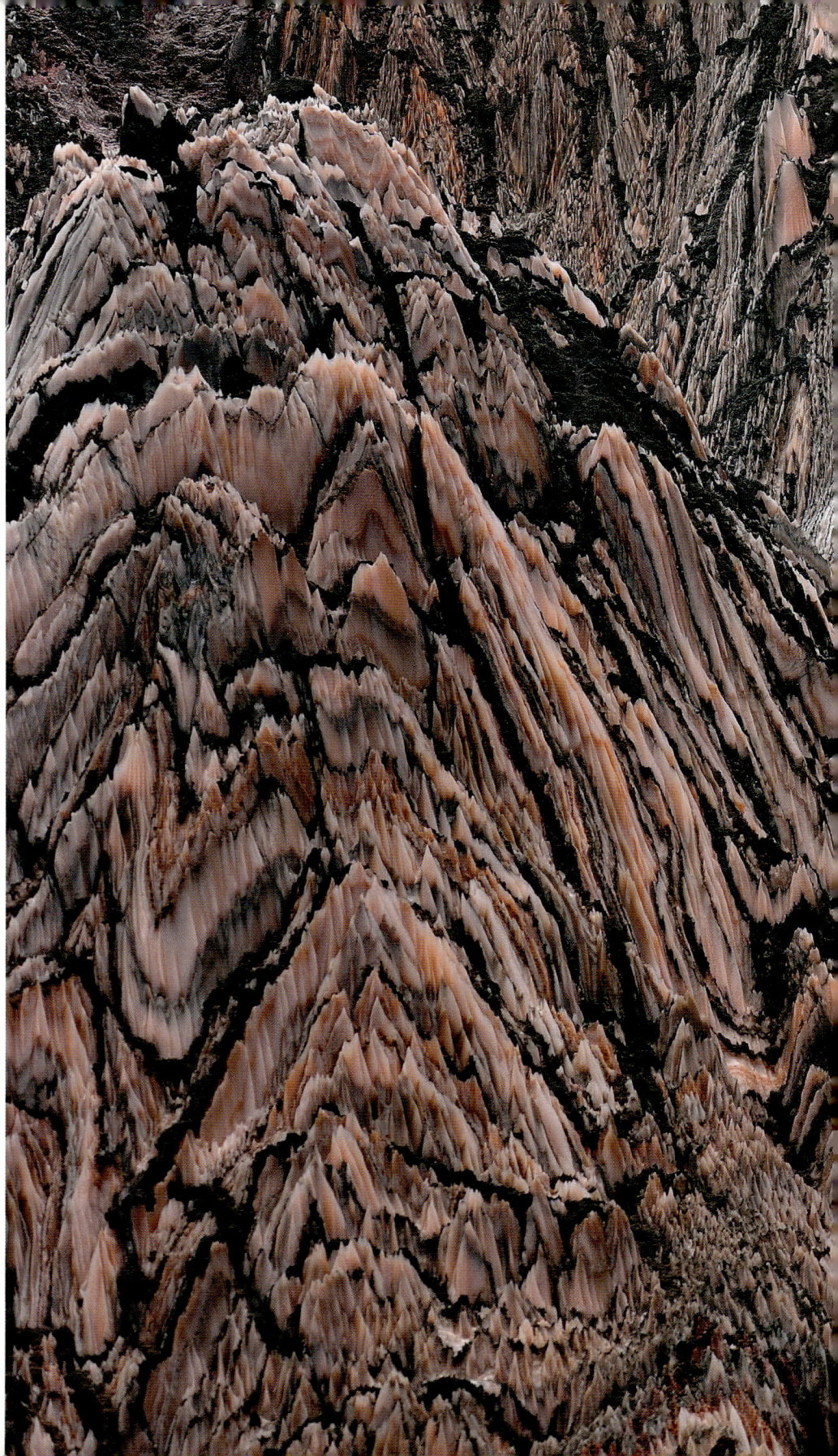

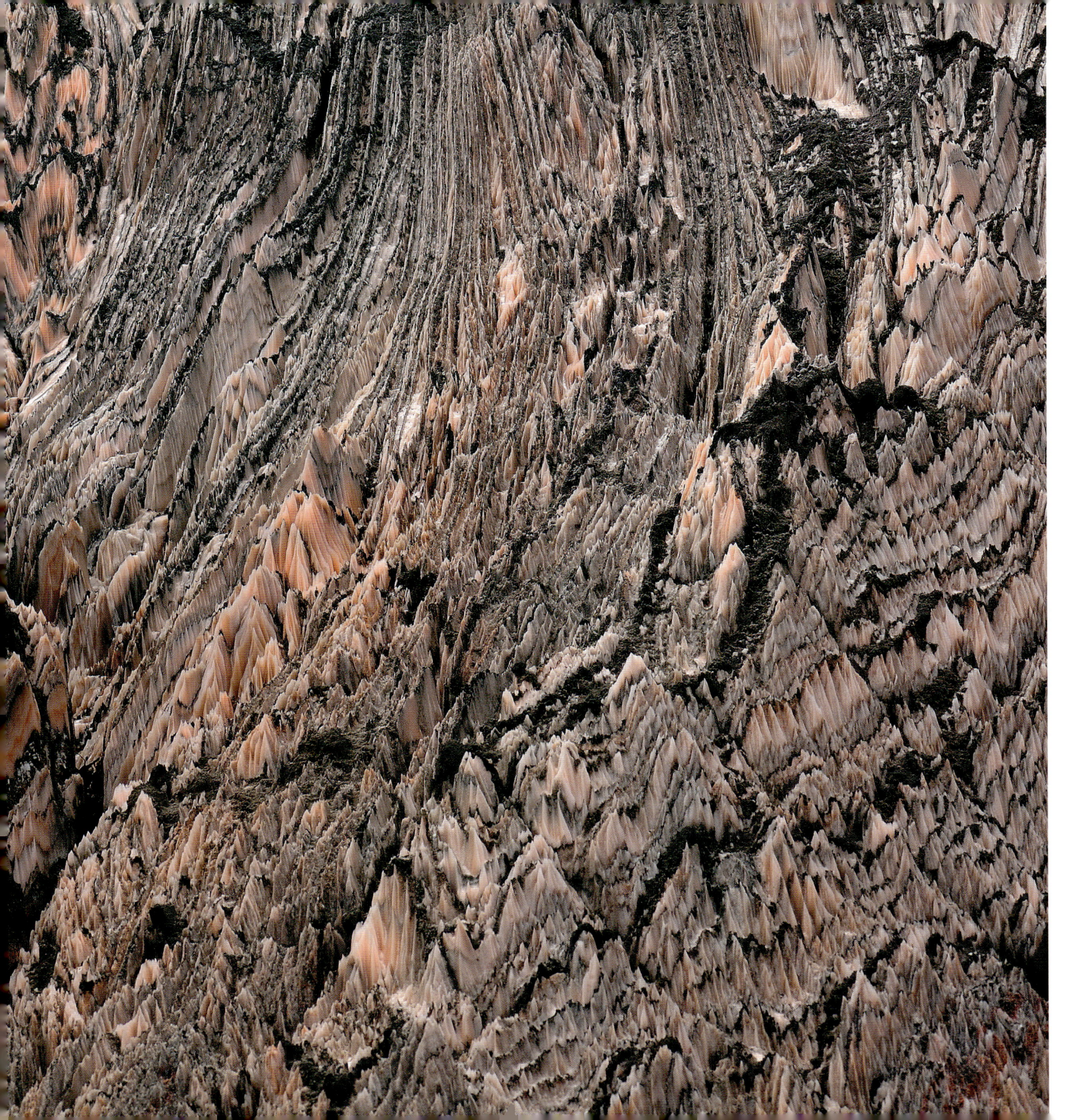

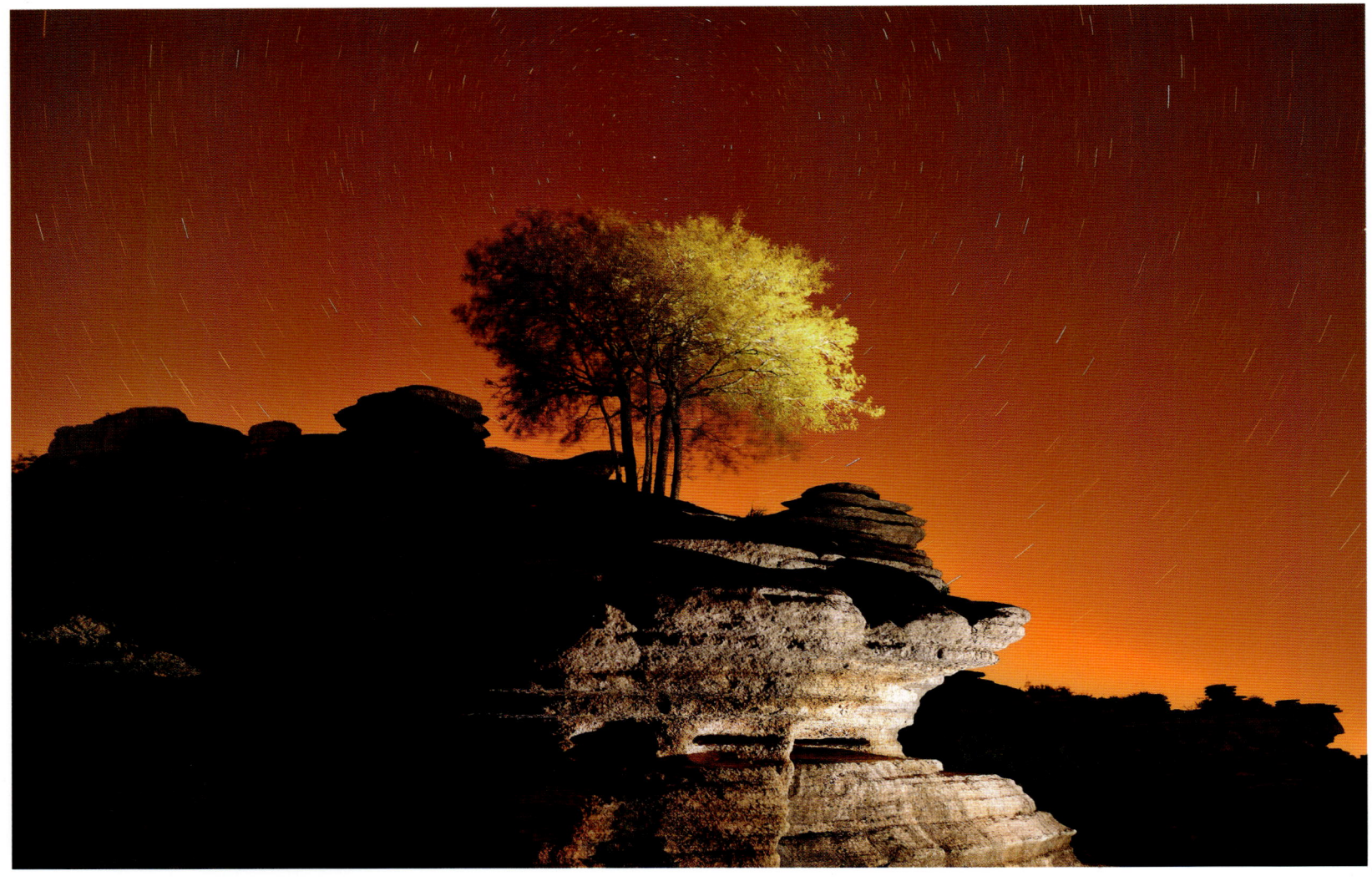

LA NOCHE DEL ALMEZ

El Paraje Natural del Torcal de Antequera evoca en el visitante el sentimiento de encontrarse en otro mundo, en una época distinta. En este singular paisaje, donde la roca caliza es la verdadera protagonista, nuestra mente puede viajar inexorablemente en el pasado e imaginarnos como sería este planeta en la época de los dinosaurios. Sobrecogedores laberintos excavados en la roca, profundos y verdes valles dominados por la vegetación rupícola y gigantescos tornillos de roca moldeados por las condiciones climatológicas y el paso del tiempo son solo una pequeña muestra de este exclusivo rincón de Andalucía. En la fotografía, un almez se aferra a la roca en una lucha por la supervivencia. Una circumpolar de estrellas giran alrededor del almez mientras la contaminación lumínica de Antequera, a tan solo unos kilómetros, tiñen el cielo de rojo.

Nikon D3, Nikon 24-70mm f/2.8G, ISO 200, f4. v596s, Flash

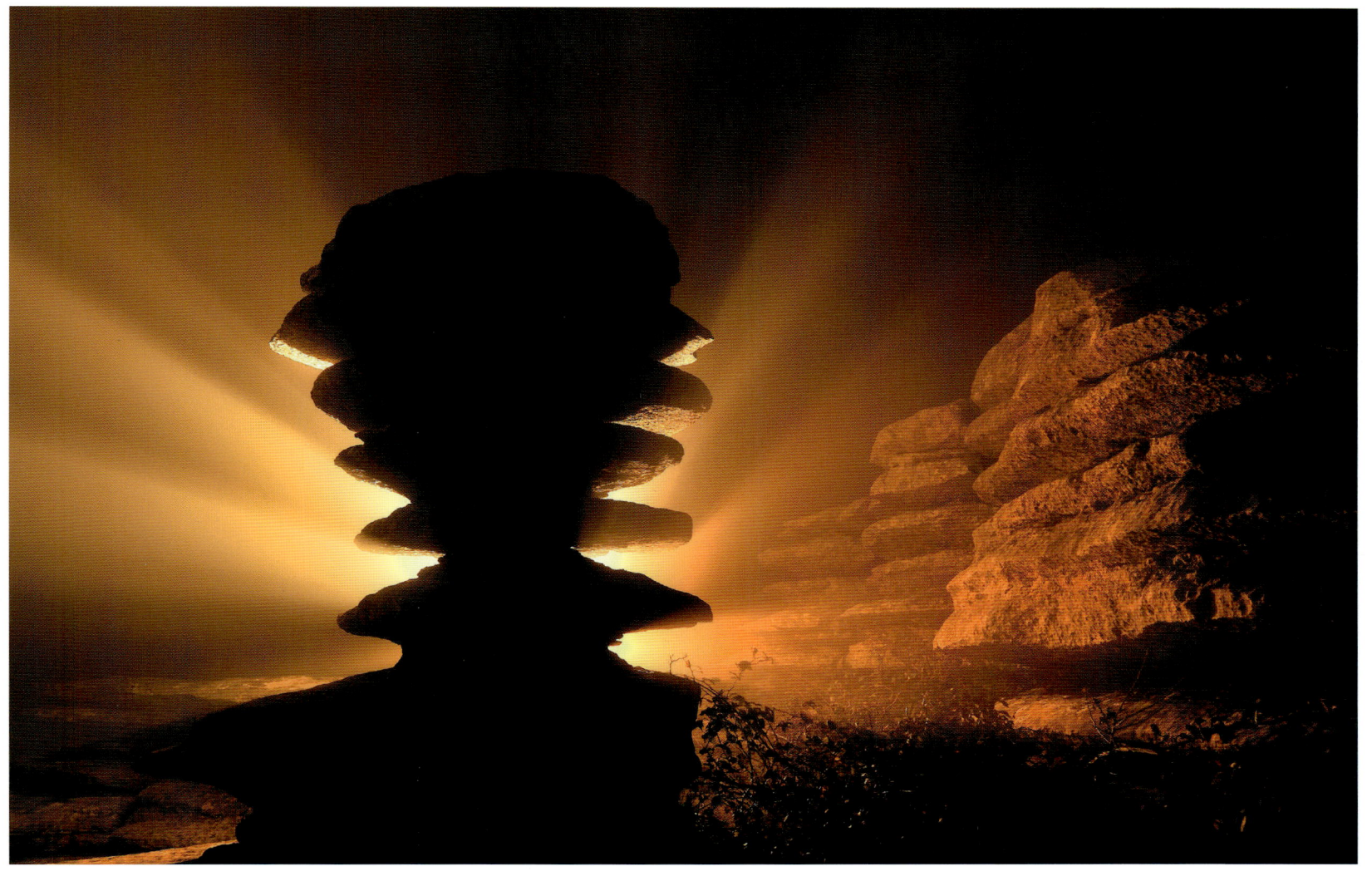

ESCULTURAS DEL TIEMPO

El Paraje Natural de El Torcal se caracteriza por el impresionante paisaje kárstico. Su formación se debe a un proceso que ha durado varios millones de años. Para ello deberemos remontarnos a cuando gran parte de Europa y Oriente Medio se encontraban sumergidos bajo el mar de Tetis y se inicia un proceso de sedimentación carbonatada, originada por la acumulación y depósito de esqueletos, conchas y caparazones de animales marinos en el fondo del mar. Estos sedimentos se han ido acumulando y compactando en diferentes niveles, formando los estratos horizontales. Hacia el Mioceno Medio, como consecuencia del empuje entre las placas ibéricas al norte del mar de Tetis y la africana al sur, los sedimentos acumulados son comprimidos, deformados y fracturados hasta emerger en un lento y continuado proceso que aún se mantiene. Una vez emergido el relieve, la acción prolongada de los agentes meteorológicos como el agua, el hielo y el viento sobre las calizas, modeló el espectacular paisaje kárstico de El Torcal de Antequera.

Nikon D3S, Nikon 24-70mm f/2.8G , ISO 200, f5.6. v61s

La esencia del arte

Siempre me he considerado un fotógrafo amante del color y busco motivos en los que éste sea el protagonista. No obstante, también me considero un fotógrafo creativo, en evolución. Me gusta practicar todas las disciplinas y, aunque mi especialidad es la fotografía de fauna en acción, valoro y trabajo en otras técnicas como la fotografía nocturna, el paisaje, macro, abstracta y como no, el blanco y negro.

Esta especialidad es una de las asignaturas más complicadas, ya que requiere de una gran experiencia y una técnica muy depurada. Luces y sombras son los pilares, formas y texturas los protagonistas, y la visión y creatividad del autor lo que marca la diferencia entre obra de arte y vulgaridad.

No me considero un fotógrafo especializado de blanco y negro, pero sí un viajero incansable que no para de explorar los caminos que me acerquen a conocer esta disciplina reservada casi exclusivamente para grandes maestros. Queremos con este capítulo hacer un homenaje a todos aquellos fotógrafos pioneros que no pudieron disfrutar de la fotografía en color e igualmente, a los compañeros que en la actualidad nos deslumbran con sus creativas imágenes en blanco y negro.

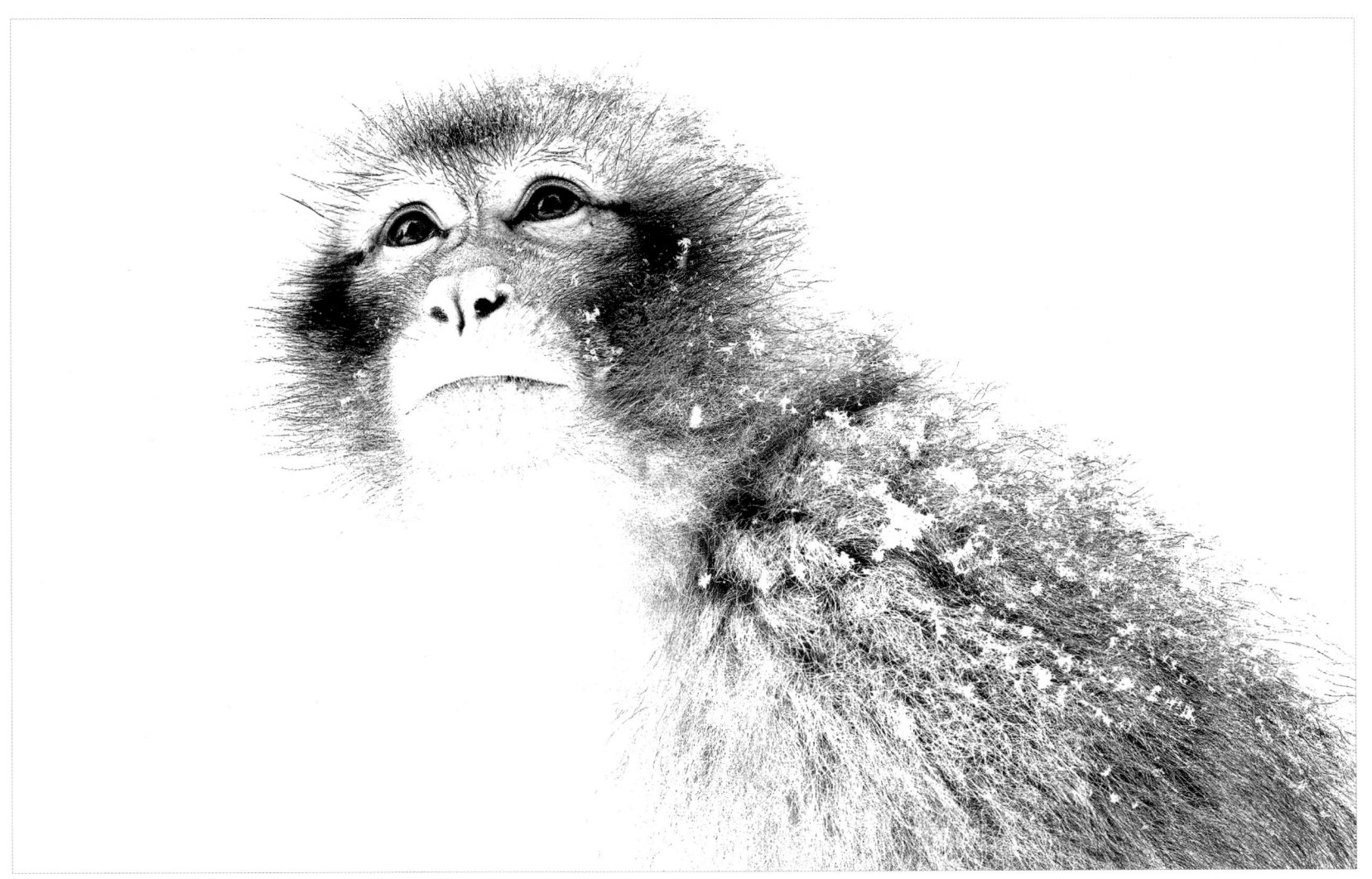

EL PRIMATE OLVIDADO

Cuando contemplé por primera vez a este primate de apariencia discreta pensé, ¿por qué nadie se ha planteado cubrir un reportaje? Incluso, ¿por qué apenas existen fotos de calidad en su hábitat natural? Debo reconocer que a pesar de haber trabajado con infinidad de primates de la talla del gelada, orangután, chimpancé, gorila de llanura o el mandril, ninguno me ha transmitido tanta emoción como este humilde y olvidado primate.

Durante más de dos años he sido testigo mudo de su comportamiento asombroso, amoríos, disputas, del inmenso amor hacia sus crías y como no, de su incomparable rudeza ante las condiciones meteorológicas más adversas soportando temperaturas de menos 20 grados y nevadas constantes que pueden superar los cinco metros de altura. Tener la oportunidad de cubrir este reportaje para la edición internacional de *National Geographic* ha sido sin duda una de las experiencias más satisfactorias de mi carrera como fotógrafo de naturaleza.

Nikon D3S, Nikon 70-200mm f/2.8G, ISO 800, f8. v320s

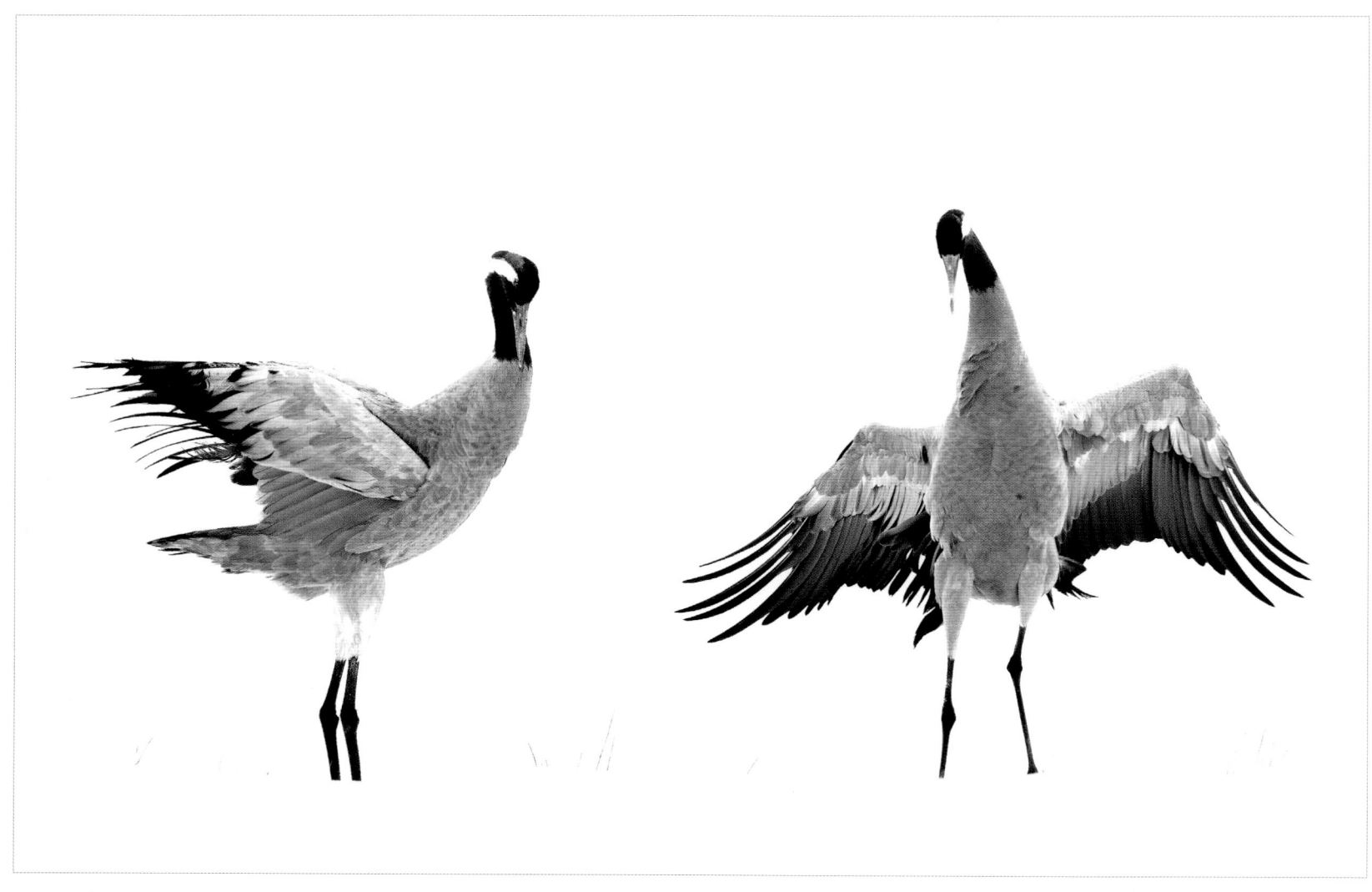

EL BALLET DE LAS GRULLAS

Un año más, me encuentro en uno de los *hides* para fotografía de grullas en las lagunas de Gallocanta. Son las ocho de la mañana del tercer día y el termómetro alcanza los 13 grados bajo cero. La intensa nevada caída ha hecho que las grullas se desplacen a terrenos más bajos donde poder alimentarse. Los ánimos están muy bajos, llevo dos días a bajo cero metido en el escondite, 12 horas diarias y ni una sola grulla hizo acto de presencia. La nieve ha bajado mucho y me temo que un año más me marcharé sin la foto. Todos estos pensamientos son los que pasan por la mente de un fotógrafo de naturaleza medio congelado que, además, se ha desplazado mil kilómetros para fotografiar los amoríos de las grullas. Finalmente, y con la esperanza perdida del todo, una pareja de preciosas y elegantes grullas se posan justo delante de mi escondite. El frío desaparece, la emoción alberga al fotógrafo mientras las grullas se entregan en una danza de amor.

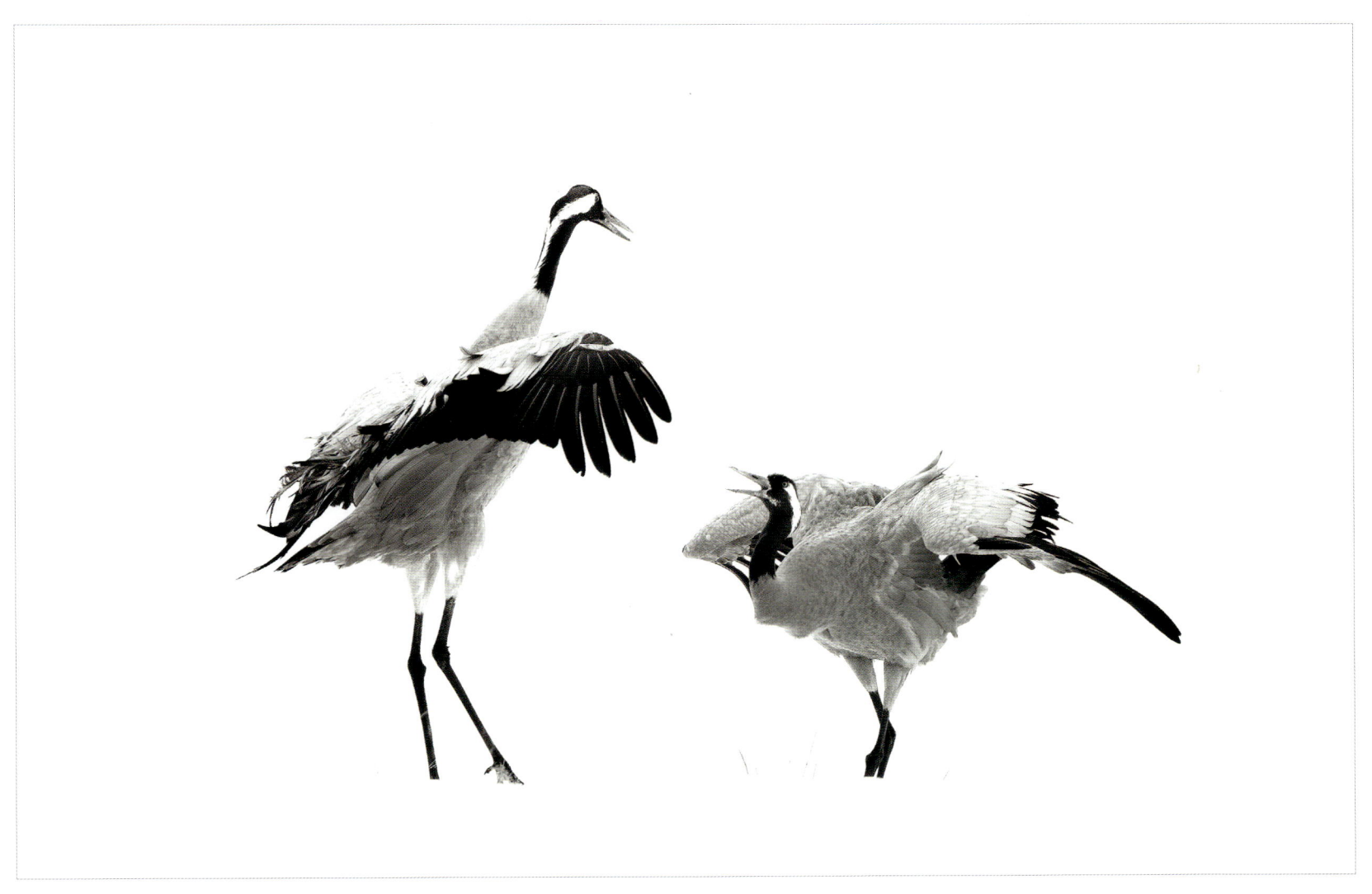

Nikon D3S, Nikon 200-400mm f/4G, ISO 200, f7.1. v1/500s

⭐ Mención de Honor, *La Gacilly* 2010

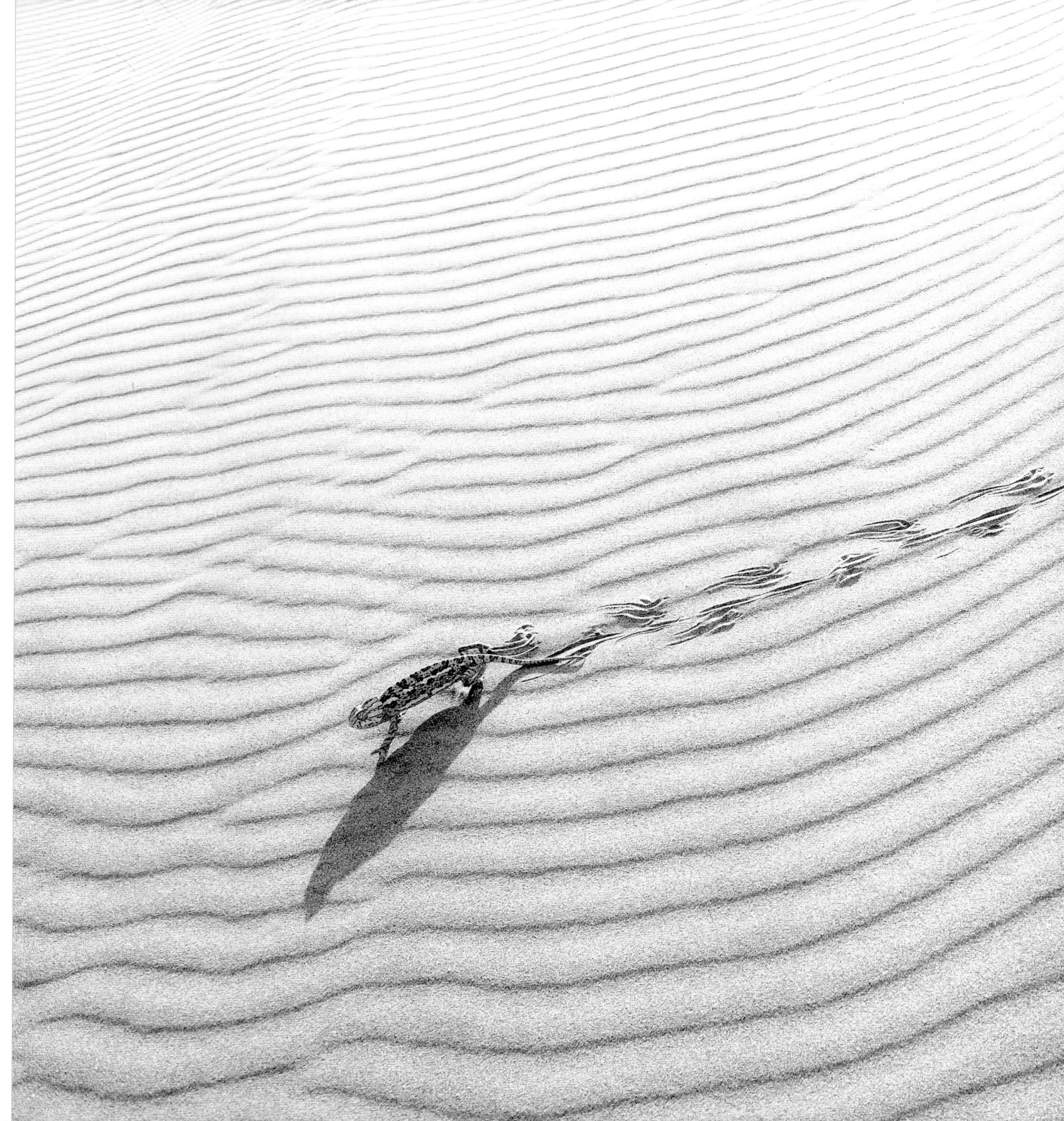

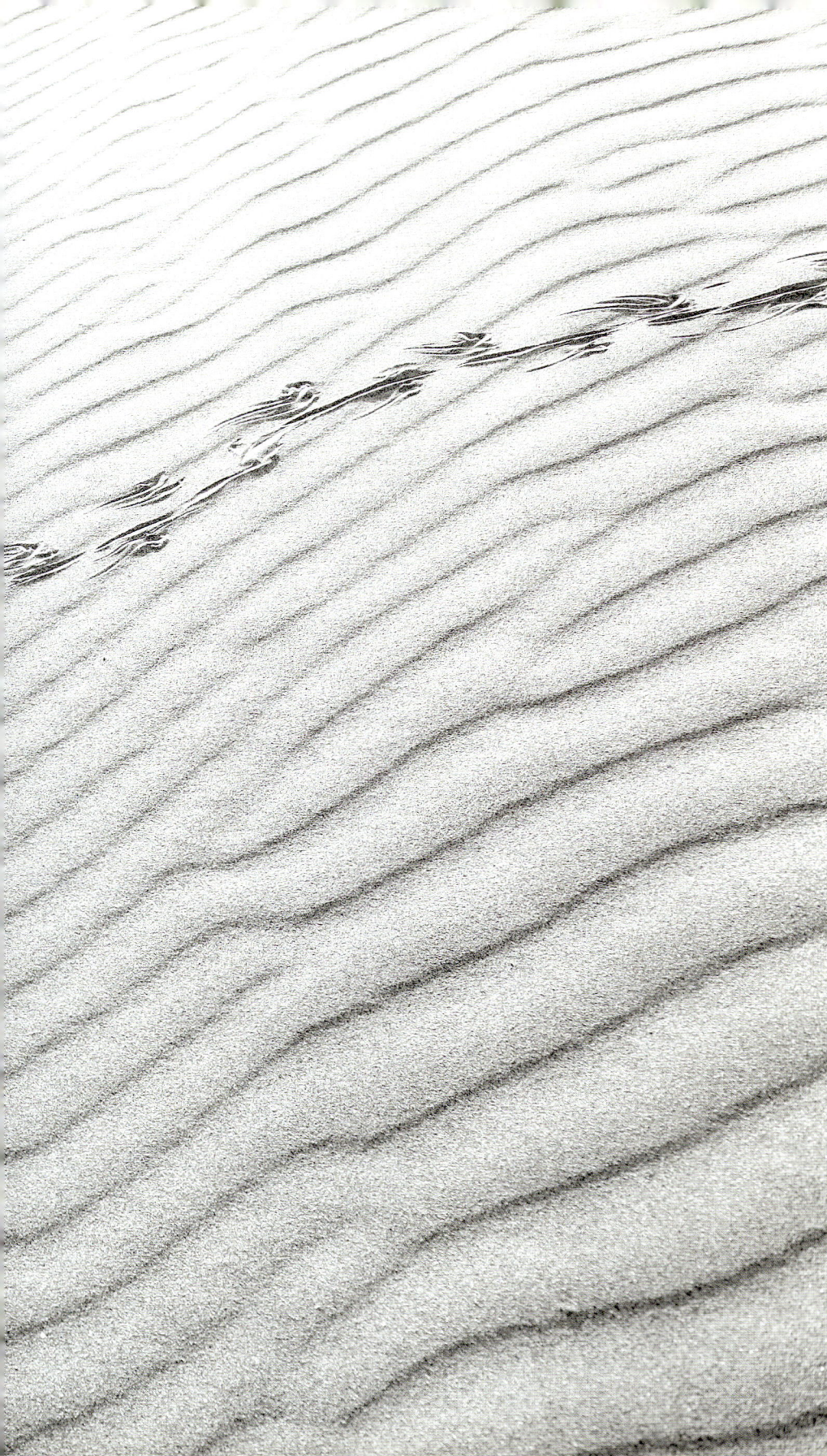

CAMINANDO ENTRE DUNAS

El camaleón común es un reptil sureño, sus hábitat preferidos son los pinares y retamas que crecen cerca de la costa entre los corrales de dunas. El futuro de los camaleones pasa por la protección inmediata de sus hábitats naturales y, esto, es prácticamente imposible ya que vive en zonas muy cercanas a la costa donde la especulación inmobiliaria está a la orden del día. Las construcciones urbanísticas ilegales y descontroladas están acabando con sus últimos refugios y nadie parece interesado en hacer nada por impedirlo. El camaleón común es el único reptil arborícola de Europa y uno de los más amenazados del viejo continente. Este exclusivo dragón sureño es sin duda una de las joyas más relevantes de la fauna española y un auténtico símbolo de la naturaleza andaluza. En la fotografía, un camaleón graba en su desplazamiento la caligrafía de sus huellas en las arenas de una duna móvil.

Nikon D3S
Nikon 24-70mm f/2.8G
ISO 200
f6.3. v1/60s

⭐ Mención de Honor, *OASIS* 2014

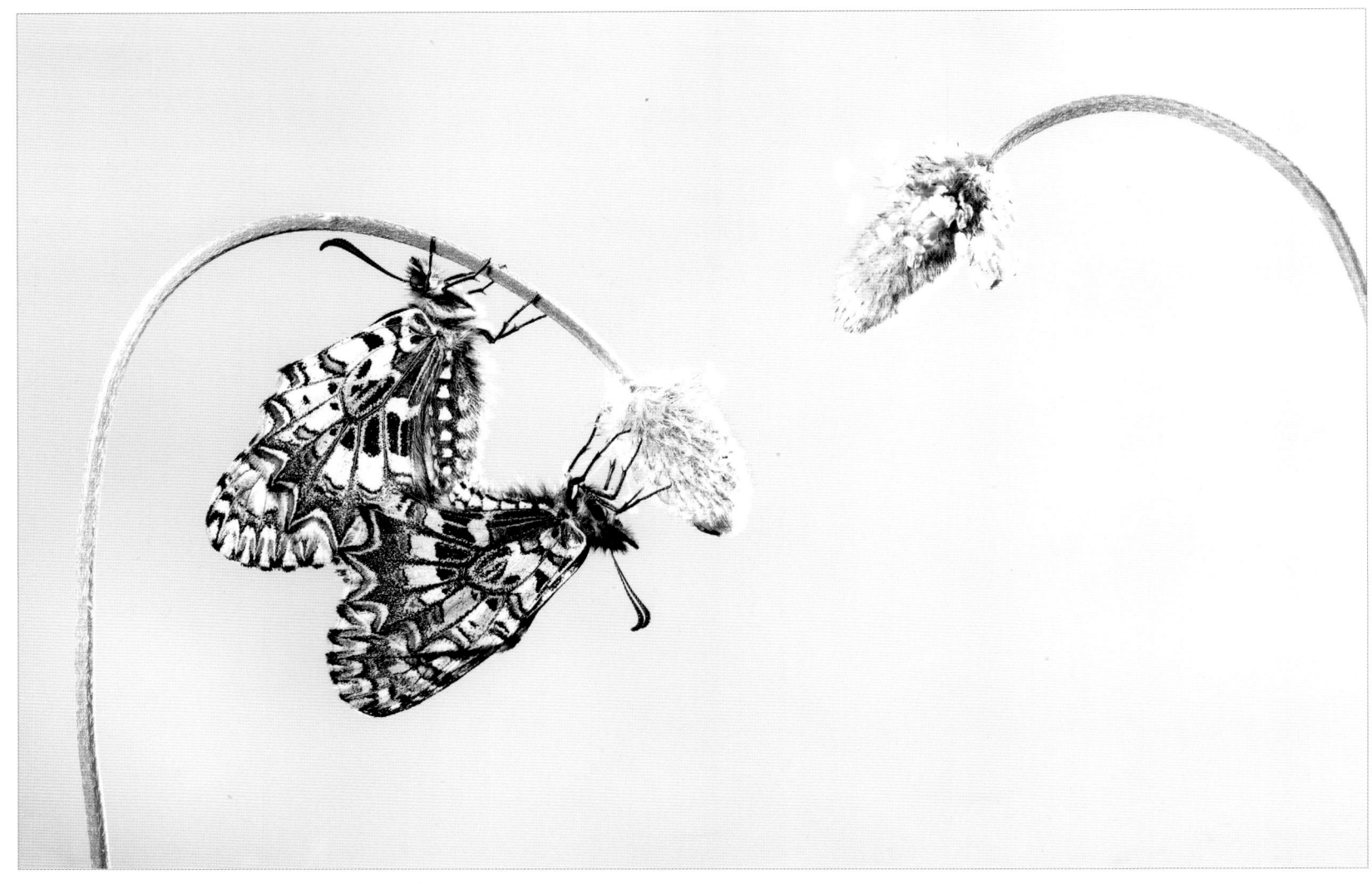

EL AMOR DEL ARLEQUÍN

La presencia de mariposas es uno de los más fieles indicadores de la buena salud de nuestro entorno. Las poblaciones de estos bellos y variopintos insectos ha disminuido de tal forma que hoy en día se hace difícil encontrar especies que durante siglos fueron tan comunes y abundantes como los arlequines (*Zerynthia rumina*) en la fotografía. Ello ha motivado la preocupación de los científicos y amantes de la naturaleza, así como la de todos aquellos interesados en su conservación. Posiblemente una de las causas que más ha influido en este retroceso alarmante hayan sido los venenos, hervicidas y plaguicidas que se vierten sin control en nuestros campos. En la fotografía, una bella pareja de mariposas arlequín es sorprendida a primera hora de la mañana mientras se entregan a la cópula.

Nikon D3S, Nikon 105 macro f/2.8G, ISO 200, f22. v1/250s, Flash

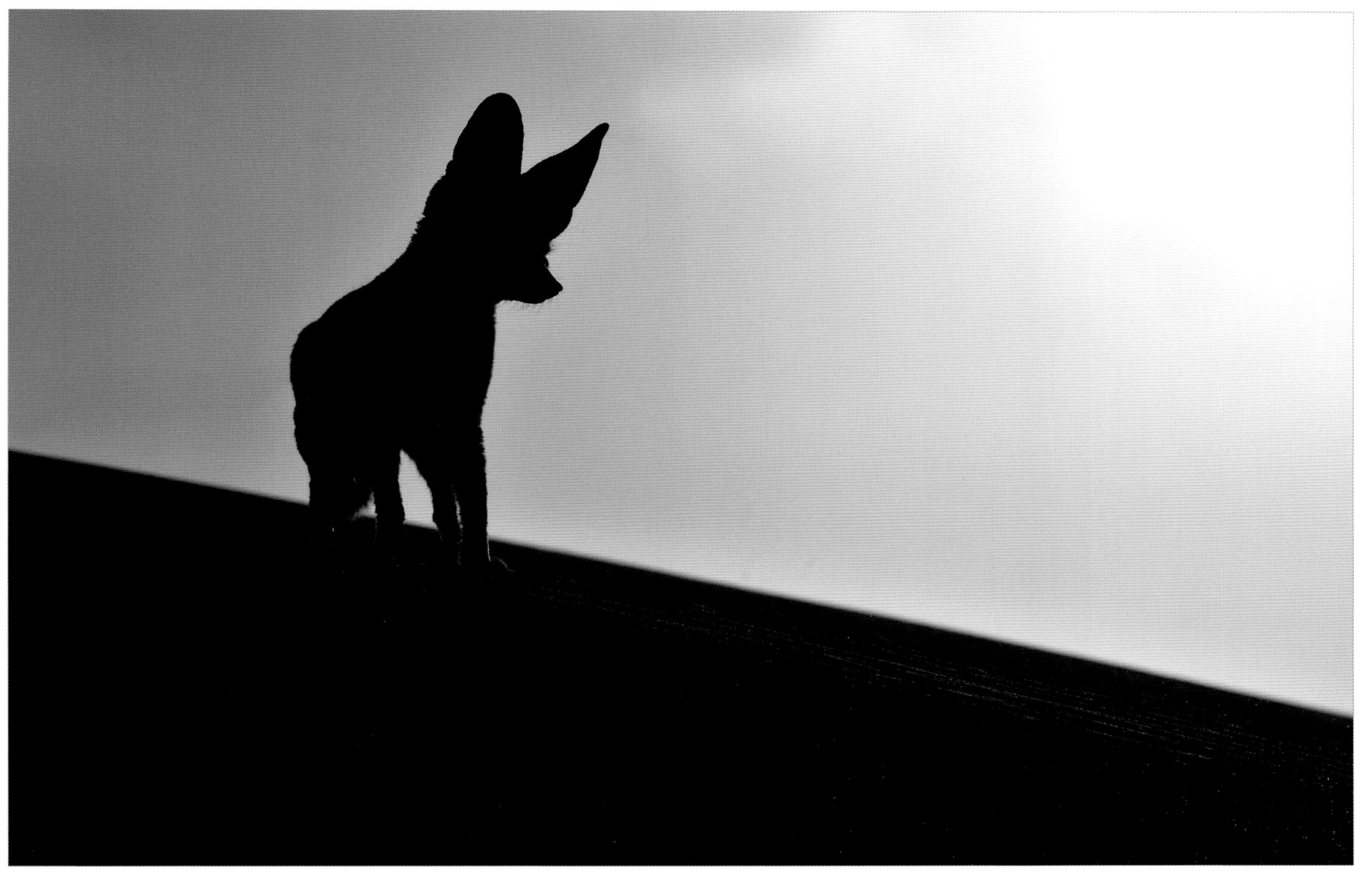

LOS DUENDES DEL SAHARA

El fénec es un animal principalmente nocturno. Se alimenta de insectos, reptiles, roedores, aves, huevos, y todo tipo de bayas y dátiles que encuentra entre las dunas y en los oasis, donde también se aprovisiona de agua. Al amanecer retorna a su madriguera para pasar las tórridas horas del día a salvo del calor. Las hembras comparten la madriguera con sus crías mientras que los machos suelen ser más solitarios. En la fotografía, un fénec recorre las dunas a la caza de escarabajos y otros insectos que son la base de su alimentación. Con sus grandes orejas pueden escuchar el más mínimo ruido, mientras que con su fino olfato pueden oler presas a metros de distancia, unas armas infalibles para la supervivencia conseguidas a base de años de evolución y adaptación al desierto.

Nikon D3S, Nikon 200-400mm f/2.8G, ISO 200, f8. v1/8000s

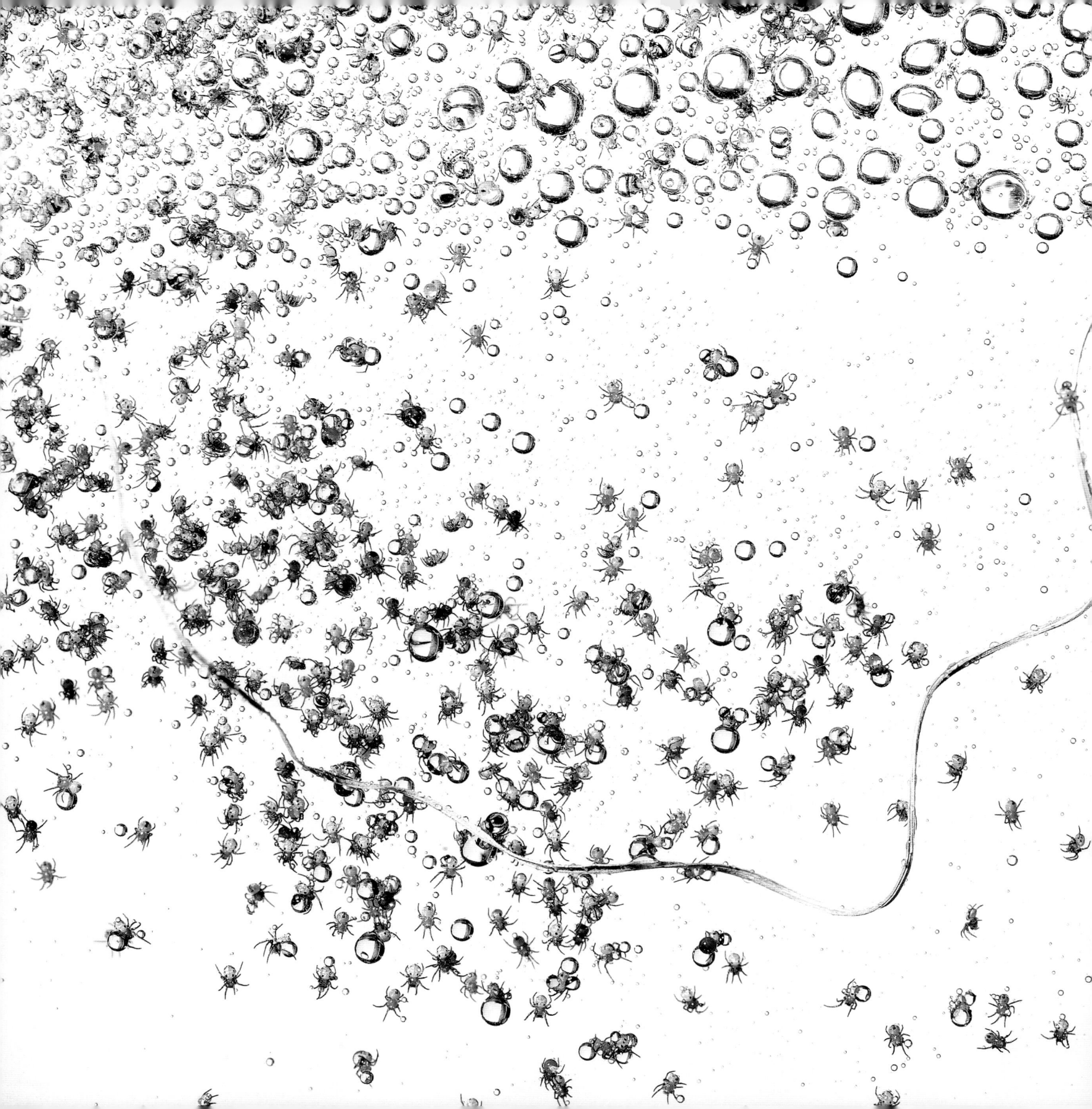

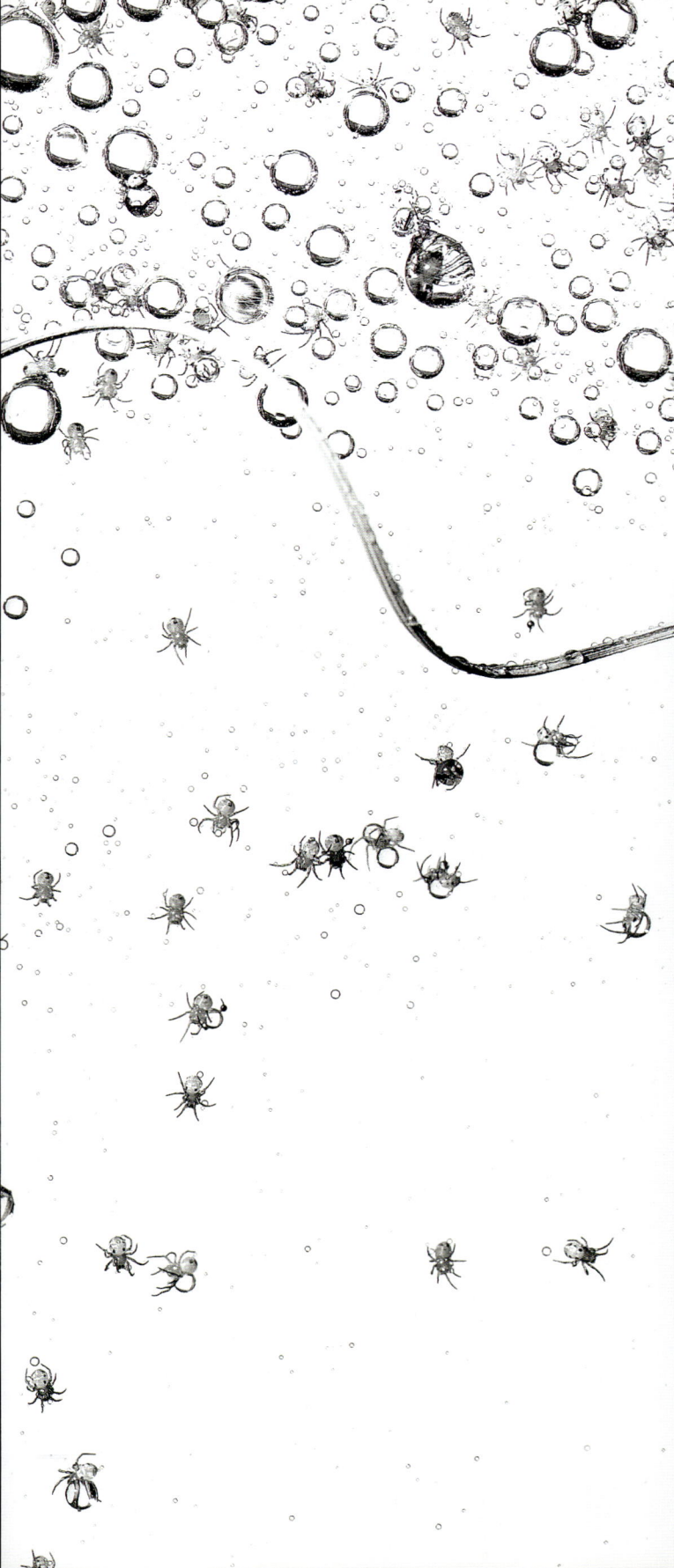

La tela de la vida

■ CONTEXTO

La araña *Argiope bruennichi* es una especie muy común en el sur de España. Construyen sus invisibles telas en terrenos secos y soleados normalmente entre junio y octubre. El nombre de *Argiope ojos brillantes* deriva del griego, haciendo referencia al *tapetum* que poseen todos sus ojos. La puesta se deposita en capullos que la hembra esconde entre la vegetación en las cercanías de la tela donde ella permanece.

■ LA IMAGEN

En los meses de otoño y primeros de invierno se produce la eclosión, cientos de diminutas arañas inundan los alrededores del huevo donde permanecerán varias semanas. En la fotografía, las pequeñas arañas recién nacidas cuelgan de sus propios hilos de seda empapados por las gotas de rocío del amanecer. Una diminuta brizna de hierba seca cierra la composición de esta imagen.

■ TRATAMIENTO

La imagen fue capturada en formato RAW, *picture control Monocromo*. He utilizado Nikon Capture NX2 en su edición con un procesado normal; niveles y curvas, contraste y máscara de enfoque.

■ RESULTADOS

Con la ayuda de cuatro unidades de flash sincronizados entre sí y un fondo de metacrilato blanco capturé esta imagen en *clave alta*. Mi intención era conseguir un efecto de carboncillo donde las cientos de pequeñas arañitas y la brizna de hierba seca resaltaran de forma importante dando una sensación de dibujo. Una imagen tan poco inusual como llamativa.

■ CONSEJOS

La brisa en este tipo de fotos es un problema importante muy a tener en cuenta. Debido a la sensibilidad de los hilos de seda tejidos por las propias arañas es muy difícil conseguir el foco preciso a poco que sople algo de viento. Una esterilla de playa alrededor del huevo, puede ser de gran ayuda a la hora de enfrentarnos a este tipo de fotos.

Nikon D3S
Nikon 105 macro f/2.8G
ISO 200
f18. v1/250s

★ Mención de Honor, *Voel GDT European Wildlife Photographer of the Year* 2013
★ Mención de Honor, *Melvita* 2013

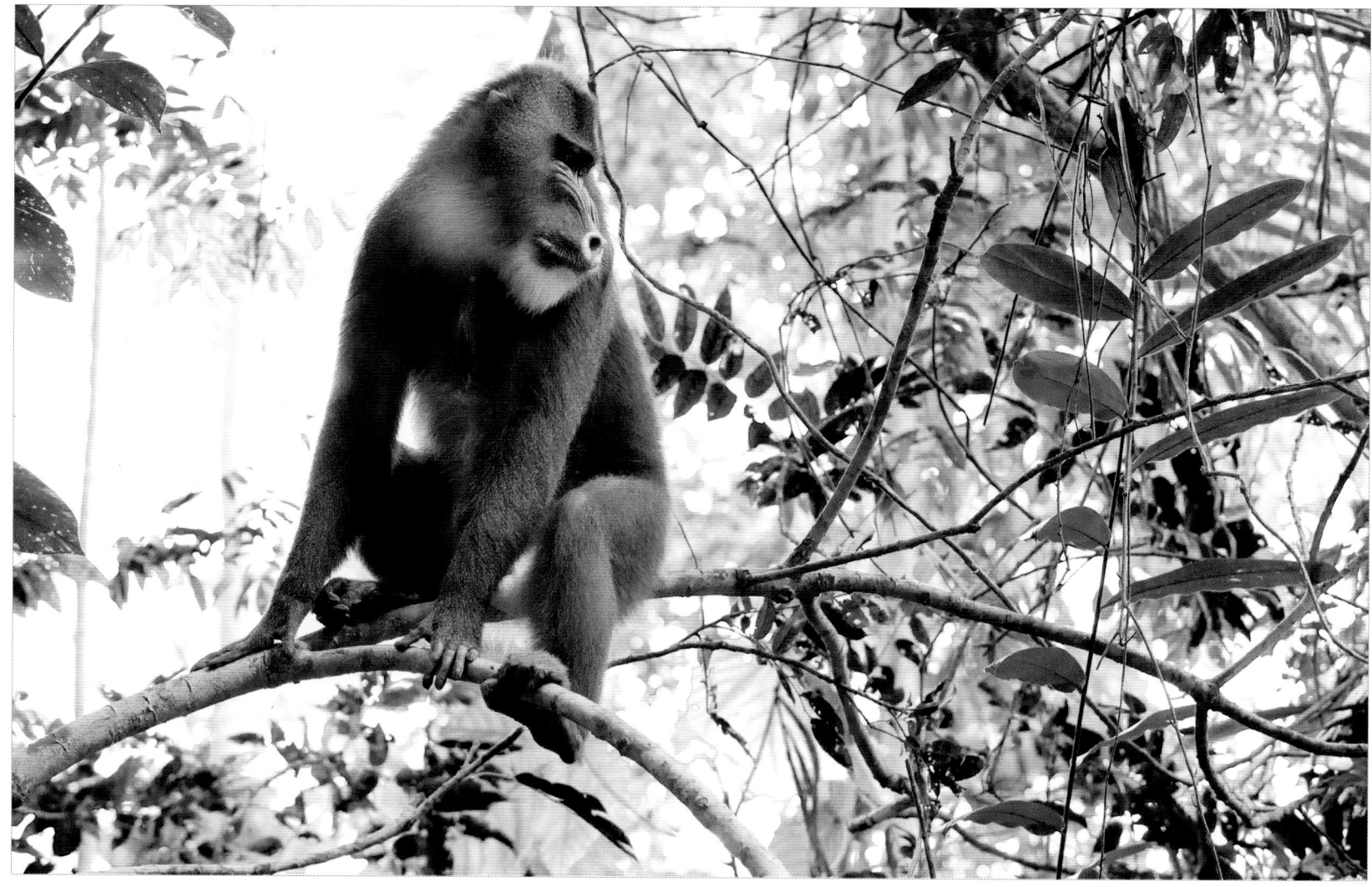

EL ARCOÍRIS DE LA SELVA

En la selva lluviosa de África tropical habitan los últimos ejemplares de una especie que antaño debió ser muy numerosa, el mandril. Durante la realización de un reportaje para la *National Geographic* pude comprobar la agresividad y poderío con que estos espectaculares machos dominantes defienden su manada. Durante la liberación de un pequeño mandril enganchado en una trampa de cazadores, este macho alfa cargaba con furia contra nosotros una y otra vez. Durante unos pocos segundos decidió subir a un árbol próximo para comprobar que su pequeño seguía allí, momento que aproveché para realizar esta imagen.

Canon EOS-1D X, Objetivo 70-200mm f/2.8L, ISO 3200, f5. v1/100

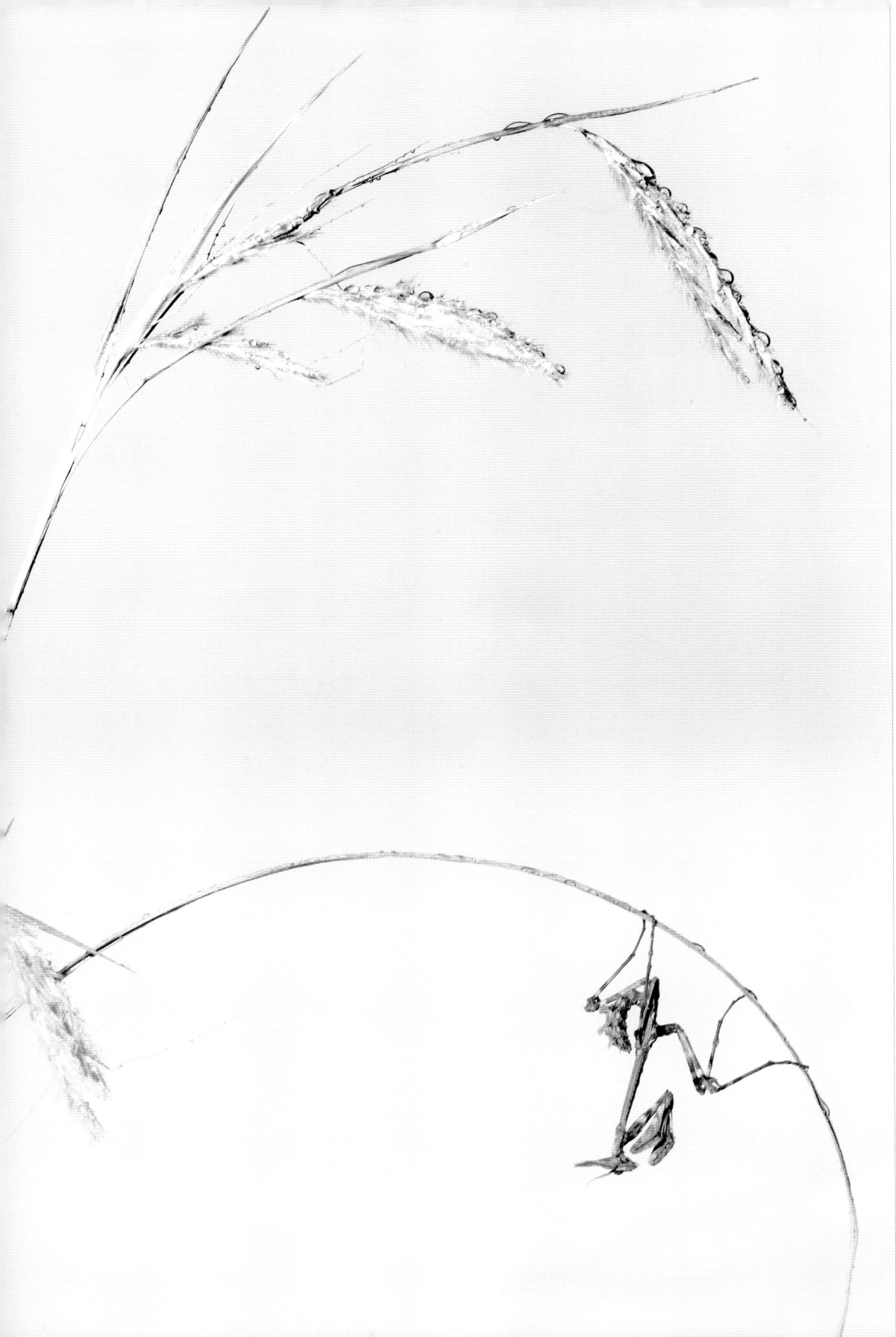

EL ARTE DEL MIMETISMO

Probablemente uno de los ejemplos más claro en el arte del esconderse es el de los insectos palo o la *Empusa pennata* en la fotografía. Estos pequeños invertebrados suelen quedarse inmóviles, aprovechando su mimetismo con las ramas y pajas secas del terreno, para acechar a sus presas sin ser vistos y de la misma forma evitar a sus posibles predadores.

En esta fotografía quise resaltar la silueta característica de la *mantis palo* camuflada perfectamente en una pequeña espiga seca al borde de un camino. Unas gotas de rocío y un toque de creatividad a la brizna inferior sirvieron para lograrlo.

Nikon D3S
Nikon 105 macro f/2.8G
ISO 200
f16. v1/250s
Flash

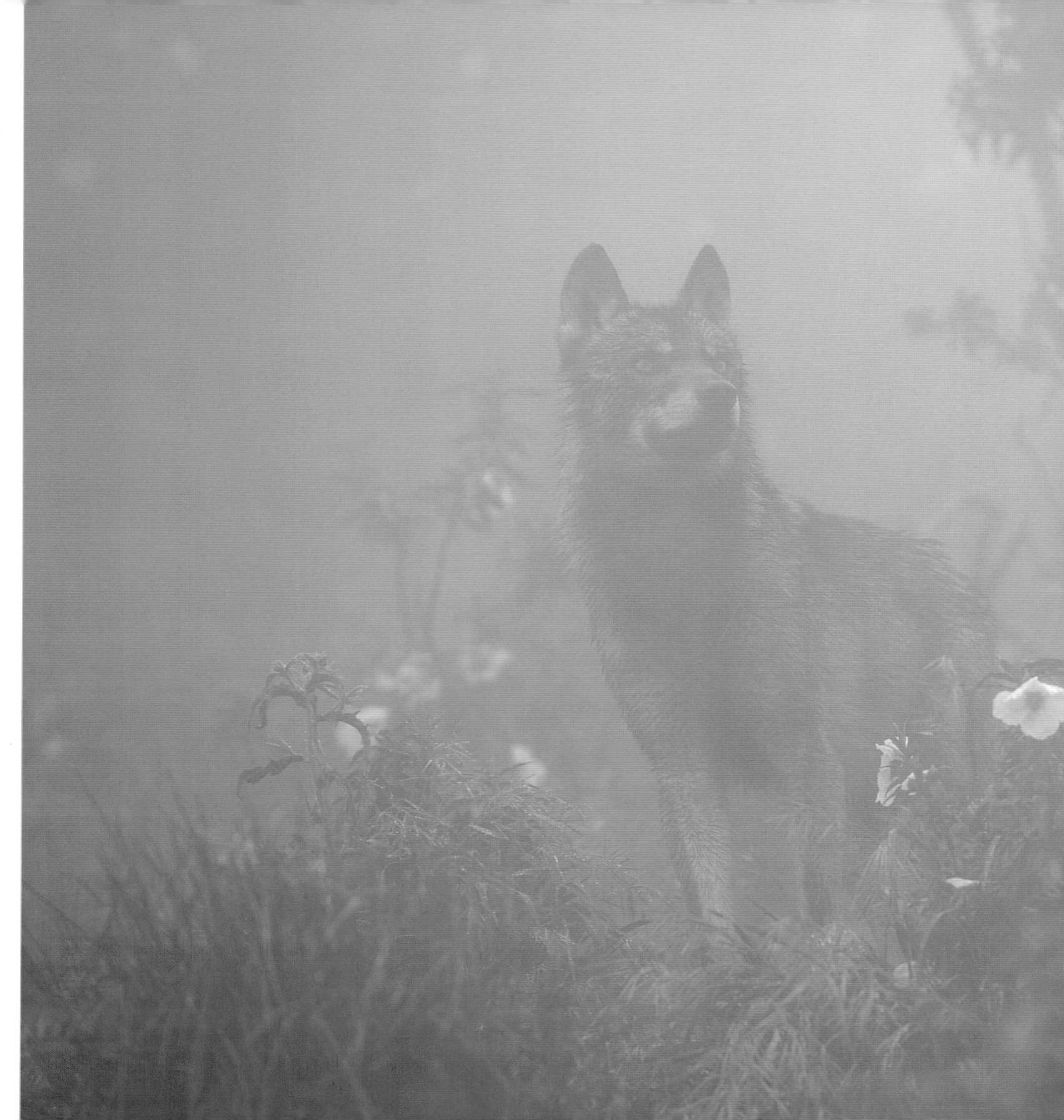

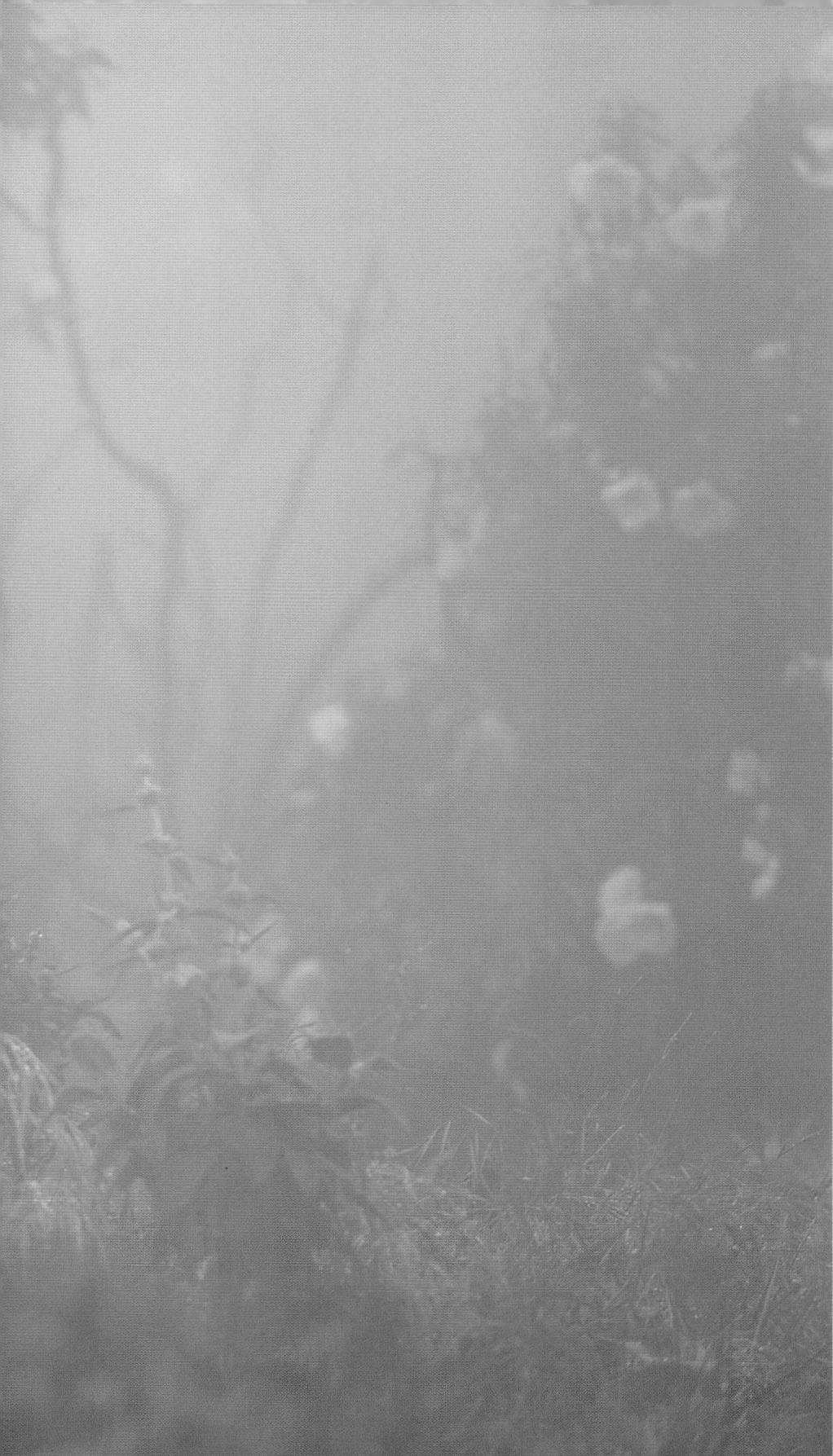

MÍSTICO

El gran súper predador, el mito, la leyenda.
Pocos animales han producido en el hombre
tanto odio, estando sometidos a persecuciones
implacables y siendo tan temidos como estos
magníficos predadores. Su vida siempre ha
estado envuelta por un aura de leyendas y de
fábulas que poco o nada tienen que ver con la
realidad. Hoy en día el lobo es una especie
catalogada en peligro de extinción y protegida
por la ley y, aunque sus poblaciones estimadas en
unos 1.500-2.000 individuos se recuperan
lentamente, sigue estando en muchos casos en
el ojo del huracán.

Nikon D3
Nikon 200-400mm f/4G
ISO 200
f4. v1/250s

La fauna en acción

Para los fotógrafos de naturaleza cada impresión que tomamos es algo mágico y difícil de valorar por las personas ajenas a esta profesión. Un fugaz instante retenido para siempre, donde se conjugan una serie de valores específicos y muy personales que reflejan el sentimiento y la forma de entender la vida de cada uno de los autores.

Me considero un fotógrafo amante del color, la luz y el detalle. Aunque si con algo me identifico particularmente es con la fotografía de fauna en acción. En este campo cada imagen, por lo efímero del momento, requiere un enorme reto que afronto cuando me pongo delante del ocular de una cámara.

Nunca me ha importado demasiado el tiempo y el esfuerzo invertidos. Nací para ser fotógrafo y creo que moriré en este empeño. En esta actividad encuentro todo lo que busco, que no es mucho pero sí trascendental para mi forma de entender la vida: paz, armonía, belleza, emoción y amor por todo lo vivo. Intento transmitir el milagro de la vida de la que formamos parte en este planeta, que agoniza sin remedio.

Muchas han sido las ocasiones en las que contemplando un paisaje, un animal o una simple y efímera flor me he preguntado: "¿cómo es posible que la naturaleza haya creado algo tan bello?" La armonía que transmite un macaco de Berbería caminando entre los cedros bajo la intensa y plácida nevada o la majestuosidad de un mono gelada macho, orgulloso, dominante, sabedor de su poderío físico caminando de frente hacia mi cámara. El dinamismo zigzagueante de las líneas de una duna roja mientras un fénec del desierto imprime sus huellas creando un abanico de caligrafías escritas en la arena. Son momentos inolvidables para un fotógrafo amante de la vida salvaje, instantes en los que la adrenalina se apodera de tu cuerpo dejándote petrificado, experiencias tan intensas que marcan tu memoria y espíritu para siempre.

Uno de los elementos más imprescindibles en la fotografía de mamíferos salvajes, son los teleobjetivos que suelen oscilar entre 300 y 800 milímetros y, además, podemos hacer uso de los diferentes duplicadores que multiplican la distancia focal. Pero estos grandes teleobjetivos también tienen sus inconvenientes como es su elevado precio de mercado. Los fotógrafos profesionales cuentan en su equipo con alguno de ellos con la intención de ofrecer la máxima calidad en sus imágenes; no obstante, para el fotógrafo aficionado su alto coste puede convertirse en una meta casi inalcanzable. Pero hay alternativas para compensar este inconveniente como pueden ser las ópticas de marcas no punteras, aunque su luminosidad y calidad poco tiene que ver con las de un teleobjetivo original de las grandes marcas.

Otro de los inconvenientes que nos encontramos con estas potentes lentes es que por lo general son ópticas fijas 300, 400, 500, 600, 800 milímetros, por lo que su versatilidad a la hora de componer imágenes es muy limitada y en ocasiones puede ser frustrante. Pero no todo son ventajas en estos súper objetivos zoom. Si pretendemos por ejemplo hacer imágenes de mamíferos en acción, debemos valorar que la rapidez del autofocus es infinitamente más lenta que la de un teleobjetivo de lentes fijas. Por lo tanto, ganaremos en versatilidad a la hora de componer pero renunciamos a velocidad a la hora de obtener imágenes de animales que se mueven a gran velocidad. A la pregunta: "¿qué objetivo aconsejas?", por la experiencia de haber tenido ambos me quedo con una lente fija por su calidad superior y por la velocidad del AF.

HUELLAS EN EL GRANITO
El macho montés es, desde tiempos inmemoriales, un animal que ha suscitado una enorme admiración para todos los naturalistas. Gredos, Cazorla, Tortosa y Beceite, o Tejeda y Almijara, son algunas de las cordilleras donde estos colosos de la montaña han forjado su propio mito.

Arranca el otoño en la Sierra de Gredos. Los varones más veteranos se disgregan y transforman su tranquilo carácter, convirtiéndose en individuos tremendamente belicosos. Han entrado en celo; en el ambiente flotan olores nuevos y el eco que provocan sus cuernas al chocar resuena con fuerza en lo alto de los canchales.

Para muchos fotógrafos de esta especialidad, la cabra montés ha sido un símbolo, un ideal de la fauna española y objetivo prioritario para nuestras cámaras. El ser o no ser alguien consagrado dentro de esta profesión pasa por subir a las cumbres y conseguir un buen reportaje sobre las montesas, compartiendo su espacio con la certidumbre de que retratamos al mejor exponente de la naturaleza salvaje en nuestras montañas. Saber que hoy en día aún podemos disfrutar de la grandeza de su estampa, de sus formas, de sus defensas, recortadas sobre las peñas, sigue siendo una experiencia conmovedora.

Estábamos a últimos de octubre. Era el segundo año consecutivo que volvía a Gredos para intentar fotografiar el celo de los machos monteses. Empezamos el ascenso y encontramos monteses por todas partes; me paro con frecuencia para hacer algunas fotos captando machos dominantes *haciendo el feo*, una postura muy típica de la época del celo, consistente en que, cuando intentan conquistar a la hembra, los machos inclinan la cabeza hacia atrás al tiempo que sacan la lengua emitiendo un característico sonido. A veinte metros de distancia he podido fotografiar un impresionante bicho que ajeno a mi presencia *hacía el feo* a su dama justo delante de mí.

De nuevo, con mi sueño alcanzado, debo decir adiós a todo esto. Me marcho una vez más, como vine, sin hacer ruido, como un mero espectador de la naturaleza salvaje, pero eso sí, conservando en la retina el recuerdo imborrable de estos colosos de la montaña luchando por su propia supervivencia.

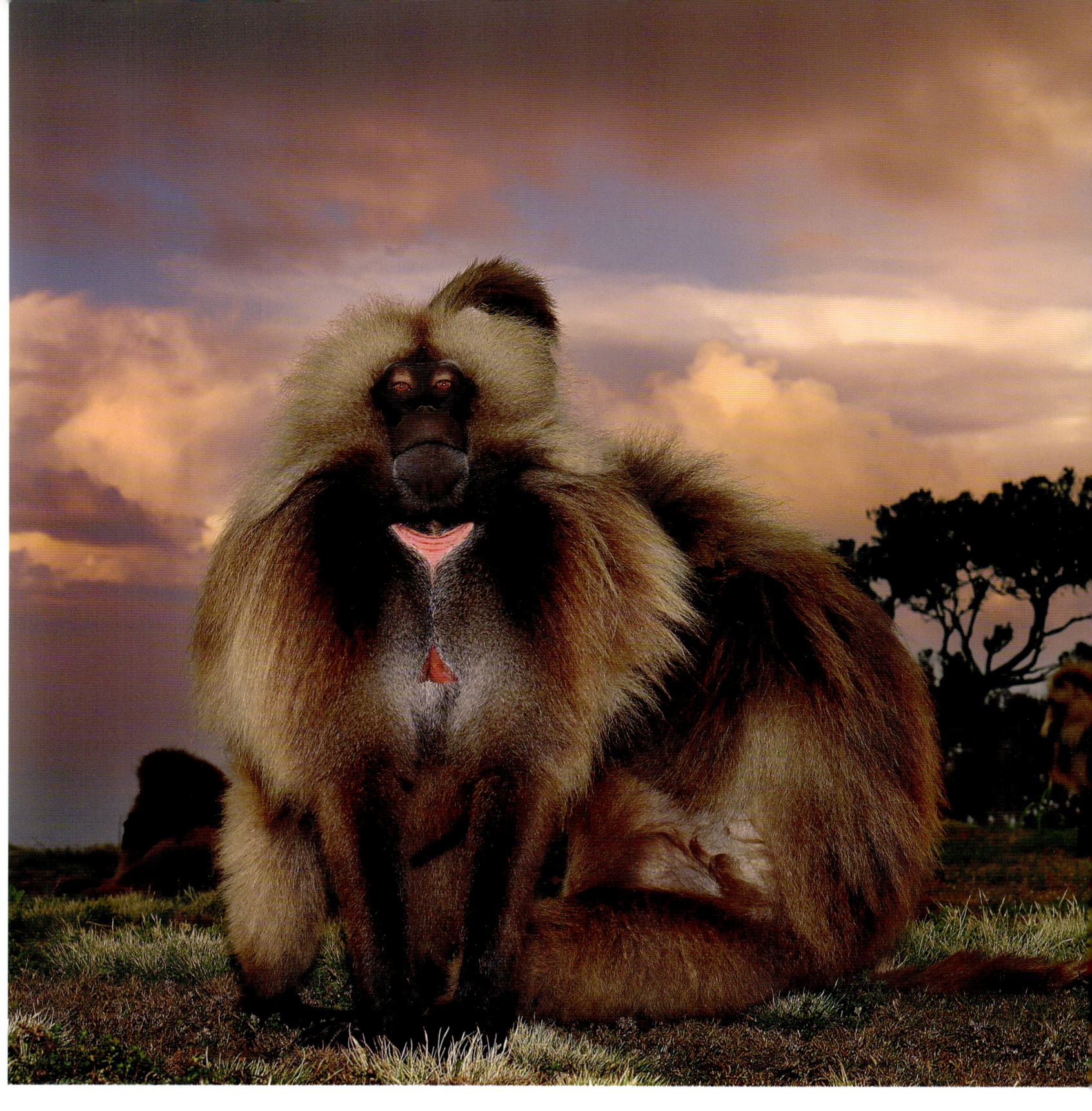

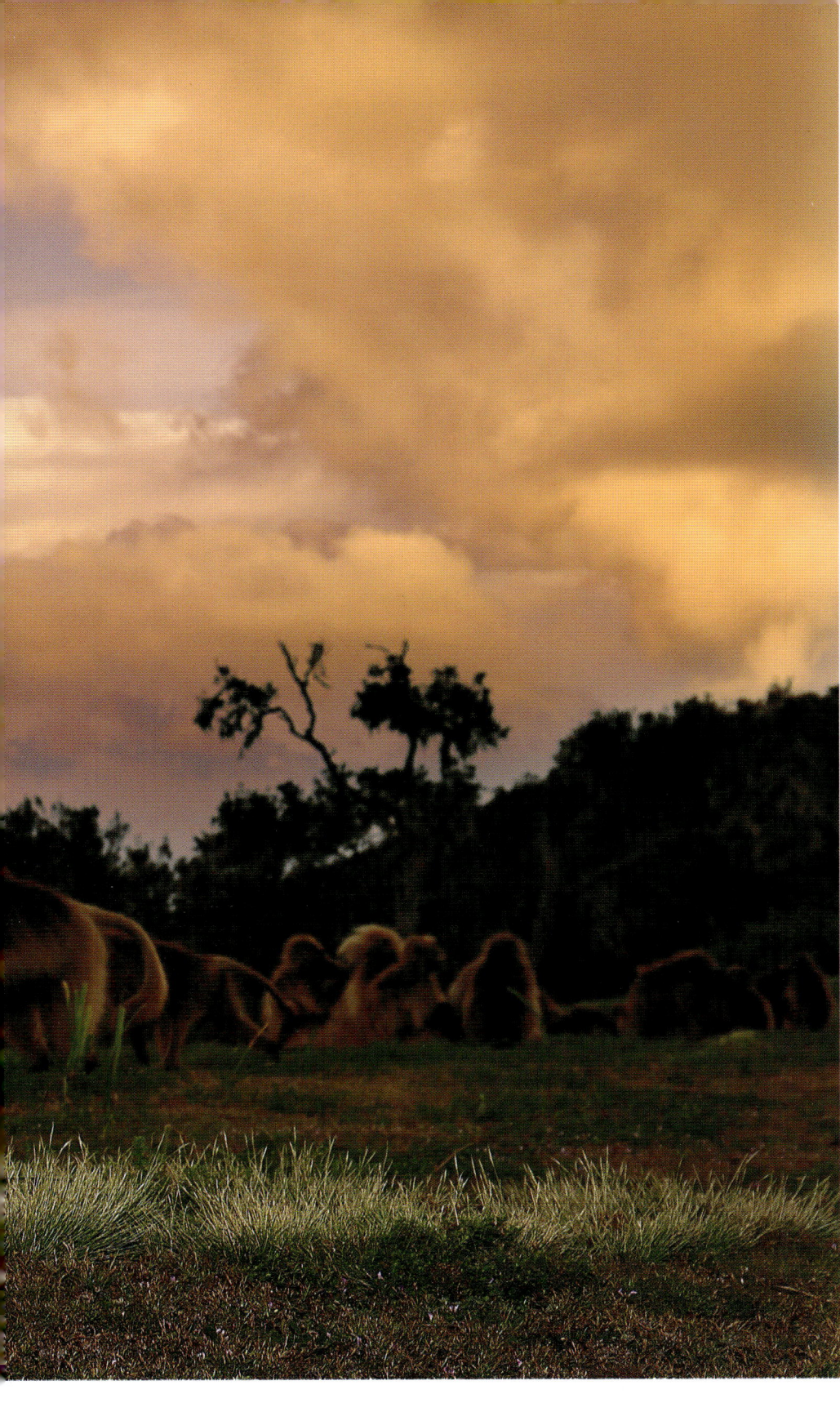

SIMIEN, EL REINO DEL GELADA

Los paisajes en las montañas Simien son de una gran belleza. Se extienden al norte de Etiopía, en la región de Amhara. Allí entre cortados y bosques y praderas en flor viven algunas de las especies más exclusivas de la fauna africana. El *Ibex walia*, lobo etíope, quebrantahuesos o los increíbles geladas son algunas de las joyas que habitan entre campos de lobélias y brezos centenarios cuyas ramas, envueltas por el musgo, apenas son visibles. En la fotografía, un macho gelada duerme plácidamente en una pradera alpina cubierta de flores. Los bostezos, gemidos y gritos son habituales en esta especie; de hecho los geladas son el único caso documentado de primate que hacen ruido moviendo los labios, de ahí su similitud con la voz humana.

Canon EOS-1D X
Canon 24-70mm f/4
ISO 400
f9. v1/250s
Flash

LA VOZ DEL GELADA

Un grupo de científicos de la Universidad de Michigan realizan un estudio de la evolución del habla desde hace mucho tiempo, desconcertados porque no hay buenos modelos en primates. Mientras que estos comparten muchos rasgos con los seres humanos, que han sido reconocidos, como jugar, llorar, luchar, incluso reir, el habla no es uno de ellos. Pero hay una posible excepción, un grupo de monos salvajes endémicos de las tierras altas de Etiopía llamados geladas. Los sonidos que emiten son sorprendentemente muy parecidos al de los humanos. Esta característica fue sin duda la que más llamó mi atención desde el primer contacto con ellos. Su forma de toser, el estornudo, el ronquido mientras duermen, o los gemidos de placer mientras se espulgan o hacen el amor, me sobrecogieron por su realismo y parecido con nuestra especie.

Canon EOS-1D X, Canon 24-70mm f/4, ISO 200, f18. v1/250s, Flash

⭐ Mención de Honor, *Memorial María Luisa* 2013

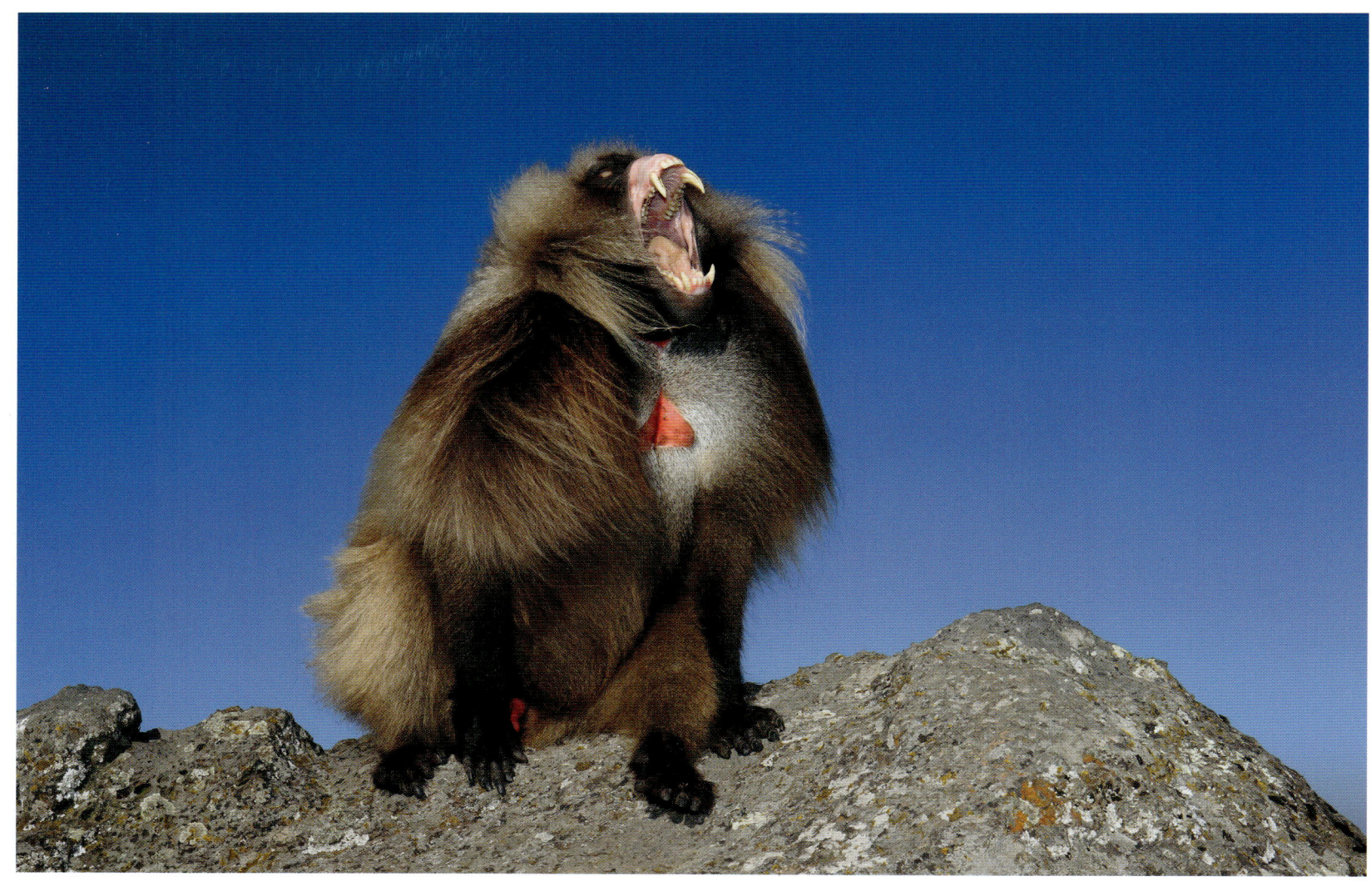

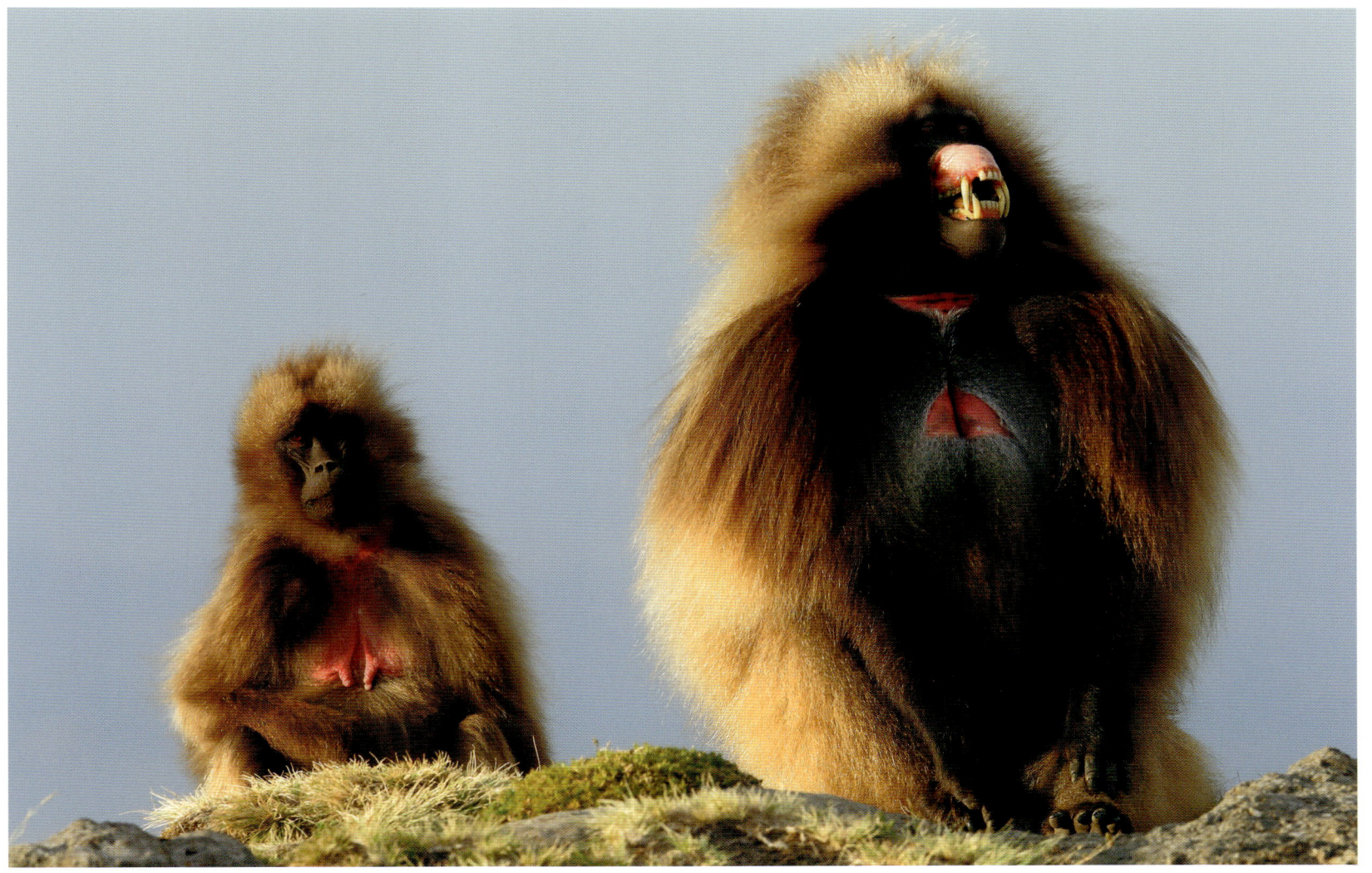

EL MONO QUE RÍE

El gelada es uno de los primates más raros y espectaculares del planeta. Vive exclusivamente en las tierras altas de Etiopía, en el Parque Nacional Montañas Simien. Duermen en los cortados, entre riscos y farallones de roca donde se desenvuelven con una agilidad increíble. Con las primeras luces del día salen de los acantilados para alimentarse de hierba en los grandes pastizales. Viven en grupos muy numerosos, a veces de más de 200 individuos. Como la gran mayoría de primates dedican mucho tiempo a la alimentación y al acicalado del pelo, que en los machos suele ser una espesa melena más propia de un león que de un primate.

Canon EOS-1D X, Canon 400mm f/2.8, ISO 500, f16. v1/125s

⭐ Mención de Honor, *Memorial María Luisa* 2013

Fénec el alma del desierto

■ CONTEXTO

El fénec es un animal sorprendentemente fácil de domesticar, que se habitúa fácilmente a vivir con humanos. No obstante, se le considera una especie rara y por ello es ilegal tenerlos como mascotas en muchas zonas de su área de distribución. El fénec es el alma del desierto, un alma salvaje y libre cuya amenaza principal es el tráfico ilegal por parte de desalmados sin escrúpulos que no dudan lo más mínimo en arrebatarles la vida de entre las majestuosas dunas para cambiarla por los fríos barrotes de una jaula cárcel. Si algún día el fénec desaparece, también habrá desaparecido la parte más genuina y salvaje de estas extensas dunas rojas, su sello de identidad, el alma en los desiertos.

■ LA IMAGEN

En la fotografía un cachorro de fénec es sorprendido en las cercanías de su madriguera por una ventisca de arena cuya fuerza casi le impide caminar. Para librarse de la fina arena del desierto que le golpea con fuerza, el fénec cierra los ojos y vuelve hacia atrás sus enormes orejas. Son muy pocas las imágenes del fénec en su hábitat natural, las extensas dunas del desierto. Su comportamiento reservado y lo extremo de las condiciones meteorológicas hacen muy difícil conseguir imágenes de su vida intima.

■ TRATAMIENTO

La imagen fue capturada en formato RAW, balance de blancos automático.

He utilizado Nikon Capture NX2 en su edición con un procesado normal; niveles y curvas, saturación, contraste y máscara de enfoque.

■ RESULTADOS

Después de mucho tiempo trabajando en el desierto solo he podido conseguir un par de fotos de este raro y desconocido cánido y creo que nunca volveré a conseguir una fotografía con esta fuerza. Un recuerdo inolvidable si no fuese porque mi cámara fotográfica quedó inservible por la ventisca de arena.

■ CONSEJOS

El fénec es un animal extraordinariamente difícil de ver, por lo que intentarlo es una empresa poco menos que complicada. Se necesita conocer muy bien la especie y los desiertos en los que habita. Es esencial contar con camellos para acceder a las remotas dunas además del apoyo logístico de los mejores guías. En ningún caso intentarlo en solitario, el desierto es uno de los ecosistemas más bonitos pero a la vez más traicioneros.

Nikon D3
Nikon 70-200mm f/2.8G
ISO 400
f11. v1/1000s

⭐ Mención de Honor, *Memorial María Luisa* 2013
⭐ Foto del día, *National Geographic*
⭐ Foto publicada en el calendario BBC 2014
⭐ Mención de Honor, *Asferico* 2014
⭐ Mención de Honor, *OASIS* 2014

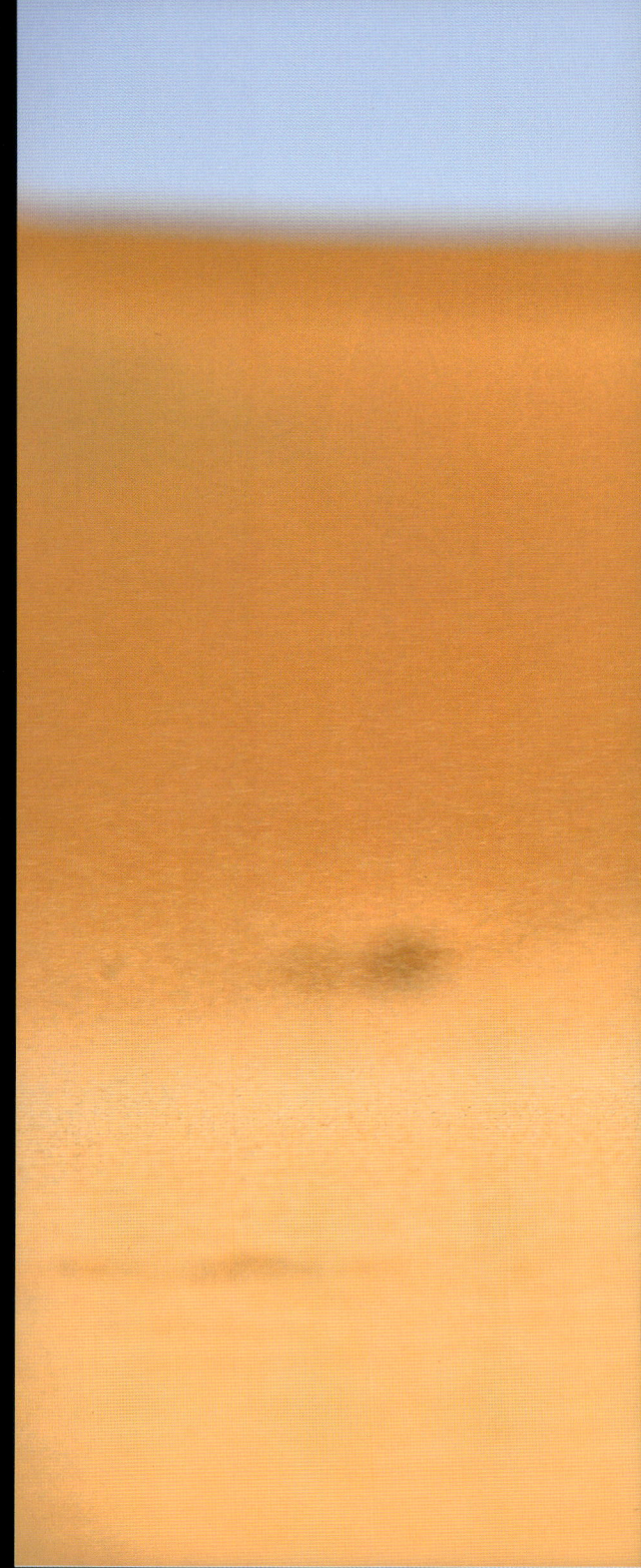

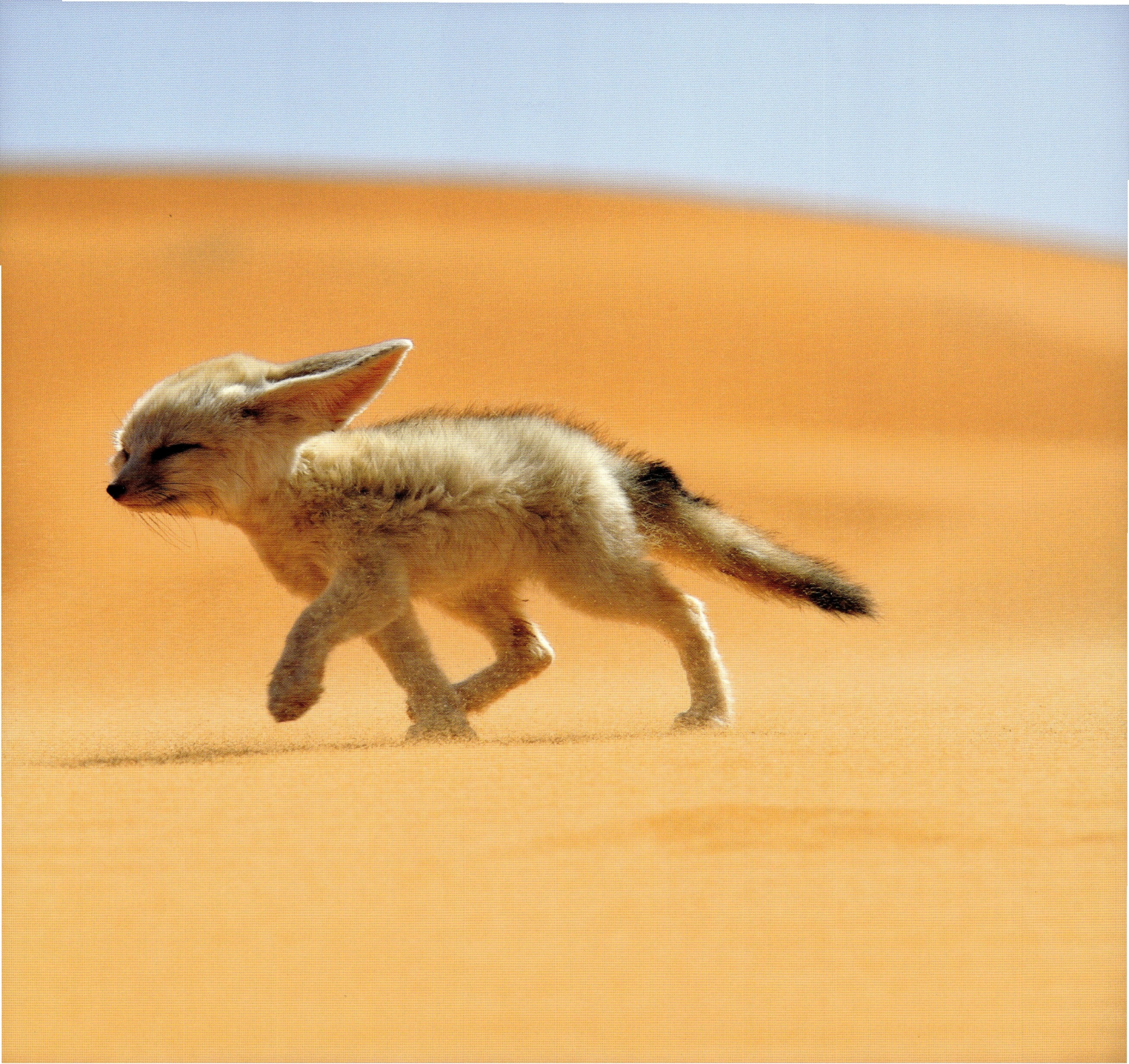

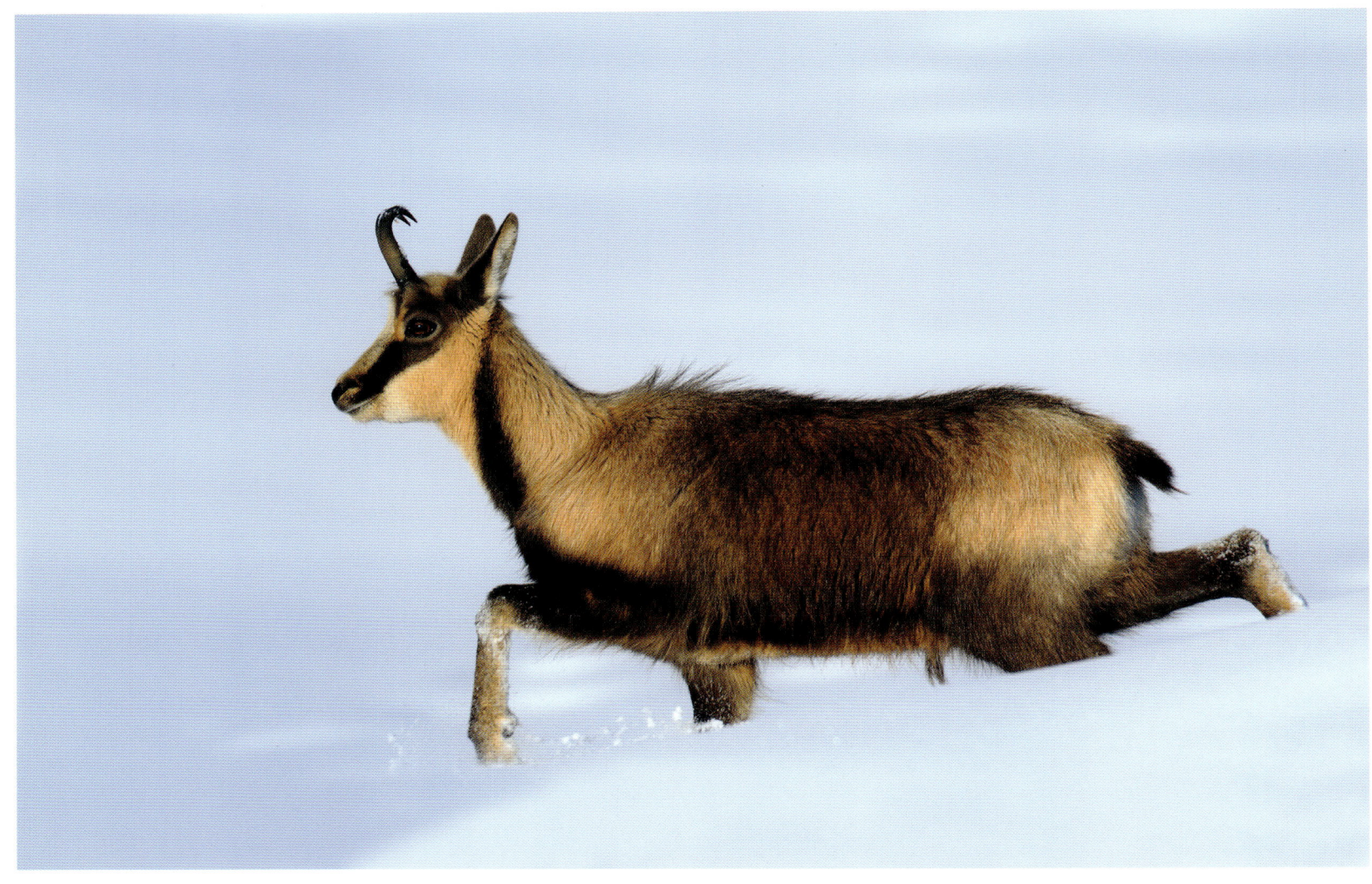

LA GRAN NEVADA

El rebeco es la especie emblemática de las cimas del norte peninsular. Su silueta recortada contra el cielo, sus correrías entre rocas y cornisas o su voz en tiempo de celo es el recordatorio principal para aquellos montañeros que han tenido la oportunidad de disfrutar con su presencia. El terreno abrupto de la montaña ha permitido que se mantenga relativamente intocada por la ocupación humana y, hoy en día y en su proyección futura, estos hábitats van a seguir siendo bastiones de biodiversidad y contemplación de la naturaleza en un planeta cada vez más transformado. En este ecosistema el rebeco es una especie clave en el mantenimiento del paisaje y de las comunidades vegetales subalpinas, allí donde la bota del senderista o los rumiantes domésticos son sólo pasajeros.

En las cumbres del Parque Nacional de Picos de Europa, el rebeco sigue siendo el dueño y señor del lugar. Allí, a más de 2.000 metros de altitud, las duras condiciones meteorológicas hacen muy difícil la supervivencia para las especies. El frío y las nevadas constantes no parecen sin embargo ser un impedimento para el rebeco que encuentra en este ecosistema de picos y costados su hábitat principal.

Nikon D3S, Nikon 200-400mm f/4G, ISO 320, f7.1. v1/800s

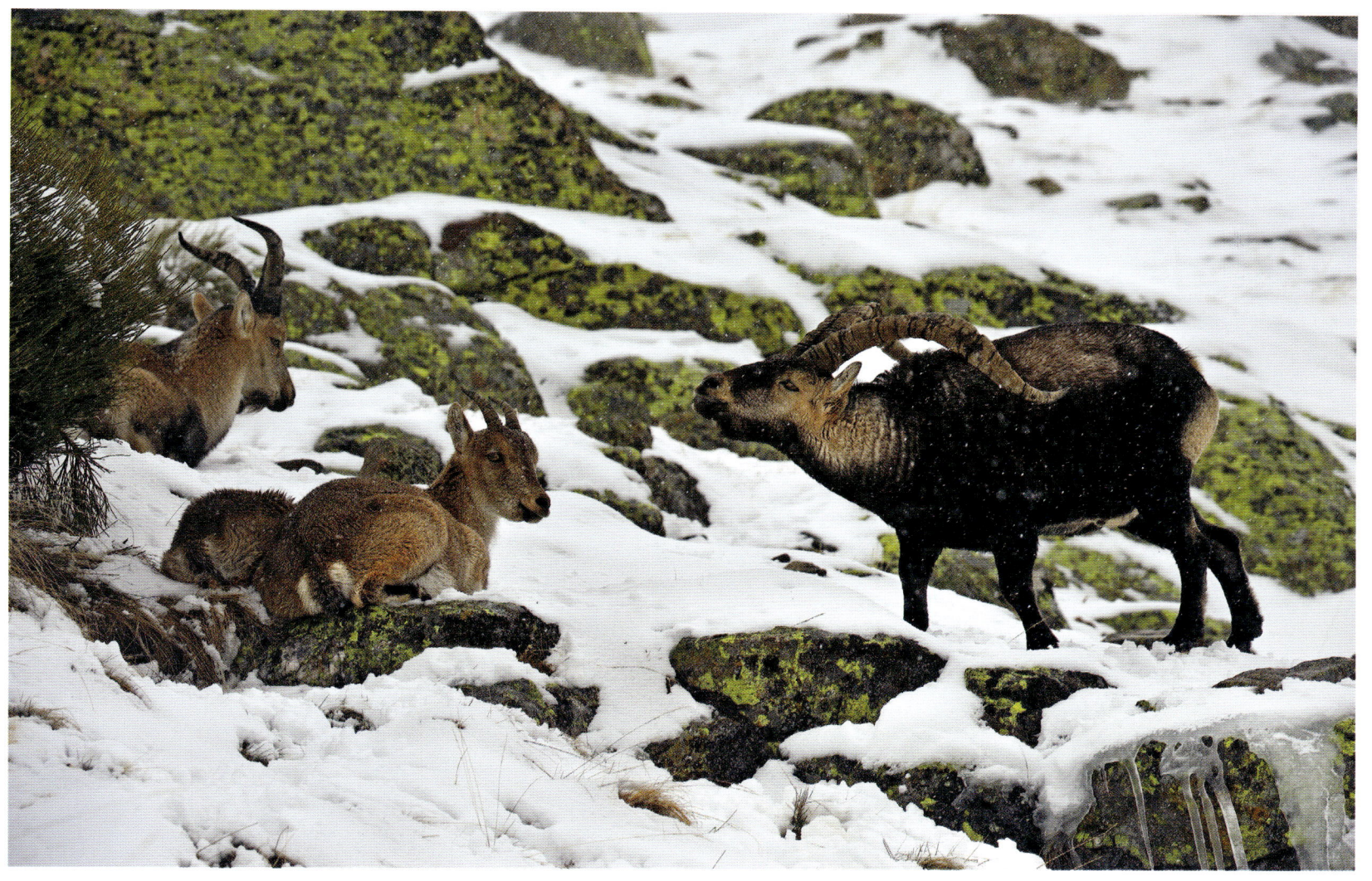

TIEMPO DE CELO

Bajo la denominación de cabra montés ibérica se consideran cuatro subespecies que se diferencian por ligeras variaciones en la morfología del cuerno y del color del pelaje. La *Capra pyrenaica victoriae* es la subespecie existente en Gredos, introducida recientemente en las Batuecas. Fue denominada así en honor de la Reina Victoria Eugenia de Battenberg, esposa del rey Alfonso XIII, como agradecimiento al monarca que había creado el Coto de Caza y salvado a la cabra de su extinción, pues apenas existían una o dos docenas de ellas en Gredos.

En la fotografía, un impresionante macho realiza el ritual denominado *hacer el feo* bajo una intensa ventisca. Éste consiste en inclinar la cuerna hacia atrás al tiempo que levantan el labio superior emitiendo un sonido característico. Todo lo que estos poderosos machos tienen de violentos en las peleas lo tienen de sumisos con las hembras. Un simple gesto de ellas servirá para hacer desistir a los machos en su intento y pueden pasar días antes de llegar a la conquista definitiva.

Nikon D3s, Nikon 200-400mm f/4G , ISO 400, f8. v1/500s

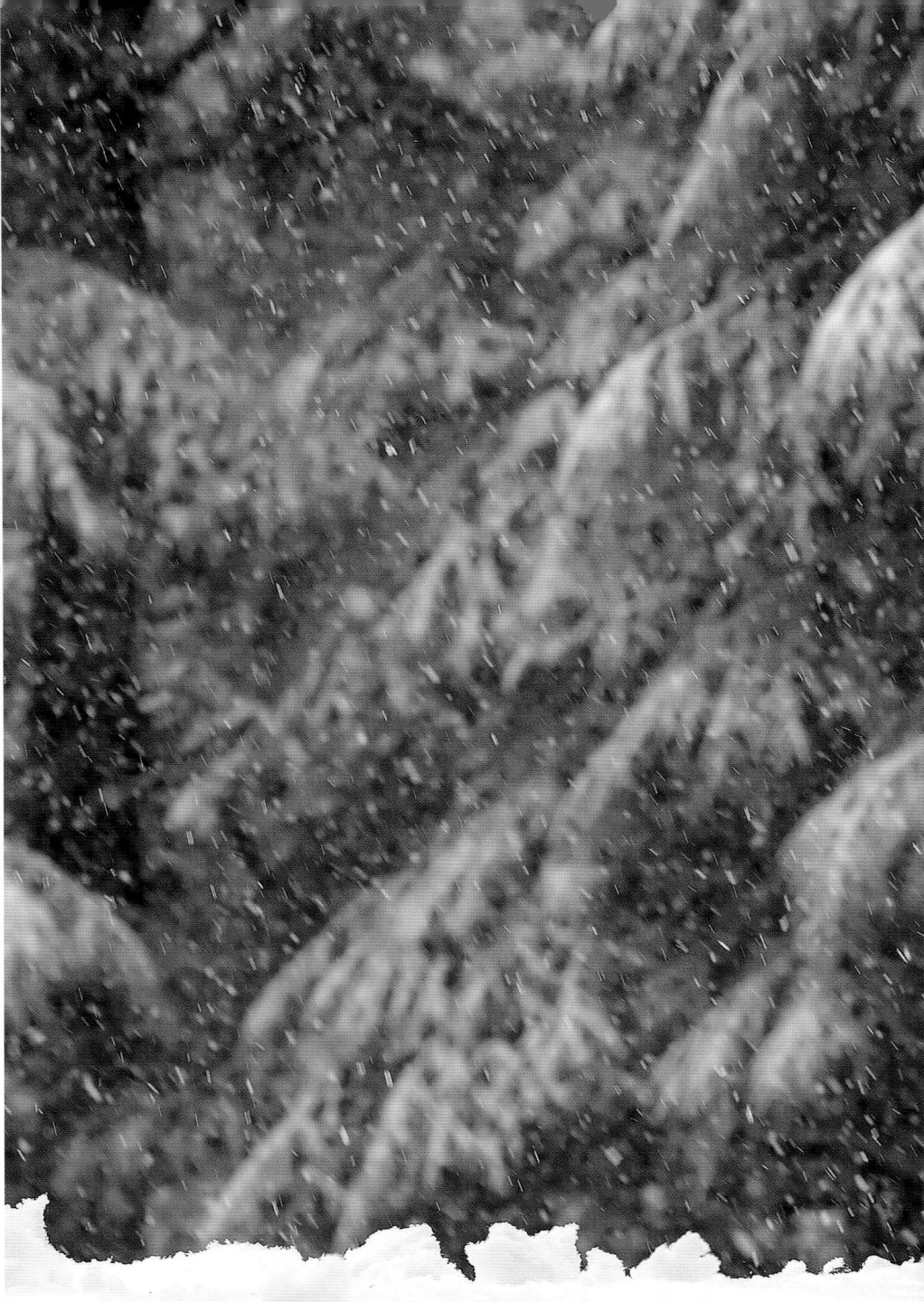

EL MACACO DE LA NIEVE

No hace mucho tiempo los primates eran tan abundantes como los bosques de cedros en los que vivían. Una especie muy poco conocida, un primate olvidado que hoy, debido a la mano destructora del hombre, es una especie en peligro. Se trata de la Mona de Berbería, el único primate que nos queda en el continente Europeo. Estas fotos son completamente inéditas y nunca antes se había fotografiado en su hábitat natural en condiciones tan extremas. Vive en el medio Atlas de Marruecos a más de 1.700 metros de altitud en el bosque de cedros más extenso del planeta. La conservación de los bosques en esta región es imprescindible, no solamente para asegurar la supervivencia de las especies altamente amenazadas, sino también para garantizar el suministro de agua dulce y reducir los riesgos de desertificación y otros impactos del cambio climático.

Nikon D3S
Nikon 70-200mm f/2.8G
ISO 500
f8. v1/320s

⭐ Mención de Honor, *Memorial María Luisa* 2012

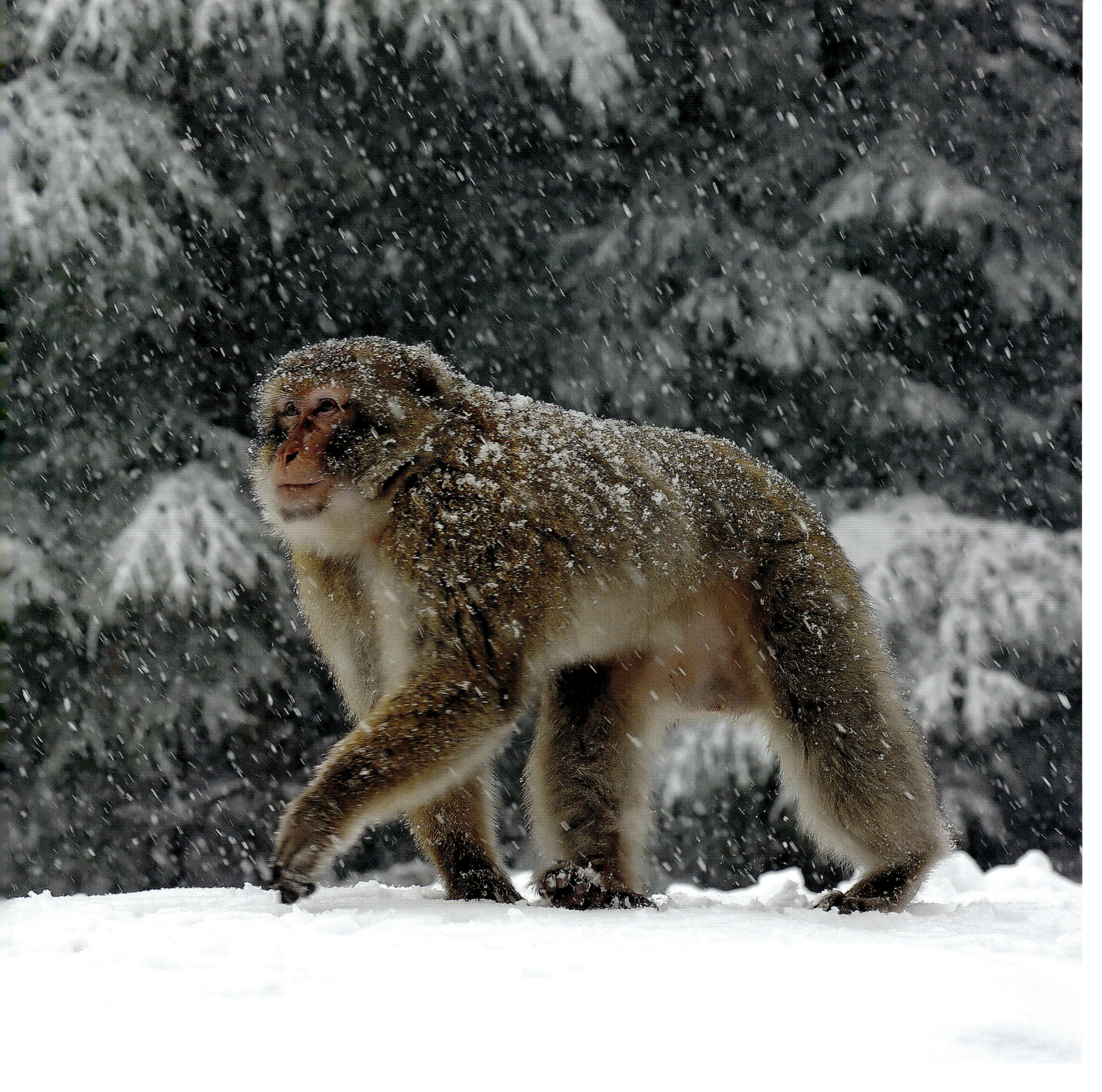

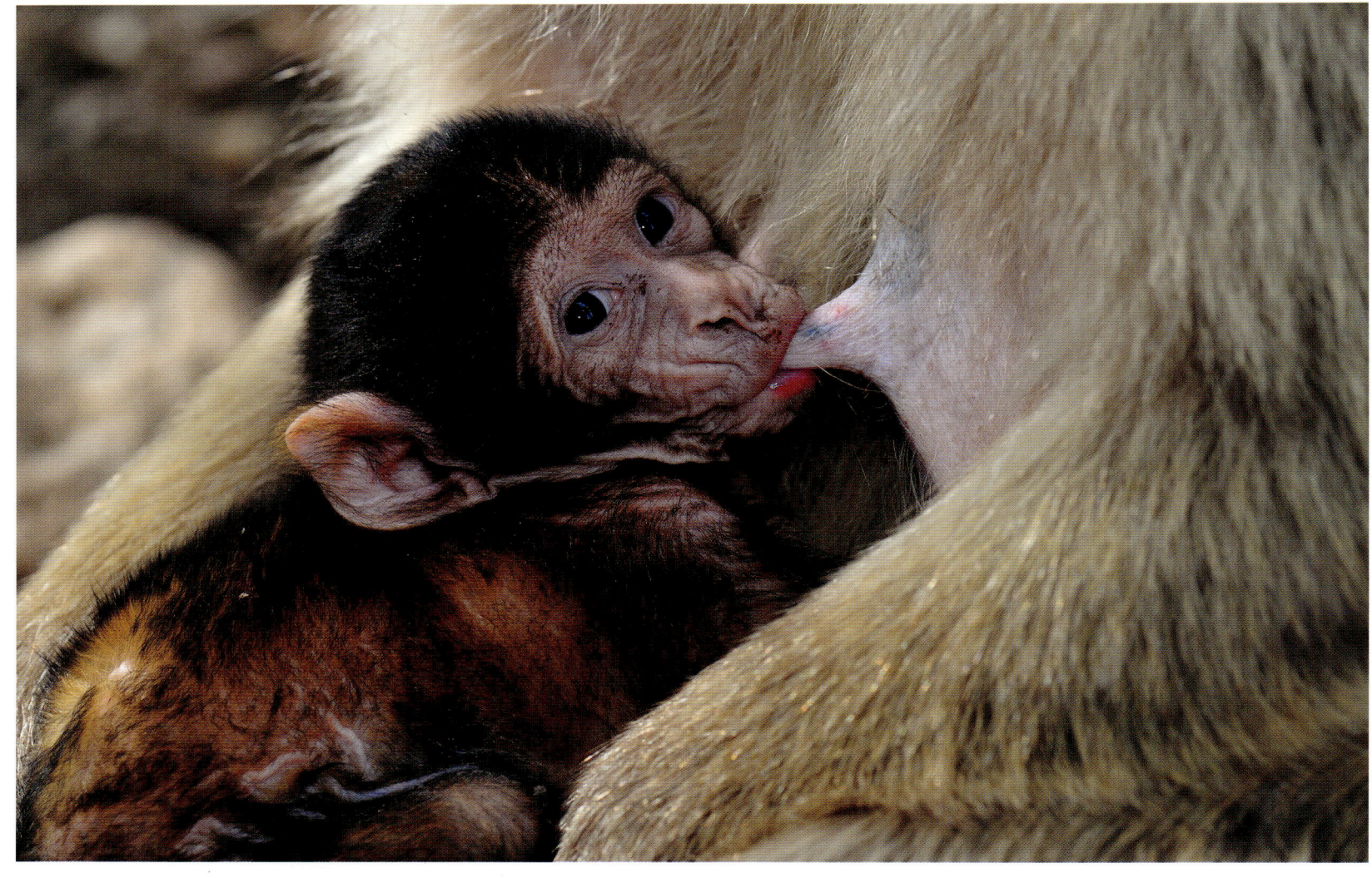

EL PRÍNCIPE DEL ATLAS

Todo es especial en los macacos; he pasado infinidad de días inmerso en sus vidas y nunca dejan de sorprenderte. Cómo se alimentan, cómo duermen, se reproducen, su forma de comunicarse, pero sobre todo es emocionante ver el amor con el que tratan a sus crías; es casi humano. En la fotografía un bebé de apenas unos días se amamanta del pecho de su madre. El macaco, como casi todo los primates, destinan largas horas a la vida familiar, se expulgan de parásitos y toman el sol durante gran parte del día. También dedican mucho tiempo a la alimentación, incluso al amor. Por lo general son animales tranquilos aunque de vez en cuando también hay conflictos que pueden desencadenar graves enfrentamientos entre machos dominantes.

Nikon D3S, Nikon 105macro, ISO 800, f8. v1/80s

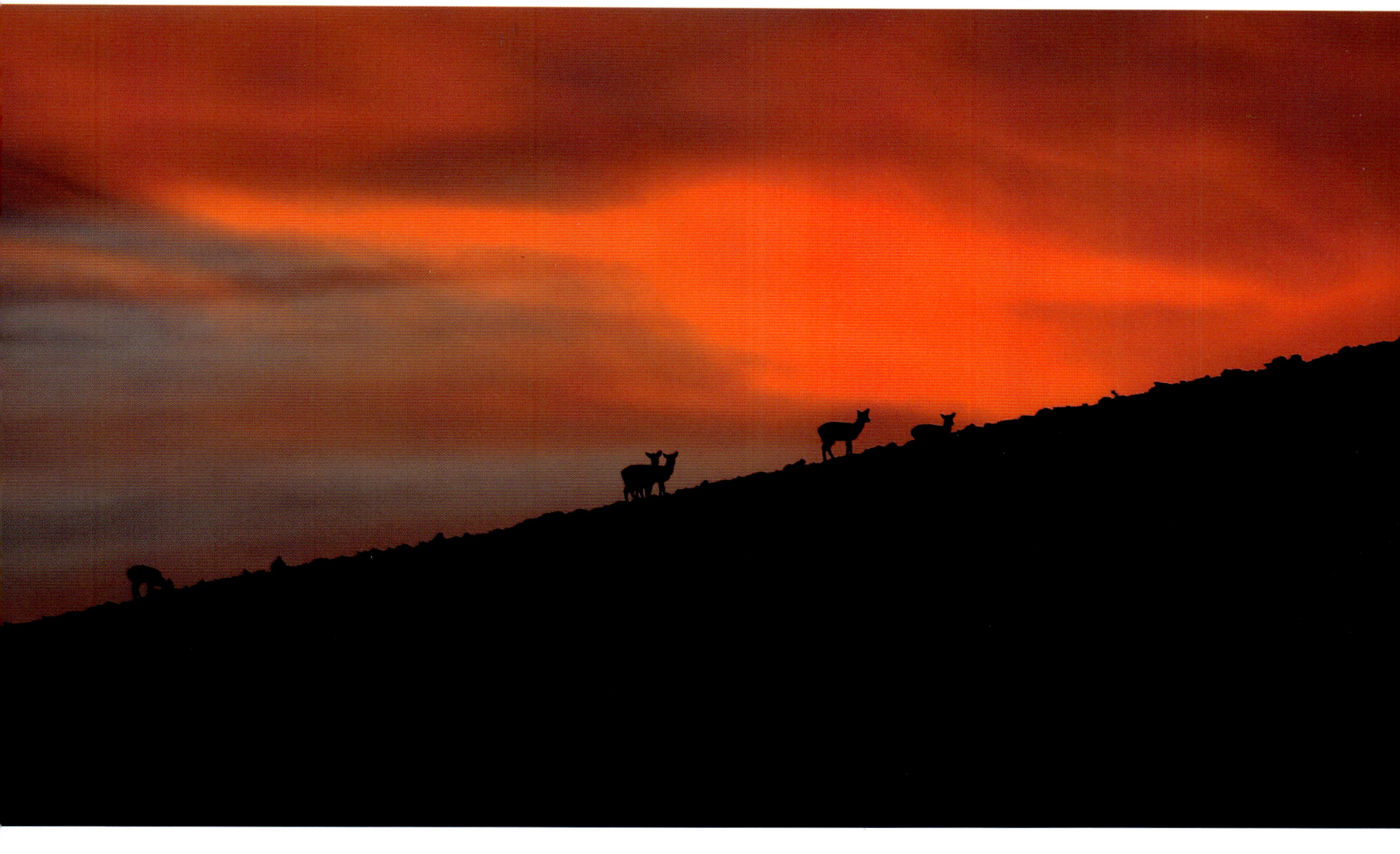

CAZORLA INDÓMITA

Cae la noche en la Sierra de Cazorla, el gran Parque Natural de Andalucía. Me encuentro a más de dos mil metros de altitud rodeado de gigantescos ejemplares de pino larício esperando impaciente las últimas luces del día. Estamos en enero. El frío es intenso, pero la grandiosidad de estas montañas hace que apenas caiga en la cuenta que estamos a bajo cero. Entre este paraíso natural y Sierra Nevada al fondo, se extiende una gran planicie dominada por la hoya de Guadix. Cae el sol y el cielo se prende de rojo, se produce la magia de la luz tantas veces buscada por un fotógrafo de naturaleza. De pronto, en la media ladera, diviso un grupo de gamos que pastan despreocupados. Apenas tengo luz para realizar la toma con seguridad. Al final de la partida, un puñado de fotos movidas y una sola para el recuerdo.

Canon EOS1n, Canon 500mm f/4, ISO 100, f5.6. v1/25s

JOYAS DEL DESIERTO ROJO

Los beduinos sonríen cuando ven un fénec. Para ellos es señal de buena suerte y no por extrañas supersticiones, sino porque saben que están cerca de un oasis.

El zorro del desierto es un animal lleno de curiosidades. Con apenas 1 kilo de peso el fénec es el cánido de menor tamaño que existe en el planeta, pues sólo tiene una altura de 20 cm desde los hombros y 40 cm de largo. Sus rasgos más distintivos son su pelaje color arena, su cola larga y lanosa con la que se abriga cuando duerme, el morro muy corto y sobre todo sus enormes orejas, que le ayudan tanto a oír el más mínimo sonido como a irradiar el exceso de calor al exterior. Suele escogerse como ejemplo de adaptación al medio desértico, a menudo en contraposición al zorro de orejas pequeñas que habita en el Círculo Polar Ártico. En la fotografía un zorro adulto escudriña las huellas de los escarabajos mientras inmóvil percibe con sus grandes orejas el más mínimo sonido.

Nikon D3S
Nikon 200-400mm f/4G
ISO 250
f8. v1/250s

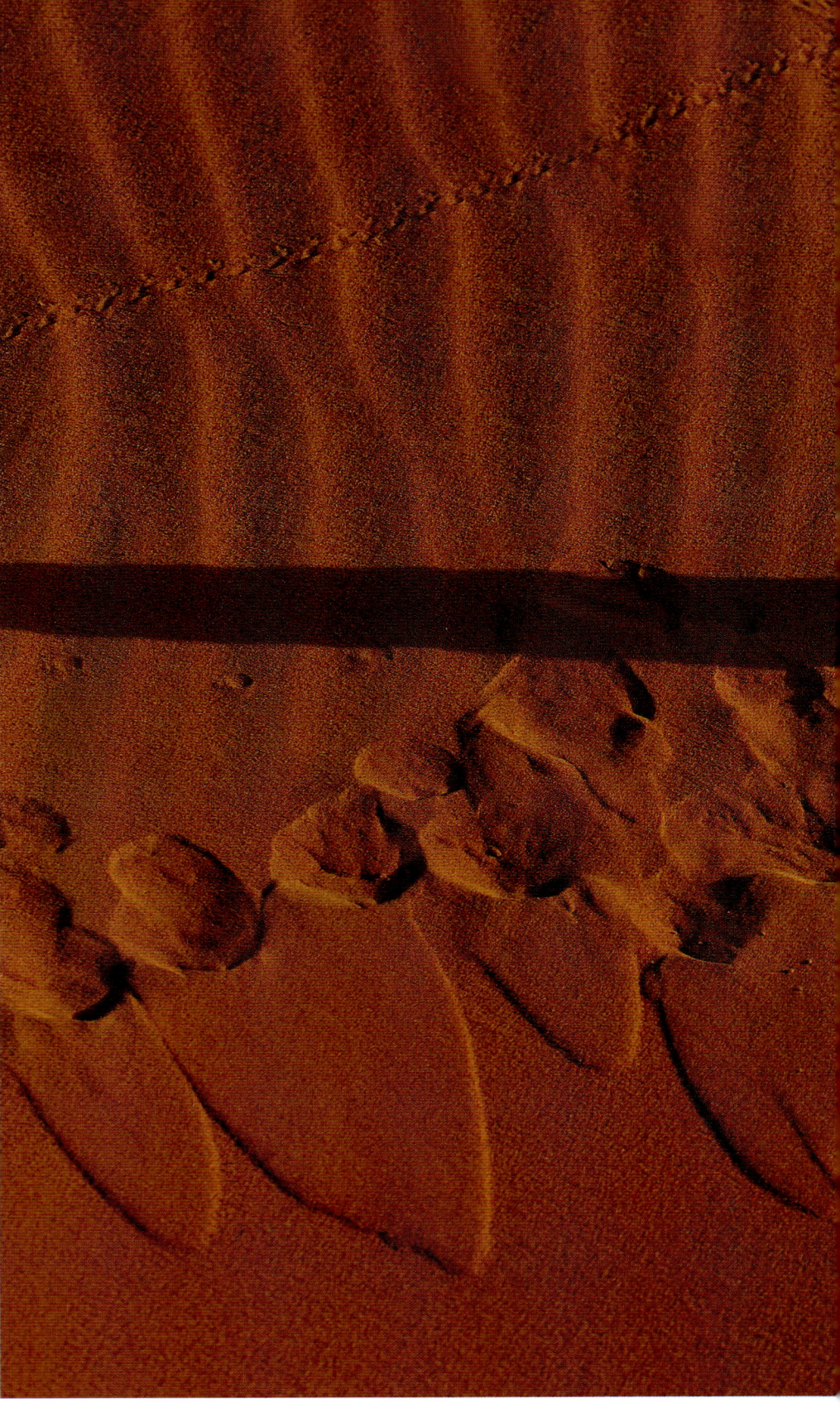

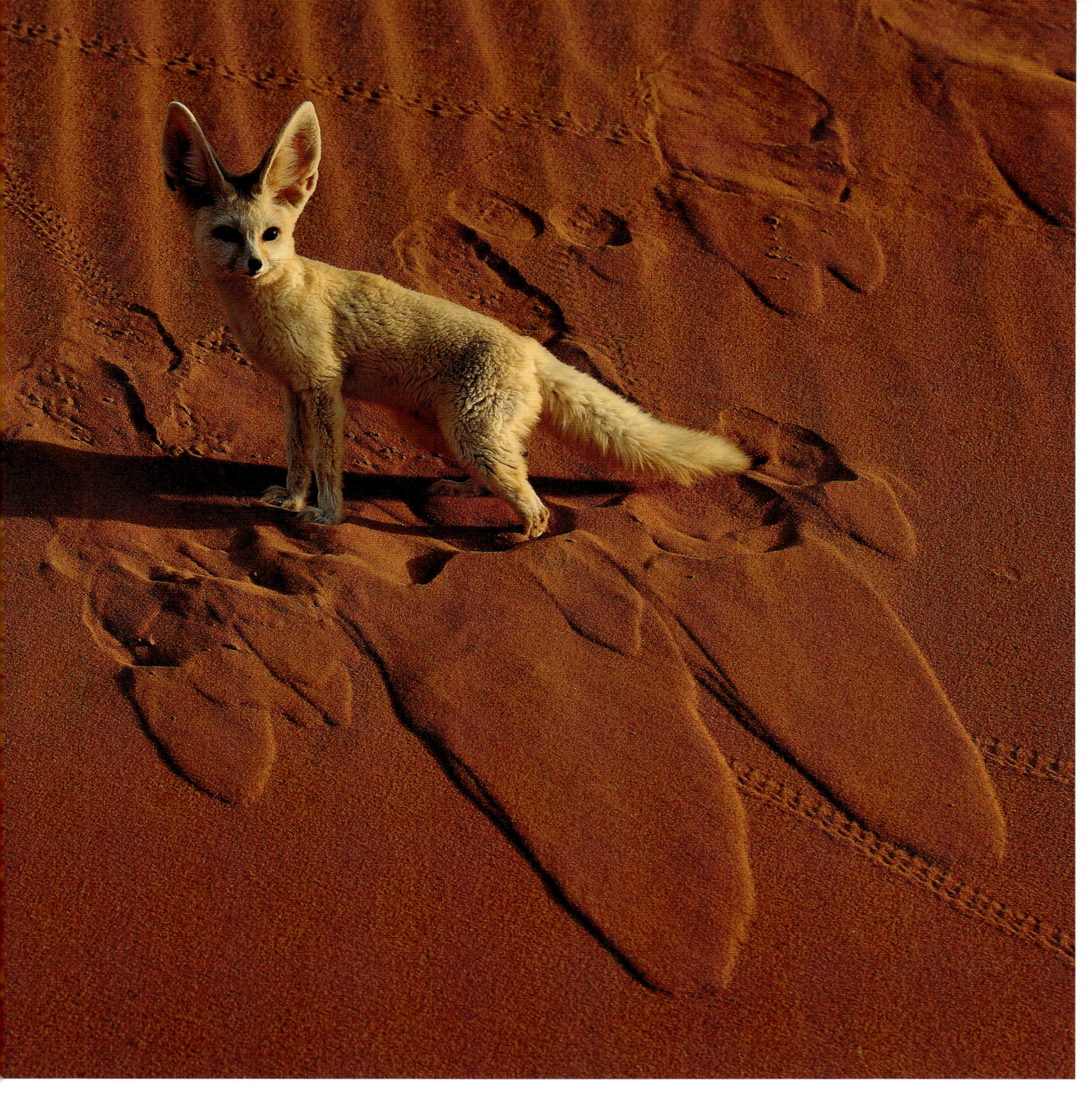

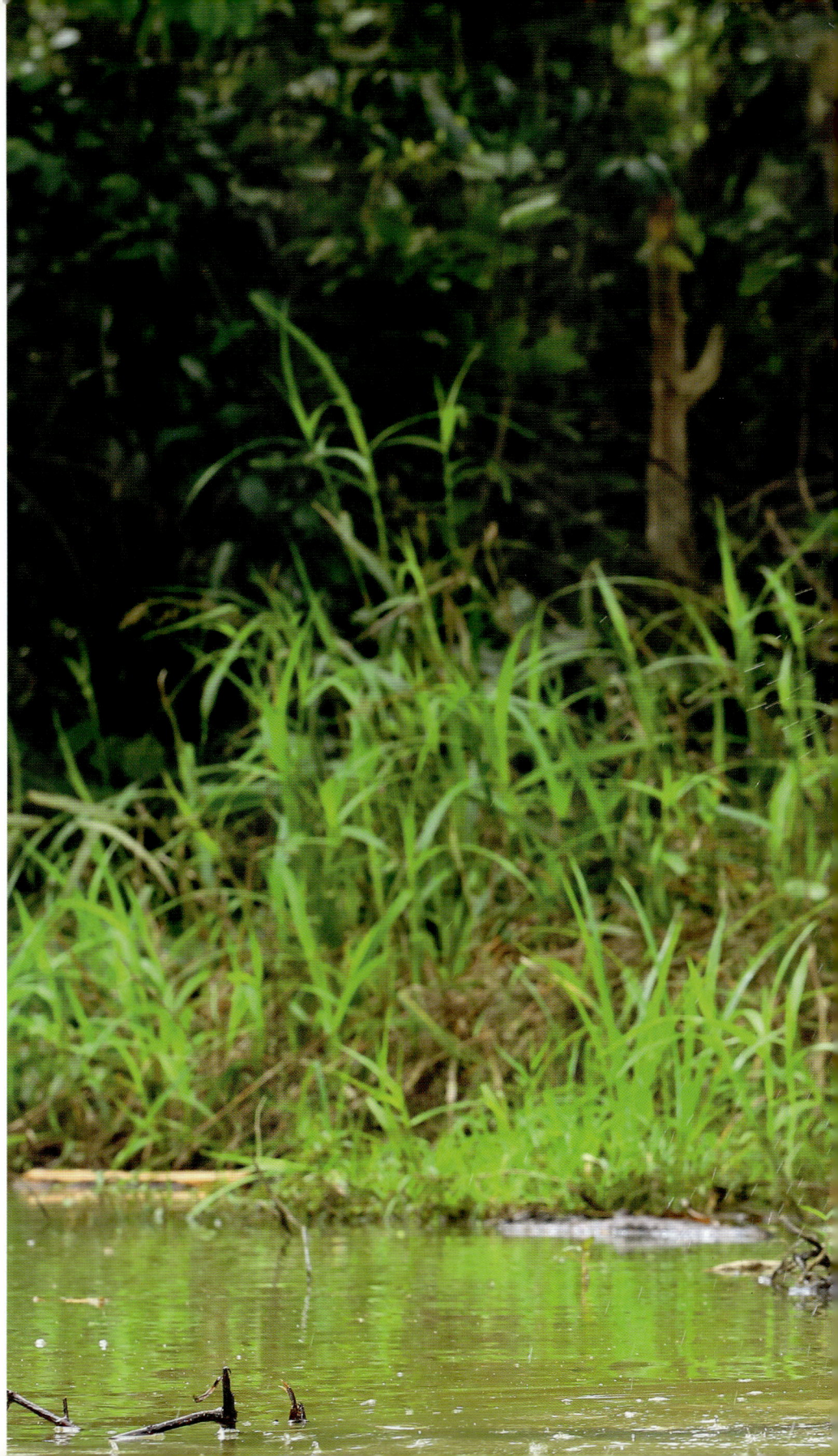

LOS ÚLTIMOS GORILAS DE LLANURA

El gorila de llanura es, al contrario que su pariente el gorila de montaña, un auténtico desconocido. Habita en lo más profundo de la selva tropical africana, donde la espesa maraña apenas permite que penetre la luz. Un gigante que hoy, debido al comercio ilegal de su carne, se encuentra en riesgo de extinción. En mi último viaje a las selvas tropicales de África tuve la oportunidad de captar algunos momentos íntimos de la vida de los gorilas de llanura cuya existencia pende de un hilo.

Canon EOS-1D X
Objetivo 70-200mm f/2.8L
ISO 800
f9. v1/250

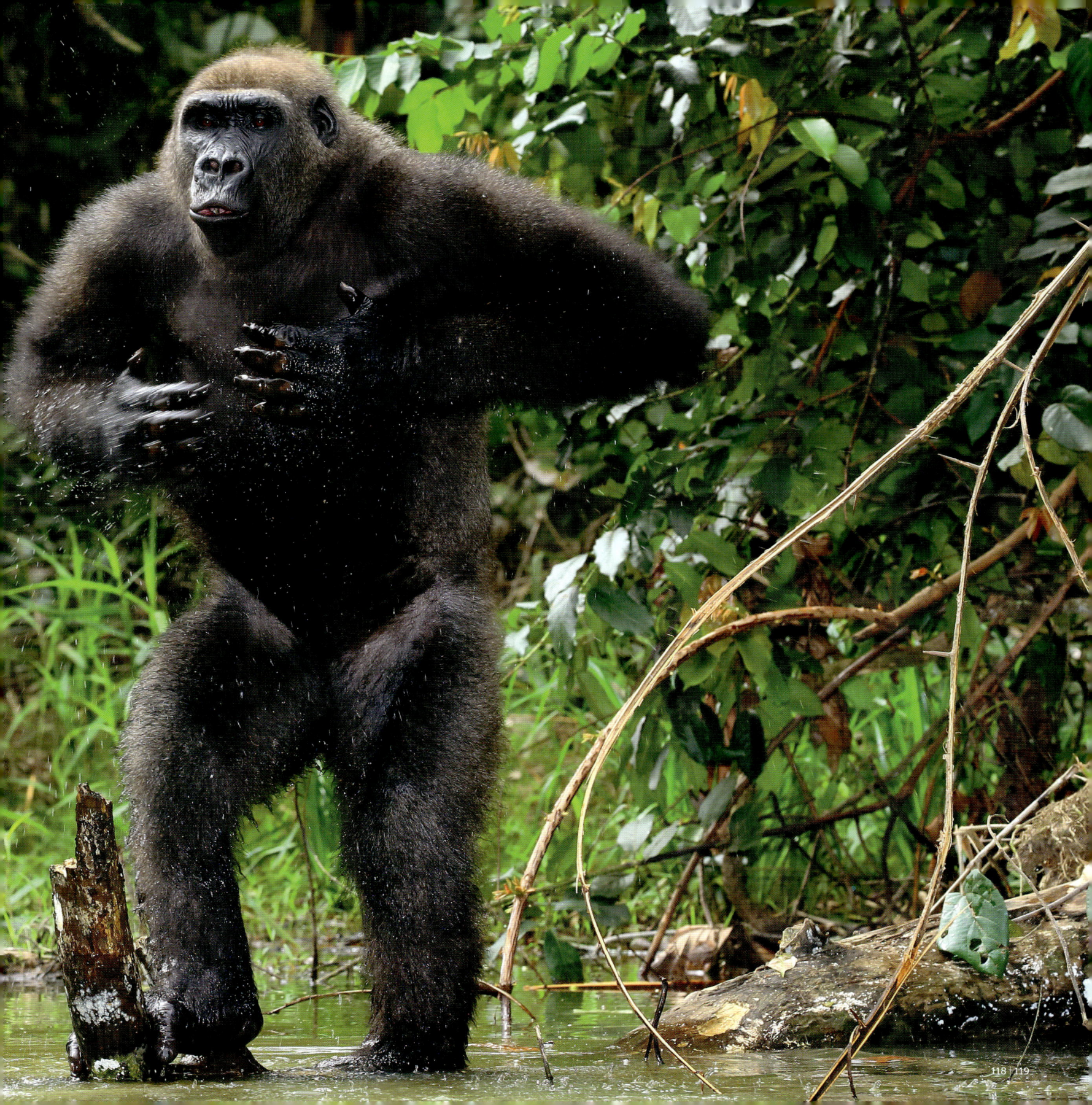

Un instante de vida congelada

Se puede intentar explicar la naturaleza, y entonces no hay más remedio que recurrir al instrumento universal de la palabra, o bien se puede evocar, es decir, llamarla para que aparezca, para que se nos presente tal cual es. La voz latina *evocare*, de la que nace este verbo, hace referencia a ese curioso sortilegio por el que los humanos somos capaces de colocar ante nuestra imaginación sucesos o escenarios que, en ese momento, no están al alcance de nuestros ojos, bien porque fue en otro tiempo cuando los contemplamos o, sencillamente, porque nunca fijamos sobre ellos nuestra mirada.

La dinámica conforma el capítulo de esta obra dedicada a la imagen y está sustentado en el arte de captar el movimiento. Fotografías que nos invitan a imaginar, que son capaces de convocar los infinitos matices de la naturaleza y, así, conseguir que lo diminuto adquiera un porte soberbio, que lo inabarcable pueda atraparse en la limitada extensión de un libro, o que lo fugaz se quede para siempre con nosotros. Si el espacio carece entonces de valor alguno, tampoco el tiempo, detenido, puede imponer sus reglas. Quizá ésta sea la verdadera inmortalidad que todos los humanos perseguimos: un instante de vida congelada.

Podemos parar el tiempo por completo en una escena de caza del camaleón, deleitarnos una y otra vez con los detalles de un lengüetazo para cazar un saltamontes, o transmitir la sensación de movimiento en las alas del abejaruco. Igualmente, dejar transcurrir el tiempo durante la impresión de una imagen y de esta forma, captar todo lo ocurrido durante ese periodo de exposición como el recorrido de las estrellas en una noche en el Tocal de Antequera, el lento y pausado caminar del camaleón buscando la seguridad de las ramas de un eucalipto, la increíble agilidad con que se desplazan los macacos en lo más profundo de un bosque de cedros, el casi imperceptible movimiento de una ranita meridional en la superficie de una hoja, o el zigzagueante caminar de una salamandra en un suelo otoñal en Cazorla.

Saber comprender y utilizar la velocidad de obturación o velocidad de disparo, es imprescindible en la fotografía de naturaleza para conseguir dominar el tiempo en nuestro beneficio. El término velocidad de disparo es el tiempo que el obturador permanece abierto dejando pasar la luz al sensor. En la fotografía digital es el tiempo que el sensor de imagen *ve* la escena que está tratando de capturar. Junto a la apertura del diafragma, es uno de los principales componentes necesarios para formar una exposición adecuada.

JUGAR CON LA VELOCIDAD DE OBTURACIÓN

La velocidad de disparo es uno de los métodos para manipular los efectos visuales de una imagen. La elección que se haga dará como resultado un tipo de efecto visual u otro. Tenemos que romper el tópico de que el movimiento es malo; por ejemplo, cuando se hace una foto de una cascada o de un mar embravecido, y lo que queremos es mostrar el movimiento del agua con un efecto de seda, o cuando deseamos pintar un bosque aparentemente inerte. La elección de una velocidad de disparo más prolongada será el camino a seguir. En estos casos y otros muchos la imagen puede crear un impacto visual mayor que las fotografías realizadas a velocidades de disparo altas. Tenemos que tener muy en cuenta que para este tipo de fotos el trípode es imprescindible, así como un cable disparador, y activar el reductor de ruido de la cámara si se trata de exposiciones nocturnas de tiempo muy prolongado.

Si por el contrario, lo que queremos es que los elementos de una fotografía queden completamente estáticos, ya sea el vuelo de un ave, la velocidad en carrera de un mamífero o cualquier otra escena de acción, la velocidad de obturación debe ser muy alta, posiblemente en función de la imagen de más de 1/500 de segundo. Para ello también podemos ayudarnos del ISO, subiéndolo en función de nuestras necesidades. Hay que tener en cuenta que cuando más subamos el ISO de la cámara, mayor será la velocidad de obturación, pero igualmente mayor será el ruido que nos proporcione la imagen, aunque con las nuevas cámaras el ruido o grano cada vez es menos aparente.

En este capítulo mostramos algunas imágenes de ambos ejemplos, fotos tomadas a velocidades de disparos muy altas y otras a velocidades de disparo muy lentas en las que se puede percibir el movimiento. Esperamos que los ejemplos sirvan, en lo posible, para ayudar a hacernos una idea muy cercana a los efectos que podemos conseguir utilizando la velocidad de obturación.

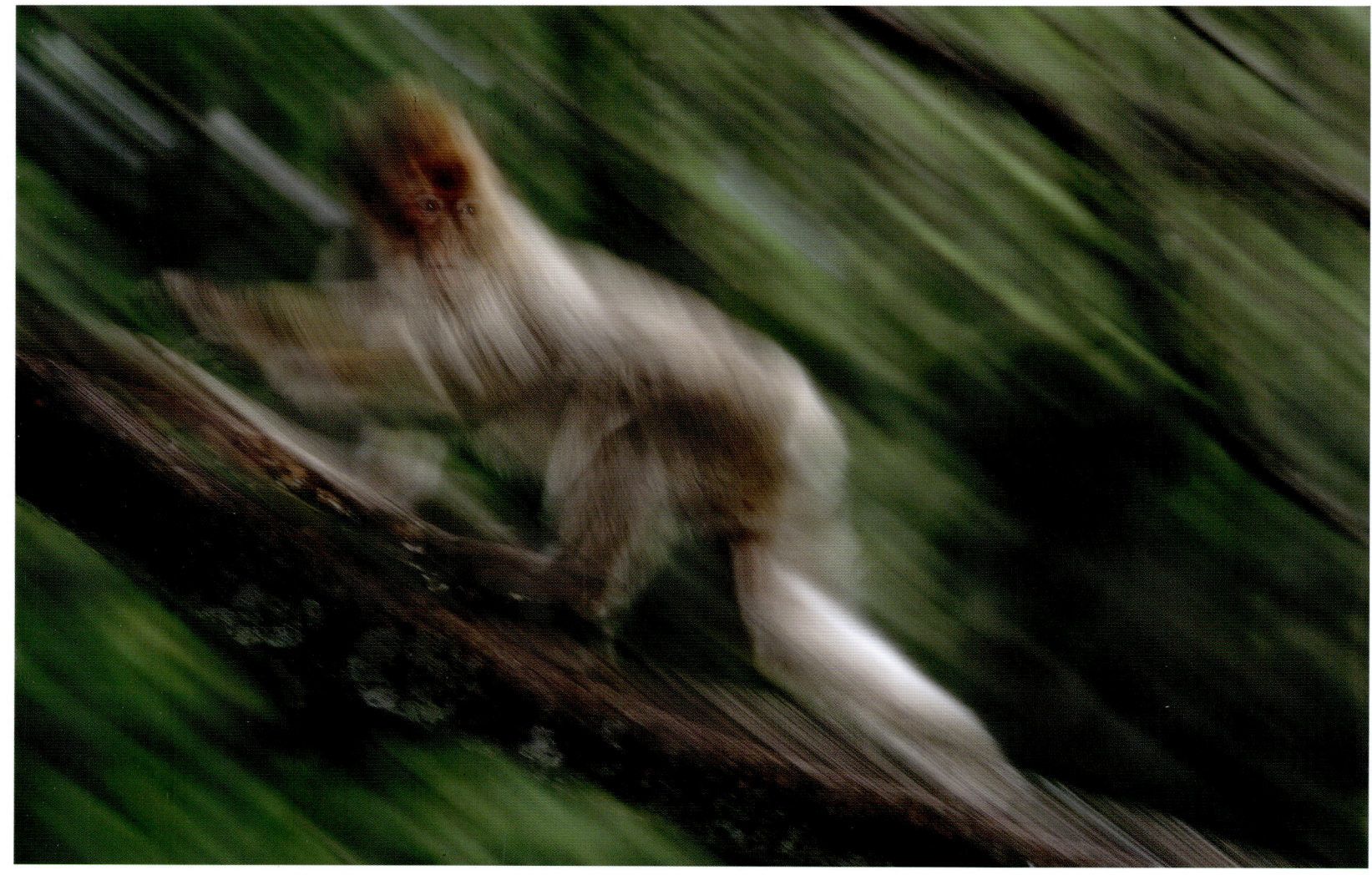

LOS DUENDES DEL ATLAS

La protección del macaco depende en gran medida de la conservación de los bosques de cedros del Atlas. En el pasado estos exclusivos y amenazados árboles cubrían practicamente todo el Átlas marroquí y las laderas del monte Líbano. Su madera fue explotada por los asirios, los babilonios, los persas y los fenicios. Hoy en día tan solo un pequeño reducto de cedros sobrevive en el Líbano donde es símbolo del país y en la cordillera del Atlas marroquí donde este bosque también es considerado el último refugio salvaje del macaco de Berbería. La situación actual de este primate es muy crítica ya que, según los últimos datos publicados, apenas quedan unos 4.000 ejemplares en estado salvaje en Marruecos y otros 1.500 en Argelia. Dicha cifra está disminuyendo alarmantemente por el tráfico ilegal y la pérdida de los bosques que son sus últimos reductos. En la fotografía, un macaco se desliza como un fantasma por las ramas de un gigantesco cedro. Una velocidad de obturación lenta y un destello de flash en la segunda cortinilla crean sensación de velocidad en el movimiento del animal.

Nikon D3S, Nikon 70-200mm f/2.8G, ISO 400, f9. v1/20s

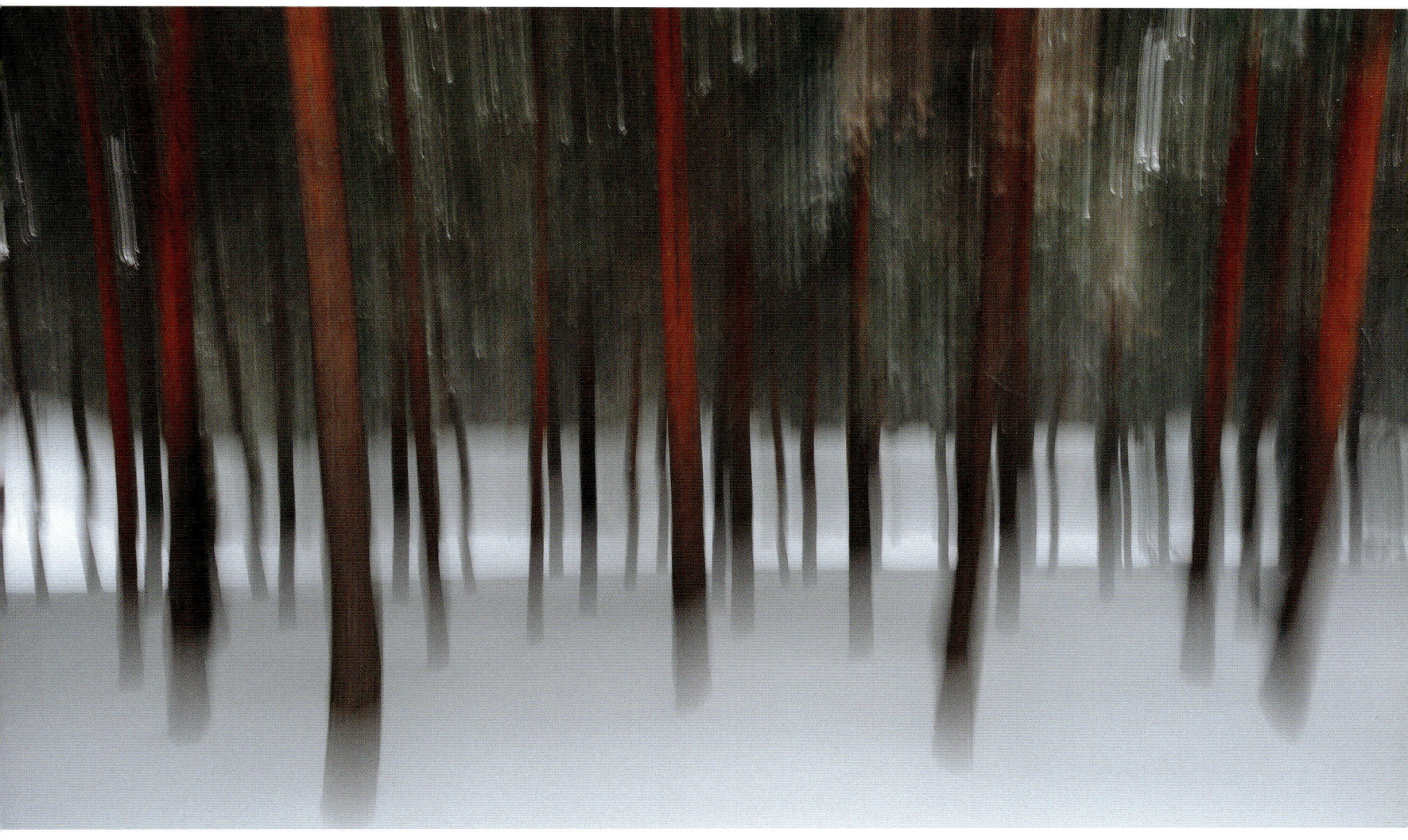

SUEÑOS DE INVIERNO

Aproximadamente el 80% de las formaciones arbóreas de Sierra Nevada corresponden a pinares plantados durante la segunda mitad del siglo XX. Las repoblaciones se hacían con el objetivo de reducir la pérdida de uso de suelo en el territorio al mismo tiempo que se fomentaba el empleo rural. Por encima de los 2.000 metros de altitud esta vegetación hace un gran esfuerzo para adaptarse a las duras condiciones meteorológicas, ya que la mayor parte del año los pinares se encuentran cubiertos de un espeso manto de nieve. Con una técnica de barrido quise resaltar, en medio de una gran ventisca de nieve, el color rojizo de los troncos de este bosque de pinos silvestres situado a más de 2.200 metros de altitud en pleno Parque Nacional de Sierra Nevada.

Nikon D3S, Nikon 24-70mm f/2.8G, ISO 200, f22. v1/6s

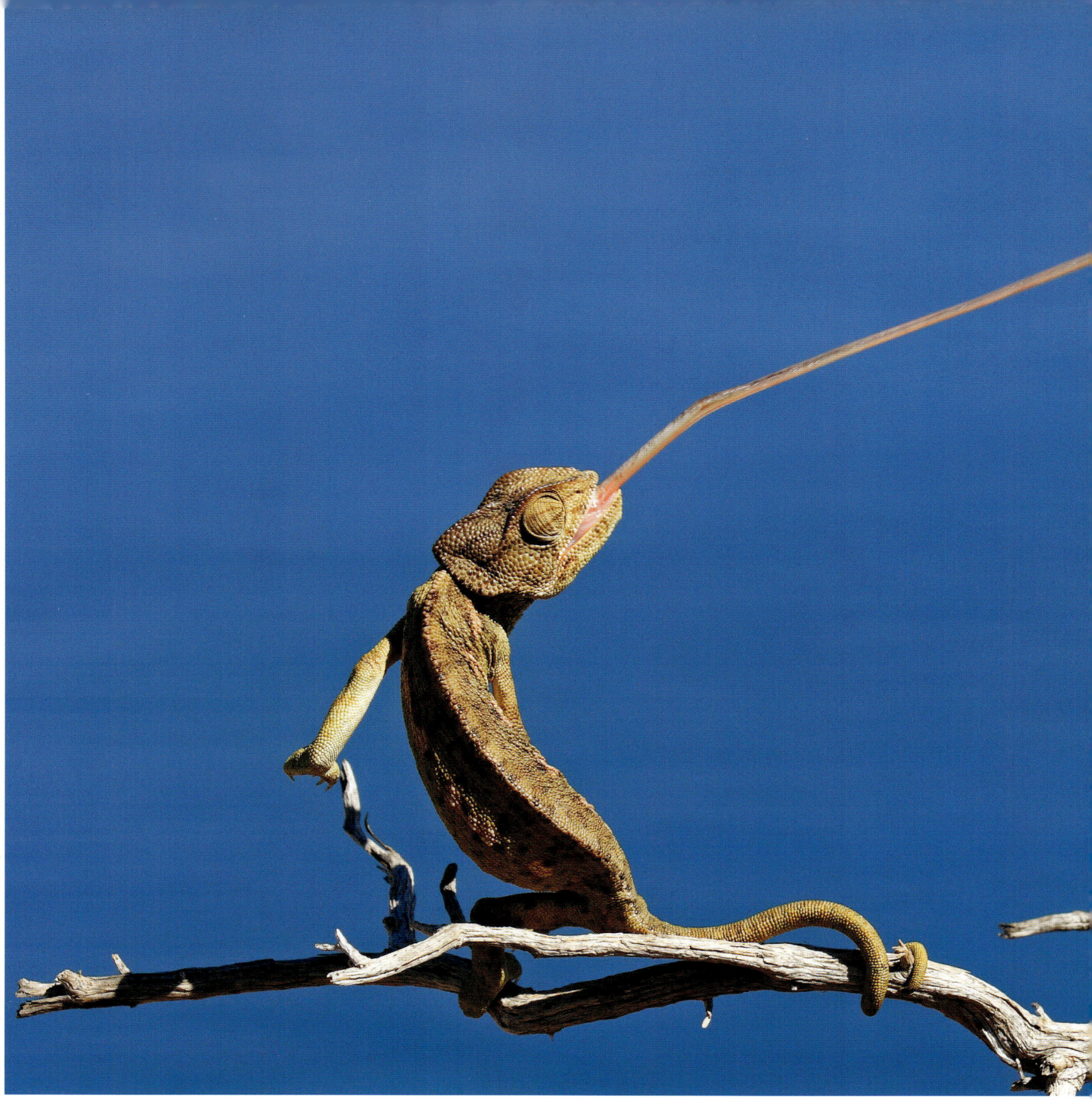

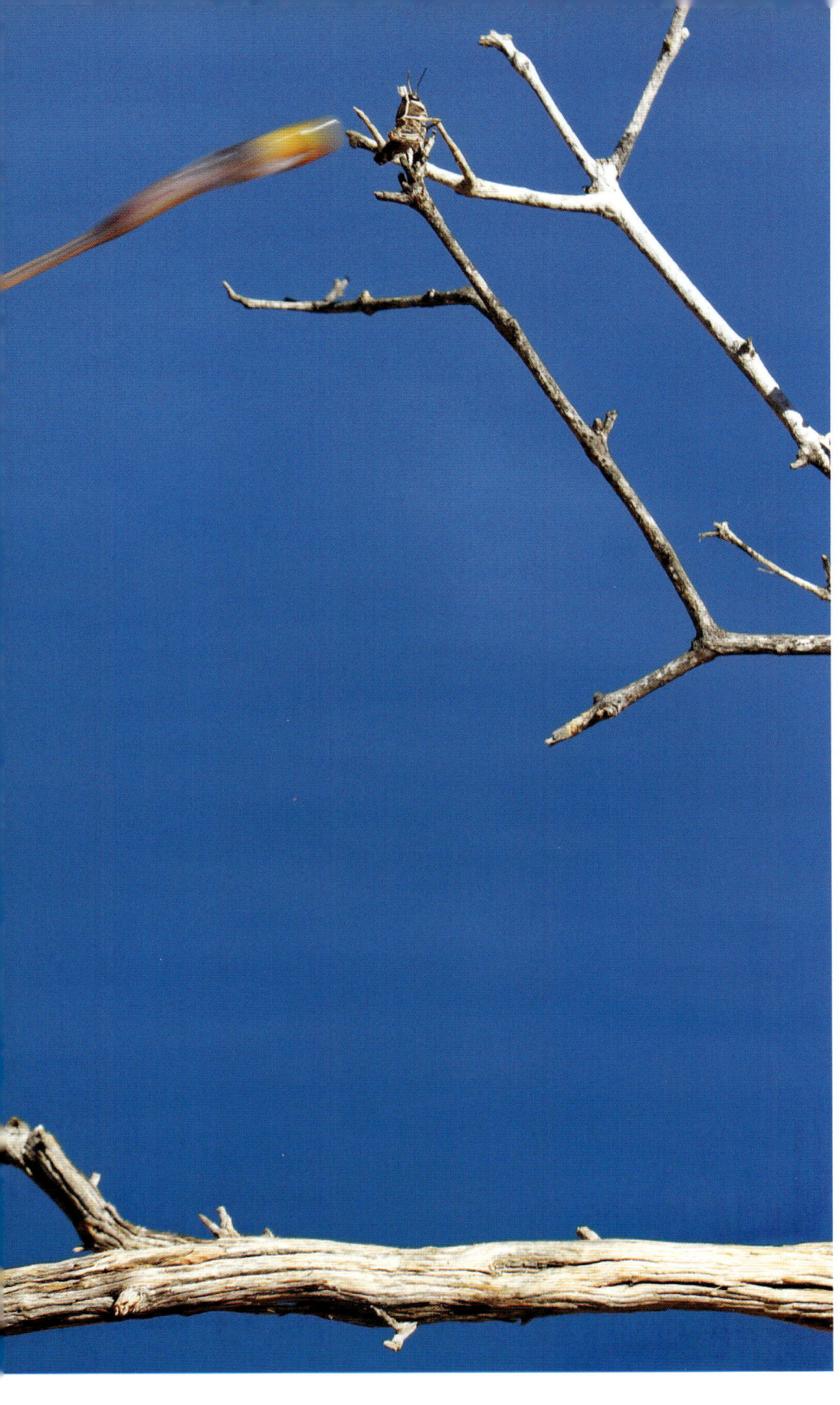

SEGUNDOS FUERA

La capacidad y efectividad del camaleón para capturar insectos reside en tres habilidades: la lenta aproximación a la presa calculando cada movimiento, ayudado por su color mimético; la posibilidad de orientar los ojos hacia el frente obteniendo una visión binocular de la distancia y trazando de esta forma un ángulo perfecto de disparo; y la más conocida, su lengua extensible, capaz de proyectar a una velocidad de 1/25, mide más que la mitad de su cuerpo. Su capacidad de proyección depende en gran parte de dos tipos de músculos, unos en forma de manguera cercana a la punta, y otros alargados que discurren a lo largo de la lengua. El primer tipo proporciona la aceleración inicial y el segundo actúa de gatillo reteniendo el conjunto hasta su disparo y recogiéndolo una vez utilizado gracias al plegado en acordeón.

Canon EOS 20D
Canon 70-200 f/2.8
ISO 200
f8. v1/500s

⭐ Mención de Honor, *Windland Smith Rice International Awards* 2009
⭐ Segundo Premio, *Melvita* 2012

EL OTOÑO DE LA SALAMANDRA

La salamandra común (*Salamandra salamandra*) es otro anfíbio envuelto en mitos y leyendas. Se cuenta que es resistente al fuego, símbolo de pureza buscada por alquimistas para la fabricación de potentes elixires, extremadamente venenosa, pues ya en la antigüedad acabó con 4.000 guerreros del ejército de Alejandro Magno cuando bebieron agua del arroyo donde habitaba. Afortunadamente estas fantásticas historias pertenecen al mito y, poco o nada tienen que ver con la realidad de nuestra colorida protagonista, hoy especie protegida.

Cae el otoño en el Parque Natural de Cazorla, Segura y las Villas, en Andalucía. Una fina lluvia hace estas horas idóneas para dar un paseo matutino y encontrar a nuestra amiga, la salamandra común. Mi intención es captar una imagen en verdad complicada, un barrido a muy baja velocidad de obturación en el que se conjuguen armoniosamente la belleza de su coloración, y su característica forma de caminar zigzagueando dentro de un colorido marco otoñal.

Nikon D3S, Nikon 105 macro f/2.8G, ISO 200, f29. v1/5s

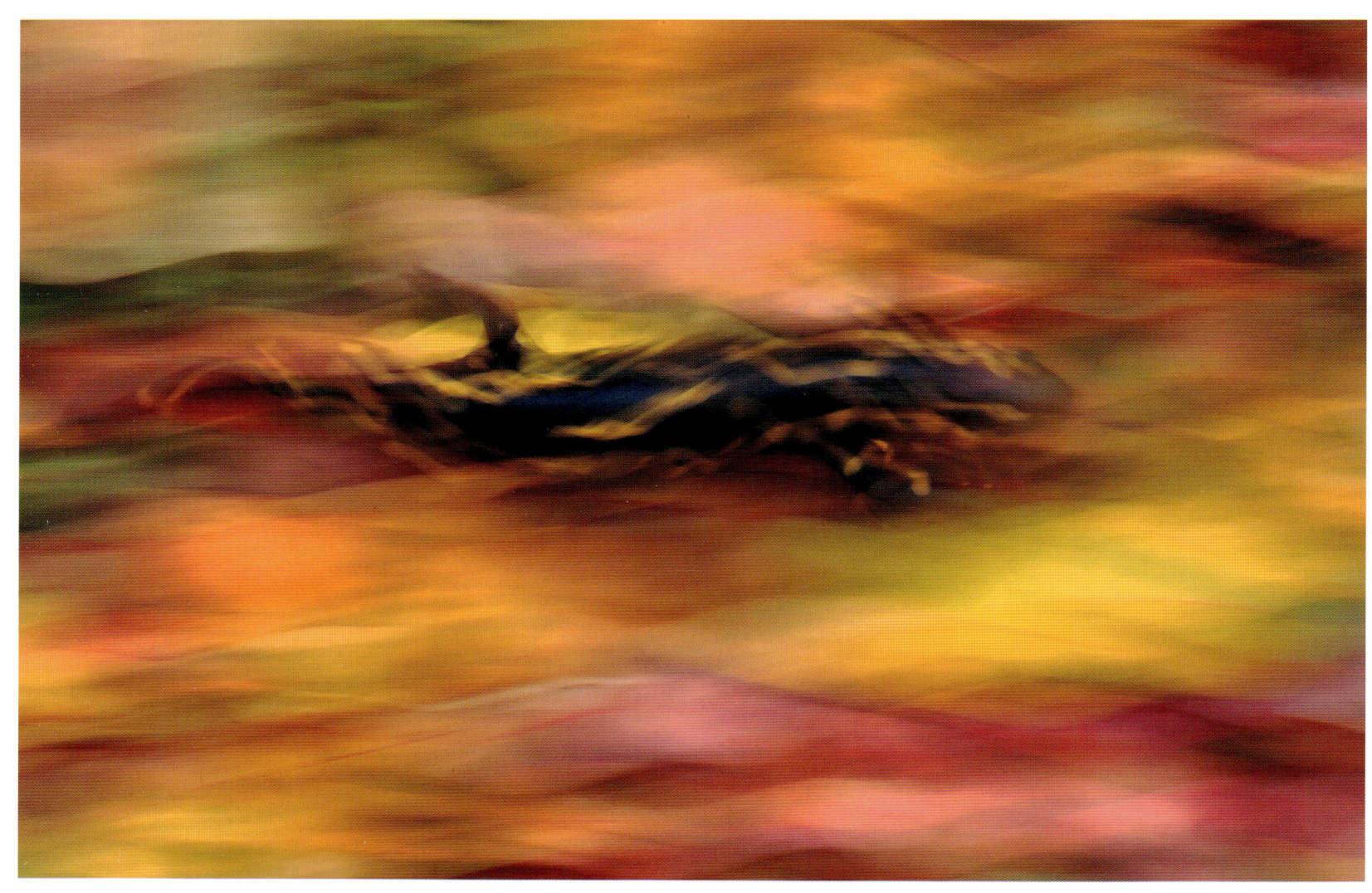

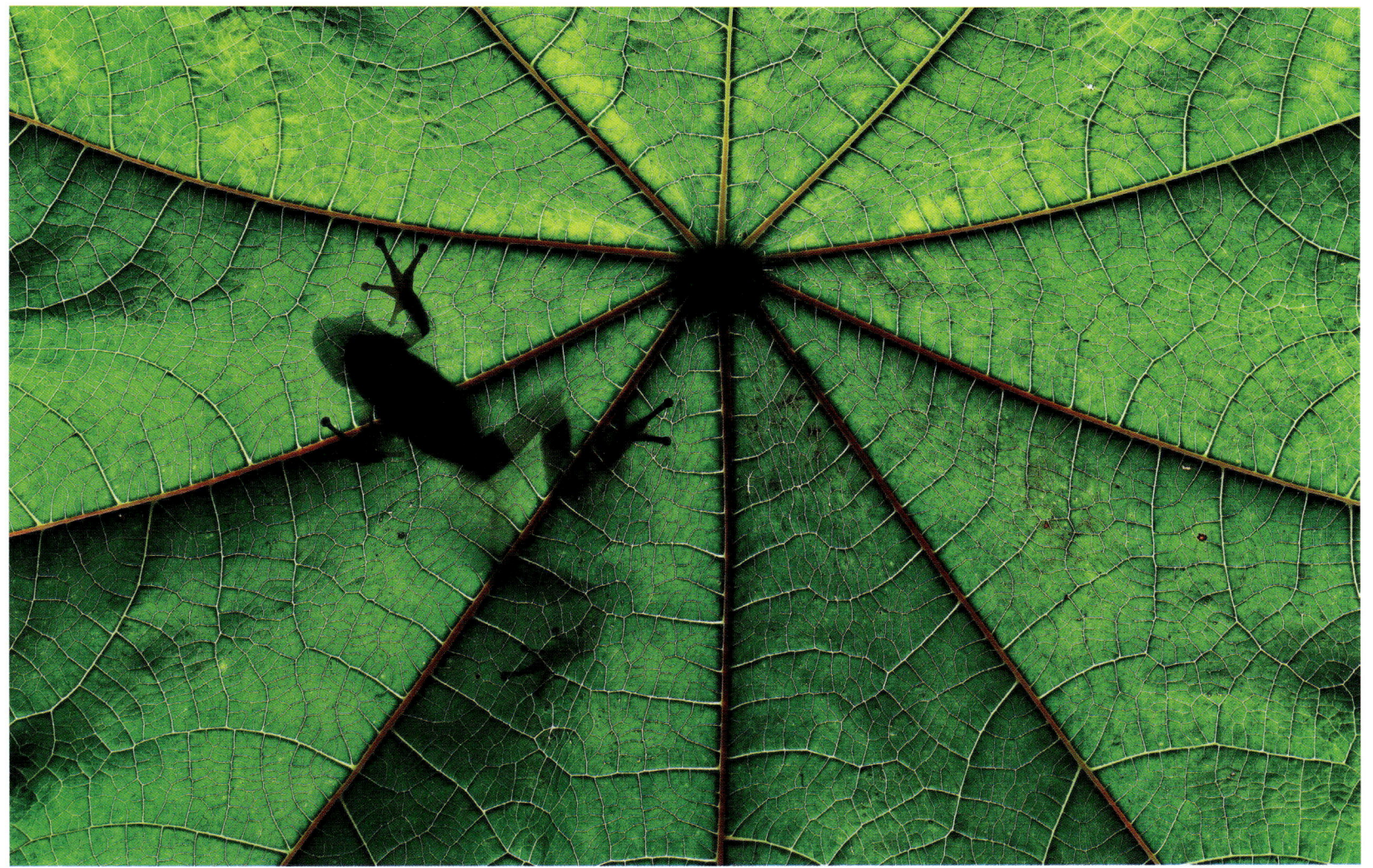

LOS FANTASMAS DE LAS CHARCAS

La ranita meridional (*Hyla meridionalis*) es, con apenas cinco centímetros, el anfibio más pequeño del continente europeo. Permanecen camufladas eficientemente en las ramas y hojas de la vegetación cercana a las charcas o lagunas donde habitan. Su color verde intenso las convierten en auténticos fantasmas casi invisibles para sus predadores. Es otra especie en clara regresión debido, principalmente, a la contaminación química de las aguas, los incendios, la eliminación del carrizal y la desaparición de cañaverales y vegetación de ribera. En la fotografía, tan solo una tímida sombra al trasluz de la hoja delata su presencia. Buscaba conseguir un efecto de sombra sinuosa en movimiento por lo que, con una velocidad de obturación lenta la hoja volvía a imprimirse en la fotografía al tiempo que la pequeña ranita se desplazaba. La bella estructura de las nerviaciones y filamentos de la hoja de la higuera del diablo cierran una composición realmente llamativa.

Nikon D3S, Nikon 105 macro f/2.8G, ISO 200, f16. v1/5s

⭐ Mención de Honor, *Memorial María Luisa* 2012
⭐ Sexto Premio, *OASIS* 2012

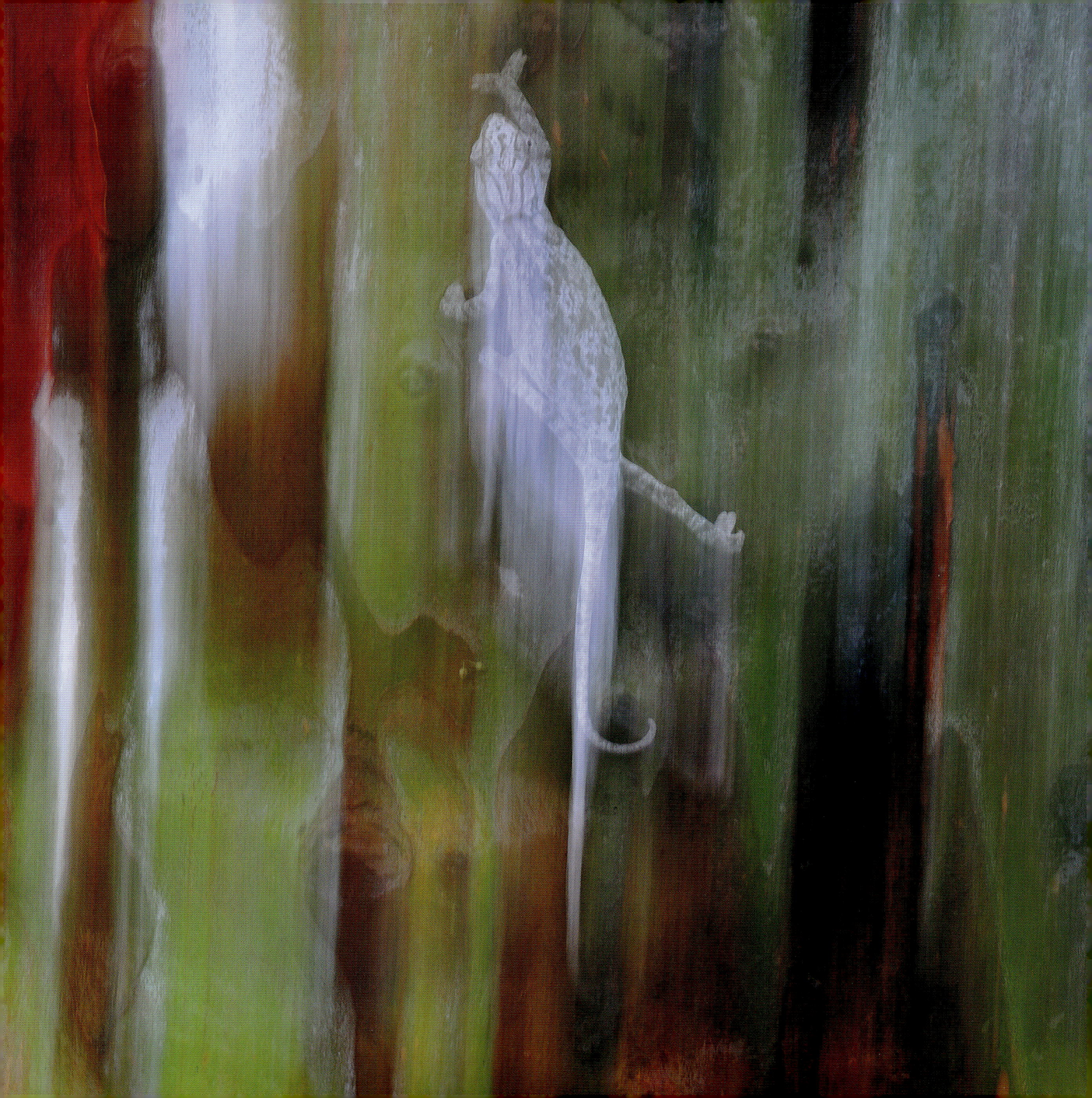

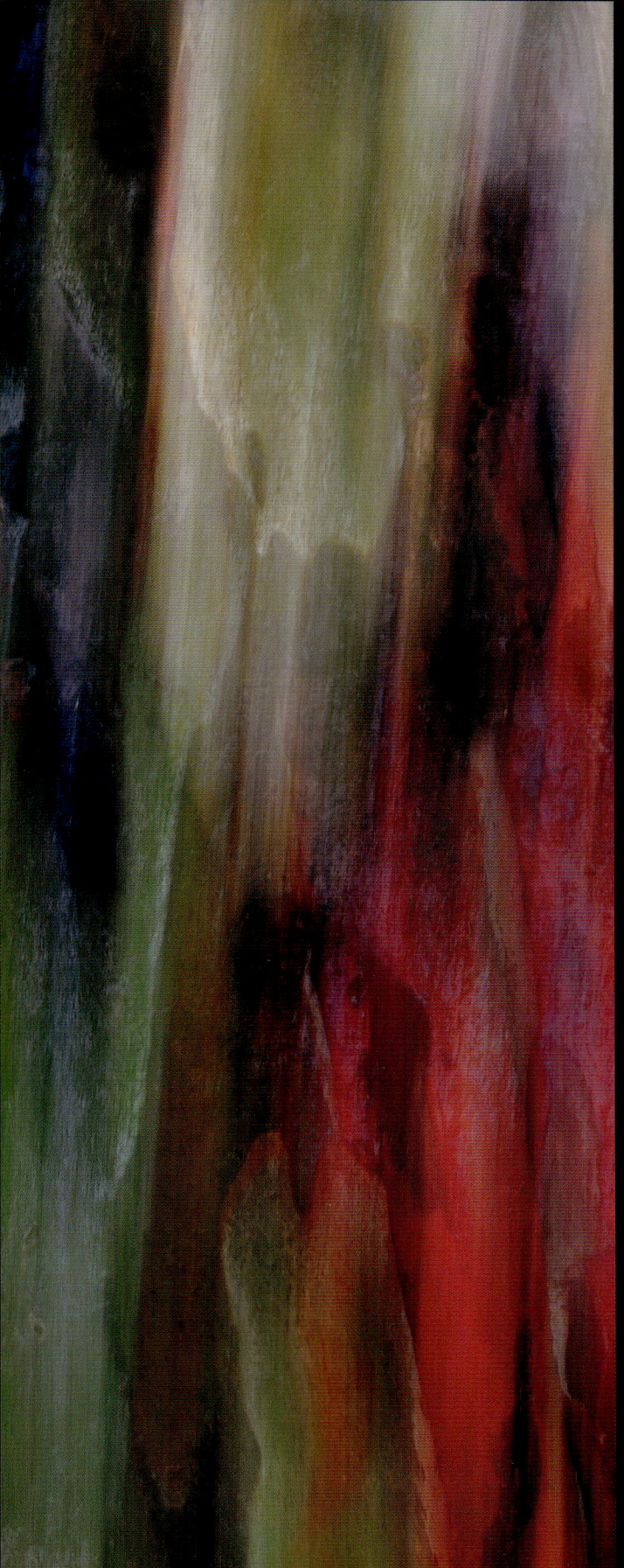

El dragón pintado

■ CONTEXTO

Durante una jornada lluviosa en uno de mis habituales paseos por el campo para observar el comportamiento de los camaleones, tuve la suerte, mientras me refugiaba de la lluvia bajo las ramas de un eucalipto, de contemplar atónito una escena increíble y en rara ocasión constatada en imágenes. Un camaleón albino desovando al pie de un eucalipto donde había excavado el túnel de cría.

■ LA IMAGEN

Llevo más de treinta años compartiendo mi vida con estos exclusivos reptiles sureños, los conozco casi tan bien como ellos a mí, y nunca antes había visto un caso de albinismo en camaleones. En uno de mis paseos diarios por la zona donde habitan, terrenos de cultivo abandonados donde abundan los almendros, olivos, retamas, algarrobos y eucaliptos, descubrí este raro ejemplar hembra albino desovando. Para esta circunstancia y para cambiar de lugar, son los únicos momentos en los que los camaleones bajan al suelo, ya que son reptiles arborícolas. Después de la puesta, el camaleón empezó a trepar por el tronco del eucalipto buscando la seguridad de las ramas.

■ TRATAMIENTO

La imagen fue capturada en formato RAW, balance de blancos automático.

He utilizado Nikon Capture NX2 en su edición con un procesado normal; niveles y curvas, saturación, contraste y máscara de enfoque.

■ RESULTADOS

Utilizando una velocidad de obturación lenta y una técnica de barrido creé esta imagen un tanto pictórica, donde se fusionan armoniosamente los vivos colores del tronco de eucalipto empapado por la lluvia, junto a la piel blanquecina del camaleón albino. Esperé varios minutos a que el reptil trepara por una zona que tenía unos trazos blancos en su corteza. Estos me combinarían a la perfección con la piel del animal y los tonos rojizos y verdes vivos de la corteza, confiriendo a la imagen un aspecto más propio de una pintura al óleo que de una fotografía.

■ CONSEJOS

Los camaleones son reptiles endémicos del sur de España, sobre todo la costa de Huelva y Cádiz aunque también se han encontrado poblaciones en la costa de Granada, Almería y Málaga. Lo más aconsejable para poder disfrutar de ellos es desplazarnos a la costa de Cádiz donde la población es mucho mayor y se pueden localizar con facilidad. Es una especie muy confiada que nos permite hacer fotos desde un acercamiento máximo. La mejor época es en primavera y verano ya que durante el invierno permanecen mucho menos activos y casi aletargados. En los meses de julio y agosto son especialmente visibles, es la época de reproducción y los machos se exhiben con colores muy llamativos y en lugares muy vistosos.

Nikon D3S, Nikon 24-70mm f/2.8G, ISO 200, f22. v1/2s

⭐ Mención de Honor, *Asferico* 2013

LAS NOCHES DEL TINTO

Todo un rompecabezas cromático de cascadas, rojos remansos y grietas que hieren sus luminosas riveras. Una historia plástica de la erosión, modelada por el transcurrir del agua a lo largo de milenios.

Observando esta escultura dinámica de la naturaleza, el fotógrafo se siente empequeñecido, incapaz de dibujar tanta belleza con su cámara, porque lo que tiene delante, va más allá de un puzzle de hirientes colores dormitando bajo un cielo placentero y estrellado.

Nikon D3
Nikon 14-24mm f/2.8G
ISO 200
f5. v283s

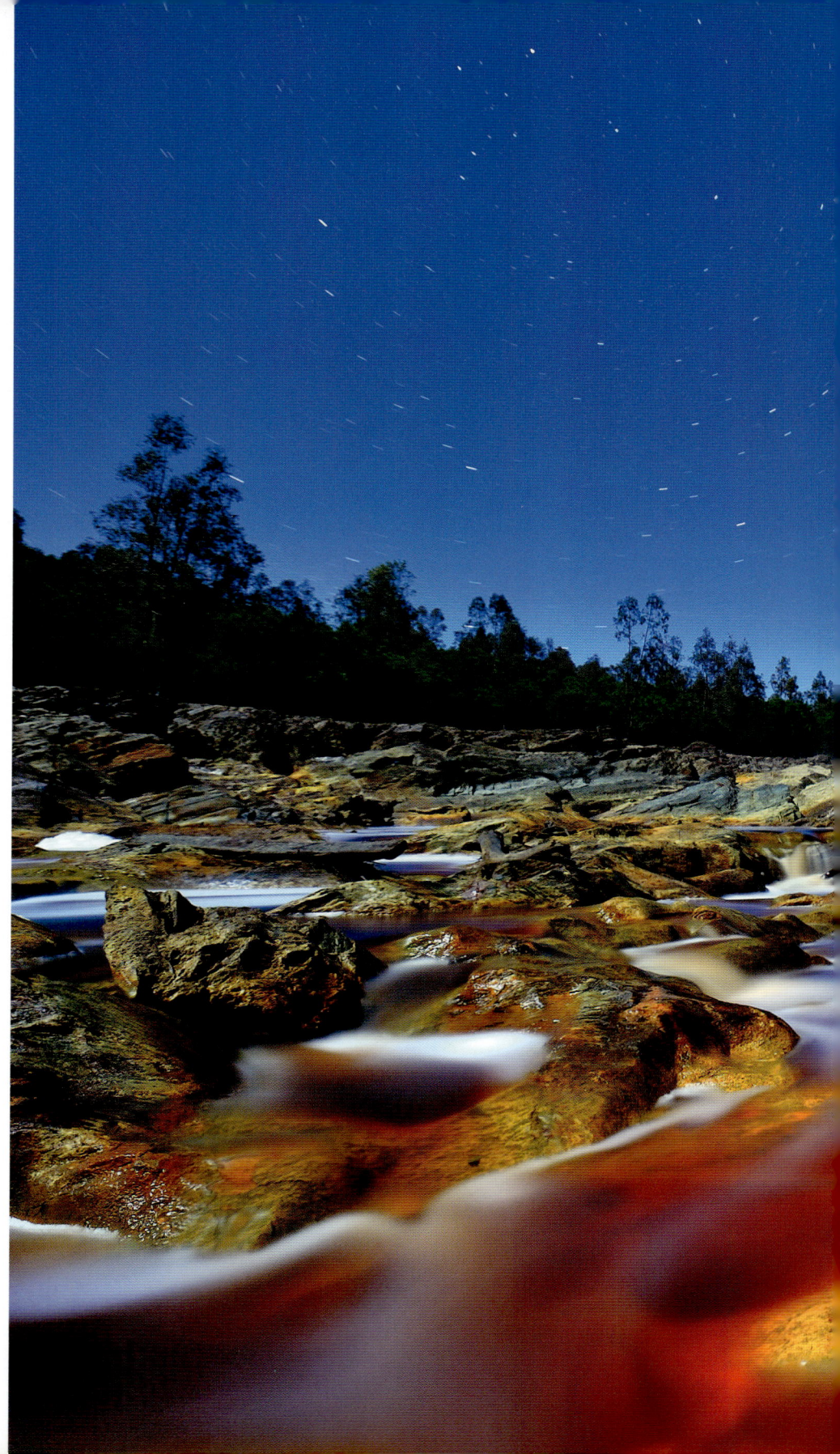

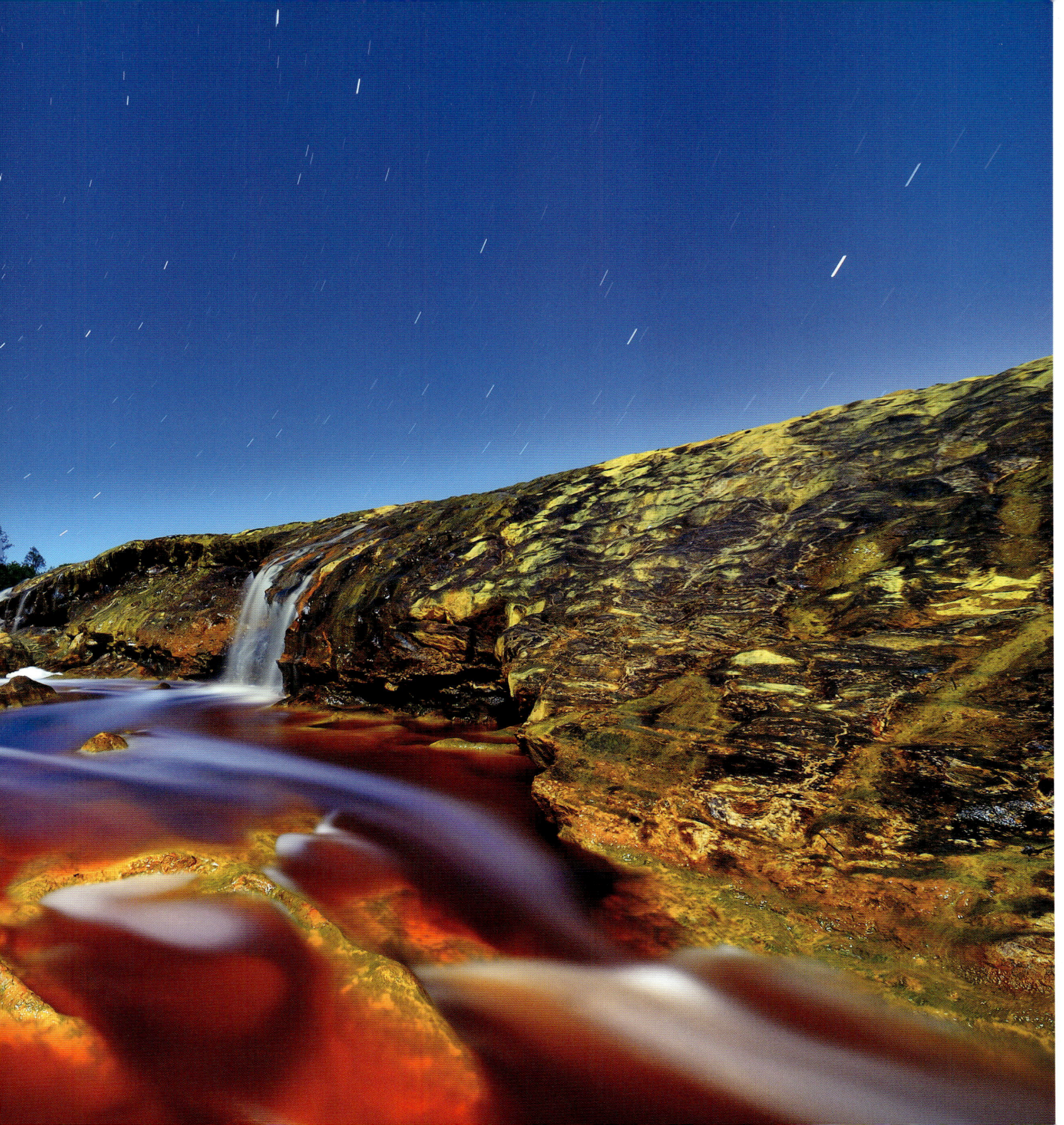

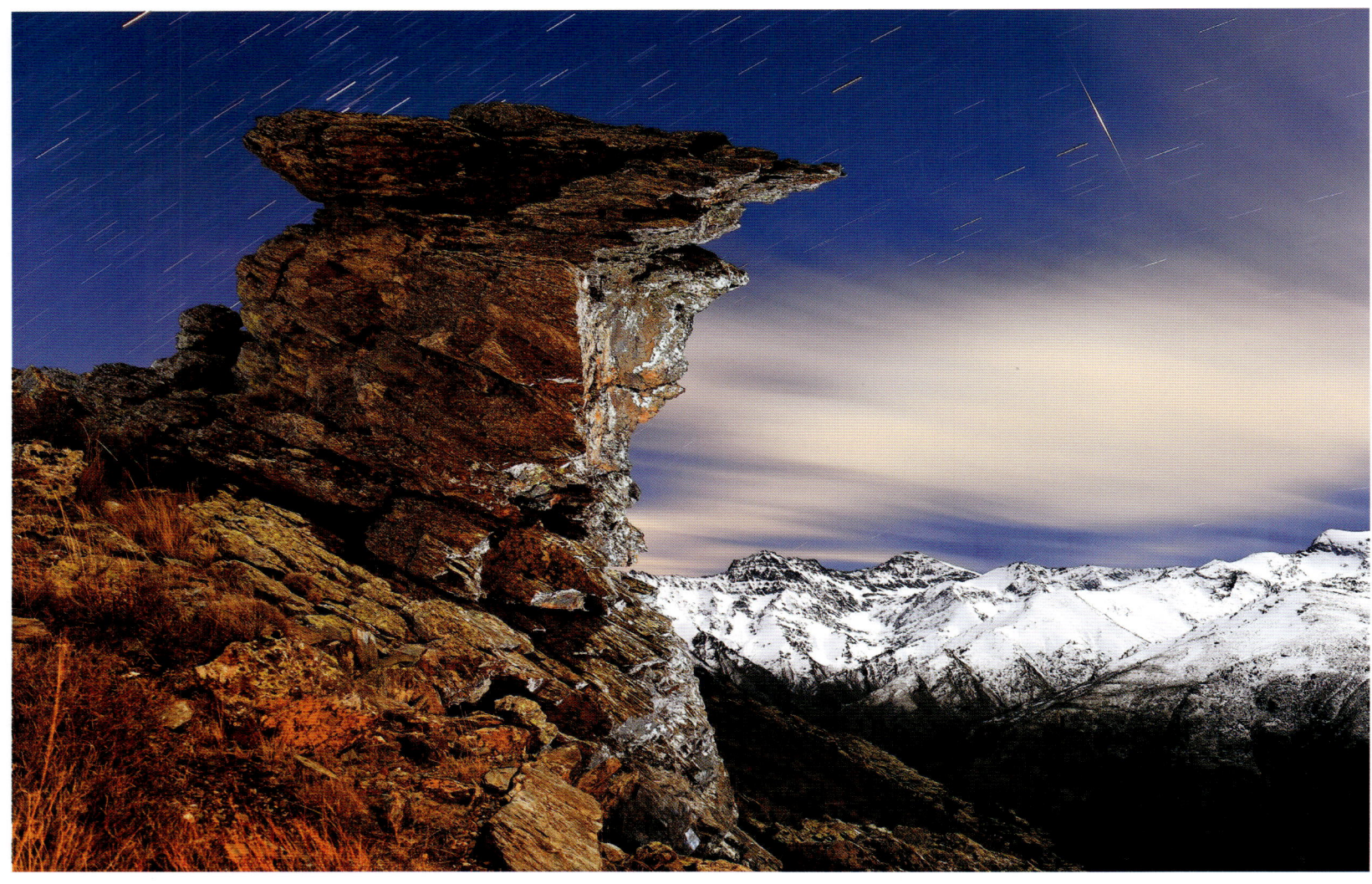

ESTRELLA FUGAZ

El pico del Veleta, con sus 3.398 metros, es una de la veintena de cumbres de Sierra Nevada que superan los 3.000 metros y la segunda en altitud seguida del Mulhacén con 3.482m. De las aproximadamente 7.000 especies vegetales que componen la flora española, más de 2.000 viven en Sierra Nevada y unas 70 son endémicas, es decir, no existen en ningún otro lugar del planeta convirtiendo a este paraíso de biodiversidad en uno de los enclaves geográficos con mayores variedades de vida que se conocen en el mundo.

Anochece en Sierra Nevada, me encuentro en un enclave conocido como Loma del Tío Papeles a unos 2.200 metros de altitud. Son las diez de la noche de un 23 de enero y una majestuosa luna llena ilumina las crestas nevadas de la Alcazaba y el Mulhacén. El cielo está completamente raso lo que hace que el frío se agudice aún más, unos 9º grados bajo cero. En primer plano, una roca de pizarra atormentada por el paso del tiempo y las condiciones meteorológicas se alza ante mí, un monumento natural espectacular que invita a la fotografía. Al fondo los colosos nevados acarician el firmamento estrellado mientras una estrella fugaz recorre el cielo en sentido contrario.

Nikon D3S, Nikon 14-24mm f/2.8G, ISO 200, f4.5. v422s

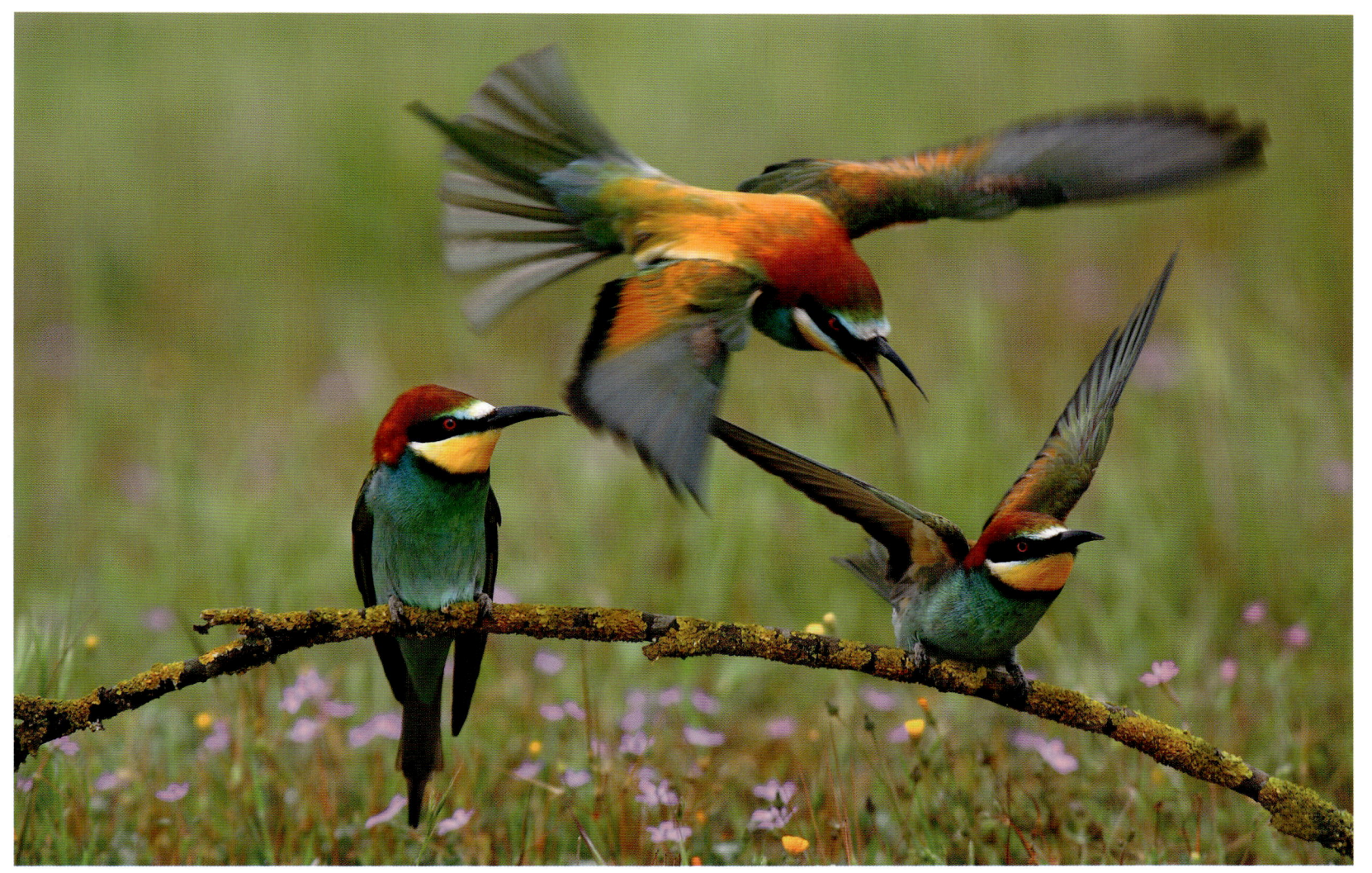

PRIMAVERA EN LA CAMPIÑA

A principios de primavera los abejarucos recién llegados de África toman sus territorios en la Península Ibérica. En estos primeros días de acoplamiento las disputas por las mejores parcelas de cría son constantes. Los machos suelen luchar a empujones y picotazos contra sus congéneres en su afán por hacerse con las mejores ramitas y zonas donde más tarde conquistarán a la futura pareja. En años muy lluviosos, las praderas de reproducción se tapizan con un manto de florecillas que atraen a gran cantidad de insectos con los cuales estos cazadores africanos alimentarán a su prole. Una vez acabado su ciclo reproductor los abejarucos permanecen en sus territorios de cría hasta finales de agosto, momento en que se congregan en grandes grupos para comenzar su viaje migratorio a los cuarteles de invierno en el continente africano.

Canon EOS-1D Mark IIN, Canon 300mm f/2.8, ISO 100, f4.5. v1/640

EL BOSQUE PINTADO

Los bosques de ribera son lugares que encierran una gran belleza por su variedad y colorido, especialmente las choperas y alamedas en los meses de otoño. La característica como refugio de frescor y humedad para muchos animales durante el árido verano mediterráneo, hacen de estos bosques un ecosistema imprescindible para diversas especies de la fauna ibérica. Tejedores, oropéndolas, pájaros carpinteros, ruiseñores y un gran número de mamíferos encuentran aquí verdaderos corredores biológicos, en particular en aquellas zonas donde el bosque ha sido masivamente sustituido por cultivos.

En la vertiente norte de Sierra Nevada aún es posible encontrar magníficos ejemplos de bosques de ribera, fresnos, álamos, sauces, alisos y extensas choperas como la de la fotografía. Opté por una técnica de barrido y una exposición lenta con la intención de crear una imagen más parecida a una pintura que a una fotografía. Los troncos cubiertos de musgos en su cara norte y el suelo cubierto de hojas empapadas por la lluvia fueron esenciales para conseguir el efecto visual deseado.

Nikon D3S
Nikon 24-70mm f/2.8G
ISO 200
f22. v1/4s

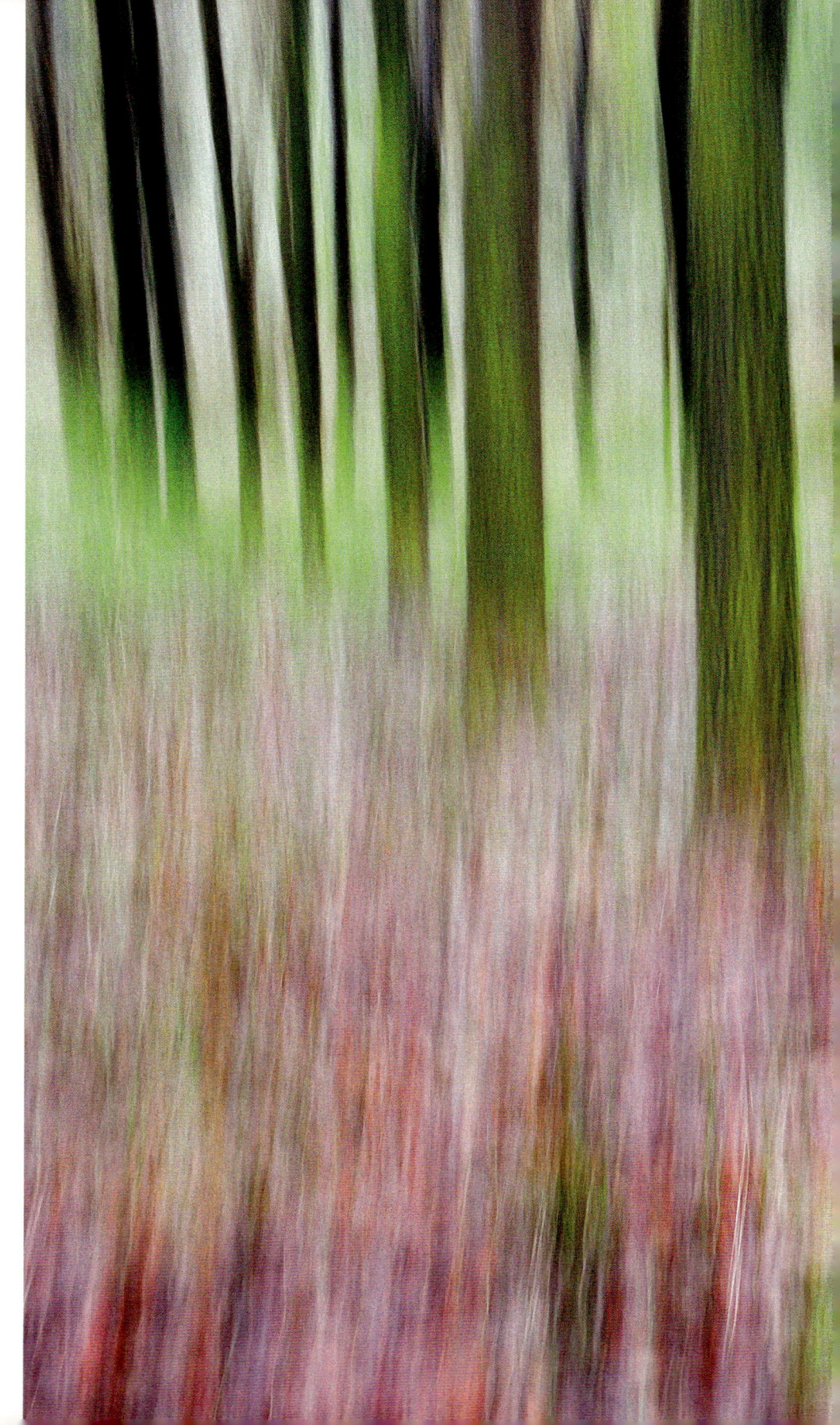

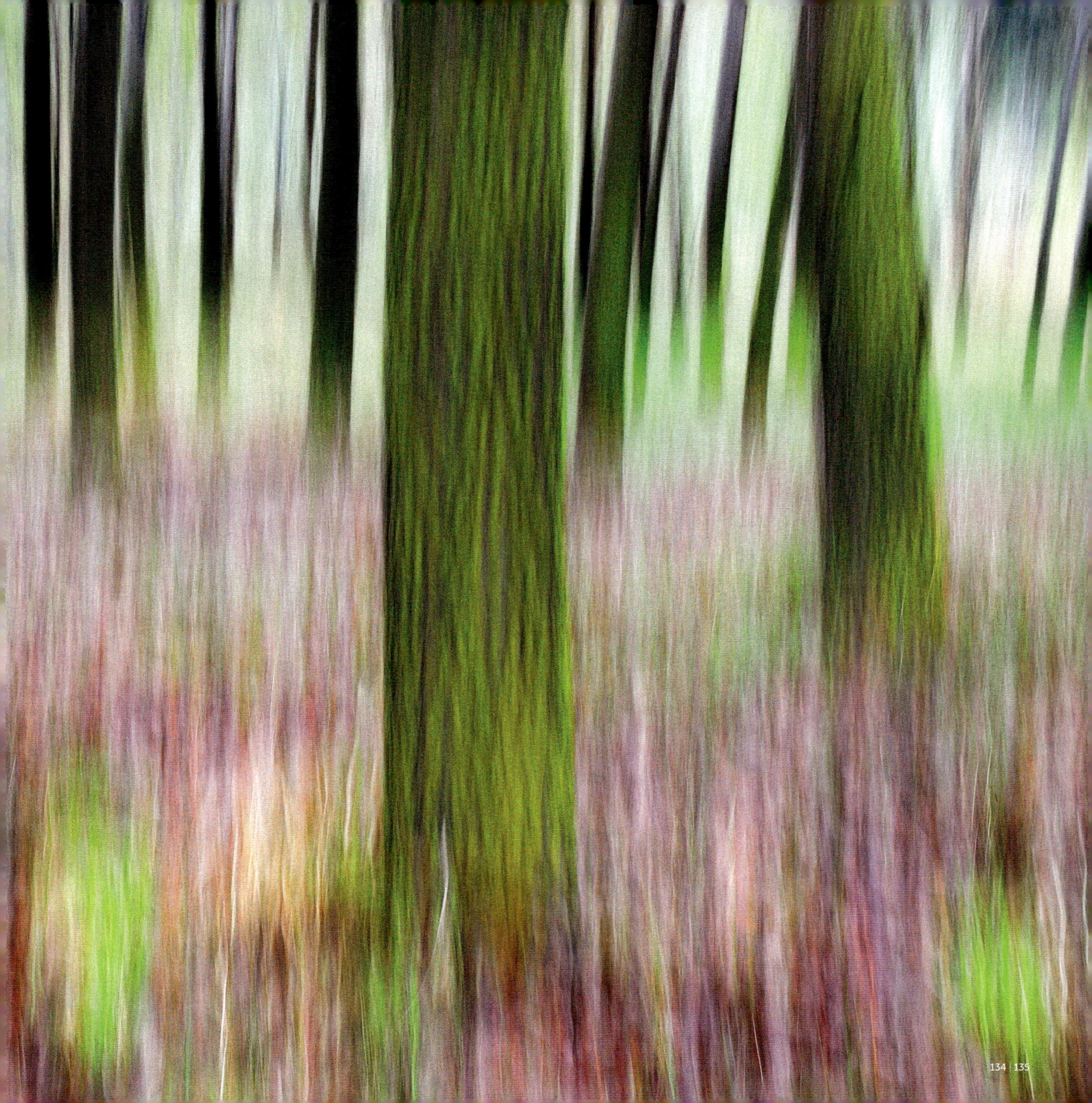

El fotógrafo en la naturaleza, un detective

Lince ibérico, oso pardo, cigüeña negra, lobo ibérico, lagarto gigante de El Hierro, pardela balear, águila imperial, quebrantahuesos, buitre negro, urogallo, focha moruna, malvasía o camaleón, son sólo una pequeña enumeración de las especies que he tenido el placer de fotografiar en estos años de profesión. Unas veces me acompañó el acierto y hoy puedo ofrecérselas en algunos de mis trabajos, pero otras muchas, por motivos diversos, se resistieron a ser retratadas y, en la actualidad, han pasado a formar parte de mi memoria, constituyendo un puñado de recuerdos que perdurarán, y también, por qué no, una serie de tareas pendientes que retomaré cualquier día con mayor ilusión si cabe.

El corresponsal naturalista es un auténtico detective, un investigador que siempre está de aquí para allá, indagando, a la búsqueda de nuevas especies, nuevos hallazgos zoológicos que le permitan culminar con éxito otro reportaje que mejore en calidad y grandiosidad al anterior.

Pero no siempre tienen que ser este tipo de especies que por su espectacularidad y situación se encuentran en peligro los auténticos tótems de la fauna ibérica, sino que igualmente podemos encontrar otros igual de interesantes tanto desde el punto de vista ecológico como del fotográfico. También las plantas cuentan con un papel muy importante porque, en esta cadena que es la vida no existiría el lince o el águila imperial sin especies aparentemente menos significativas como el conejo y éste, a su vez, sin las plantas de las que depende su alimento.

Nuestros bosques son el refugio de millones de animales que encuentran en ellos cobijo, alimento y un hábitat esencial para la vida: pinares, robledales, hayedos, encinares, alcornocales, bosques de laurisilva y el más rico y variopinto muestrario de endemismos botánicos de todo el continente europeo. Todos y cada uno de estos ecosistemas conforman una cubierta vegetal sin la que la gran mayoría de especies animales, simplemente no existirían.

España, debido a su exquisita situación geográfica dentro del viejo continente, a caballo entre el húmedo Atlántico norte y el reseco desierto sahariano, ha alumbrado un mundo de una riqueza vegetal incomparable. Sabinas que se retuercen sobre sí mismas como queriendo librarse del viento eterno que sopla en la isla de El Hierro, bosques de pinos y laurisilva canaria envueltos por nieblas casi constantes, impresionantes acantilados marinos adornados de gigantescos cardones canarios, barrancos de lava tapizados de exclusivos bosquetes de tajinastes rojos, los más viejos y atormentados pinsapares y quejigales de montaña, son solo una pequeña muestra de la rica y exclusiva variedad vegetal con la que tenemos el privilegio de poder disfrutar.

Este capítulo no pretende ni mucho menos hacer un recorrido por la flora vascular española, entre otras cosas porque sería del todo imposible debido a la extensa variedad que figuran en la Península Ibérica, Canarias y Baleares, pero sí una invitación a descubrir alguna de estas especies y ejemplares que me emocionaron cuando tuve la suerte de poder contemplarlos a través de mi cámara.

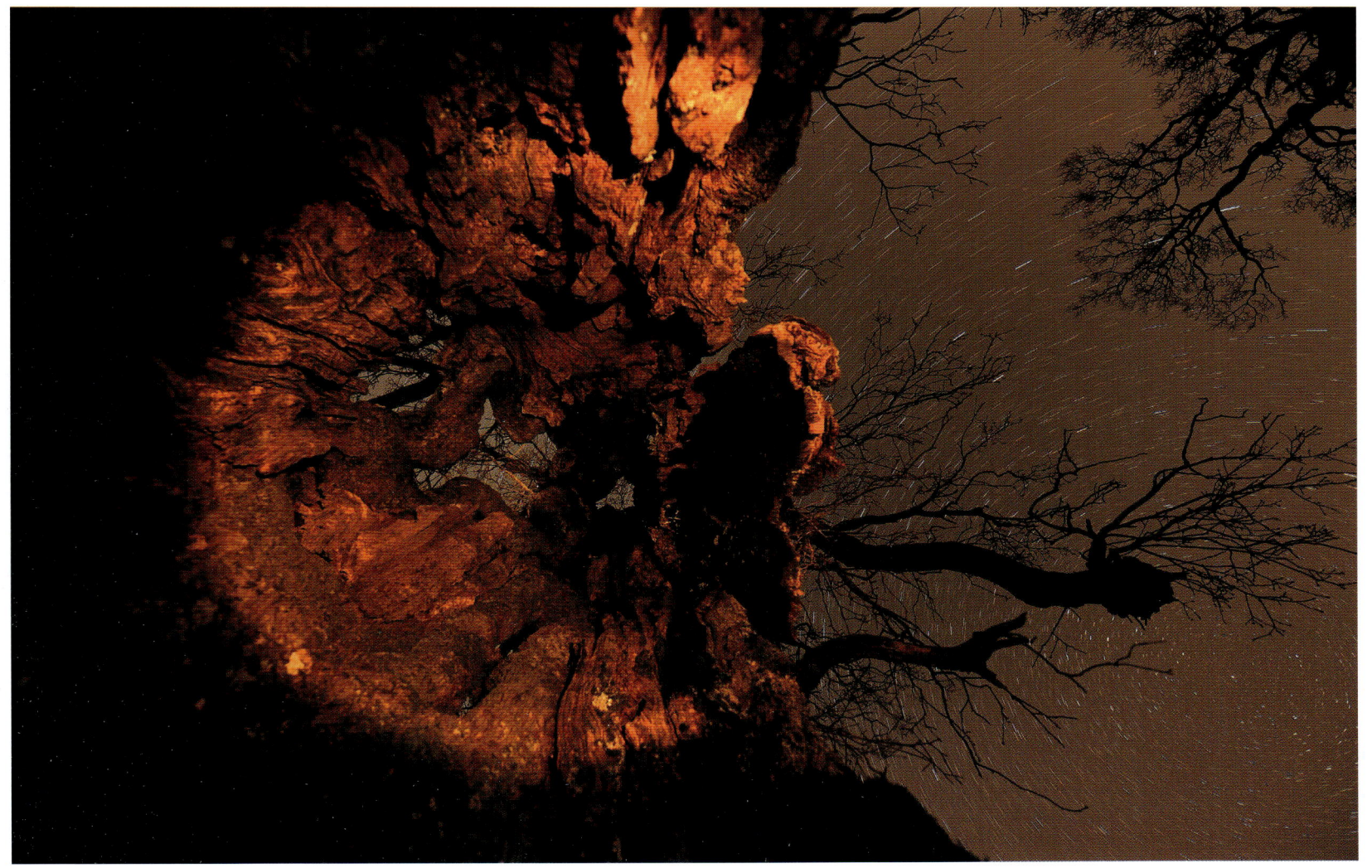

VIAJE AL CENTRO DEL ÁRBOL

Los atormentados quejigos de montaña pertenecen a uno de los bosques más viejos y amenazados del mundo. Está incluido en la Lista roja de la flora vascular de Andalucía, categoría Peligro de extinción. A unos 1.800 metros de altitud aún siguen en pie después de sobrevivir más de 800 años a las duras condiciones meteorológicas de esta parte de Andalucía.

Este espectacular ejemplar se caracteriza por tener su tronco hueco. Para la realización de esta exclusiva fotografía, coloqué mi cámara en su interior con una óptica ojo de pez con la intención de captar los dos mundos, el interior y el exterior. Realicé varias fotos de prueba corrigiendo el encuadre y la iluminación, por último opté por una técnica de larga exposición para incluir el cielo estrellado.

Nikon D3S, Nikon 14-24mm f/2.8G, ISO 200, f3.5. v520s , Flash

⭐ Premiada en *Montier-en-Der* 2011
⭐ Mención de Honor, *OASIS* 2011

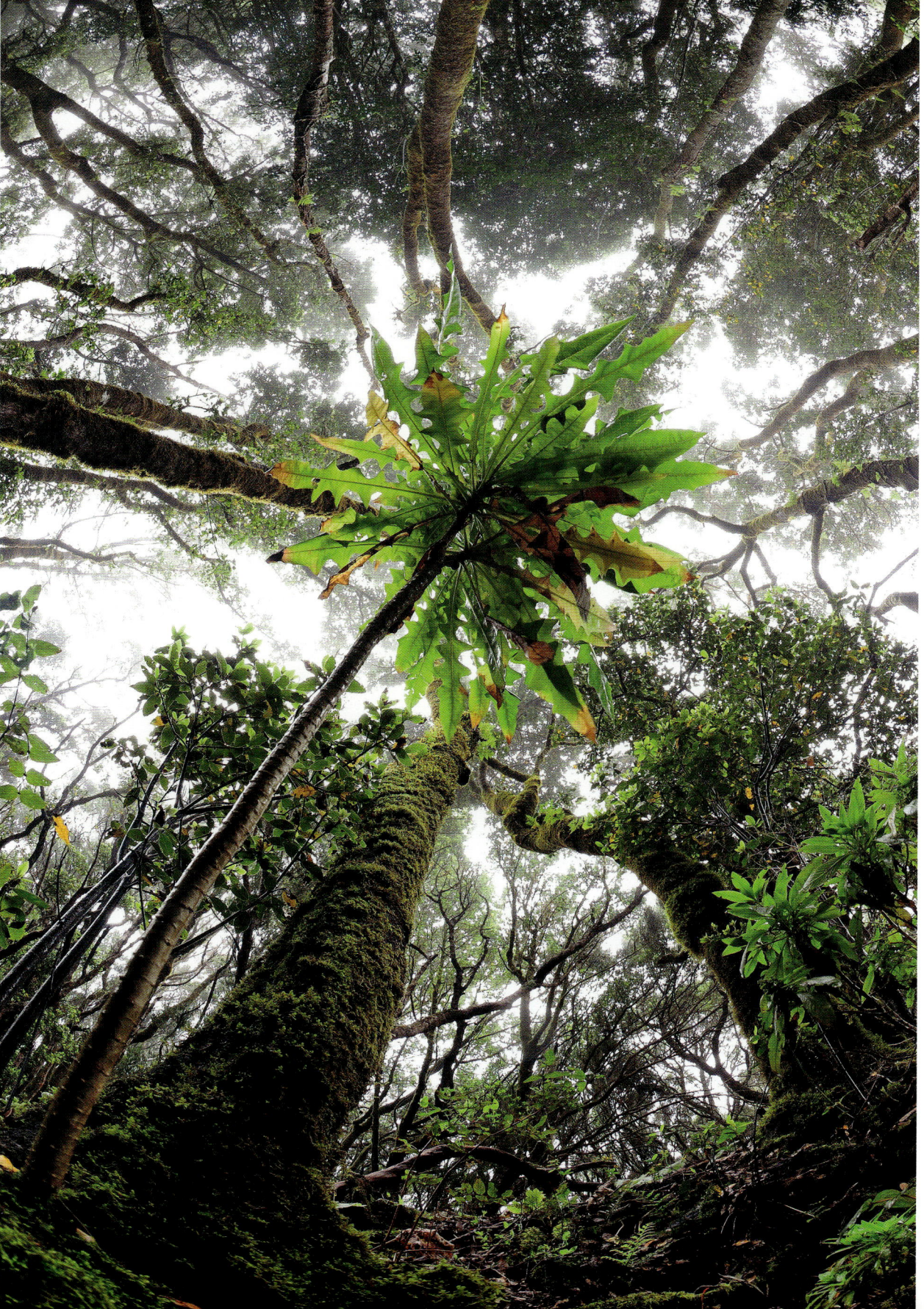

LOS REINOS DE LA LAURISILVA

Tras millones de años, este bosque de gran biodiversidad apenas ha sufrido transformaciones evolutivas; es una reliquia viviente de las formaciones vegetales que cubrían gran parte de Europa durante el Periodo Terciario. Debido a los cambios climáticos ocurridos desde entonces, glaciaciones y periodos áridos que originaron la barrera de desiertos del norte de África, la vegetación desapareció de los continentes siendo las islas Azores, Madeira y Canarias, en las que los cambios fueron atenuados al actuar el océano de termostato, refugio de estas especies terciarias hasta la actualidad. En la fotografía un *Sonchus acaulis* o lechugón se alza al cielo en una lucha por buscar la luz en el Parque Rural de Anaga en Tenerife.

Nikon D3S
Nikon 16mm Fish Fillets f/2.8G
ISO 500
f9. v1/13s

⭐ Primer Premio,
   MontPhoto 2012

⭐ Tercer Premio, *OASIS* 2012

⭐ Mención de Honor,
   Asferico 2013

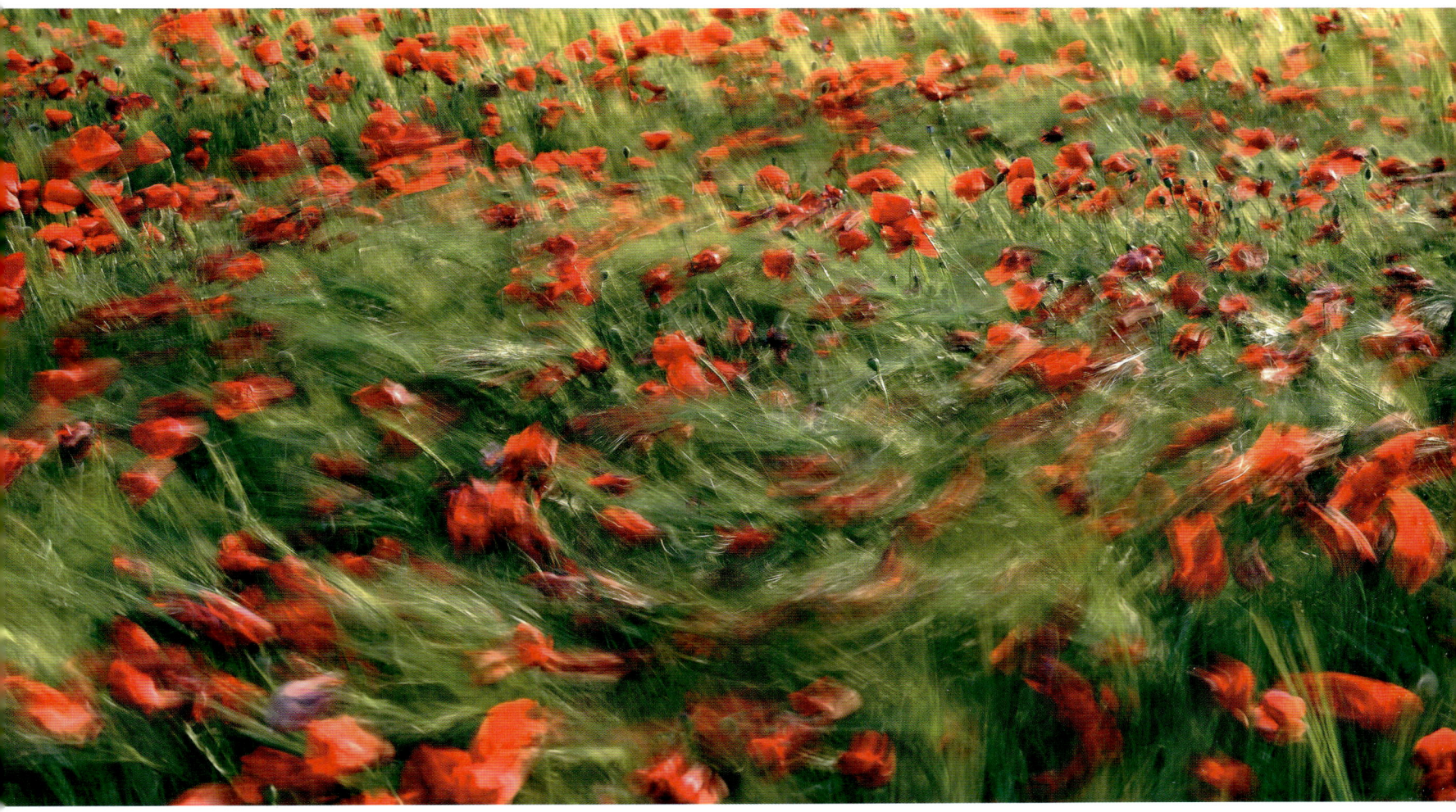

EL BAILE DE LAS FLORES

Llega la primavera en la campiña andaluza, toda ella rebosa de colores y los trigales se cubren de un espeso manto rojo de amapolas en flor. Andalucía, tierra de luz y color, cuna del flamenco, Andalucía tierra de sol y de arte, Andalucía tierra de naturaleza salvaje. En esta fotografía artística llena de matices quise fusionar todos estos adjetivos y creo que refleja a la perfección mi idea de la Andalucía más romántica y genuina. En la imagen, las amapolas parecen bailar en el trigal al ritmo que marca el viento de poniente.

Nikon D3S, Nikon 14-24mm f/2.8G , ISO 200, f11. v1/6s

⭐ Mención de Honor, *OASIS* 2010
⭐ Premiada en *International Sillian Organisation ISO* 2011
⭐ Mención de Honor, *Memorial María Luisa* 2011
⭐ Mención de Honor, *MontPhoto* 2011

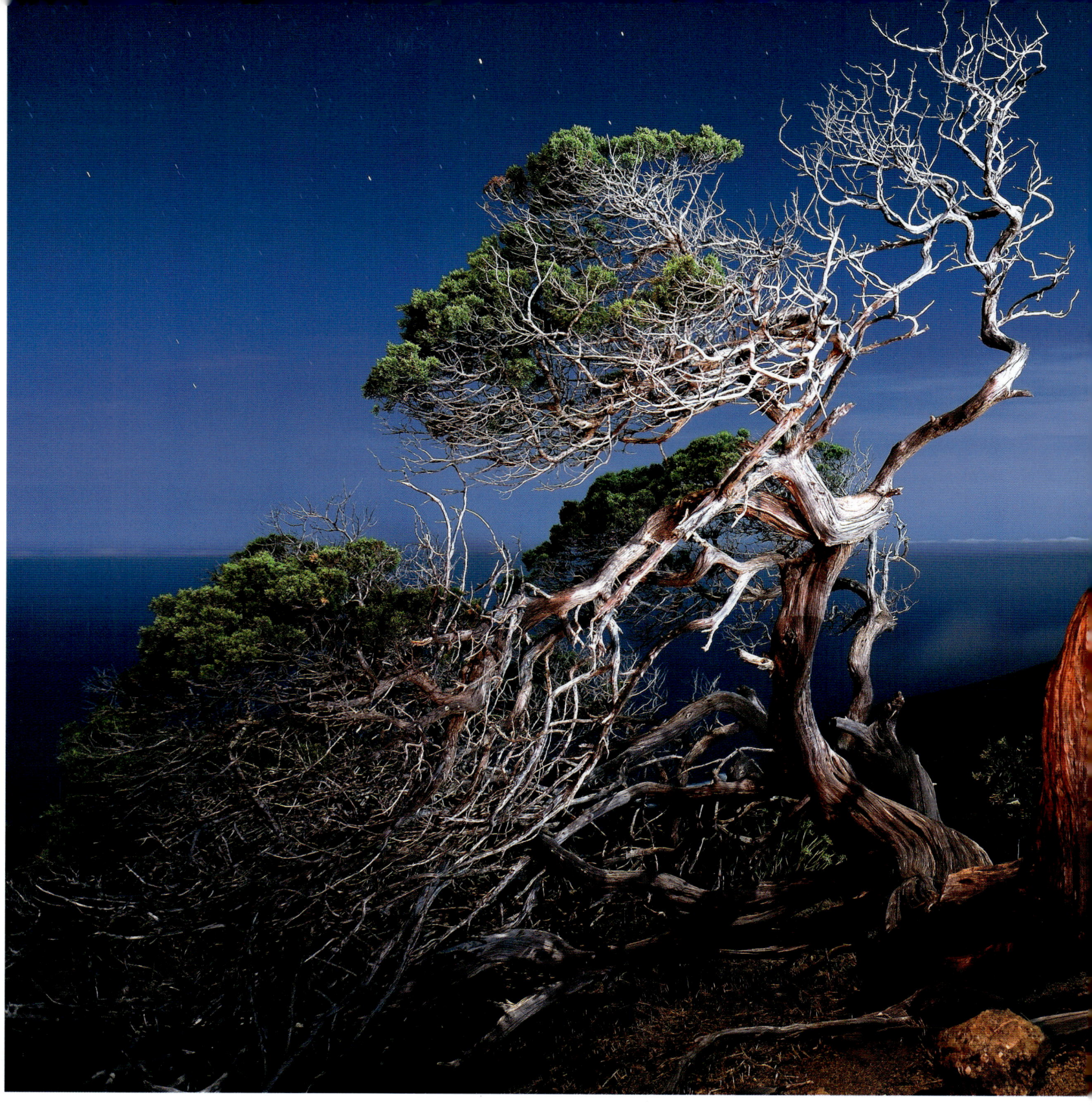

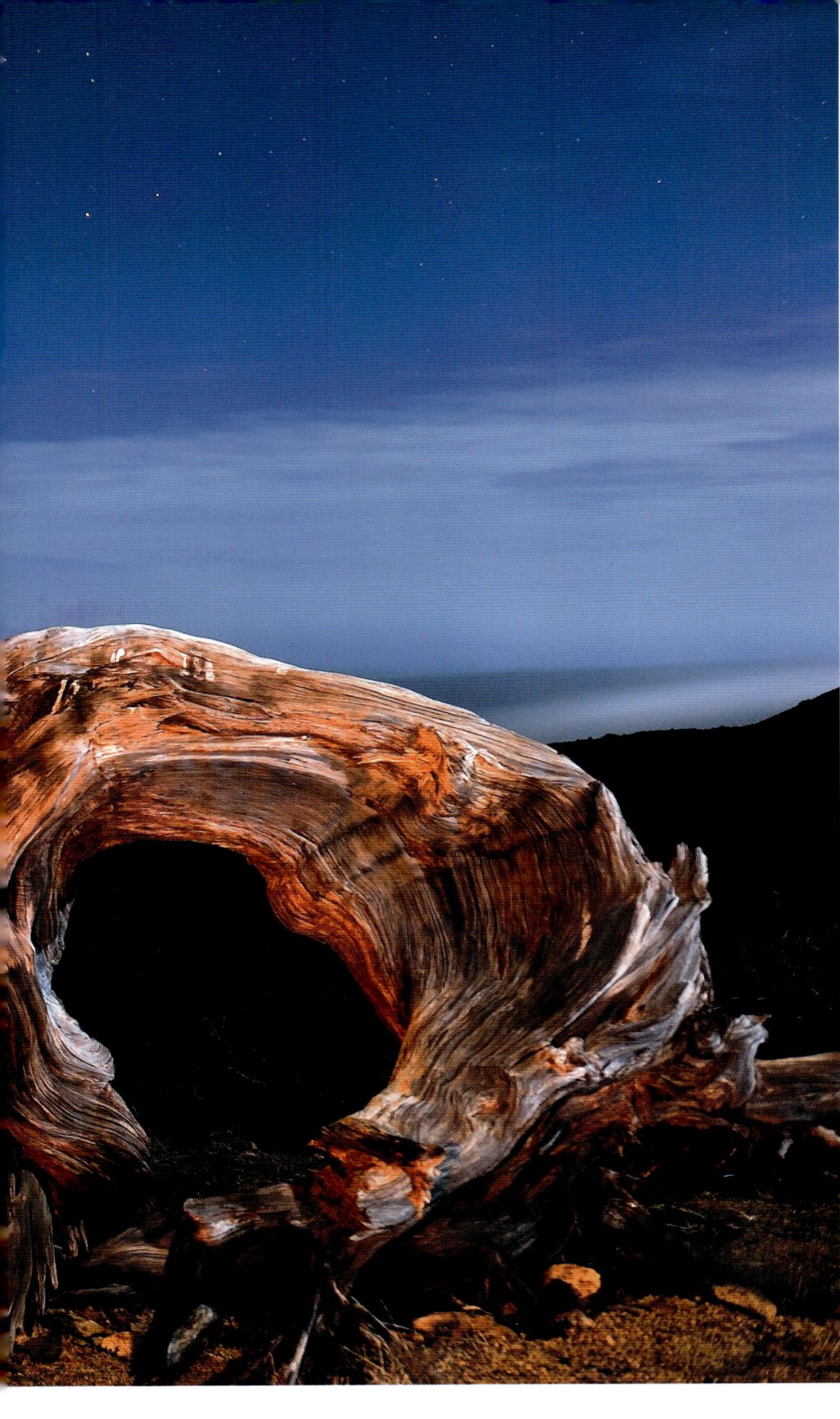

LAS HIJAS DEL VIENTO

En el bosque de sabinas de El Hierro se respira quietud y armonía. El intenso susurrar del viento se funde con las centenarias ramas de estos árboles mágicos, emblema de una tierra que vive pegada a sus símbolos acaso como ninguna otra; y produce sonidos como de otro mundo. En El Sabinar hay magia, encantamiento y soledad. Aquí hay paz, en definitiva. El árbol deja su huella en el pueblo más occidental que tiene España, Sabinosa, debido a la cercanía del más extenso sabinar de la isla y posible bosque de sabinas antes de la deforestación producida en la zona durante el siglo XVI para construir los asentamientos de la población. El Sabinar de La Dehesa es el mayor y más espectacular de Canarias, estando catalogado en la actualidad como Espacio Natural Protegido.

Nikon D3S
Nikon 14-24mm f/2.8G
ISO 200
f3.5. v51s
Flash

⭐ Tercer Premio, *OASIS* 2010

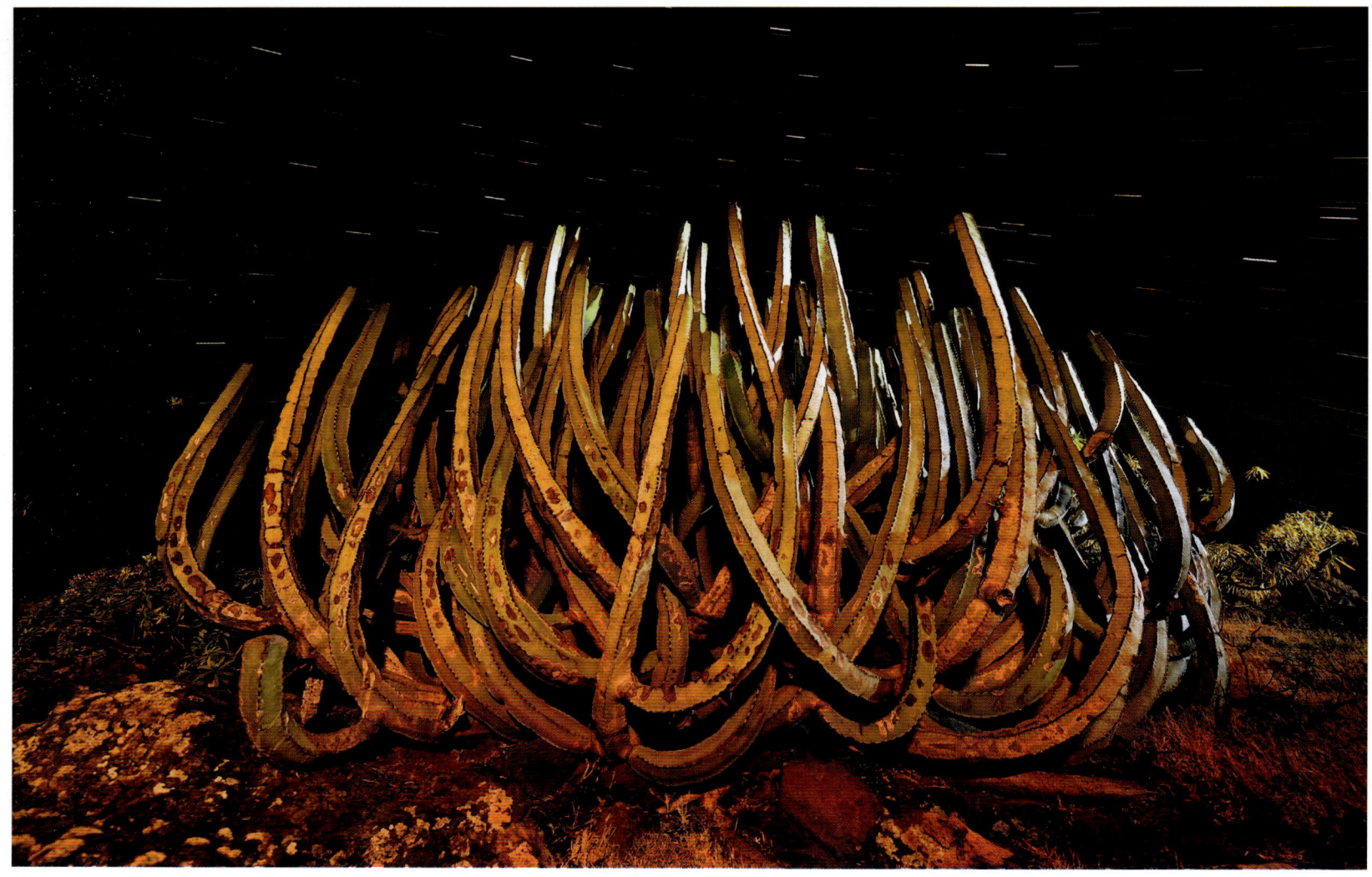

JOYAS DE LA FLORA CANARIA

El cardón canario (*Euphorbia canariensis*) es una planta muy característica de las formaciones vegetales de las zonas bajas y secas de las Islas Canarias(piso basal o piso bioclimático termocanario). Sus ramas secas fueron utilizadas como leña y su látex tóxico sirvió para capturar peces en los charcos donde era derramada. Sus fuertes ramas y el látex irritante dan cobijo y protección a numerosos vegetales que se escapan así de la voracidad del ganado. Este endemismo canario presente en todas las islas excepto Lanzarote, ha sido elegido como símbolo vegetal de la isla de Gran Canaria y se halla incluida en el anexo II de la Orden del 20 de febrero de 1991, sobre protección de especies de la flora vascular silvestre de la Comunidad Autónoma de Canarias. En la fotografía un espectacular cardón canario alza sus múltiples brazos como queriendo abrazar el firmamento estrellado.

Nikon D3S, Nikon 14-24mm f/2.8G, ISO 200, f4.5. v422s, Flash

⭐ Mención de Honor, *GDT European Wildlife Photographer* 2011

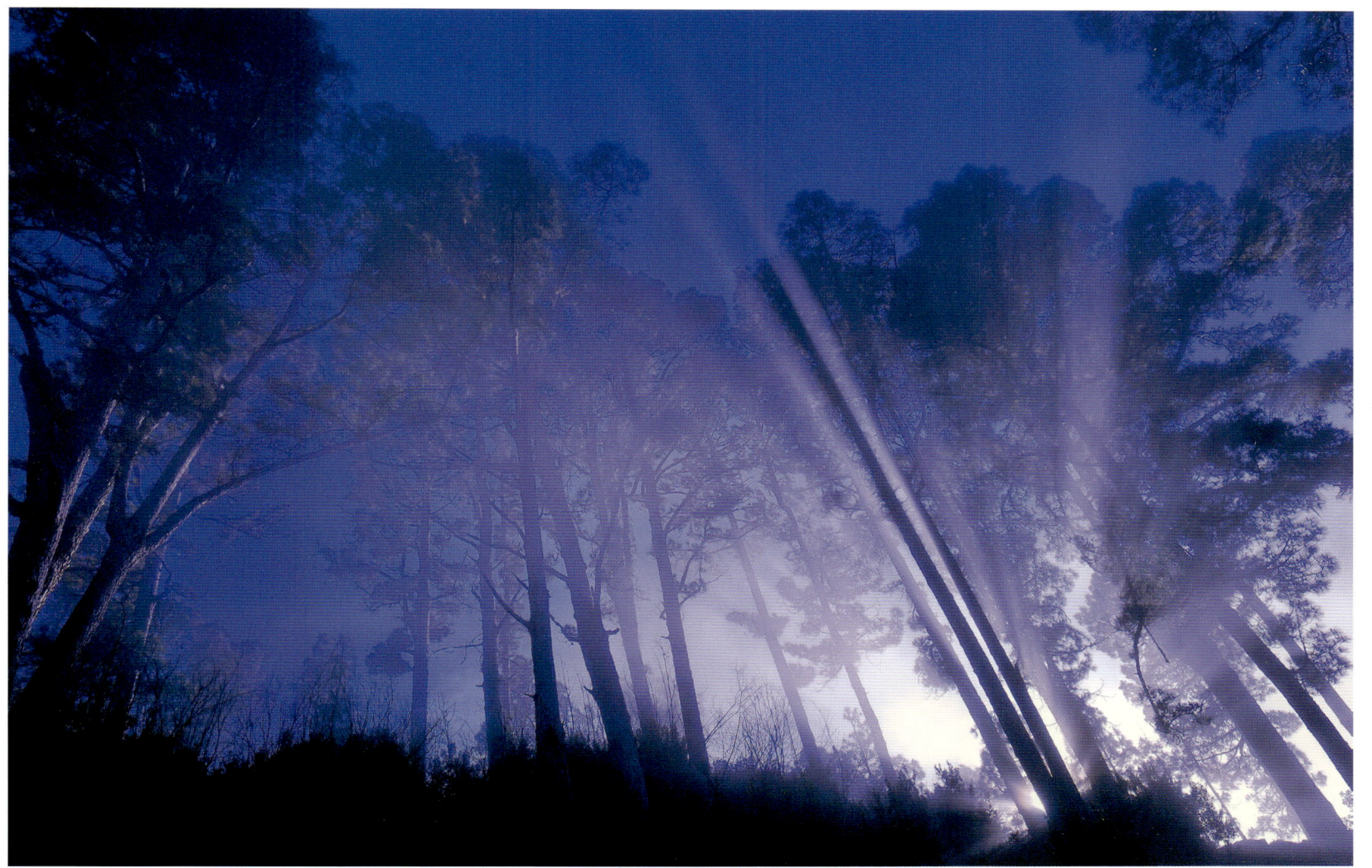

LA ISLA BONITA

El pino canario es una conífera endémica de las islas Canarias y símbolo natural de La Palma. En su vertiente norte, la más fría y húmeda de esta isla, se dan cita algunos de los ejemplares más espectaculares de todo el archipiélago. El *Pinus canariensis* es un fósil viviente que se extinguió en el continente europeo hace 5 millones de años manteniéndose vivo en las islas Canarias. Puede llegar a medir más de 30 metros de altura y su corteza más de 8 centímetros, por lo que es muy resistente a los incendios. En la fotografía, las nieblas matutinas se deslizan tímidamente entre los pinares de Garafía.

Nikon D3S, Nikon 14-24mm f/2.8G, ISO 200, f8. v1/800s

Los alisios de la vida

■ **CONTEXTO**

En la vertiente norte de La Palma, en la zona más fría y húmeda, al abrigo de las nieblas casi constantes se desarrolla una de las muestras de vegetación más exclusiva y variada de toda Canarias. Fayas, brezos, acebiños, laureles, tilos o pinos canarios de majestuosa envergadura se entremezclan dando lugar en muchas zonas a selvas impenetrables. La alta variabilidad mesoclimática, junto con el aislamiento de las islas y el paso del tiempo, han dado lugar a una naturaleza excepcionalmente rica, diversa y singular (con un elevadísimo porcentaje de endemismos) organizada en forma de ecosistemas únicos. Gracias a ello estas islas son consideradas como continentes en miniatura y dignas de visita desde el comienzo de las grandes expediciones científicas hasta nuestros días.

■ **LA IMAGEN**

Lo que me sorprendió cuando pisé La Palma por primera vez fue su aspecto selvático. Masas de impenetrable bosques de laurisilva como el Canal y los Tilos y bosques de pinos canarios gigantescos.

■ **TRATAMIENTO**

La imagen fue capturada en formato RAW, balance de blancos automático.

He utilizado Nikon Capture NX2 en su edición con un procesado normal; niveles y curvas, saturación, contraste y máscara de enfoque. La imagen es formato completo sin recorte.

■ **RESULTADOS**

Buscando la altura idónea me situé al filo de la nube, allí donde los rayos del sol se cuelan entre las nieblas para juguetear con las copas de los pinos. Suelo pasar semanas enteras apenas sin darme cuenta del transcurrir del tiempo. Luces, sombras y masas de vegetación verde se funden armoniosamente creando un paisaje que bien nos traslada a las grandes selvas tropicales.

■ **CONSEJOS**

Consultar la meteorología para aseguraros que los vientos alisios están activos. Es esencial un mapa del lugar para tener información detallada de las diferentes carreteras, pistas y caminos que bordean la isla.

Nikon D3S
Nikon 200-400mm f/4G
ISO 200
f8. v1/400s

★ Mención de Honor, *Asferico* 2011
★ Mención de Honor, *OASIS* 2011

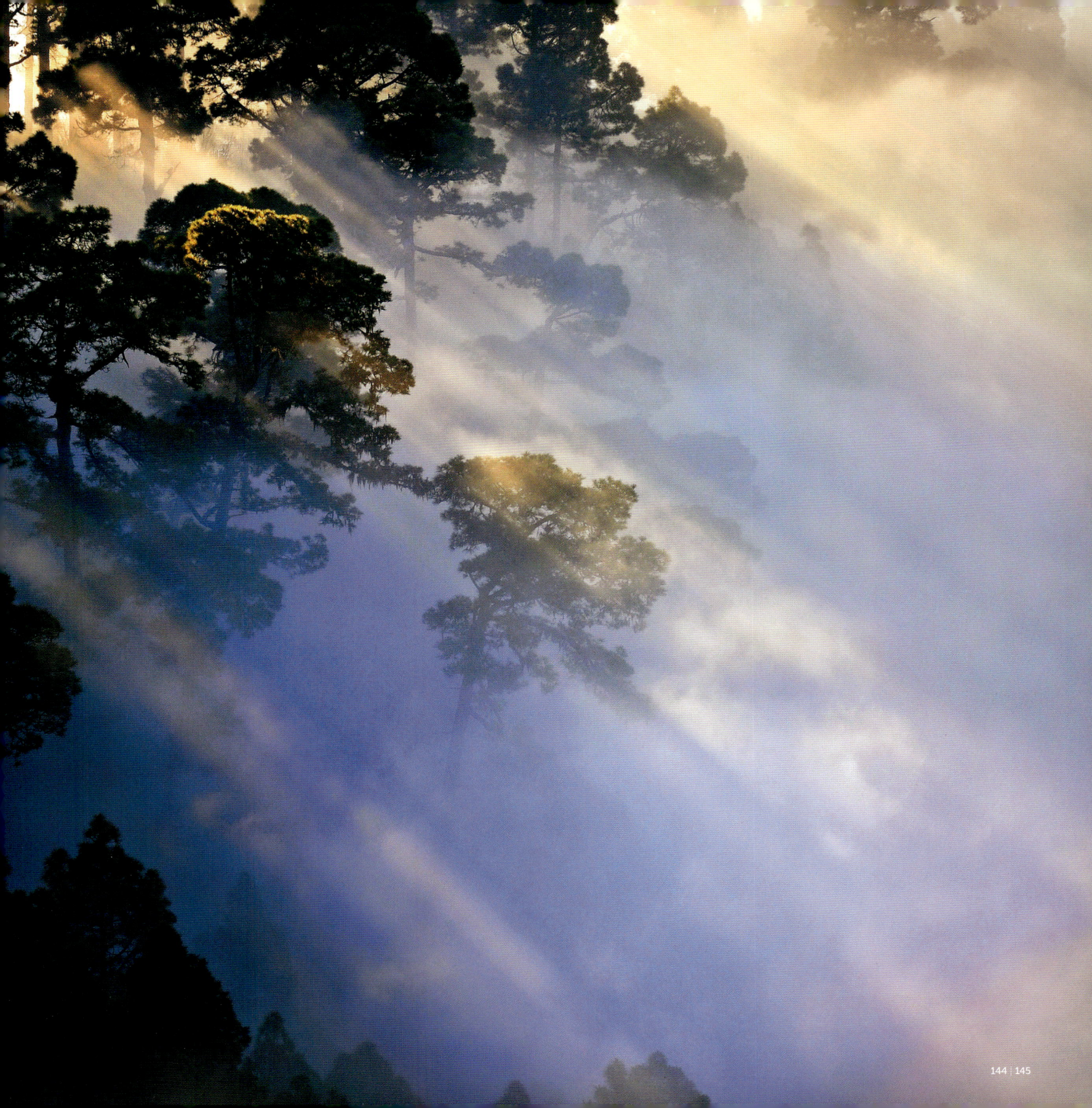

EL HAYEDO DORMIDO

Covadonga fue allá por el año 1918 el pionero de los Parque Nacionales Españoles, medio siglo después de la creación del primer Parque Nacional del mundo en Yellowstone (EE.UU.). Es, sin embargo, en 1995 cuando se ampliarán sus límites para convertirlo en el Parque Nacional de Picos de Europa. Es el único de toda la red que reparte su territorio entre tres comunidades autonómicas: Asturias, Castilla y León, y Cantabria. Los paisajes de Picos de Europa sobrecogen por su grandiosidad. Profundos y verdes valles, lagos de aguas transparentes, estrechas gargantas excavadas durante siglos, afiladas simas y crestas o interminables y tupidos hayedos, como el de la fotografía, que dormitan bajo un espeso manto de nieve en los meses de invierno.

Nikon D3S, Nikon 24-70mm f/2.8G, ISO 200, f8. v1/800s

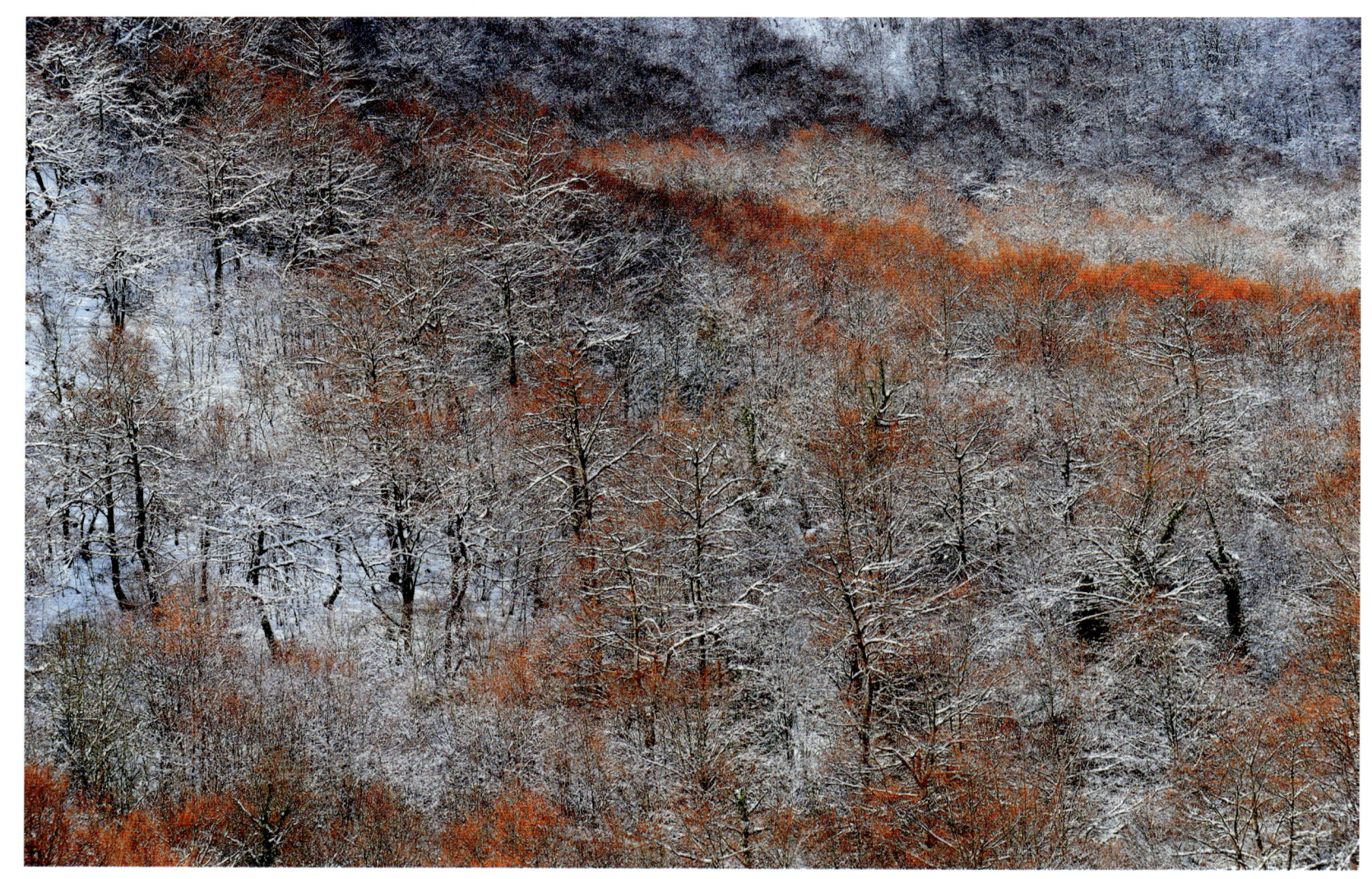

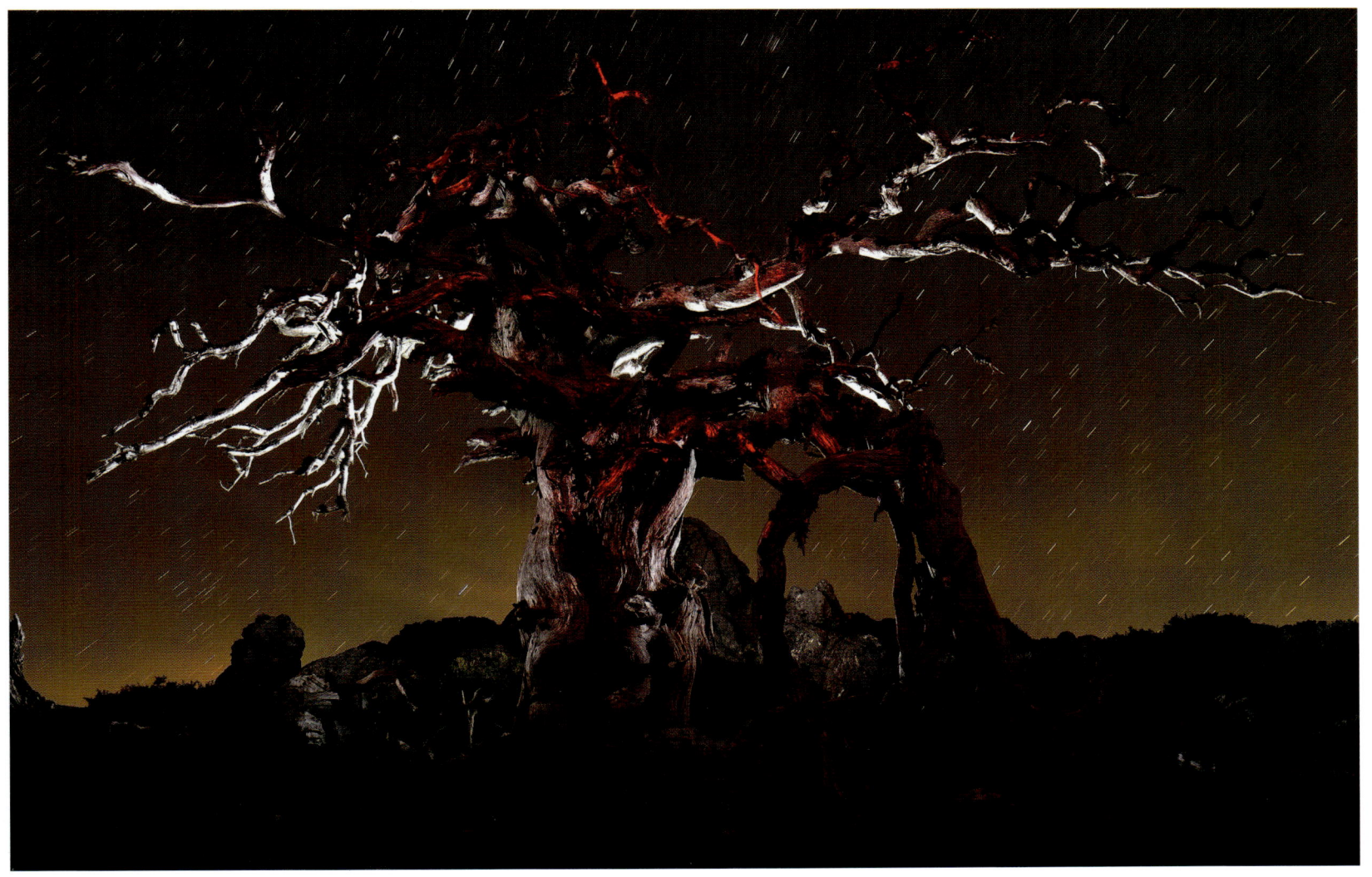

LOS ÚLTIMOS DÍAS DEL VIEJO PINSAPO

El exclusivo bosque de abetos andaluces es el pinsapar más viejo de todo el continente europeo. Allí, en la serranía de Ronda, aún se yerguen en pie estos imponentes gigantes de la época de las glaciaciones. Hoy rancios y atormentados, algunos ejemplares agonizan víctimas del tiempo y de las extremas condiciones climatológicas. Viejo, abatido por el paso del tiempo, este atormentado pinsapo aún se aferra a la roca. Antaño frondoso y verde, hoy prácticamente mutilado porque sus ramas no pudieron resistir durante más tiempo el empuje furioso de los vientos y el peso de las nieves invernales. Quise darle un toque fantasmagórico a partir de una combinación de flash y luz roja ya que esta serie de fotografías está inspirada en el bosque de Ents de *El Señor de los Anillos*.

Nikon D3S, Nikon 14-24mm f/2.8G, ISO 200, f3.5. v198s

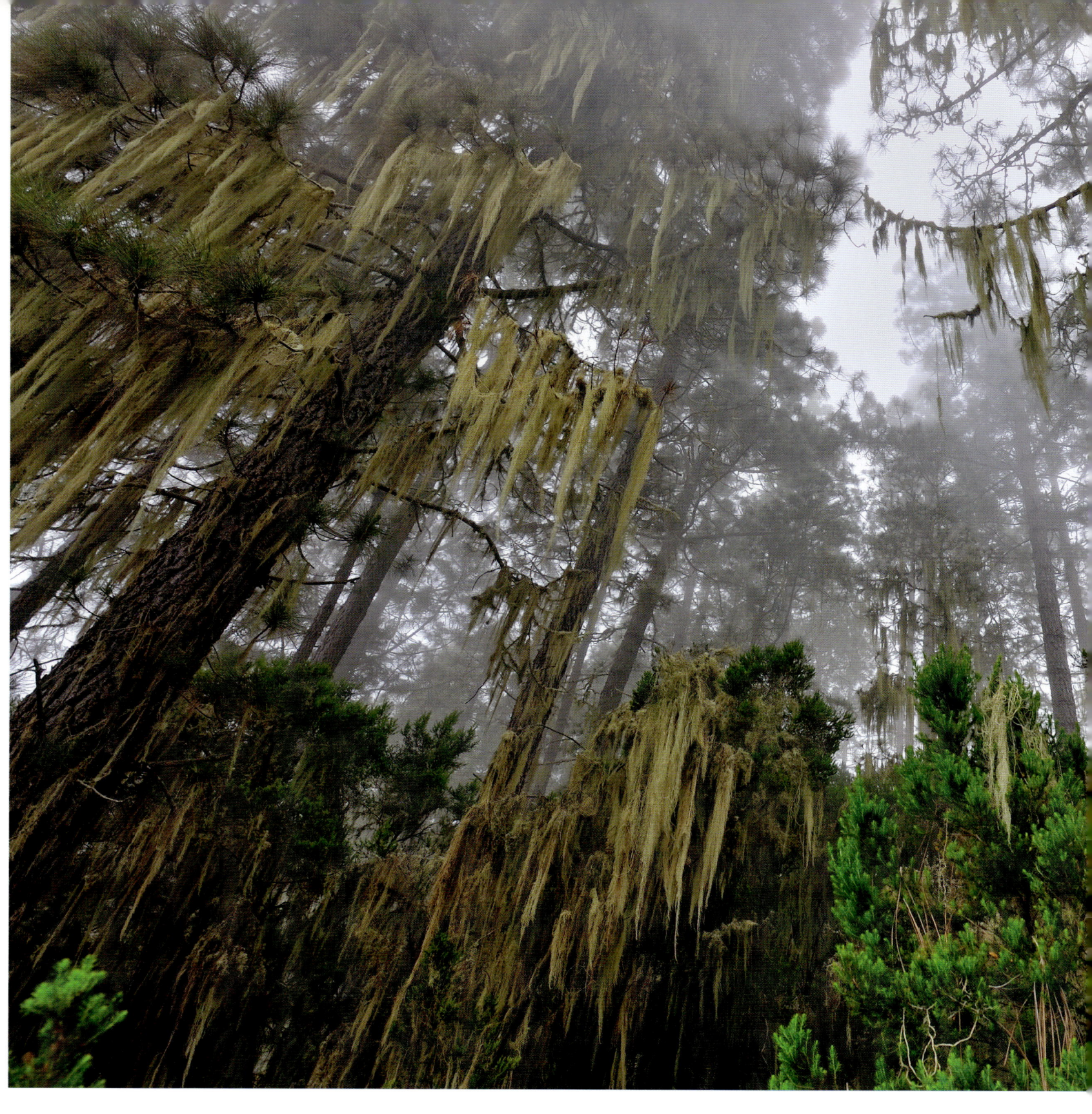

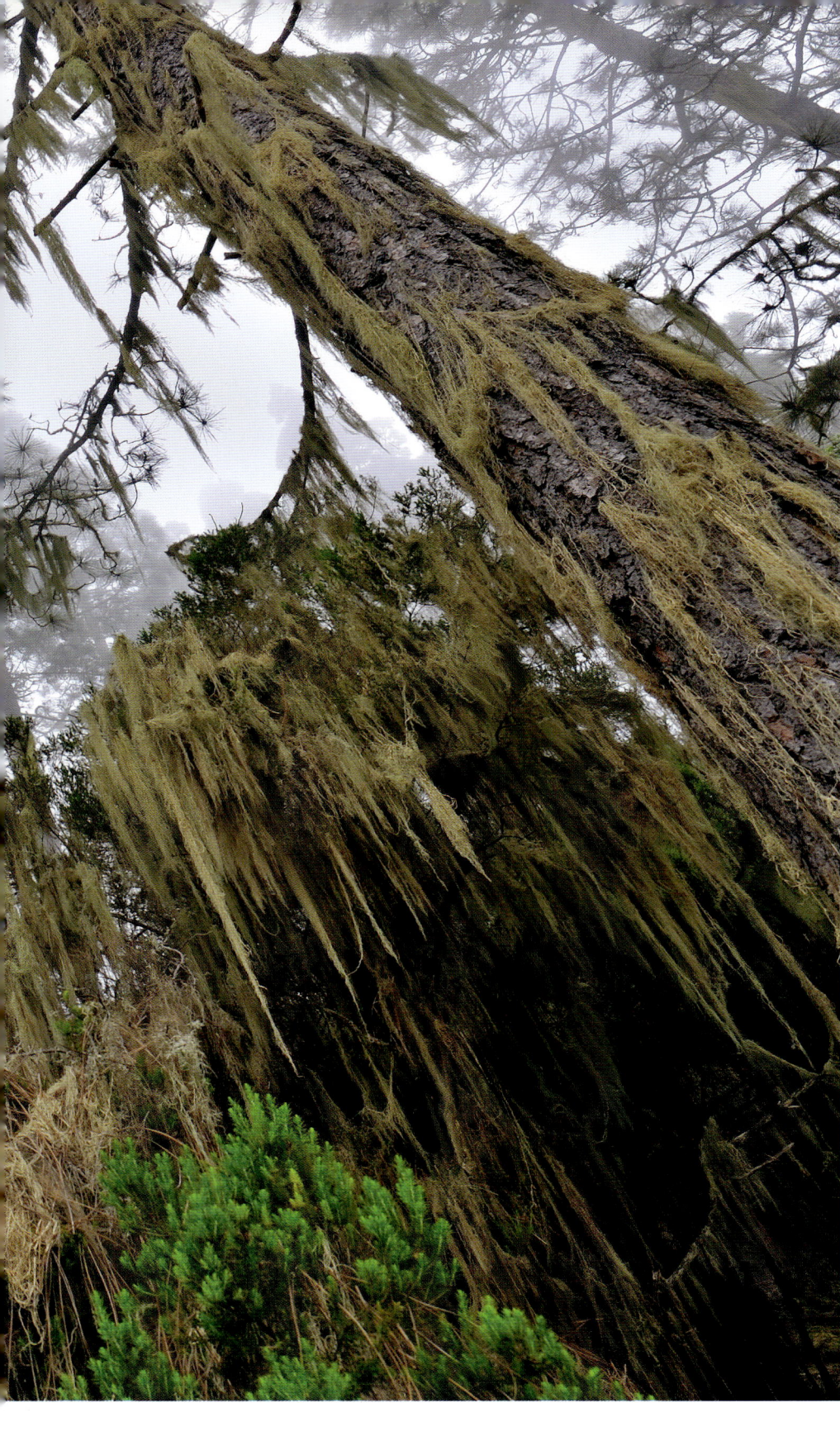

EL BOSQUE FANTASMA

En la vertiente norte de Tenerife, en la zona más fría y húmeda de la isla se encuentra el monteverde. Al abrigo de las nieblas casi constantes se desarrolla una de las muestras de vegetación más exclusivas y variadas de toda Canarias. Fayas, brezos, acebiños, laureles, tilos o pinos canarios de majestuosa envergadura, como los de la fotografía, se entremezclan dando lugar en muchas zonas a auténticas selvas impenetrables. En primavera las praderas y claros del monteverde estalla en mil colores cubriéndose con una variedad de flora no menos interesante como orquídeas, jaguarzos o margaritas.

Nikon D3S
Nikon 14-24mm f/2.8G
ISO 200
f11. v1/80s

⭐ Segundo Premio, *Asferico* 2010

Al límite de la luz

He comprobado la sorpresa y satisfacción de quien por primera vez realiza una foto nocturna. La cara se ilumina, el frío desaparece, la adrenalina recorre todo el cuerpo y la emoción es indescriptible. Contemplar un cielo repleto de estrellas en movimiento en tu propio fotograma es una experiencia que difícilmente olvidarán aquellos que han tenido la oportunidad de vivirla.

De todas formas no debemos caer en el error de pensar que una imagen, por el simple hecho de captar las estrellas en movimiento, ya es una foto impresionante. Conseguir una foto medianamente correcta durante el día ya es muy difícil; llegar a hacer una buena imagen completamente a oscuras es simplemente el doble de complicado. ¿Y lograr una imagen capaz de cruzar fronteras y sorprender a un jurado internacional para premiarla? Este reto puede llevarnos años de esfuerzo, práctica y superación.

Los concursos se convierten en un trampolín para darse a conocer en el mundo entero, una extraordinaria rampa de lanzamiento. Te encontrarás cerca de 50.000 imágenes por certamen, de 40 a más de 100 países compitiendo, los mejores profesionales del momento, los fotógrafos emergentes, aficionados, todo el espectro que gira en torno al mundo de la fotografía. Creo que todos persiguen el mismo sueño, ver su trabajo y esfuerzo reconocido a nivel mundial. ¿Qué tenemos que hacer para vencer este temor?

No existe fórmula mágica; podría escribir cientos de folios de técnica, composición, o iluminación que no garantizarían el éxito. Mi receta, la única que siempre me ha funcionado, ha sido la constancia en el trabajo y en alcanzar mi sueño, mi amor por la naturaleza y la pizca de creatividad que todos llevamos dentro.

Espero que esta serie de imágenes que vienen a continuación enciendan la chispa que ilumine el camino de cada uno, den luz a la inspiración creativa y veáis cumplidas vuestras ilusiones en el campo de la fotografía.

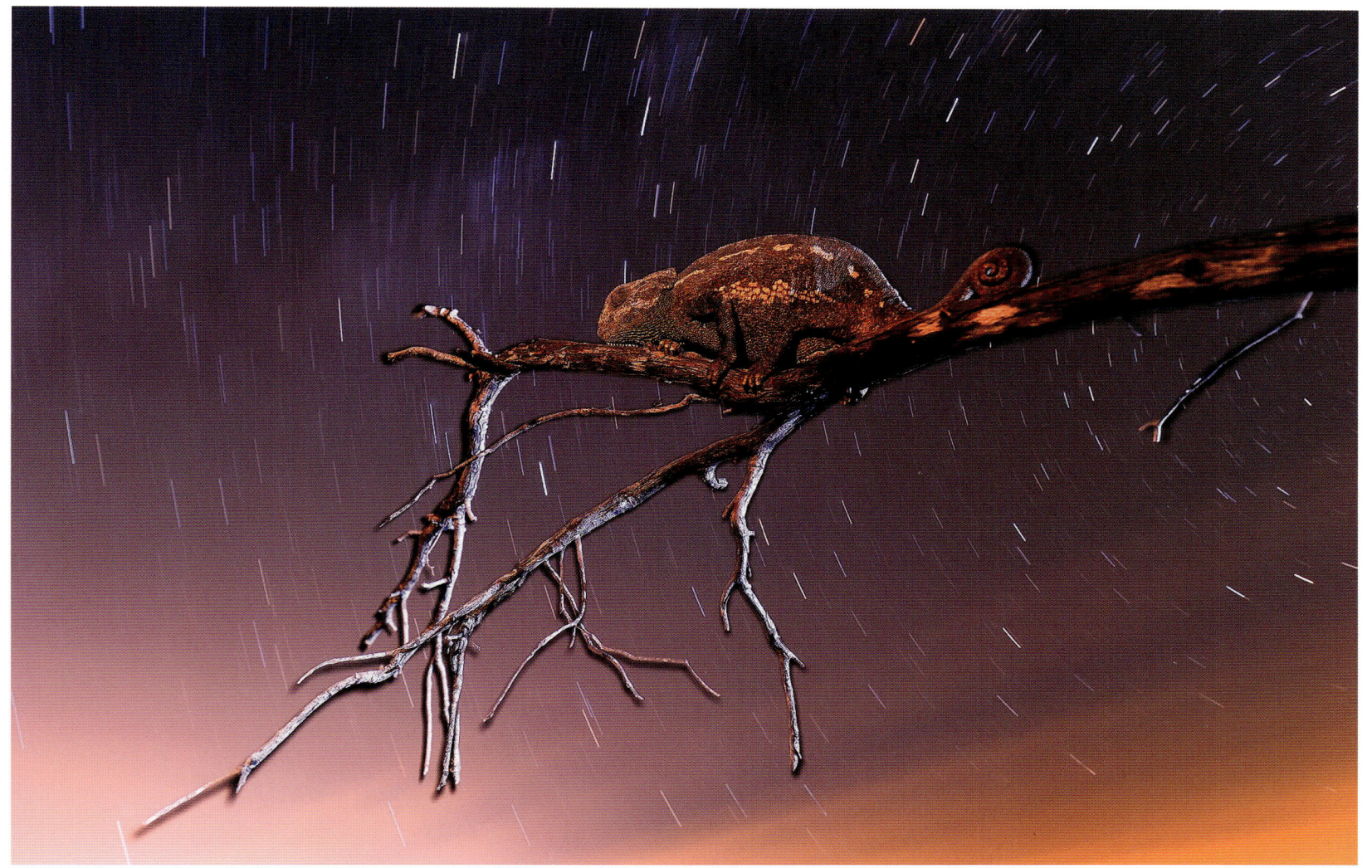

EL DRAGÓN DORMIDO

El camaleón común es el único reptil arborícola de Europa y uno de los más amenazados del mundo. El futuro de los camaleones pasa por la protección de su hábitat natural, lo que resulta difícil ya que vive en zonas muy cercanas a la costa. Las construcciones urbanísticas descontroladas están acabando con sus últimos refugios.

Me quedé contemplando su pausado caminar, como una hoja mecida por el viento, sus amoríos, su forma infalible de caza y su lucha contrarreloj por la supervivencia. Tanto tiempo dan para muchos momentos: la puesta de huevos, la eclosión de los diminutos dragones o este documento único de como duermen aferrados a las ramas de los árboles bajo un plácido cielo reluciente.

Nikon D3S, Nikon 14-24mm f/2.8G , ISO 200, f5.6. v784s

★ Segundo Premio, *Melvita* 2012
★ Primer Premio, *Memorial María Luisa* 2012
★ Mención de Honor, *National Wildlife Photo Contest* 2013

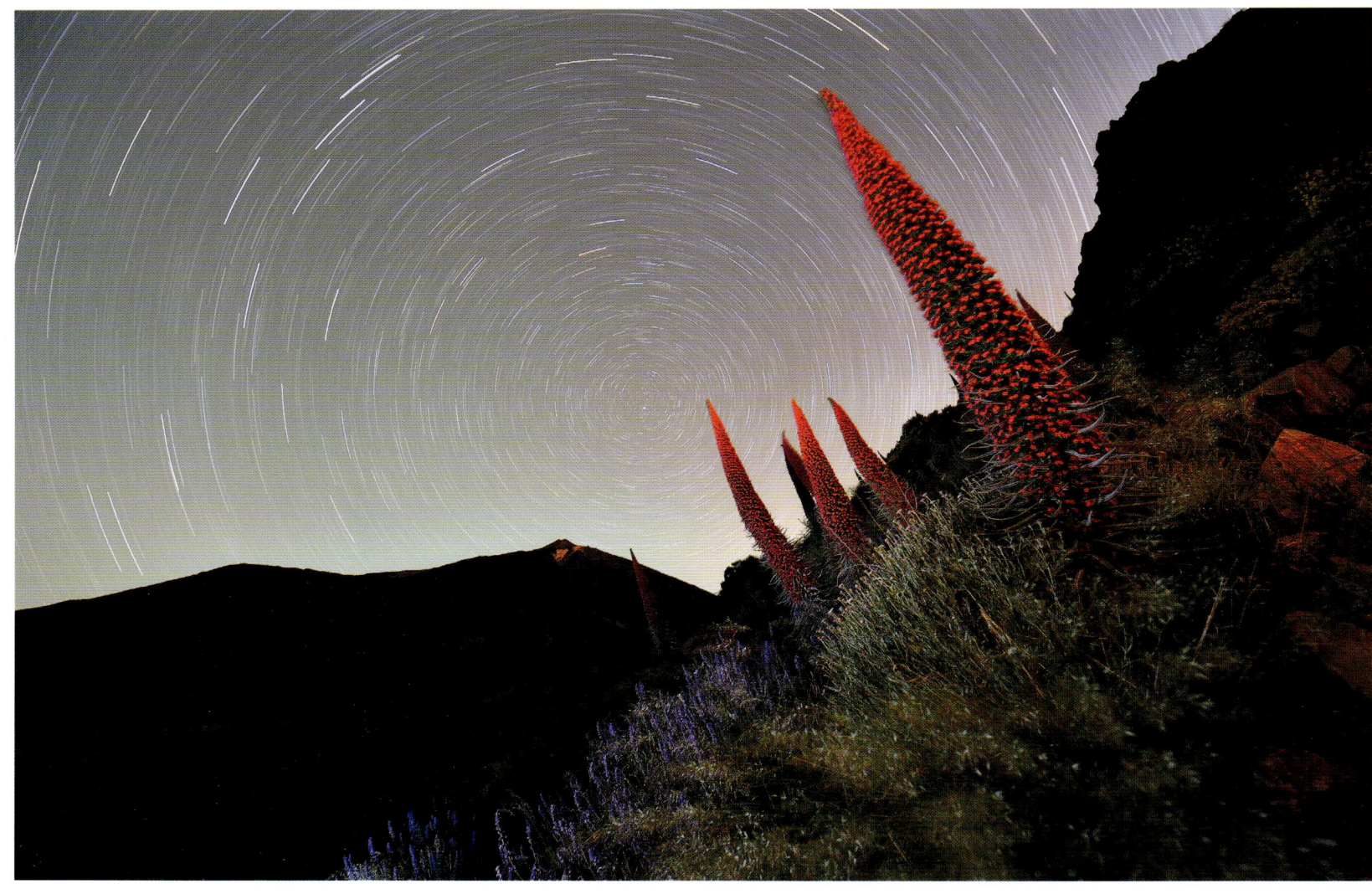

LOS VIGÍAS DEL TEIDE

El alma de Tenerife está perfectamente representada en el Teide. Situado en el centro de la isla, es el mayor y más antiguo de los cuatro parques nacionales de Canarias.

La vida entre la lava es ardua; fauna y flora hacen un esfuerzo de adaptación a las duras condiciones. Los cuarenta millones de años de vida del archipiélago canario, su aislamiento y la tiránica climatología han favorecido la existencia de una gran variedad de especies endémicas como el tajinaste rojo. En plena noche, utilizando una técnica de larga exposición, aún cobra mayor protagonismo entre el cielo estrellado.

Nikon D3S, Nikon 14-24mm f/2.8G, ISO 200, f4. v2350s

⭐ Primer Premio, *Memorial María Luisa* 2011

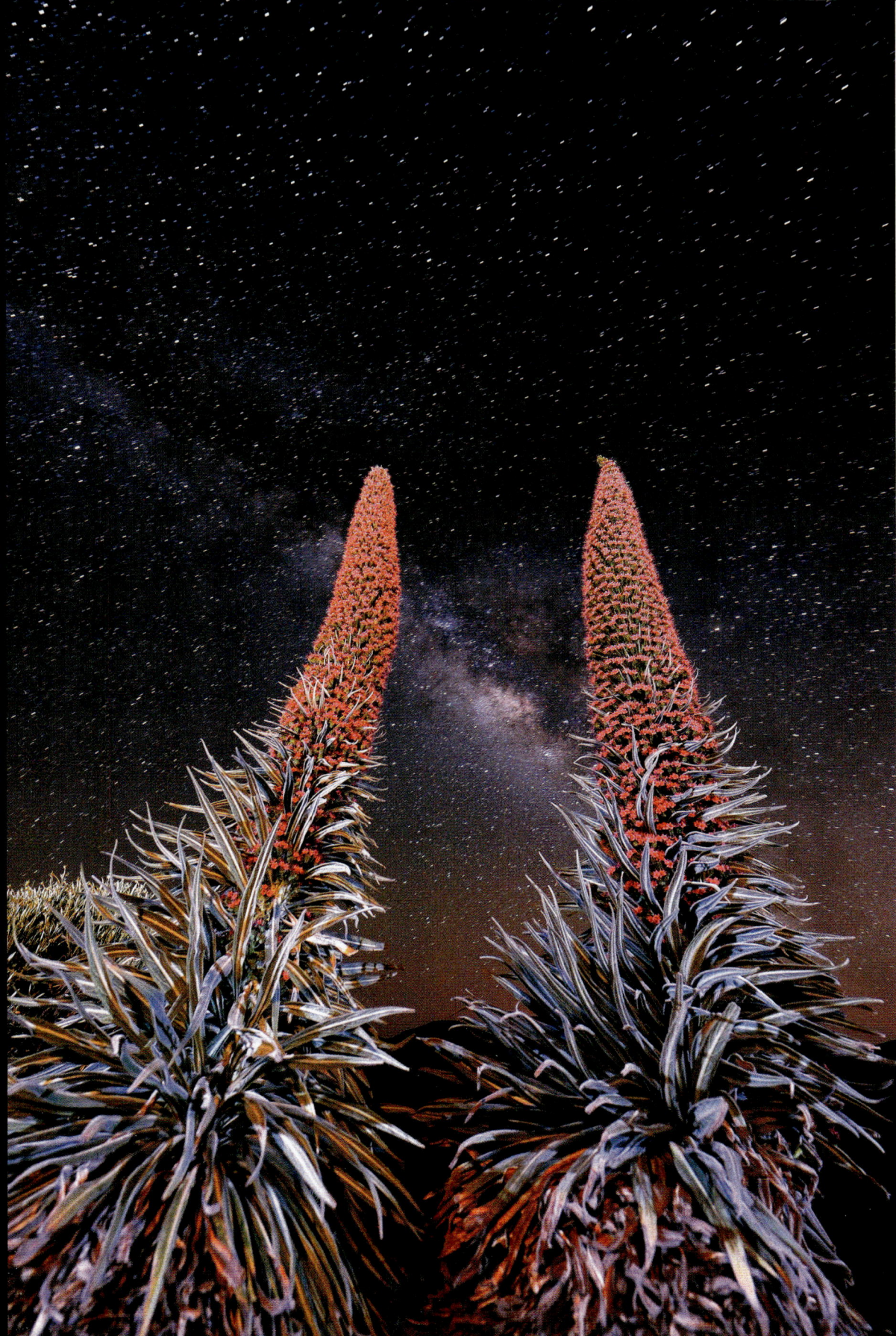

EL ESPÍRITU DEL VOLCÁN

Como fotógrafo y naturalista considero
que pocos lugares encierran tanta
belleza y emoción como este
afortunado archipiélago. En pleno
corazón del Parque Nacional del Teide
suelo pasar cada año noches enteras
fotografiando estas espectaculares torres
de flores rojas. Extasiado por su belleza
alzándose sobre el cielo estrellado,
contemplo cómo la Vía Láctea recorre
el cielo tinerfeño acariciando las puntas
de los tajinastes.

Nikon D3S
Nikon 14-24mm f/2.8G
ISO 1600
f5. v65s

⭐ Segundo Premio, *MontPhoto* 2011
⭐ Mención de Honor, *Glanzlichter* 2012
⭐ Mención de Honor, *Veolia Wildlife*
Photographer 2012
⭐ Segundo Premio, *Melvita* 2012

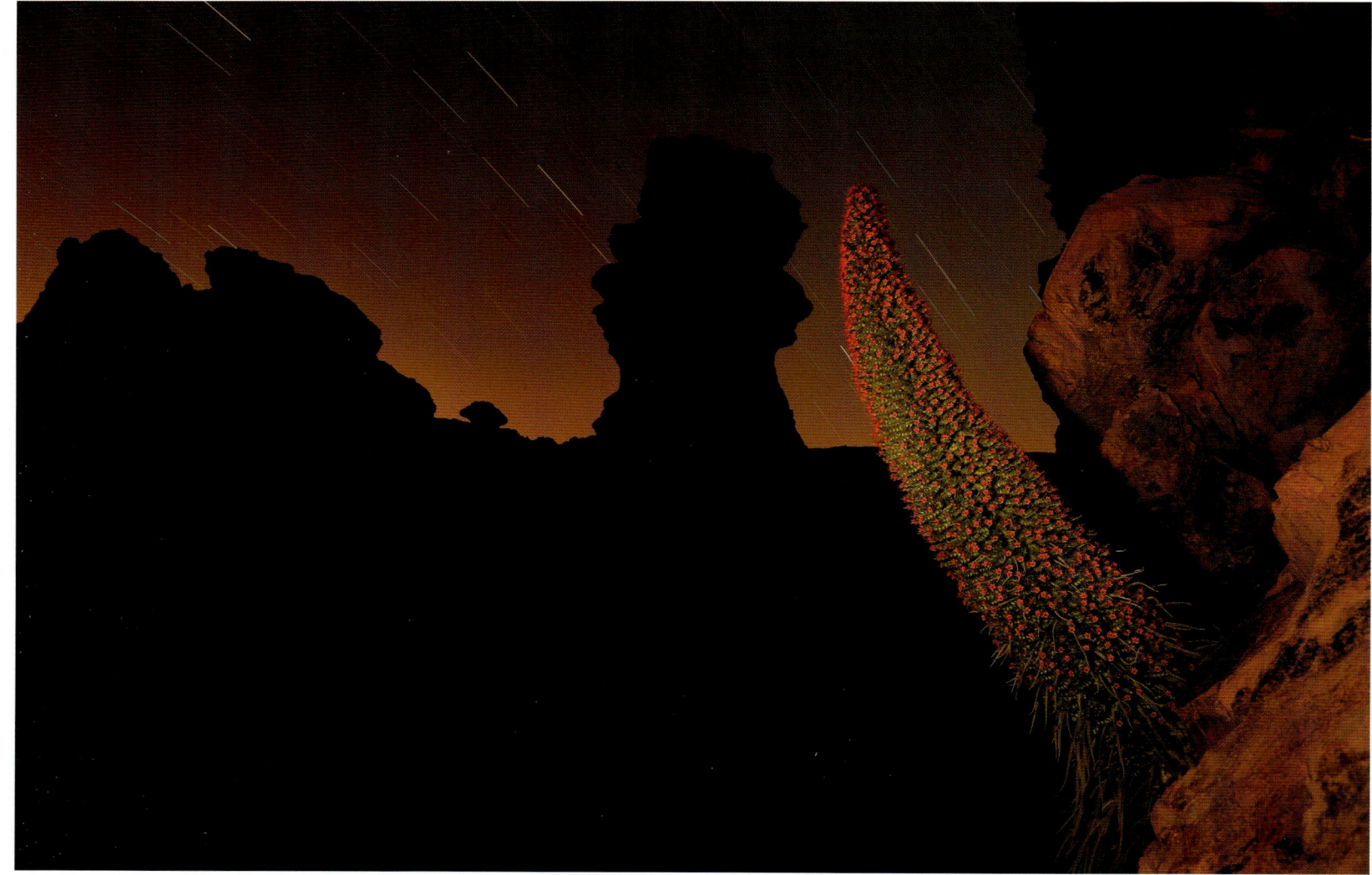

TAJINASTES AL ANOCHECER

Una fuerte ventisca se aferra a las cumbres nevadas del Teide, que con sus 3.717 metros de altitud constituye el techo de España y el alma de este Parque Nacional. Me encuentro en plena noche enmarcando un majestuoso ejemplar de tajinaste rojo que ha crecido en una grieta volcánica muy cerca de los Roques de García, sin duda uno de los rincones más representativos del Teide. Las formas caprichosas que adquirieron aquí las formaciones volcánicas, sirvieron como representación para nuestro añorado billete de mil pesetas. Actualmente estos roques simbólicos del Parque Nacional siguen adornando sus praderas, aunque lamentablemente ya no adornen nuestra moneda.

Nikon D3S, Nikon 14-24mm f/2.8G, ISO 200, f5.6. v983s

★ Mención de Honor, *Veolia Wildlife Photographer* 2010

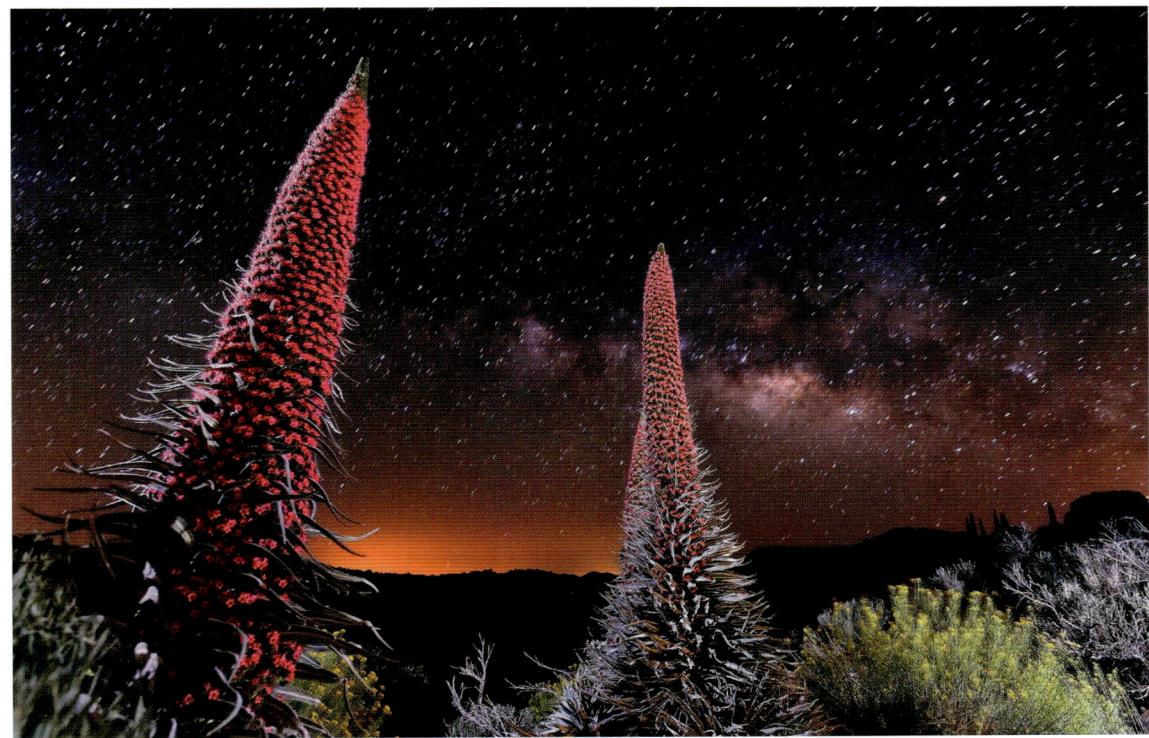

LOS GUARDIANES DEL TEIDE

Cae la noche en el Teide, la luna aún no ha salido y la Vía Láctea recorre el cielo estrellado que aquí, a más de 3.000 metros de altitud es algo realmente sobrecojedor. La belleza de estos paisajes es conmovedora. Un auténtico muestrario de formaciones y colores, considerado como la mejor muestra de ecosistema volcánico de alta montaña de España. Entre sus afilados y puntiagudos malpaíses de lava rojiza se elevan al cielo los imponentes y exclusivos tajinastes rojos que en esta época del año rebosan de flores.

Nikon D3S
Nikon 14-24mm f/2.8G
ISO 1600
f4.5. v91s
Flash

★ Primer Premio, *OASIS* 2011
★ Medalla de Oro, *Trierenberg Super Circuit* 2012
★ Mención de Honor, *National Wildlife Photo Contest* 2012

TEIDE, EL REINO DEL TAJINASTE

Parecen plantas de otro mundo, primitivas, antediluvianas, extraterrestres, extrañas, dedos de sangre saliendo de la lava y apuntando hacia el sol. Emociona e impresiona verlos por primera vez en plena floración. El recuerdo que dejan en la memoria es indeleble, jamás se puede olvidar. Son un gran espectáculo de la naturaleza, exuberantes, como gigantes vegetales en comparación con las demás plantas que crecen en el inmenso cráter, casi todas a ras de tierra. Ellos no le temen a nada, ni al viento, ni a la sequía, ni al sol tórrido del mediodía, ni al frío alpino de la noche.

Nikon D3
Nikon 14-24mm f/2.8
ISO 200
f5. v637s

★ Mención de Honor, *Veolia Wildlife Photographer* 2010
★ Medalla de Oro, *Trierenberg Super Circuit* 2011

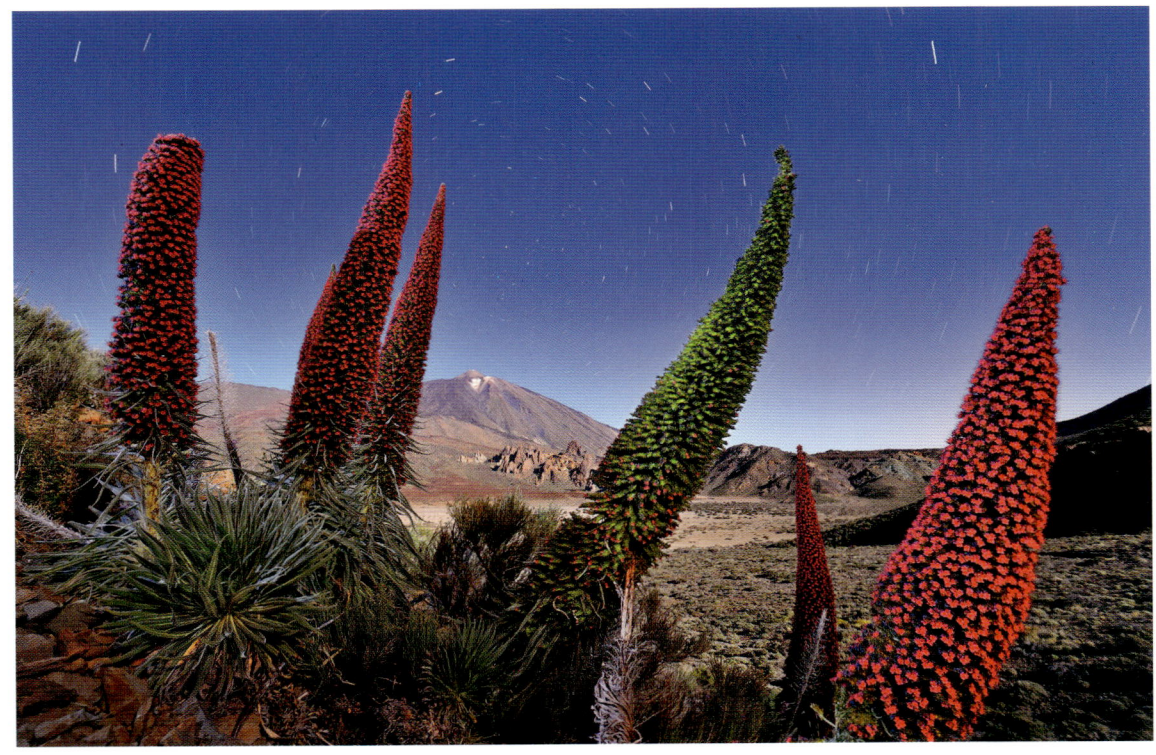

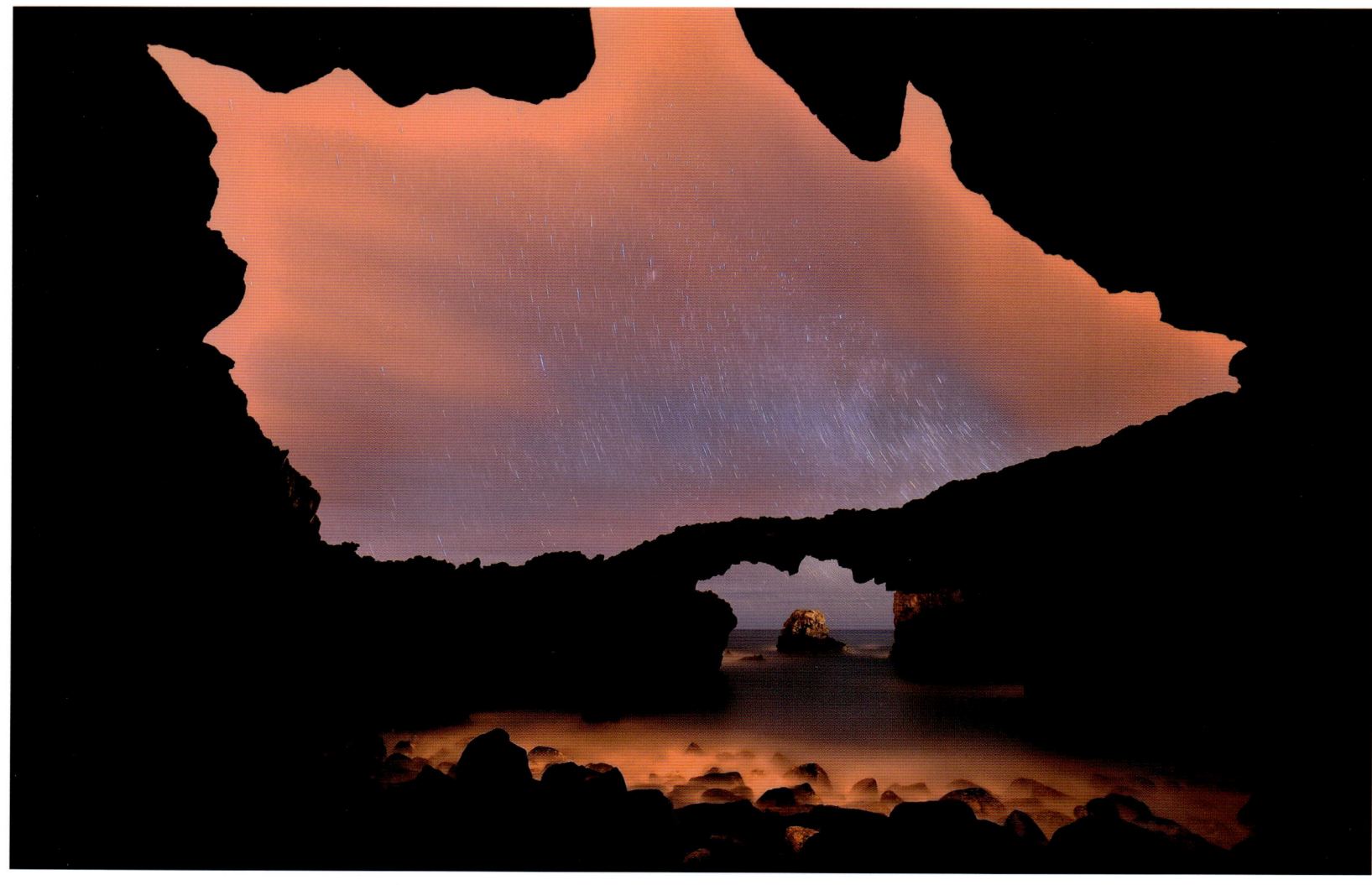

LA ISLA DE LOS MIL VOLCANES

El Hierro es la isla con mayor densidad de volcanes de Canarias, con más de 500 cráteres a cielo abierto y otros 300 cubiertos por coladas de lava más recientes. Entre sus accidentes geográficos destaca el Valle del Golfo; su edad geológica se estima en 1,2 millones de años, por lo que es la isla más joven del archipiélago.

Adentrarse en las grutas de lava es algo poco razonable; hacerlo en plena noche y con terremotos constantes por las actuales erupciones del volcán de la Restinga, resulta una aventura de locos. Las nubes cabalgaban empujadas por los vientos alisios, cargadas de color naranja por la contaminación lumínica al paso por las farolas de la costa. La marea era simplemente perfecta, y en mi mente se había clavado la idea de conseguir esa imagen que tanto había soñado.

Me deslicé por la pequeña apertura de la gruta y empecé a realizar fotos. Para las primeras imágenes utilicé un ISO de 1600 y exposiciones de menos de un minuto; la propia bruma del mar que empañaba la lente y el miedo a los desprendimientos me empujaron a elegir esta opción. Pero no quería despedirme del lugar sin antes realizar unas tomas con una exposición prolongada que me permitiera plasmar un recorrido de estrellas mayor y una contaminación lumínica que aportara mucha más magia a la escena. Y ahora disfrutamos del resultado.

Nikon D3S, Nikon 14-24mm f/2.8G, ISO 200, f2.8. v603s

⭐ Mención de Honor, *Glanzlichter* 2013

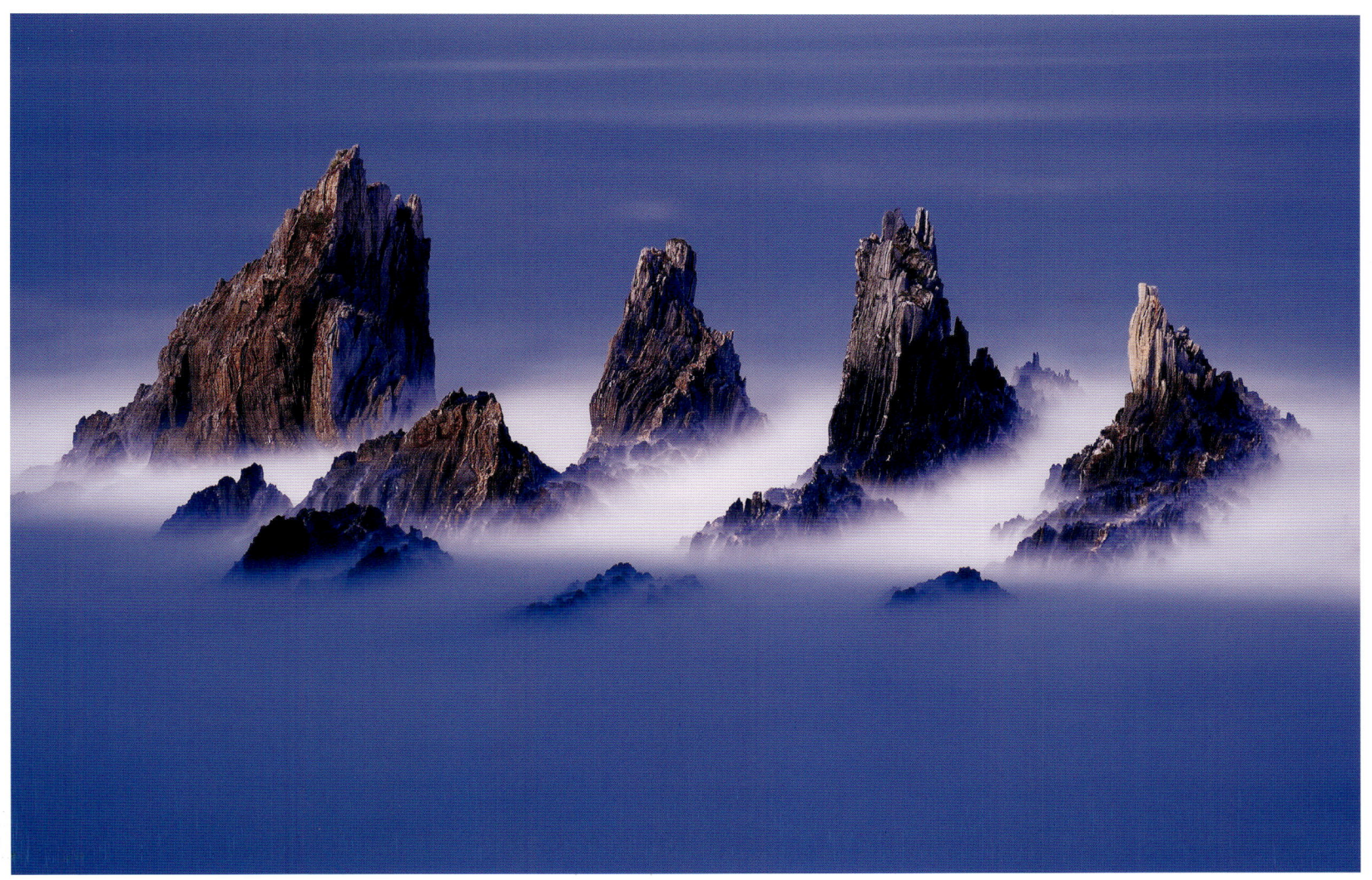

LOS CUERNOS DE GUEIRÚA

En esta estrecha faja costera las playas se esconden en pequeñas calas y se abren en hermosas ensenadas con arrecifes de espectacular belleza como los cuernos de Gueirúa, representados en la fotografía y que se encuentran al este de Llanes.

La presencia de aves es importante, algunas incluidas en el catálogo regional de Especies Amenazadas, como el cormorán moñudo y el paíño. Para la imagen opté por una noche despejada con el fin de obtener un azul más profundo en el mar y una luna media menguante; esperé a que estuviese declinante en el horizonte para evitar sombras en las criptas del acantilado y conseguir una luz más suave y polarizada. Una exposición prolongada y la espectacularidad de estas agujas de roca emergiendo entre la espuma blanca hicieron el resto.

Nikon D3S, Nikon 70-200mm f/2.8G , ISO 200, f3.5. v210s

⭐ Mención de Honor, *Memorial María Luisa* 2012

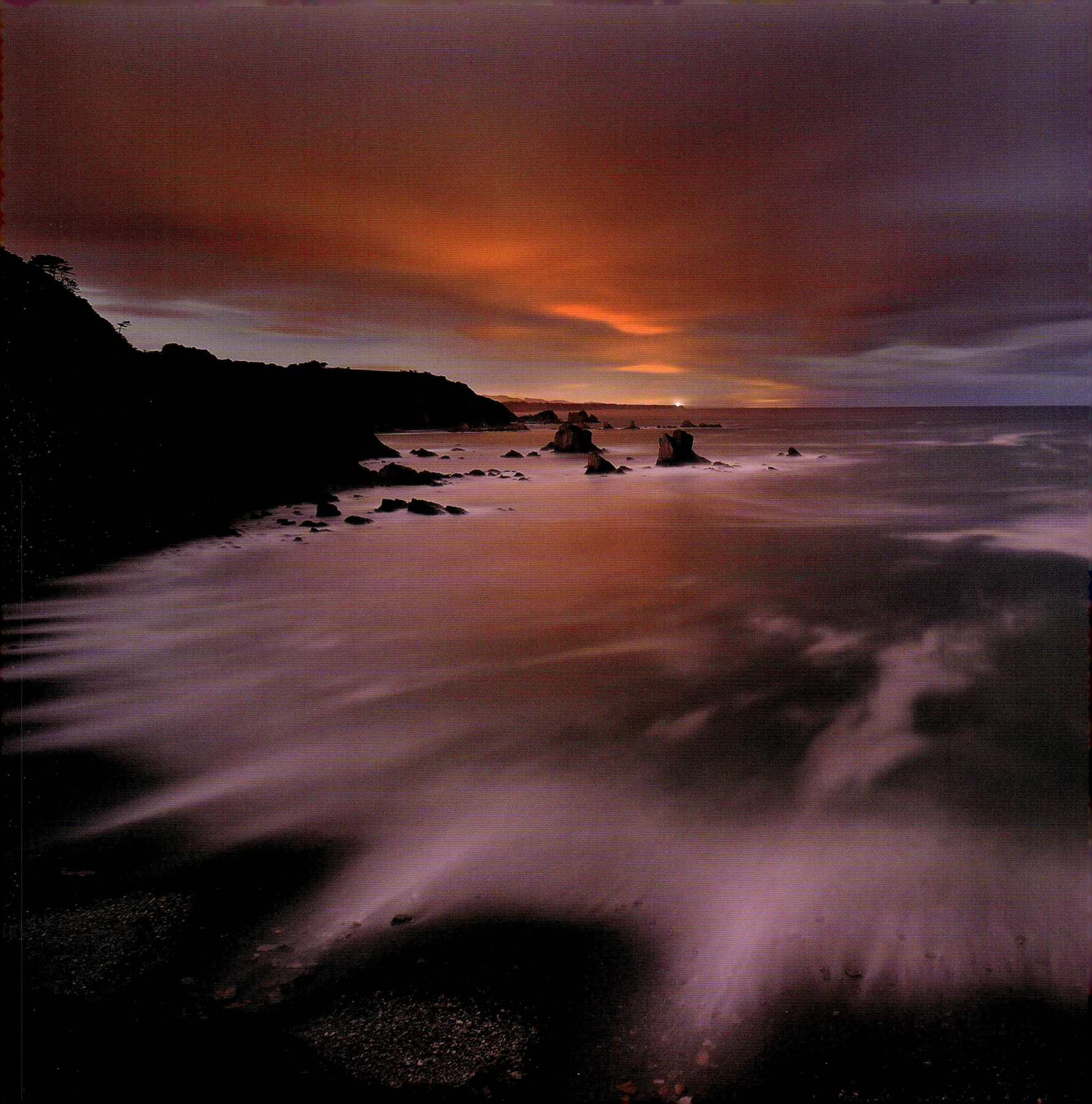

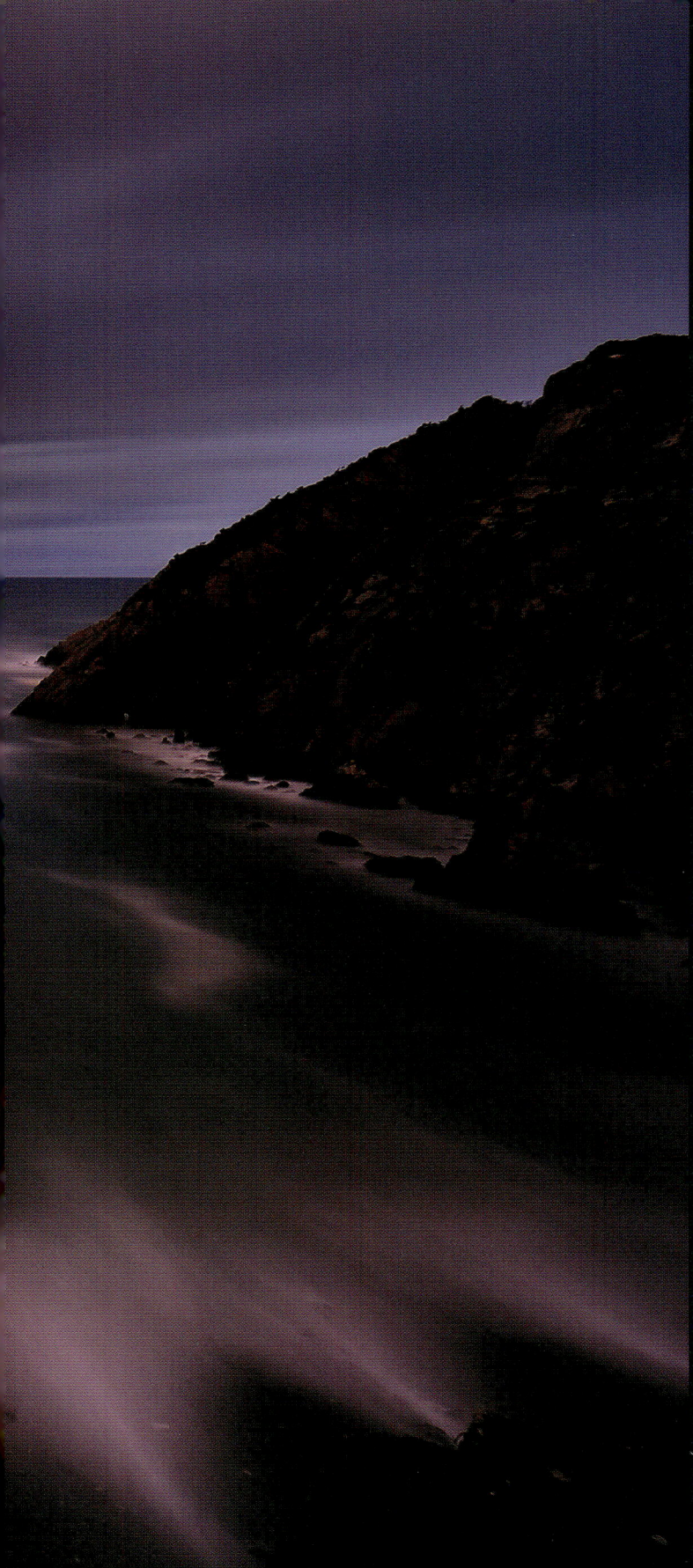

La estrella del silencio

■ CONTEXTO

La Playa del Silencio es probablemente la más bella de todo el occidente asturiano; espectaculares islotes de diferentes tamaños la cierran por sus márgenes creando un conjunto de gran impacto visual. Próxima al pueblo de Castañeras, se encuentra incluida dentro del Paisaje Protegido de la costa occidental asturiana.

■ LA IMAGEN

Permanecí muchas noches esperando la marea apropiada. Solo disponía de una hora para conseguir la estrella perfecta pues pasado este tiempo la marea sube demasiado. La foto está realizada a las diez de la noche y la luz de fondo procede del faro. Después de conseguir la imagen he regresado en varias ocasiones y nunca he contemplado esta figura con la perfección que disfrutamos en esta imagen.

■ TRATAMIENTO

La imagen fue capturada en formato RAW, balance de blancos fluorescentes blancos fríos.

He utilizado Nikon Capture NX2 en su edición con un procesado normal; niveles y curvas, saturación, contraste y máscara de enfoque.

■ RESULTADOS

Me llamó la atención la belleza de la estrella de espuma que se dibuja en su rompiente cuando azotan los fuertes temporales de mar de fondo. Opté por una fotografía totalmente nocturna con la intención de obtener una exposición prolongada que dibujara esta figura con mayor protagonismo.

■ CONSEJOS

Comprobar con anterioridad la tabla de mareas, estado de la mar y climatología.

Nikon D3S
Nikon 14-24mm f/2.8G
ISO 100
f3.5. v358s

★ Ganadora, *Memorial María Luisa* 2011
★ Ganadora, *National Wildlife Photo Contest* 2012
★ Mención de Honor, *Montphoto* 2012
★ Mención de Honor, *GDT European Wildlife Photographer* 2012
★ Ganadora, *Glanzlichter* 2012

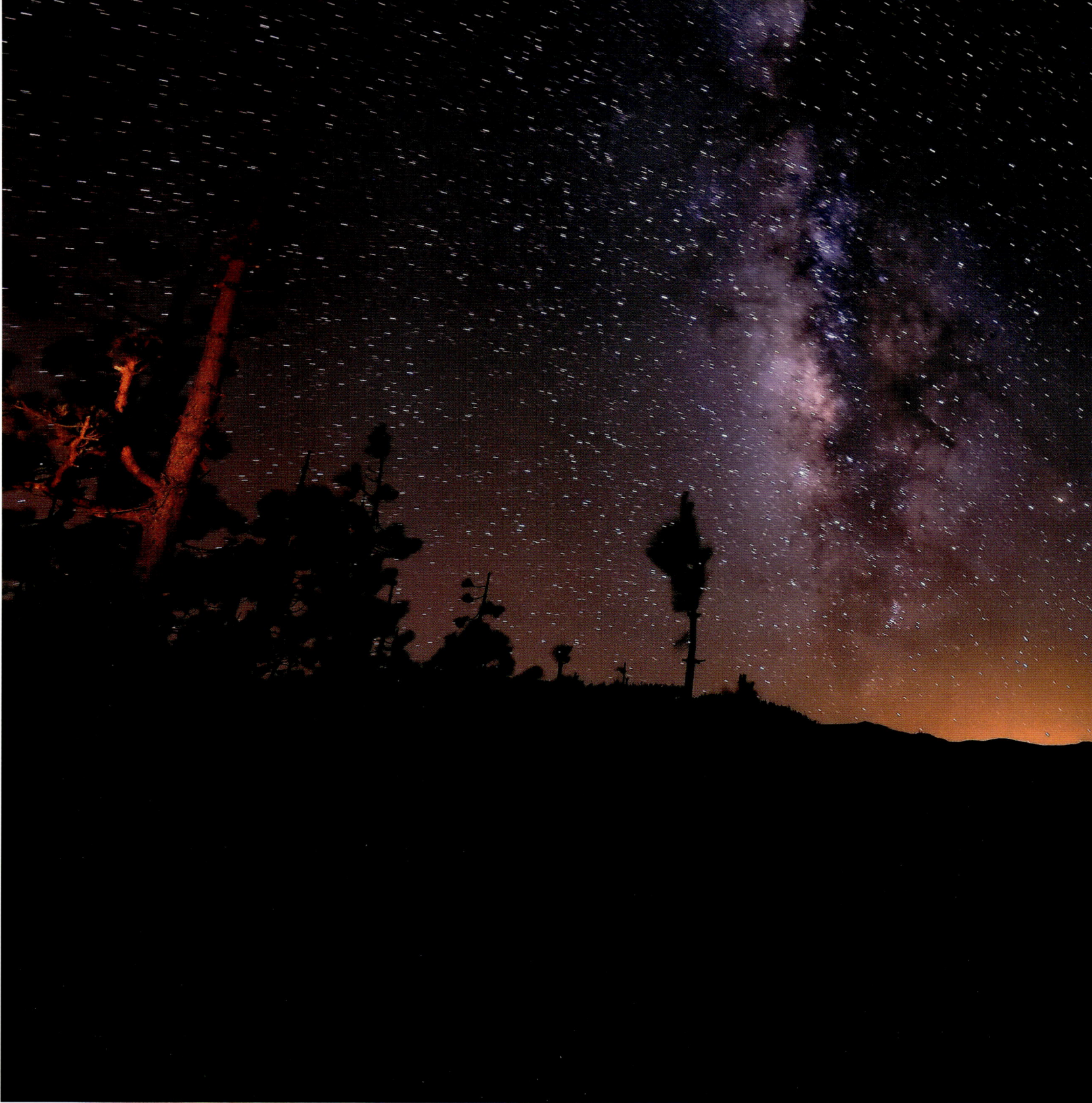

EL GIGANTE DORMIDO

Cae la noche en el Teide, considerado como la mejor muestra de ecosistema volcánico de alta montaña de España. La belleza de sus paisajes es conmovedora. Los vientos alisios habitualmente circulan por debajo de los 1.500 metros creando un mar de nubes que se iluminan por la luz que desprende el Puerto de la Cruz.

De vez en cuando las nubes suben hasta la cima cargadas de humedad para juguetear entre las faldas del coloso y saciar la sed de tajinastes rojos, retamas, codesos y un gran número de endemismos. El mirador de Chipeque, en la fotografía, es uno de los más espectaculares del Teide.

Nikon D3S
Nikon 14-24mm f/2.8G
ISO 1600
f4.5. v76s

★ Mención de Honor, *MontPhoto* 2011

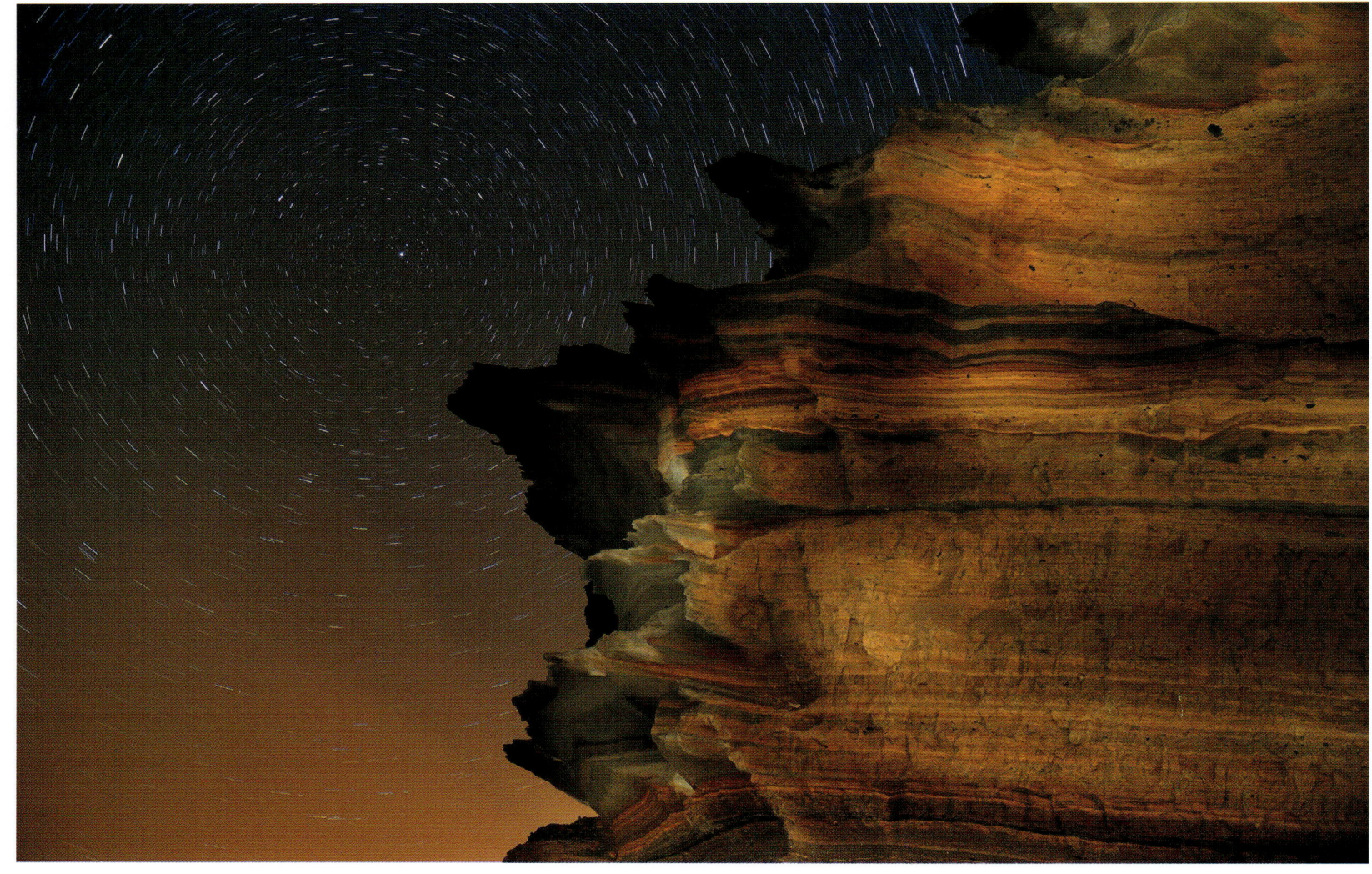

LANZAROTE, PARAÍSO DE LA VULCANOLOGÍA

Hace treinta millones de años grandes bloques de la corteza terrestre surgieron bajo el océano Atlántico que se fracturaron hasta crear una gran cadena montañosa submarina: la cordillera del Atlántico medio.

Volcanes colosales arrojaron tanto magma que, con el tiempo, sobresalieron del mar para formar las islas Canarias. Lanzarote, con más de 300 volcanes, es mi favorita. Exhibe una belleza inquietante que la hace distinta. Los picos volcánicos, tubos y cráteres han sido erosionados por el viento y la lluvia para crear un paisaje irregular, lleno de formas y colores sorprendentes. Para crear una sensación de armonía, enmarqué los picos de lava con un círculo de rayas en torno a una constante Estrella del Norte.

Nikon D3, Nikon 24-70mm f/2.8G, ISO 200, f3.5. v 740s

⭐ Mención de Honor, *Veolia Wildlife Photographer* 2010
⭐ Segundo Premio, *GDT Europäischer Naturfotograf des Jahres* 2010
⭐ Mención de Honor, *OASIS* 2010

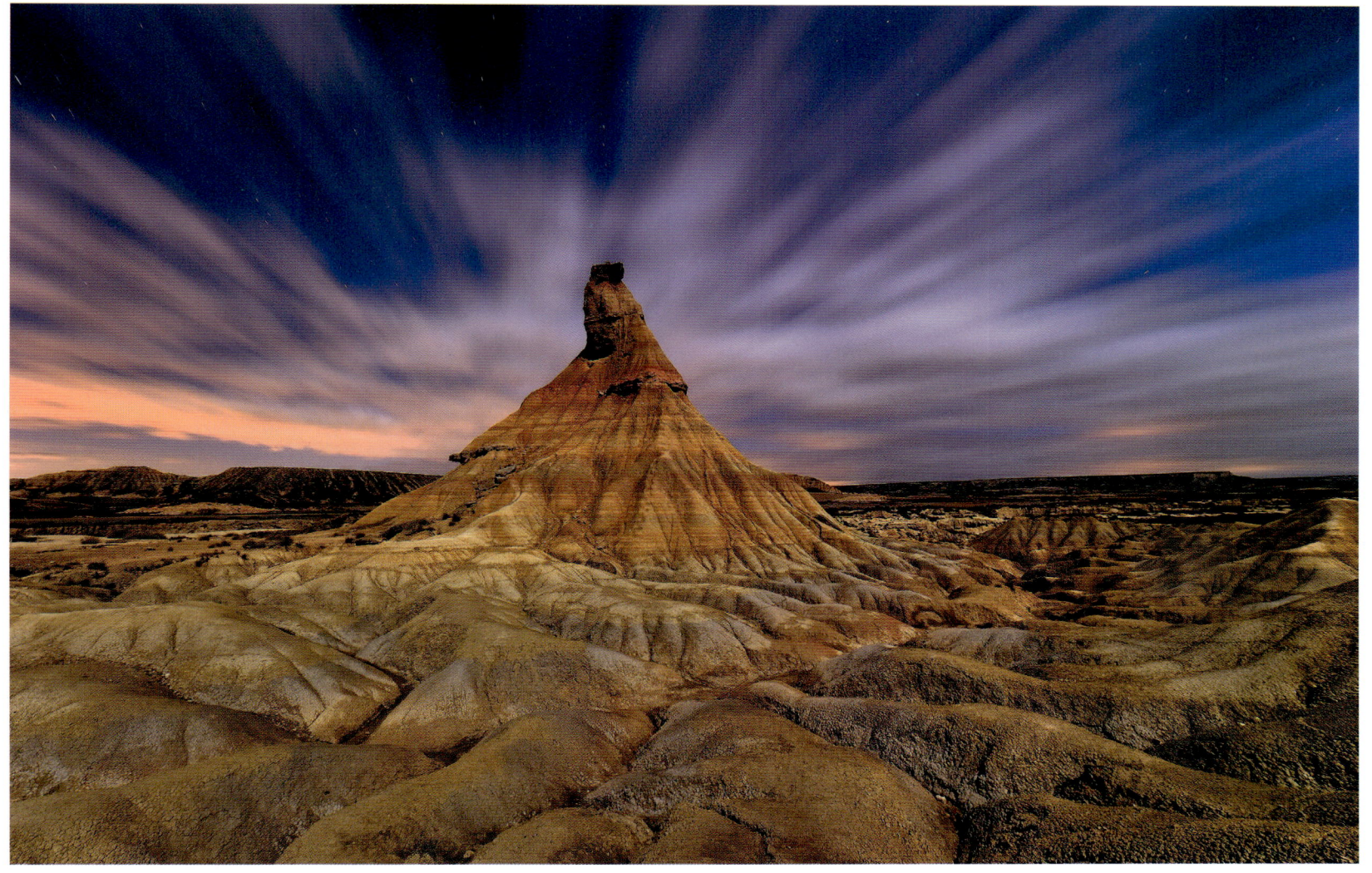

DESIERTOS DE VIDA

Se trata de un Parque Natural de belleza salvaje declarado Reserva de la Biosfera por la Unesco. Un paisaje semidesértico de 42.500 hectáreas que impacta en cada nueva visita. Un espectáculo insólito al sureste de Navarra. En Bárdenas Reales, la erosión de sus suelos de arcillas, yesos y areniscas ha creado un mundo de apariencia lunar poblado de barrancos, mesetas planas y cerros solitarios como el Castildetierra.

Utilizando una técnica de exposición prolongada quise reflejar en la imagen totalmente nocturna la belleza conmovedora de este desierto. Opté por una noche con luna llena y un cielo cubierto de nubes. Una exposición de algo más de dos minutos crea en las nubes un efecto dinámico de gran impacto visual.

Nikon D3s, Nikon 14-24mm f/2.8G , ISO 200, f5.6. v137s

⭐ Primer Premio, *Glanzlichter* 2011
⭐ Mención de Honor, *Windland Smith Rice International Awards* 2011
⭐ Medalla de Bronce, *Loupe* 2011
⭐ Mención de Honor, *Memorial María Luisa* 2011
⭐ Mención de Honor, *MontPhoto* 2011

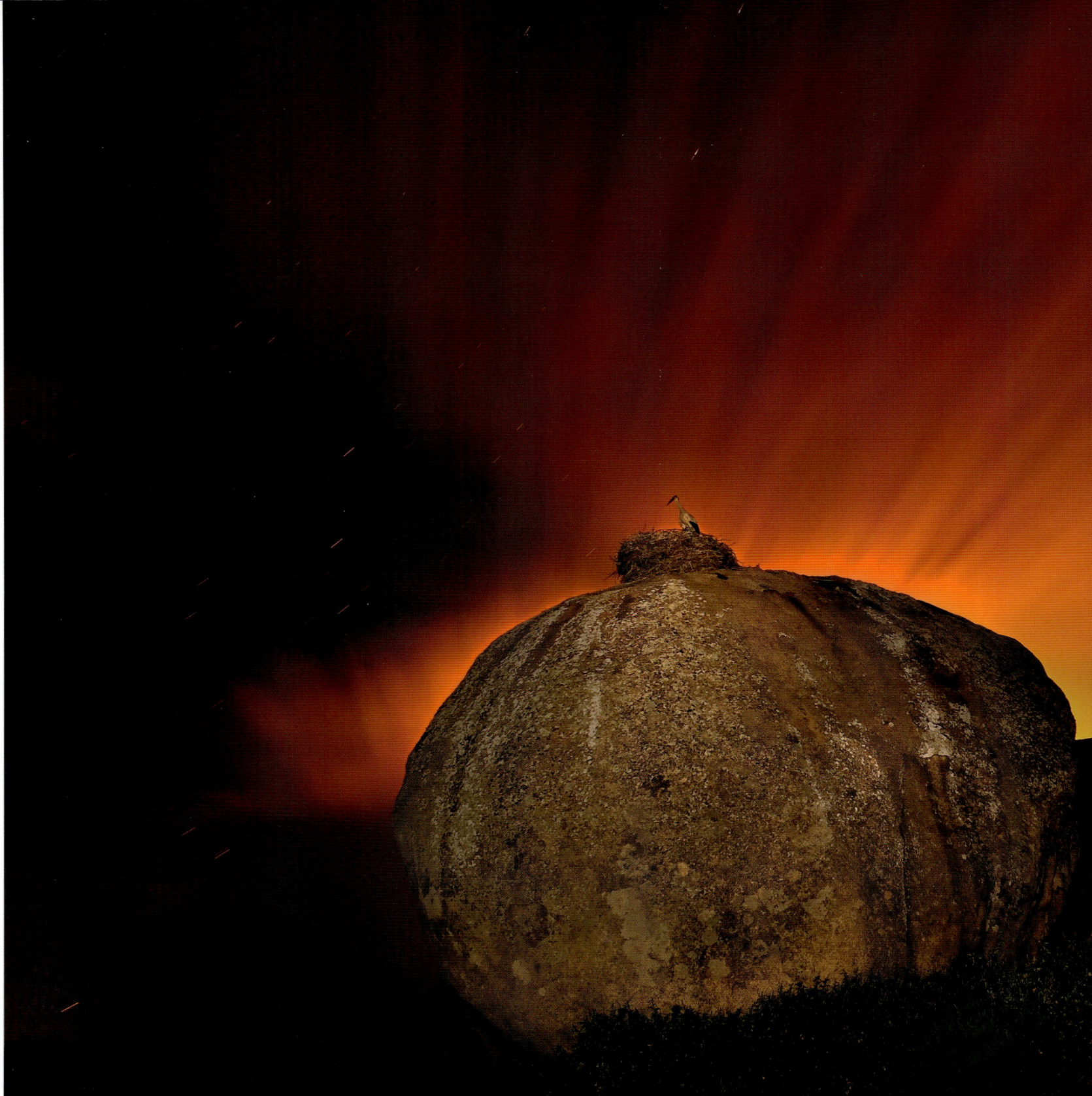

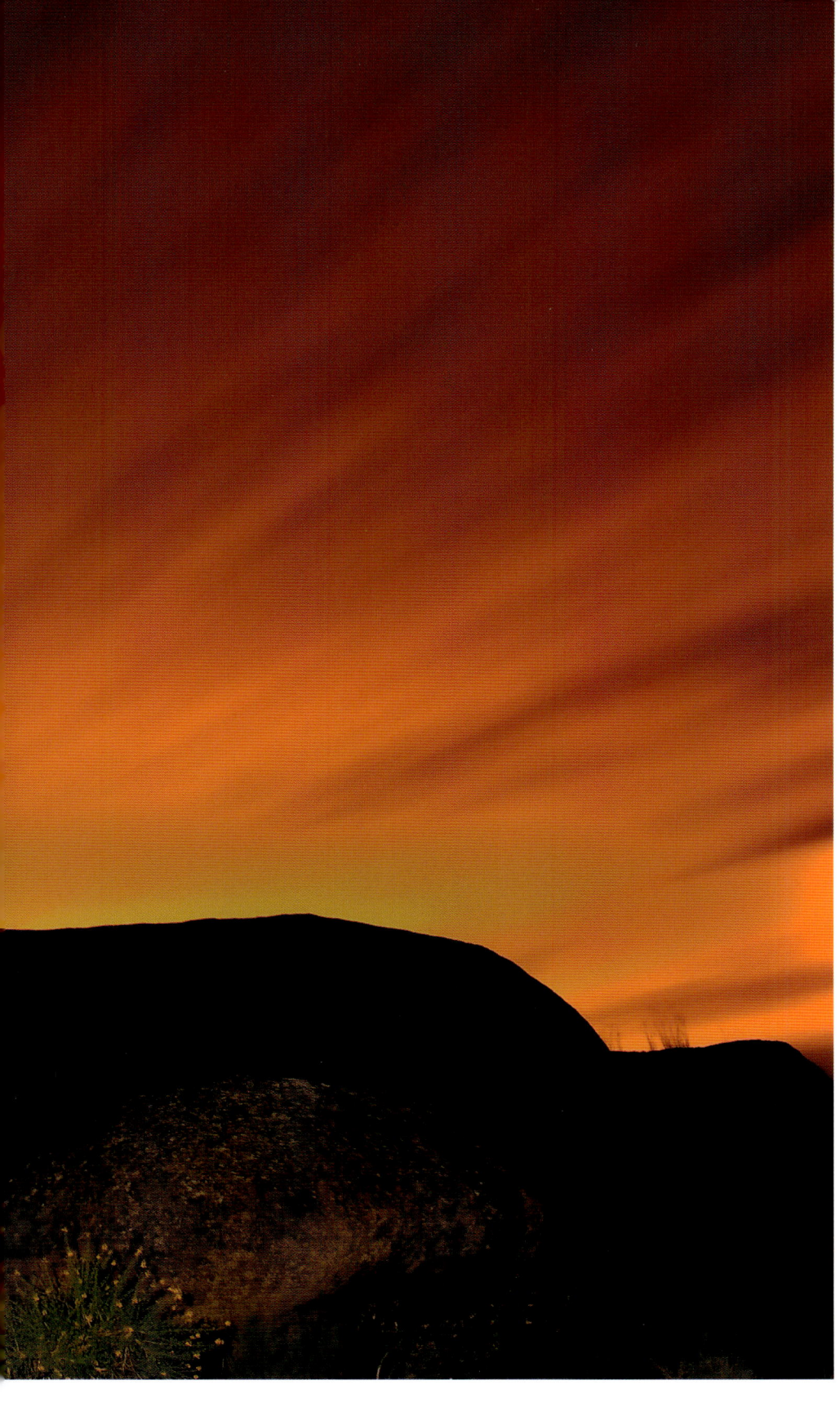

MAGIA EN LOS BARRUECOS

El Monumento Natural de Los Barruecos en Cáceres dibuja excepcionales siluetas; en lo más alto de sus graníticas y redondeadas esculturas anida la colonia de cigüeñas blancas en roca más grande de Europa. Para plasmar la idea que había concebido, opté por una noche sin luna aprovechando la cola de una borrasca y un cielo enmarañado de nubes. La ciudad de Cáceres, a tan solo 13 kilómetros de distancia, envuelve con su contaminación lumínica las nubes; una exposición prolongada aporta a la escena un toque de dinamismo mientras la cigüeña blanca queda estática gracias a un destello corto del flash.

Nikon D3
Nikon 24-70mm f/2.8G
ISO 200
f5.6. v140s

⭐ Mención de Honor, *Foto Nikon* 2009
⭐ Mención de Honor, *Windland Smith Rice International Awards* 2010
⭐ Mención de Honor, *Memorial María Luisa* 2010

A vista de pájaro

Cuando alguien me pregunta por el equipo con el que he realizado una fotografía, siempre suelo responder: "Una cámara, un objetivo y 30 años de exposición", tiempo que he necesitado para aprender y poder captar esa imagen.

Resulta imposible acordarme de datos como el diafragma o la velocidad de cada una de las cientos de miles de fotografías que he realizado. En cuanto al equipo fotográfico, es cierto que puede influir en la calidad final de una escena. Pero la cámara, su objetivo o las características del sensor, son aspectos no determinantes; el mejor equipo fotográfico, sin el esfuerzo y la creatividad del autor, se queda en una mera herramienta que por sí sola resulta inservible.

Siempre he valorado mucho la constancia, y los años dedicados a esta profesión son los que realmente te dotan de la experiencia necesaria para realizar un trabajo digno. Se puede tener el equipo más sofisticado y caro del mercado y carecer del sentido de la creatividad; es una de esas profesiones que no basta con aprender sino que, además, tiene que nacer de lo más profundo del corazón.

Quiero hacer un sincero homenaje a esos fotógrafos que sienten por encima de todo la fotografía y la naturaleza. A todos los que en más de una ocasión han puesto en riesgo sus propias vidas. En pasar largas y fatigosas jornadas encogidos con la espalda dolorida en el interior de un incómodo *hide*. A los que soportan cada día las rigurosas condiciones climatológicas, noches heladoras de invierno o la canícula del verano, a los que se sacrifican robándoles horas de disfrute a sus familias y soportan días de soledad fuera de sus casas. A los que no se cansan de conducir y de comer bocadillos, esos que no tienen para quedarse en hoteles de lujo y que pasan las noches incómodamente en el interior de un coche, tienda de campaña y hoteles de mala muerte. Ellos son los grandes fotógrafos de la naturaleza, los que dedican sus vidas a esta profesión y tienen la capacidad de degustarla con toda su intensidad. Porque, al final, lo que verdaderamente cuenta es saber disfrutar de los momentos

y experiencias vividos, de los detalles, anécdotas y placeres que la naturaleza te brinda.

¿Qué pinto yo aquí? Quizás sea la pregunta que más veces me he planteado en los momentos de abrocharme el cinturón de seguridad en una vieja avioneta. Algunas de ellas eran verdaderas tartanas que con solo mirarlas me cambiaba el color de la cara. Incluso llegué a volar en una que le llamaban la *abuela* que ni siquiera disponía de cinturones de seguridad, el extintor rodaba libremente por el suelo y el paisaje se veía precioso desde las grietas que asomaban bajo los asientos. Como era de esperar salimos más tarde de lo previsto; primero una rueda perdía aire, seguidamente el motor lanzaba un ruido sospechoso, por último y después de más de dos horas de espera, conseguimos levantar aquello del suelo dirección Bahía de Cádiz. No pasó ni media hora cuando el piloto también cambió de color; el dichoso ruido del motor sonaba nuevamente pero aún con más fuerza. Con el miedo en el cuerpo y ya con pocas ganas de hacer fotografía decidimos volver al aeródromo pero, aquella reliquia con alas no estaba muy dispuesta a seguir en el aire tanto tiempo: primer aterrizaje de emergencia en el aeródromo privado más cercano. "¡Llame a la Guardia Civil para que venga a recogernos!" le dije al piloto, quien me respondió: "¡No pasa nada, ya parece que se ha derretido el hielo; y solo quedan quince minutos!" Resultado final: cinco horas en coche para llegar al aeródromo, dos de vuelo, otras cinco de vuelta a casa y ni una sola foto de la Bahía de Cádiz.

Este es solamente una de las experiencias que se esconden detrás de cada imagen que se recogen en este libro. A veces te preguntas: ¿por qué lo haces? La verdad es que ni yo mismo estoy seguro. Puede que no sea más que un desvarío de la mente. O quizás que haya nacido para mostrar con mis fotografías lo más bello de la vida en nuestro planeta, con una visión diferente, una mirada libre y disfrute creando y reflejando el increíble espectáculo de la naturaleza en todas sus dimensiones que compartimos en este libro capítulo a capítulo.

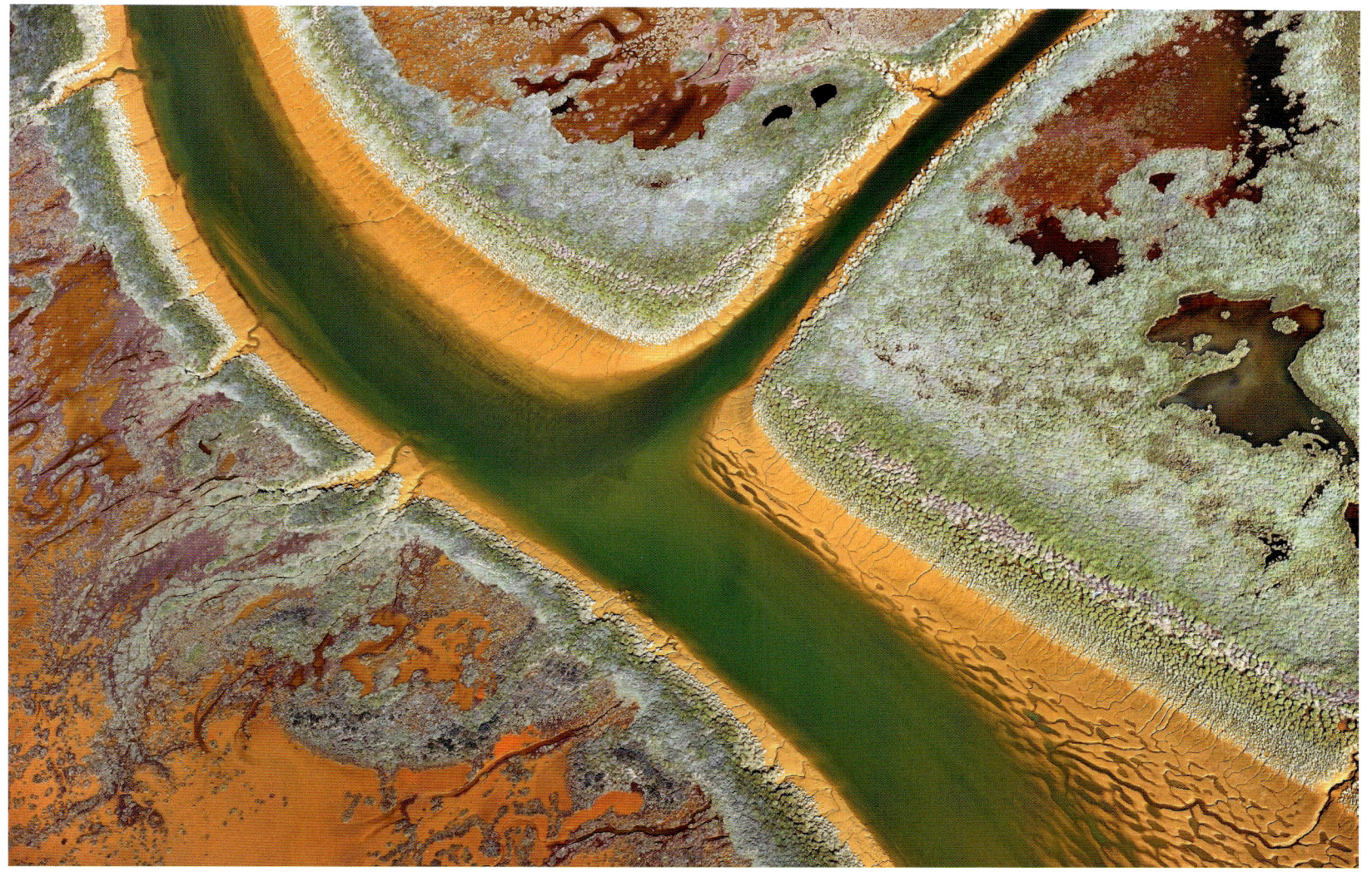

LIENZO NATURAL

Las aguas rojas del río Tinto se caracterizan por su pH2.2(muy ácido) con alto contenido en metales y con escasez de oxígeno, lo que en un principio son condiciones inadecuadas para el desarrollo de la vida. Sin embargo, desde antes de la aparición del hombre, viven microorganismos en sus aguas, que se alimentan sólo de minerales y se adaptan a medios extremos. Por ello la NASA lo escogió como hábitat a estudiar por su posible similitud al ambiente del planeta Marte. Desde seiscientos metros de altura y con bajamar, contemplar la desembocadura del Tinto te embarga una sensación sobrecogedora por su belleza. El mar en su retirada diaria traza sobre la vegetación lacustre mil formas y texturas confiriendo al paisaje un aspecto surrealista.

Nikon D3, Nikon 24-70mm f/2.8G , ISO 500, f2.8. v1/3200s, Avioneta

⭐ Primer Premio, *Gran Tour delle Colline* 2010
⭐ Cuarto Premio, *OASIS* 2010

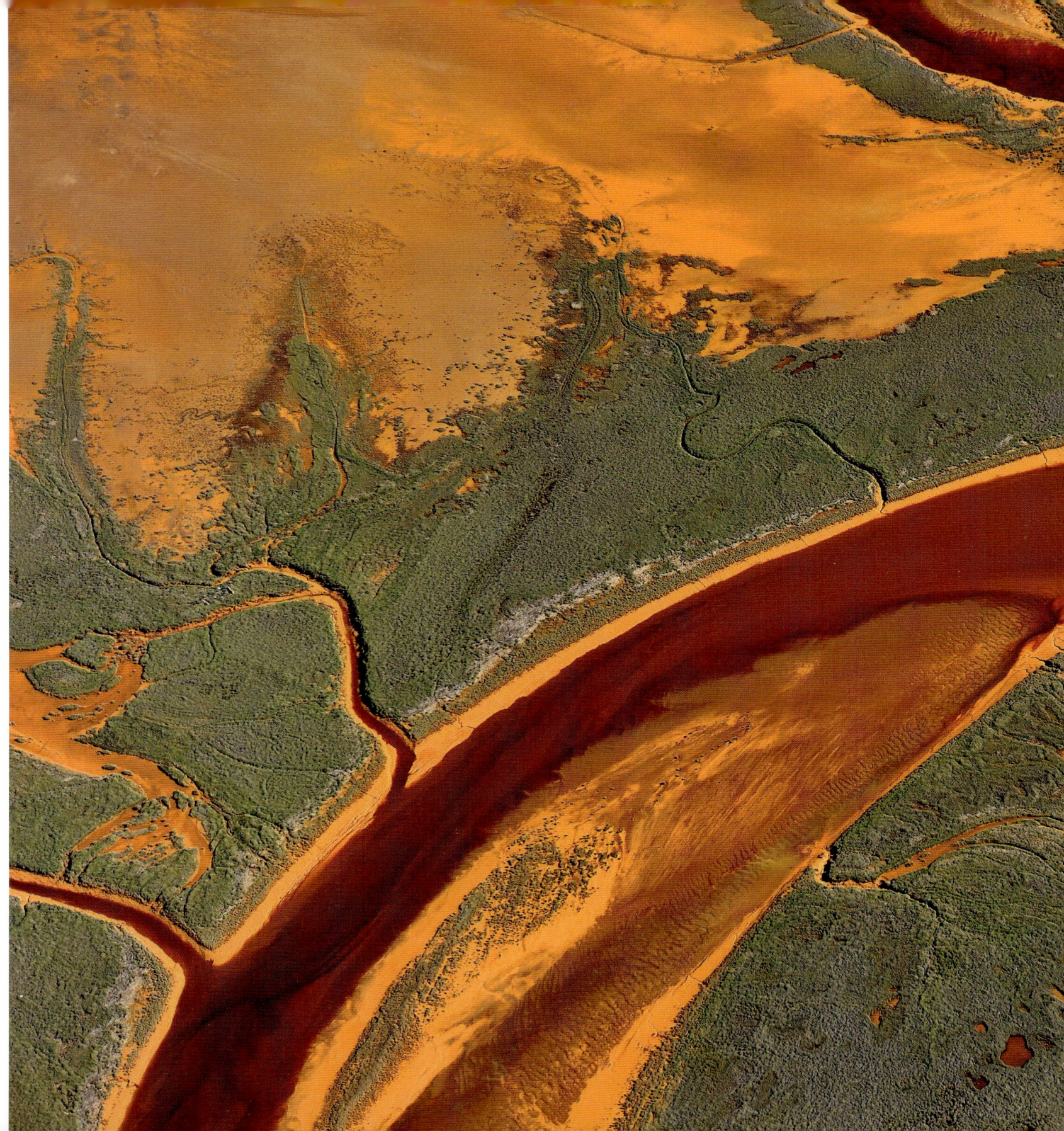

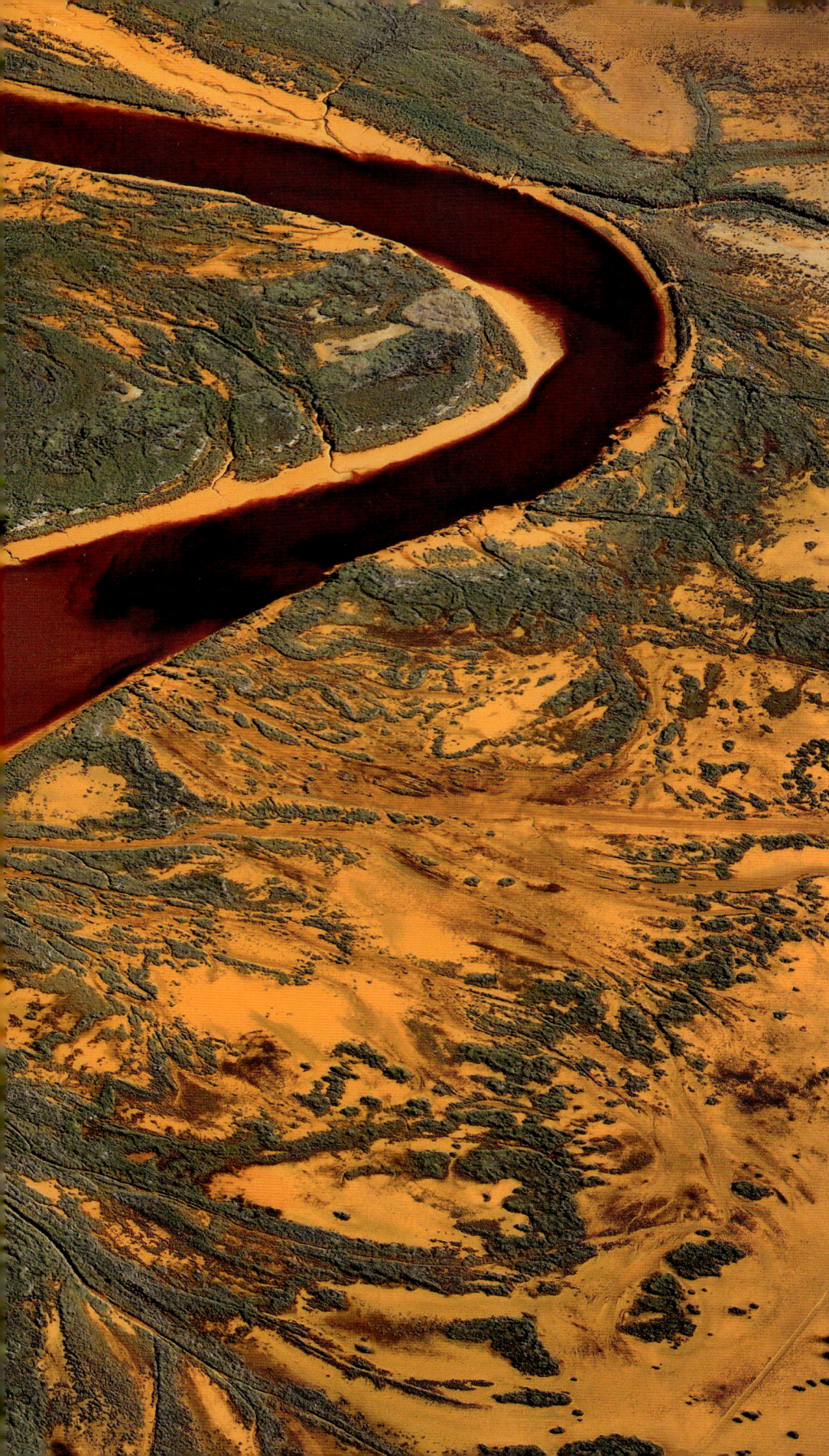

LAS HERIDAS DE LA TIERRA

El río Tinto discurre a lo largo de la provincia de Huelva visitando alguno de los pueblos más pintorescos de la provincia. Nace en la sierra de Padre Caro y tras recorrer casi 100 km llega a la Ría de Huelva donde se funde con el río Odiel. Próximo a su nacimiento se encuentra el mayor yacimiento minero a cielo abierto de Europa, la espectacular Corta Atalaya que viene siendo explotada desde la época romana. En su lento pero permanente discurrir, el río Tinto evoca el sentimiento con sus cascadas, remansos, cañones de espectacular belleza y un zigzageante mundo de líneas y colores solo imaginables dentro de esta tierra.

Nikon D3S
Nikon 24-70mm f/2.8G
ISO 500
f3.5. v1/1250s
Avioneta

⭐ Primer Premio, *Gran Tour delle Colline* 2010
⭐ Cuarto Premio, *OASIS* 2010
⭐ Mención de Honor, *GDT European Wildlife Photographer* 2011
⭐ *Sillian Organisation ISO* 2011
⭐ Ganadora, *International Loupe* 2011

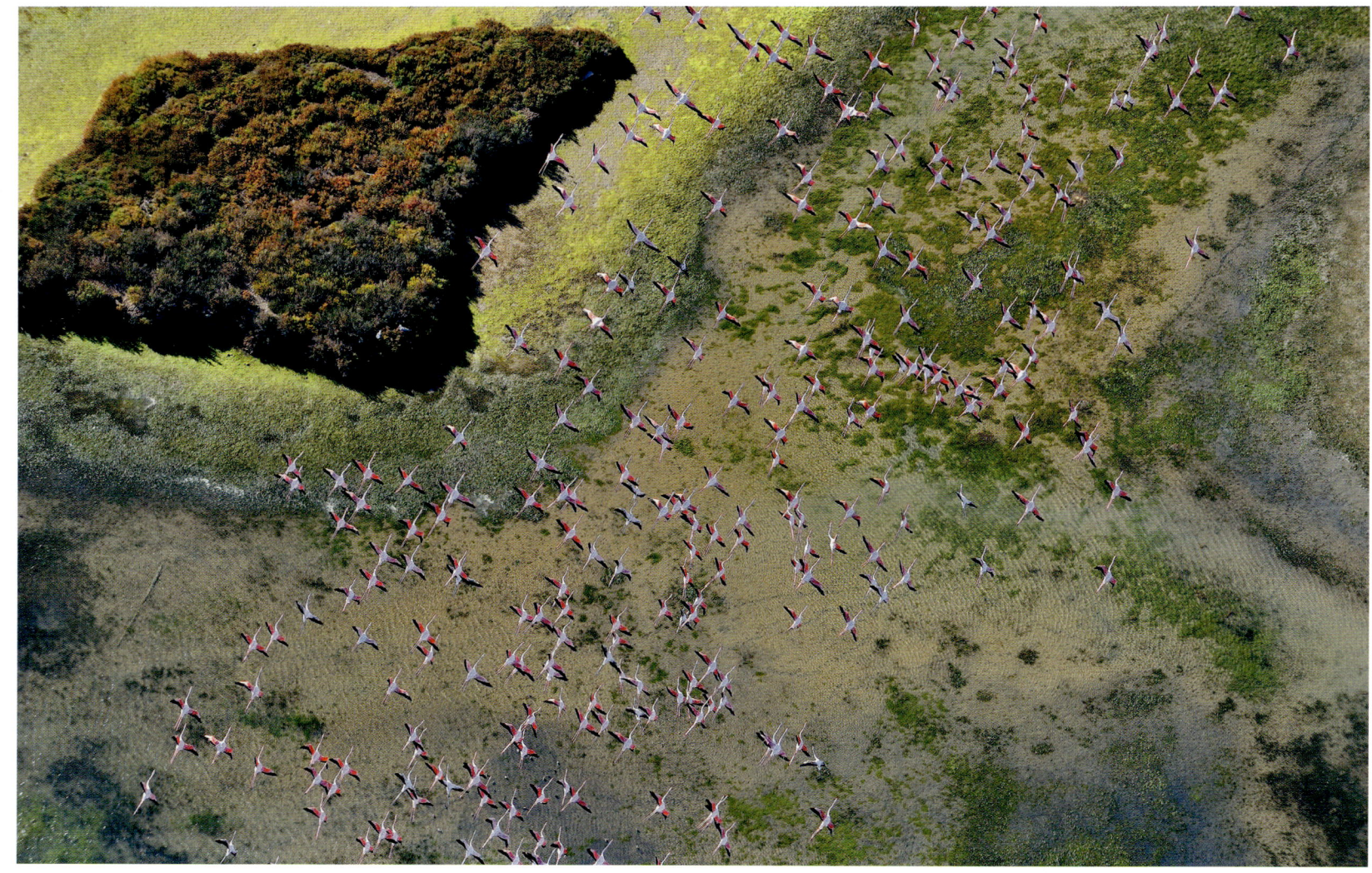

EL VUELO DEL FLAMENCO

El Parque Natural de la Bahía de Cádiz es uno de los complejos de marismas de estuarios más importantes de la Península. Entre la vegetación salobre de sus islas, bien definidas desde el aire, anidan cada año gran cantidad de aves de todo tipo que encuentran en esta reserva natural sureña el lugar idóneo para la vida. Allí, puntuales, acuden cada año miles de flamencos rosados, estas fabulosas aves que a vista de pájaro realzan su belleza. Durante más de dos años tuve la oportunidad de volar junto a ellos en infinidad de ocasiones y contemplar la marisma con su misma perspectiva, fue algo realmente emocionante y una de las experiencias más bonitas que puede vivir un fotógrafo de naturaleza.

Nikon D3, Nikon 24-70mm f/2.8G, ISO 400, f5. v1/1250s, Helicóptero

⭐ Mención de Honor, *Memorial María Luisa* 2012

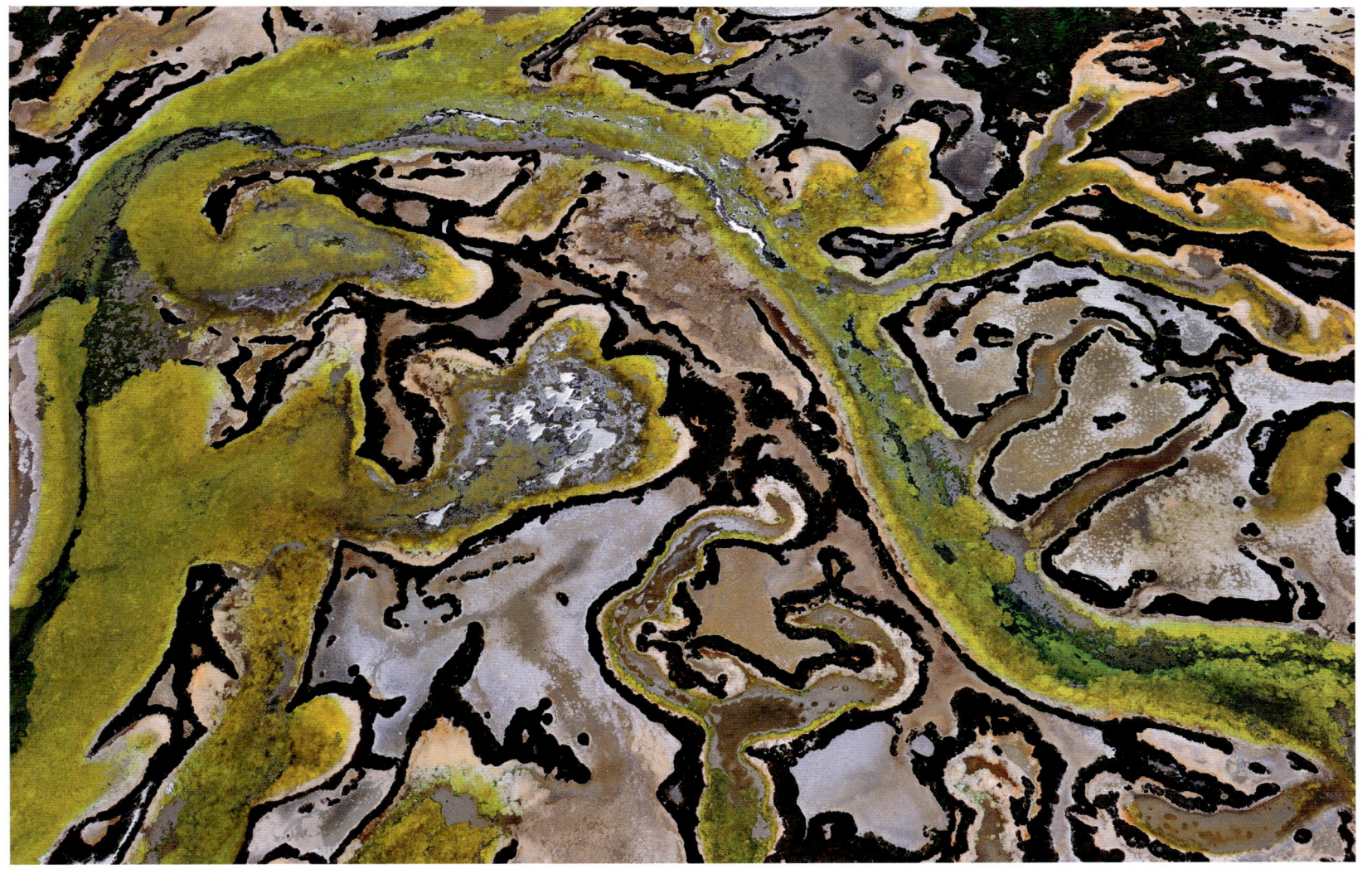

ABSTRACTOS EN LA MARISMA ANDALUZA

Costas bajas, de suaves arenas, aparecen tendidas entre las dunas y el mar. Más de 100 kilómetros de playas luminosas abiertas al Atlántico, resguardadas por dunas fósiles que esculpen hermosos acantilados, como en El Asperillo, o acompañadas por suaves perfiles arenosos, una raya entre el cielo y el mar, como en La Antilla. Sólo conocidos ríos, Tinto, Odiel, Piedras, Guadiana y Guadalquivir rompen la gran línea costera. Sus aportes y la dirección dominante de corrientes y vientos marinos dibujan flechas litorales paralelas a la costa que intentan recomponer un paisaje siempre perdido en este límite visible del mar.

Nikon D3S, Nikon 24-70mm f/2.8G, ISO 400, f5. v1/3200s, Helicóptero

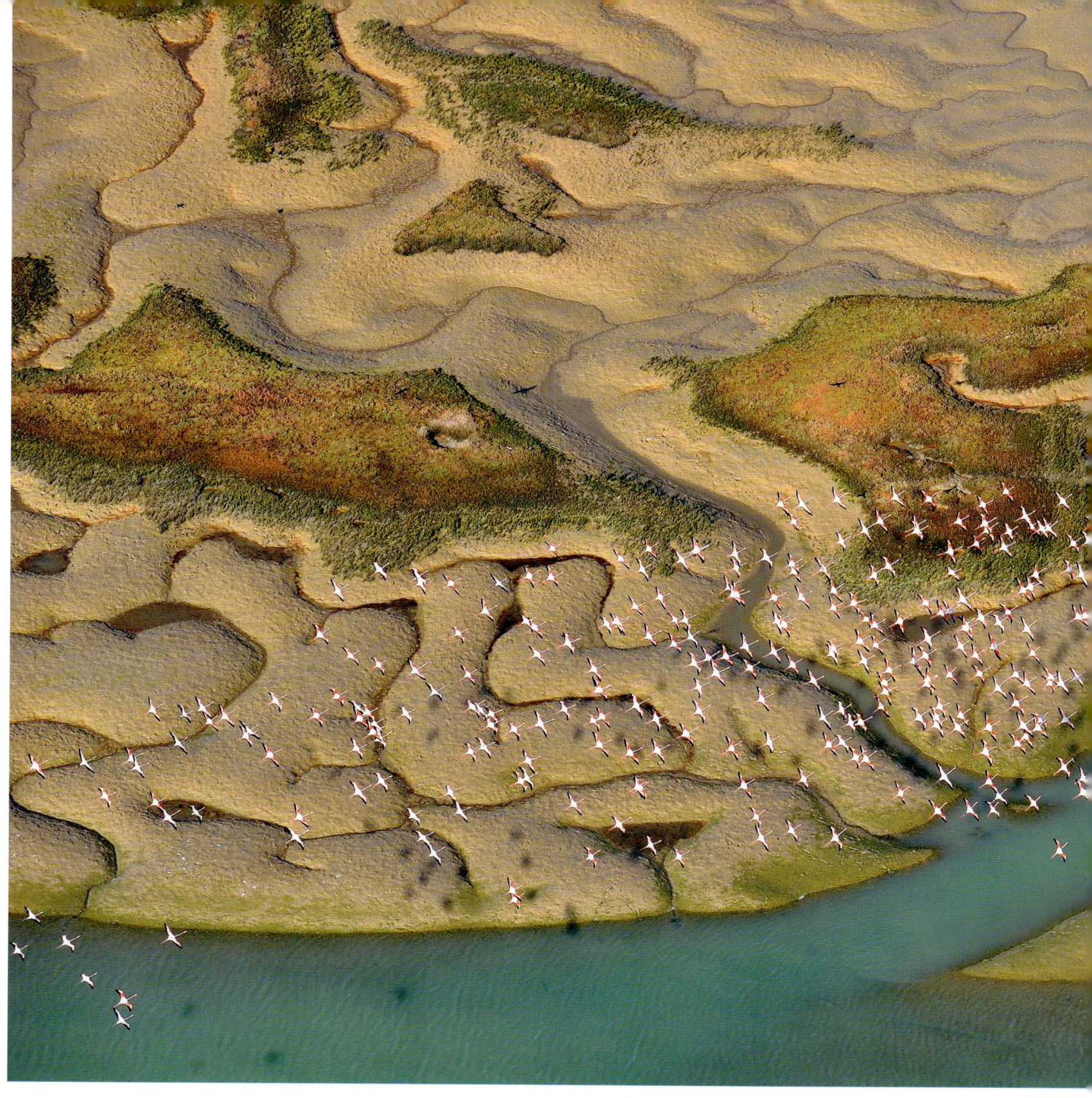

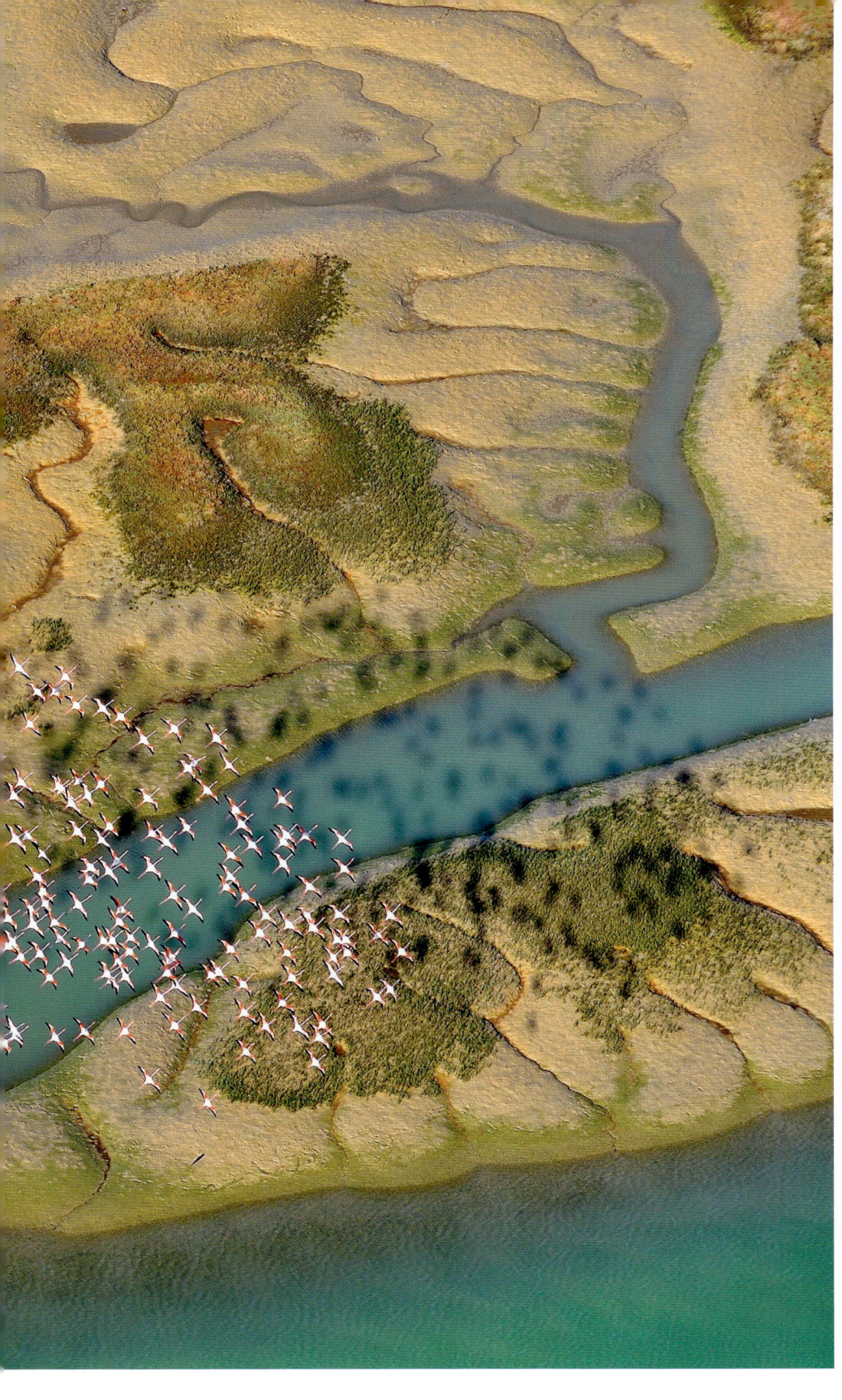

VOLANDO ENTRE FLAMENCOS

A caballo entre Andalucía y Portugal, existe un ineludible edén natural donde se fusionan armoniosamente extensas playas de arena fina con marismas y canales navegables que favorecen una naturaleza única en su género. Las corrientes intermareales juegan aquí un papel primordial siendo las causantes directas de la formación de islotes de blancas y onduladas arenas. Con la bajamar un mosaico de grabados queda impreso en el barro de las orillas de la bahía de Cádiz, un verdadero paraíso para la fauna y un auténtico espectáculo de luz, formas y colores que realzan su belleza a vista de pájaro.

En la fotografía un grupo de flamencos rosados vuelan el delta a la búsqueda de nuevos comederos donde alimentarse. Me llamó especialmente la atención este tramo de paisaje donde las aves parecían volar sobre un cerebro humano.

Nikon D3
Nikon 24-70mm f/2.8G
ISO 320
f/6.3. v1/800s
Helicóptero

★ Mención de Honor, *Memorial María Luisa* 2010
★ Segundo Premio, *Gran Tour delle Colline* 2010

AGUAS DE OTRO MUNDO

El Paisaje Protegido Río Tinto, que abarca los tramos alto y medio del río, es único en el mundo, tanto por su belleza cromática como por sus excepcionales condiciones ambientales e históricas. Alrededor del curso alto se sitúa el mayor yacimiento minero a cielo abierto de Europa, que ya fuera explotado por tartesios y romanos.

Toda esta larga actividad ha originado un peculiar paisaje, propio de otro planeta. El nombre del río proviene de su color rojizo, que pasa a ocre en las orillas. Estas tonalidades, desde los albores de la historia, se deben al alto contenido en sales ferruginosas y sulfato férrico que, junto a la escasez de oxígeno, otorgan un pH muy ácido. No todo es rojo en el Tinto, también podemos encontrar otros colores como el azul turquesa o el verde esmeralda.

Nikon D3S, Nikon 24-70mm f/2.8G, ISO 400, f5. v1/2000s, Avioneta

⭐ Segundo Premio, *Gran Tour delle Colline* 2010

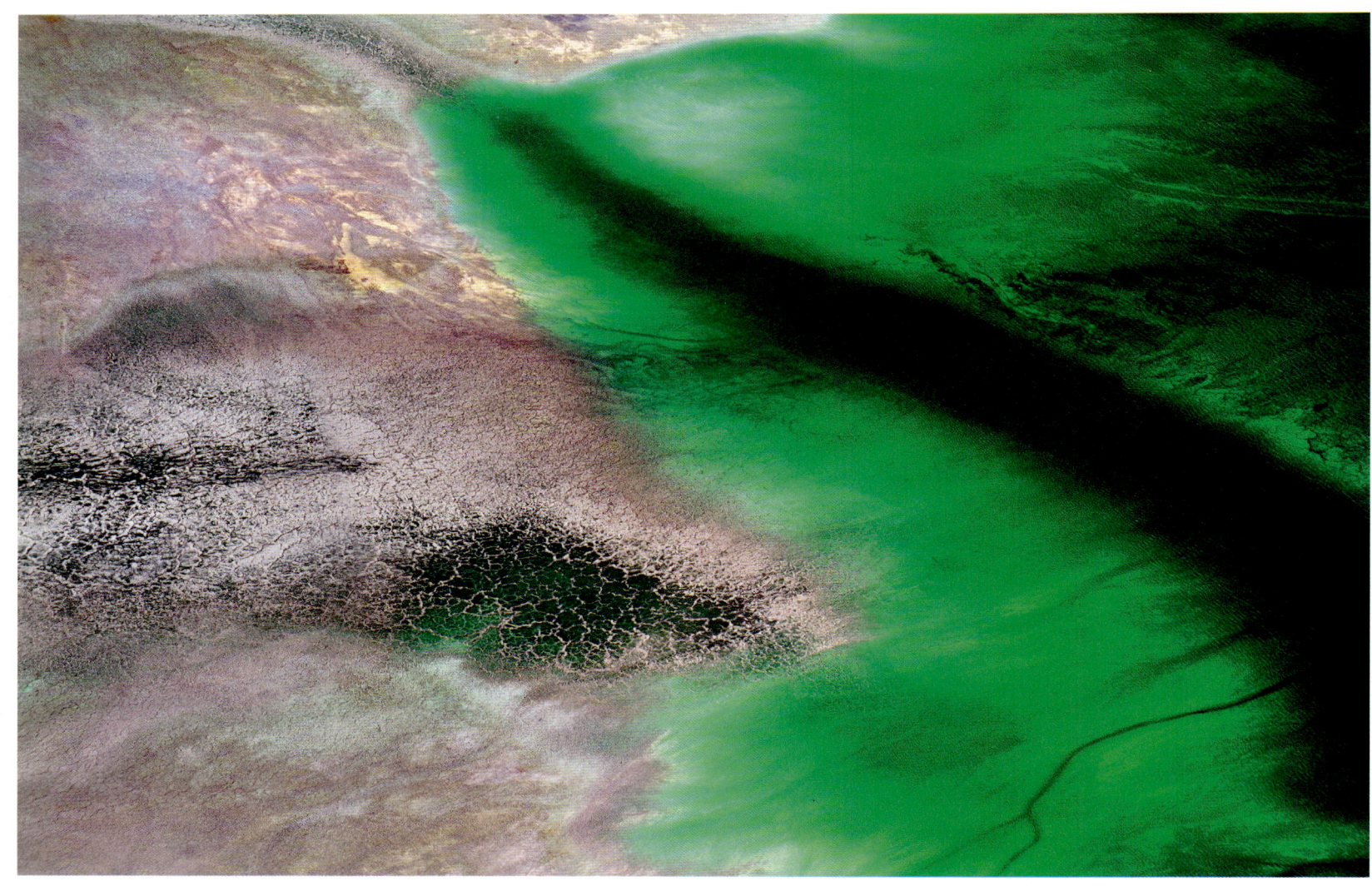

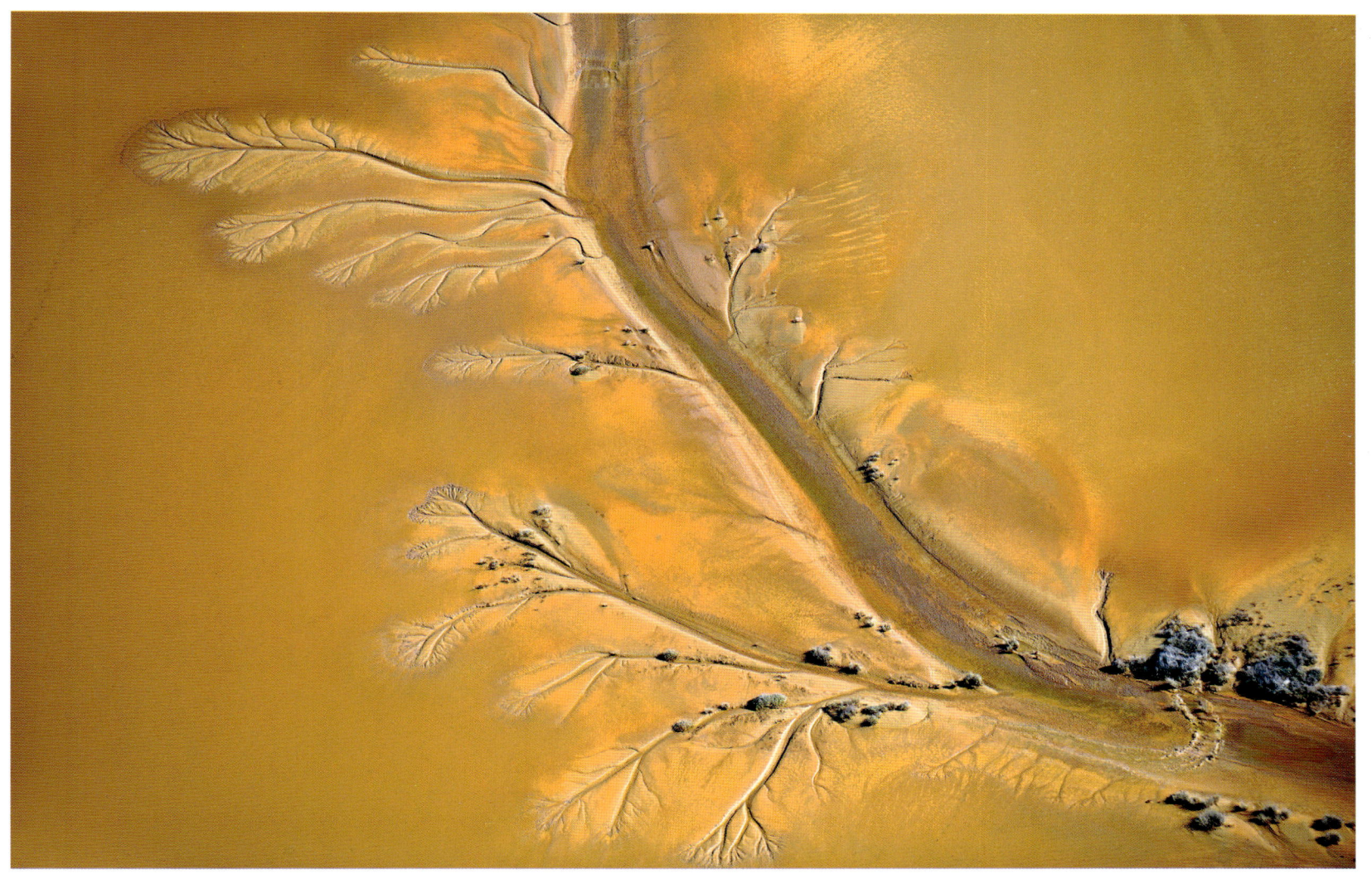

ÁRBOLES DE BARRO

En las orillas bañadas por las aguas del Tinto los tonos rojizos alcanzan una espectacularidad difícilmente concebible fuera de esta tierra. Aunque está presente toda la tabla periódica, hay varios metales que son más abundantes, como el hierro (precisamente su color rojo característico es por el óxido férrico). Con la bajamar y a vista de pájaro se pueden contemplar estos llamativos grabados. Me llamó especial atención esta característica formación de dibujos que recuerdan un grupo de pequeños árboles esculpidos en el barro. Con la pleamar el agua, su principal creador, volverá irremediablemente a destruirlas. Unas verdaderas obras de arte tan exclusivas como efímeras.

Nikon D3S, Nikon 24-70mm f/2.8G, ISO 400, f4. v1/2000s , Avioneta

⭐ Primer Premio, *Glanzlichter* 2009
⭐ Medalla de Bronce, *Montier-en-Der* 2010
⭐ Mención de Honor, *Memorial María Luisa* 2011

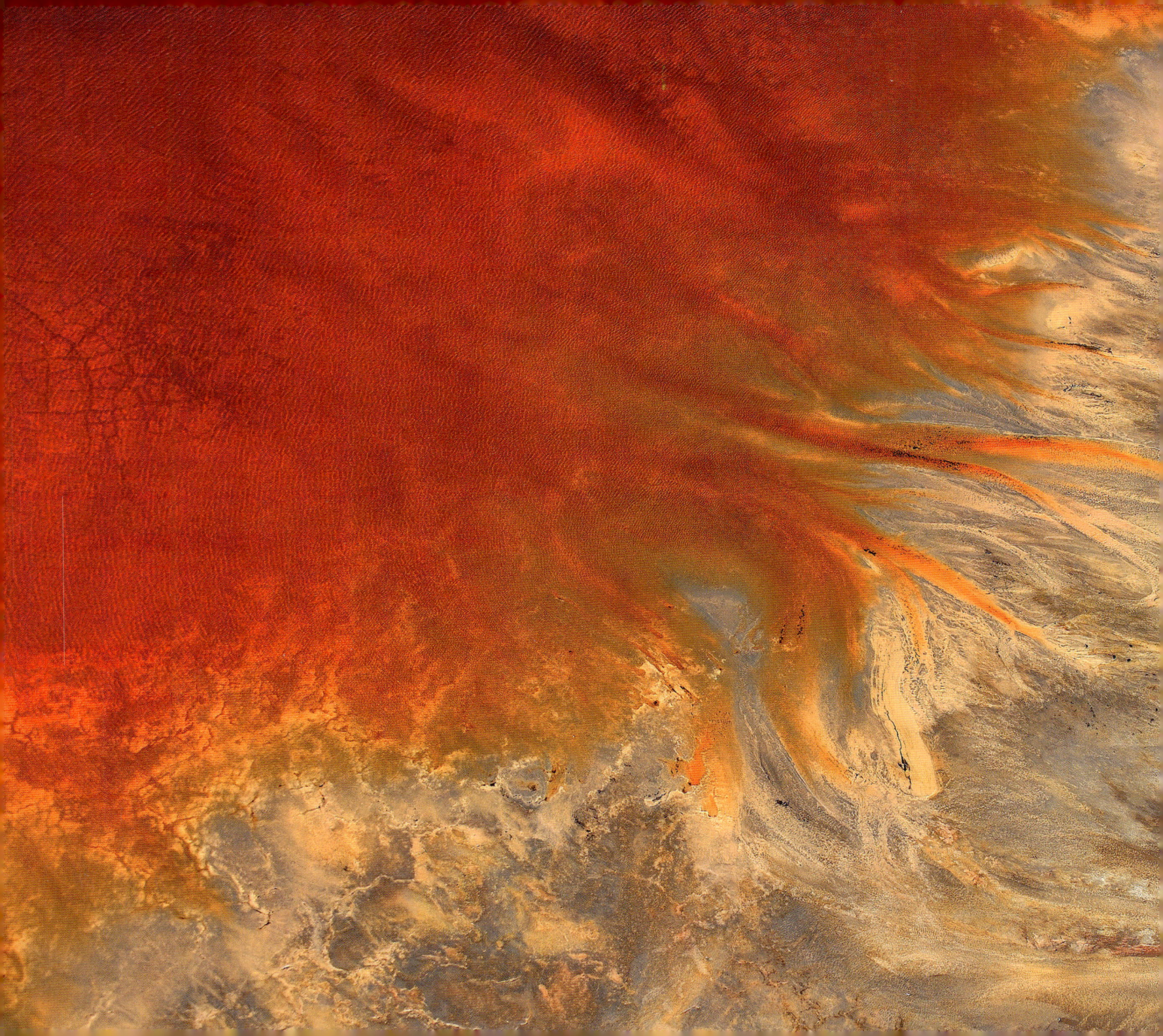

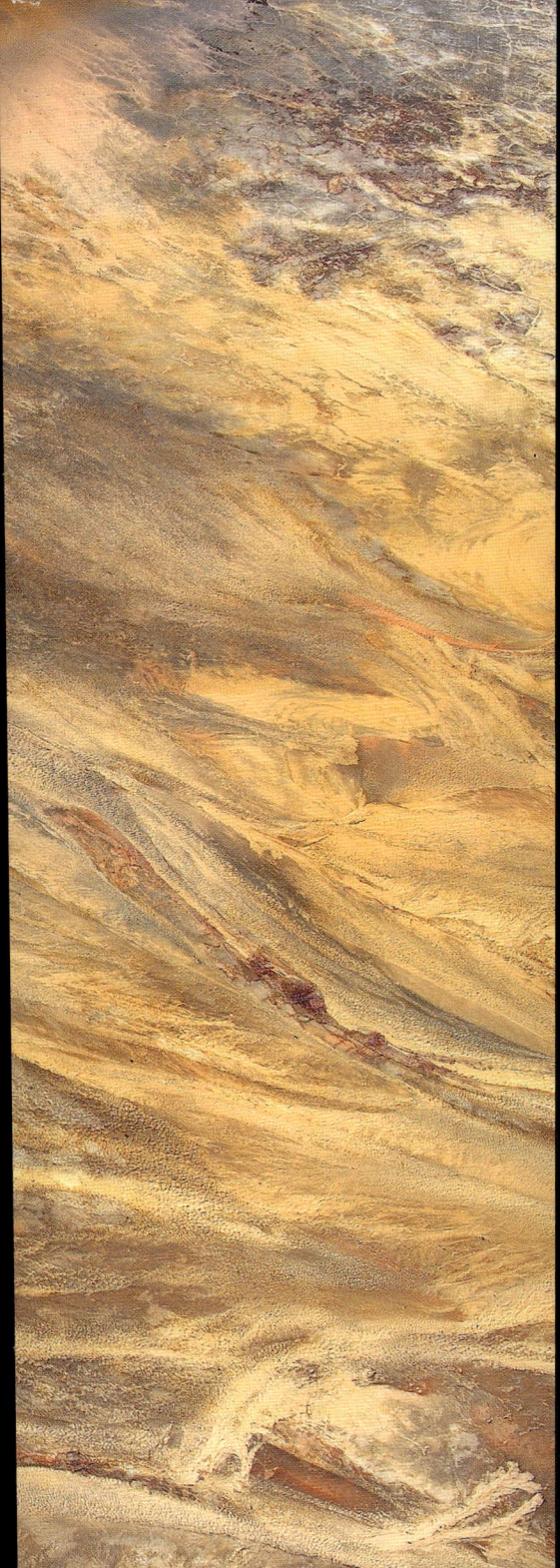

El corazón de la tierra

■ CONTEXTO

Son paisajes de otro planeta que no parecen de la Tierra, aguas de otro mundo, colores que desafían la imaginación. La acidez natural y la actividad minera, desde épocas remotas en la zona, han hecho del río Tinto un cauce tan inhóspito como atractivo para la ciencia. Las llamativas tonalidades que se aprecian en los diferentes tramos del río están originadas por la precipitación del hierro, y su alineación con otros elementos como el cobre, el zinc, el níquel, el arsénico o el cromo. Sus aguas alcanzan un cromatismo extremo debido a la acumulación de minerales en el subsuelo que aquí adquiere proporciones inusuales, hasta el punto de que los geólogos tienen clasificada esta cuenca como *provincia metalogénica*, sólo comparable a las que existen en algunos puntos de Australia y Canadá. Los paisajes que se forman, como estos lagos de color rojo, parecen extraterrenales. Y no es solo una metáfora, pues la NASA ve en sus hongos y bacterias una forma de vida similar a la de Marte.

■ LA IMAGEN

La acidez del suelo junto con cientos de años de minería han creado este lienzo –el famoso *río pintado*, el río Tinto, en Andalucía. Los minerales (especialmente el hierro) se oxidan cuando entran en contacto con el aire, manchando el agua y la tierra con tintes de rojo, naranja y marrón. He dedicado más de 25 años a fotografiar este río, caminando por su orilla, sumergiéndome en el corazón de sus minas a más de 600 metros de profundidad o sobrevolándolo. Tomé esta foto aérea del lago de cobre desde 500 m sobre el suelo. Es una visión en la que considero una perfecta unión entre arte y naturaleza.

■ TRATAMIENTO

La imagen fue capturada en formato RAW, balance de blancos automático.

He utilizado Nikon Capture NX2 en su edición con un procesado normal; niveles y curvas, saturación, contraste y máscara de enfoque.

■ RESULTADOS

Tuve que medir la luz, ajustar los parámetros de la cámara y componer la imagen en fracciones de segundo ya que la pequeña avioneta vuela a unos 200 kilómetros hora aproximadamente. Todo ello mientras luchaba contra las náuseas que albergaba después de interminables giros, vueltas y piruetas buscando la composición acertada mientras sujetaba la cámara con fuerza para que el viento no la arrancara de mis manos. En el 2010 la imagen se alzó con el primer premio categoría *Visions of Nature* del prestigioso concurso *Veolia Environnement Wildlife Photographer Of The Year*.

■ CONSEJOS

Lo más aconsejable es, utilizando Google Earth volar desde casa la zona que hemos elegido, es un programa muy recomendable para poder hacernos una idea del lugar, la altitud de vuelo, las posibles composiciones, etc.

El viento y la calima son el enemigo principal de este tipo de fotos, por lo tanto tenemos que asegurarnos muy bien que las condiciones meteorológicas son favorables.

En cuanto a la avioneta o helicóptero, según bolsillo y disponibilidad, hay infinidad de aeródromos que dan este tipo de servicios fotográficos. El precio es un problema añadido pues es muy difícil encontrar vuelos en avioneta por menos de 250€ la hora y 500€ helicóptero pequeño. Por esta razón tenemos que tener muy claro dónde queremos volar y qué foto queremos hacer.

Nikon D3, Nikon 70-200mm f/2.8, ISO 400, f4.5. v1/3200s, Avioneta

★ Ganador, *Veolia Wildlife Photographer* 2010
★ Medalla de Bronce, *Montier-en-Der* 2010

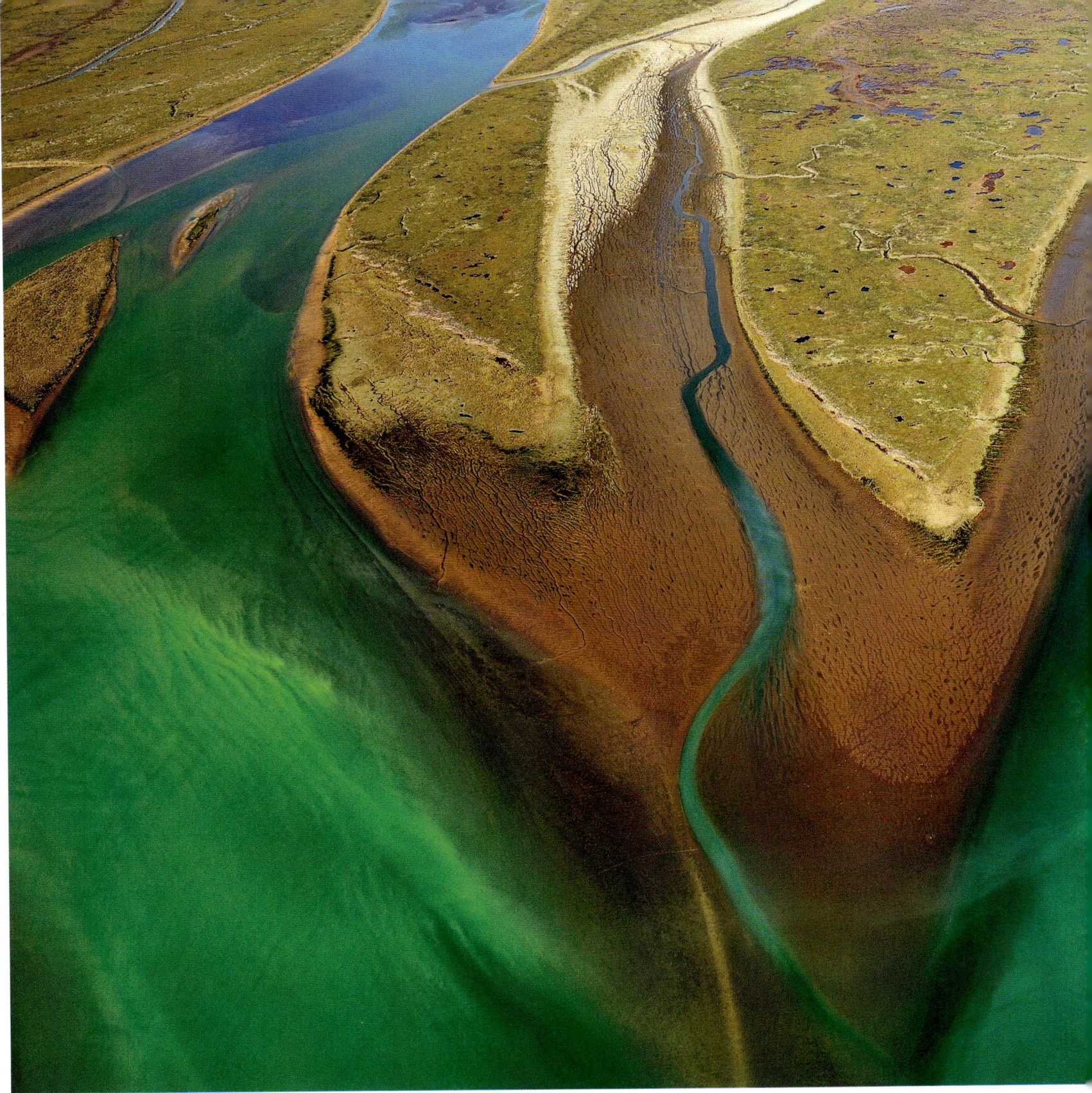

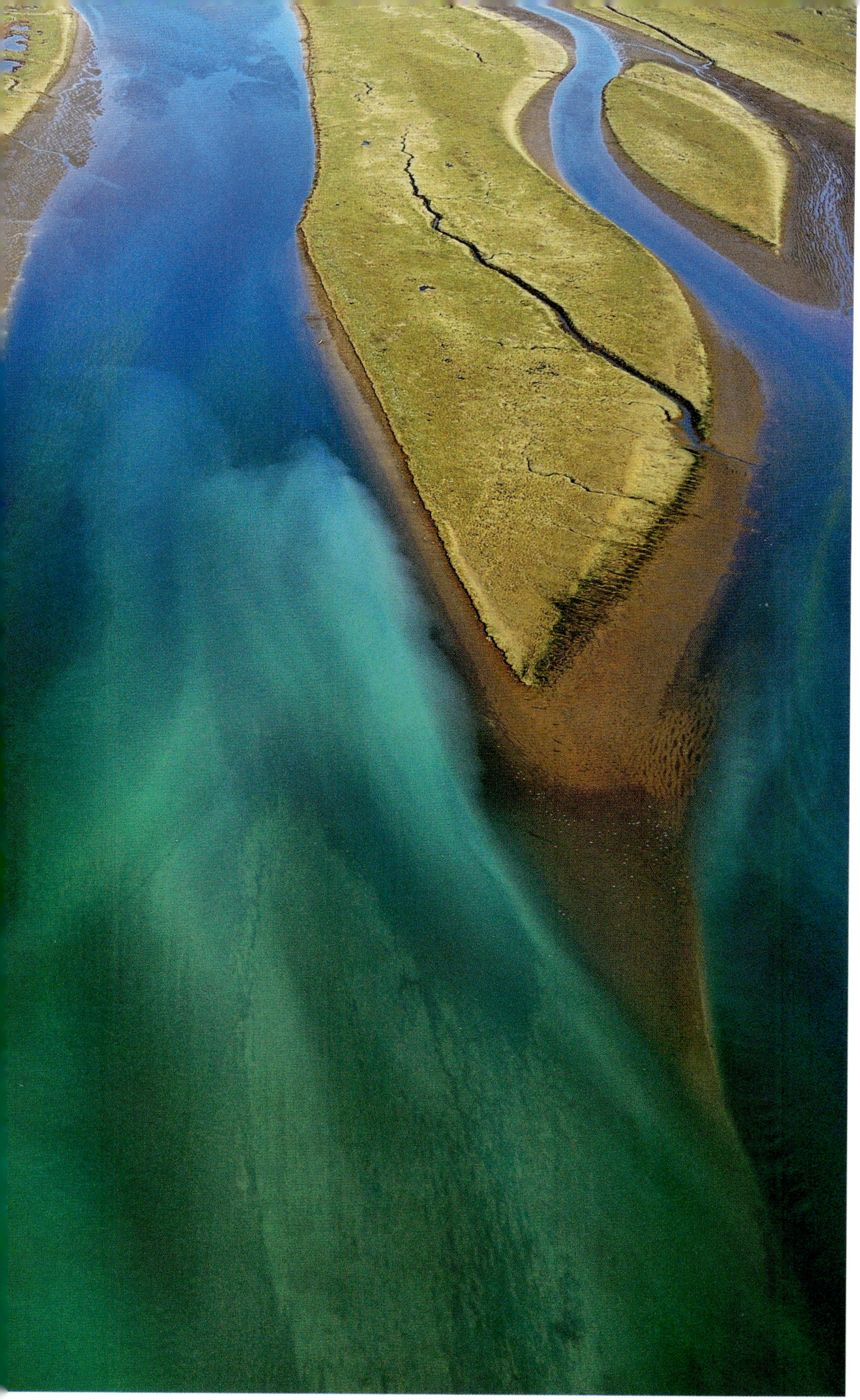

ACUARELAS DE LA NATURALEZA

Las Marismas del Odiel están situadas al sudeste de la Península Ibérica, en la desembocadura de los ríos Tinto y Odiel. Catalogadas como Zona de Especial Protección para las Aves, han sido incluidas asimismo en el listado de humedales de importancia internacional (Convenio RAMSAR). Son sin lugar a dudas uno de los rincones más excepcionales para la vida animal de toda España y alberga en su interior una de las colonias de cría de espátula más importante de Europa. Como maestro alfarero el Odiel esculpe en el barro las heridas que el mar deja en su retirada. La mezcla de agua dulce con el agua salada cargada de microorganismos dan lugar a una acuarela de colores donde los azules y verdes esmeraldas desafían a la realidad. Un exclusivo espectáculo tan solo visible desde el cielo.

Nikon D3
Nikon 70-200mm f/2.8G
ISO 500
f3.5. v1/2500s
Helicóptero

⭐ Premio Portfolio, *Gran Tour delle Colline* 2010
⭐ Mención de Honor y portada del libro *Foto Nikon* 2010
⭐ *International Sillian Organisation ISO* 2011
⭐ Mención de Honor, *National Wildlife Photo Contest* 2011

⭐ Premio Portfolio, *Gran Tour delle Colline* 2010
⭐ Cuarto Premio, *OASIS* 2010

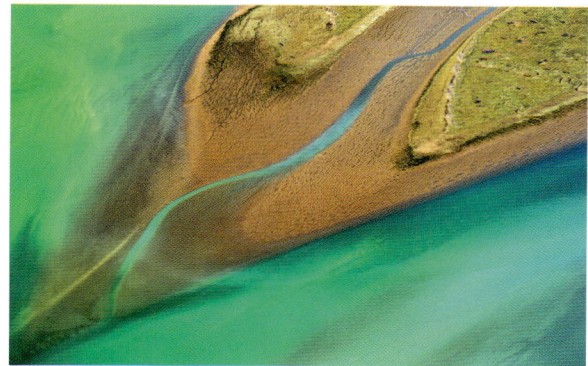

PUZLE DE FLAMENCOS

En el centro de la costa atlántica, sobre una gran zona húmeda, se halla el Parque Natural Bahía de Cádiz. A pesar de la elevada presión humana, aún se conservan zonas casi intactas como las Marismas de Sancti Petri y la Isla del Trocadero, declaradas Parajes Naturales.

Su posición entre los parques naturales de Doñana y el Estrecho lo convierten en un enclave privilegiado para observar las aves que migran entre Europa y África. Este lugar alberga algunas de las colonias españolas más importantes de charrancitos, cigüeñuelas y avocetas. En la fotografía, un grupo de flamencos se alimenta en el laberinto de caños y canales formados con la bajamar, una composición que a vista de pájaro recuerda un puzle de flamencos.

Nikon D3S
Nikon 14-24mm f/2.8G
ISO 400
f4.5. v1/4000s
Helicóptero

★ Mención de Honor, *OASIS* 2010
★ Mención de Honor, *Asferico* 2011
★ Mención de Honor, *Glanzlichter* 2011
★ Medalla de Oro, *Trierenberg* 2011
★ Medalla de Bronce, *Narava* 2011
★ Medalla de Plata, *Loupe* 2011

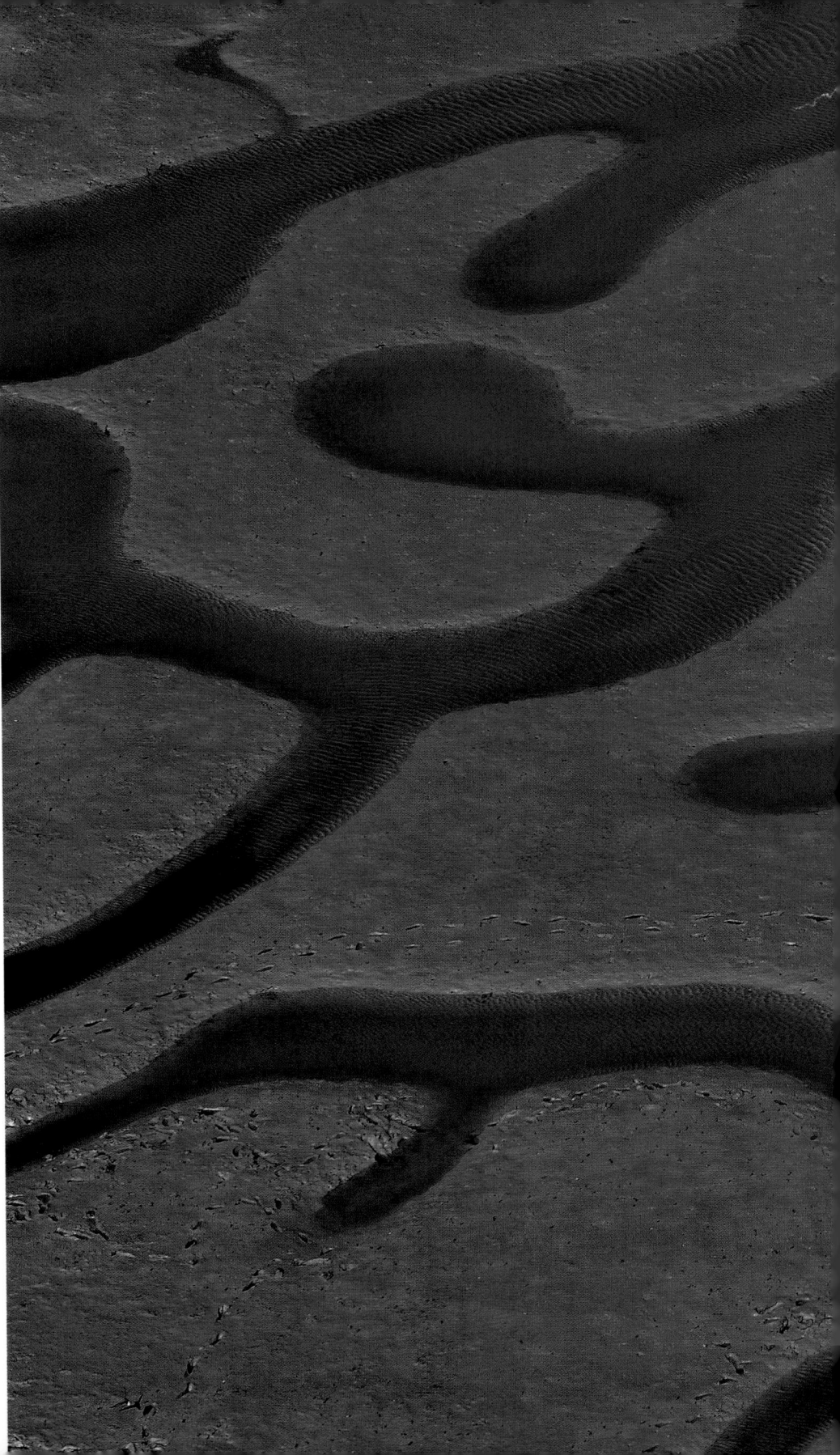

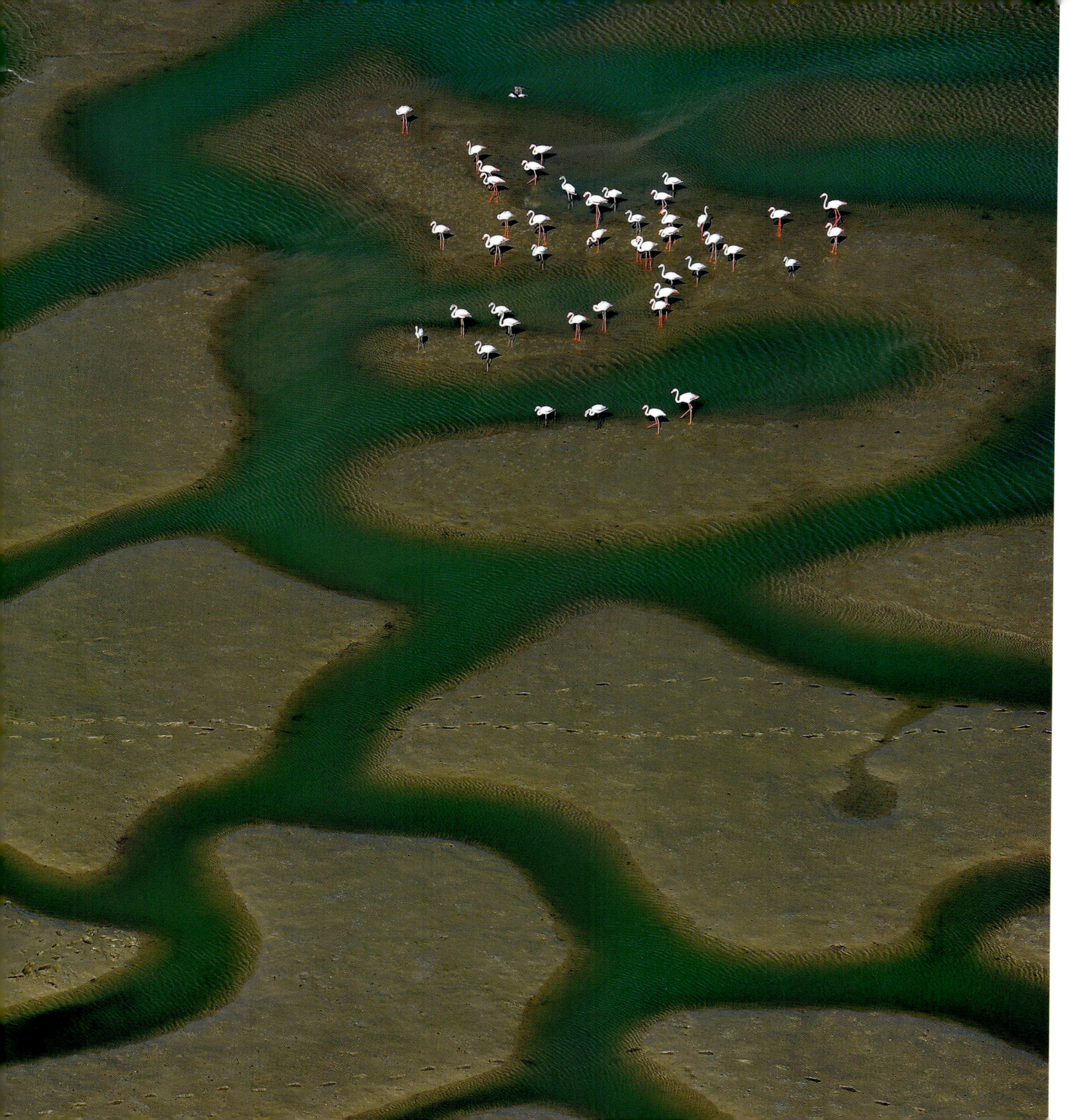

Competir por la excelencia

Es para mí un gran honor poder escribir unas líneas en este libro en el que Francisco ha trazado magistralmente un recorrido de éxitos por los más reconocidos concursos fotográficos internacionales de naturaleza. Si alguien en este país sabe qué condiciones ha de tener una fotografía para ganar un concurso de esta especialidad, ese es Francisco Mingorance.

Lo suyo es oficio y fue para mí una maravilla conocer el personaje que esconde este gran fotógrafo en *MontPhoto* hace unos años. Su historia y su vida fotográfica han escrito parte de mi descubrimiento, mi vocación y formación de la fotografía de naturaleza. Hace veinte años ya me enamoraban sus imágenes publicadas; hoy sigo sus trabajos con la misma admiración.

Su calidad no necesita aval, pero este libro ayuda a poner las cosas en su sitio y demuestra de manera plausible el elenco fantástico de fotografías premiadas internacionalmente. Éxito sin parangón en España y seguro que pocos fotógrafos en el mundo habrán cosechado parecido número de premios internacionales.

Estamos ante uno de los más grandes fotógrafos de naturaleza de este país que ha sabido adaptarse a los cambios y tendencias técnicas y estéticas a lo largo del tiempo pero, como a menudo ocurre, falto de reconocimiento por parte de la Administración y, de lo que es más grave, del propio colectivo.

Dicen que la fotografía es un medio de sintetizar o enfatizar lo mejor de la naturaleza, pero quizá sea de otro modo y sean los grandes fotógrafos los que seleccionan aquello que deseamos ver. Sea como fuere, la naturaleza no es inmutable, y los paisajes cambian casi siempre a causa de la mano del hombre. Mingorance sabe, como pocos, que la protección de los espacios es una responsabilidad y una asignatura pendiente en la que lleva trabajando muchos años.

Hace un tiempo, no sé exactamente donde, leí la necesidad de hacer una escuela de *catadores* de paisajes, con la función de ayudarnos a descubrir la belleza cuando nos es difícil de asimilar por su magnificencia. Seguramente si existiera esa escuela Francisco Mingorance sería el mejor sumiller.

Actualmente los concursos de fotografía son unos de los reductos de promoción del excelente trabajo de muchos profesionales. El fotógrafo de naturaleza pasa momentos de difícil supervivencia; cada vez son menos las publicaciones que los mantienen y la globalización hace que se intenten buscar nuevos procedimientos para financiar los proyectos fotográficos.

Francisco Mingorance vino a *MontPhoto* hace unos años invitado por la organización y quedó cautivado de su funcionamiento, transparencia y buen hacer; fue el inicio de una amistad que se fraguó año tras año.

MontPhoto ha celebrado su decimoquinto aniversario desde Lloret de Mar, consolidándose como uno de los mayores acontecimientos anuales dentro de los concursos de

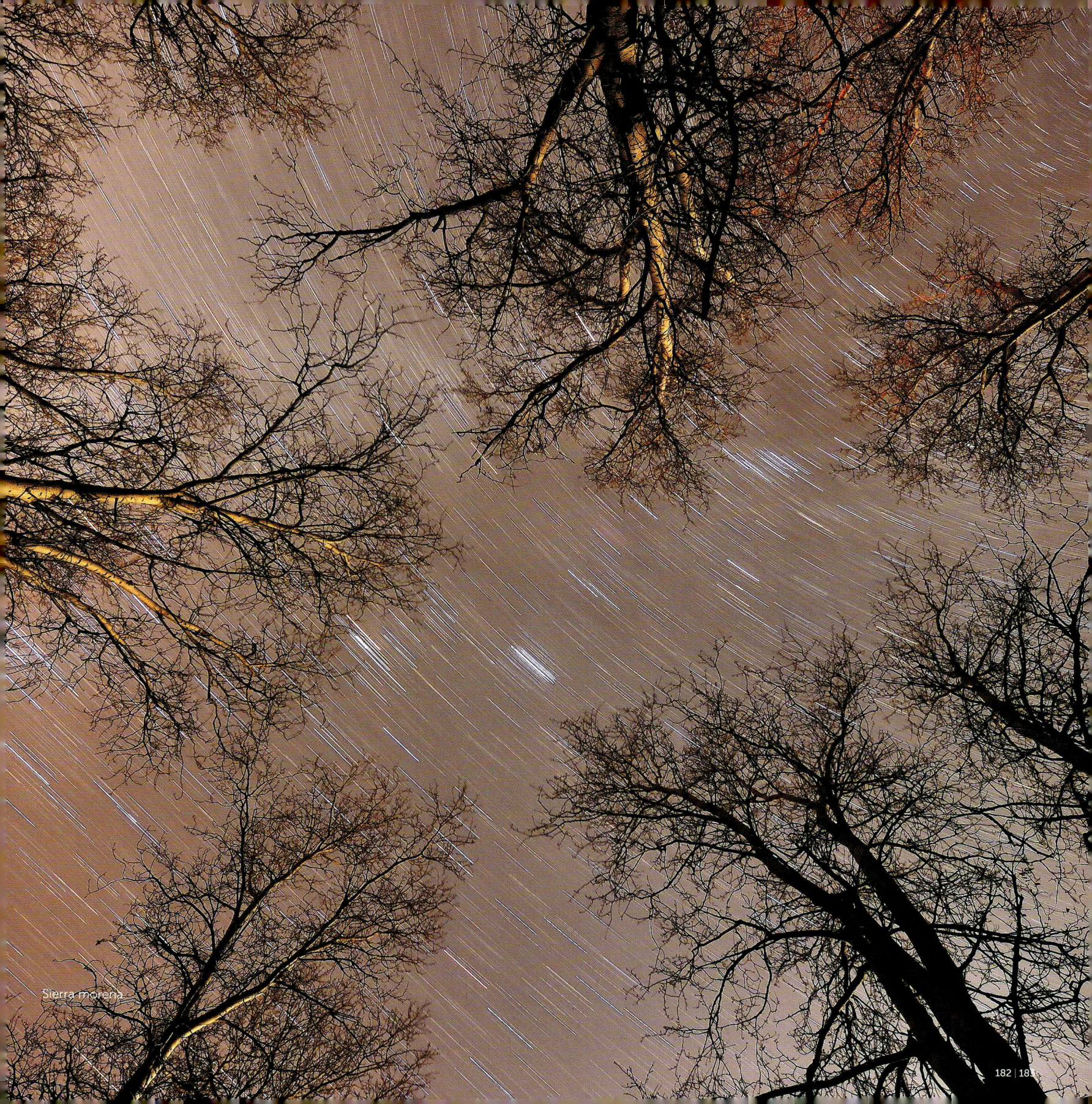

Sierra morena

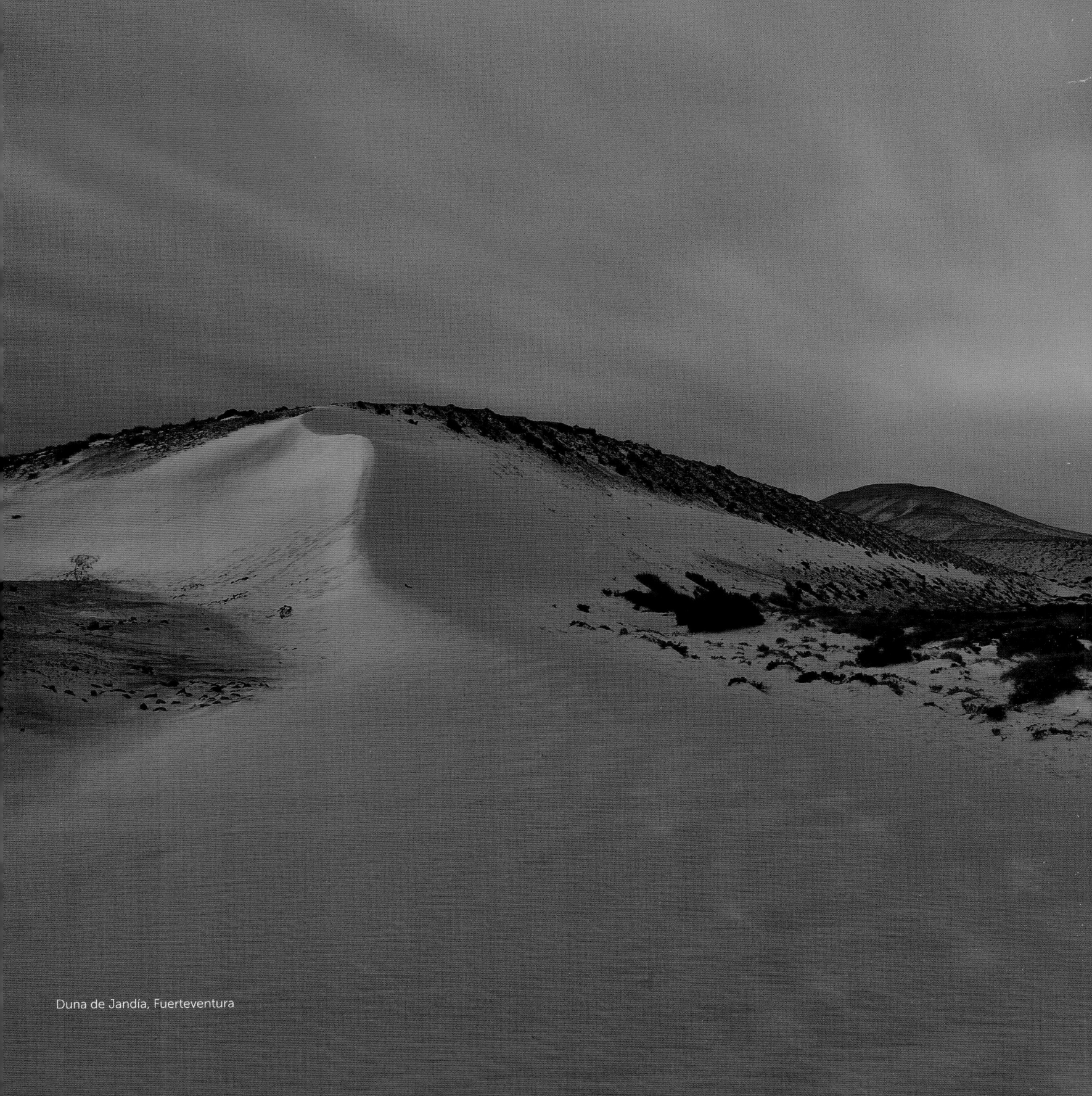

Duna de Jandía, Fuerteventura

naturaleza de este país. El concurso pretende, a través de la difusión de la fotografía de naturaleza, velar por la pedagogía y potenciar los valores de preservación medioambiental, por lo que se organizan múltiples actividades destinadas a la formación y divulgación con un carácter propio e independiente.

Sólo en los últimos cuatro años, han sido más de 3.000 participantes y 17.000 fotografías las que han tenido que luchar por alguno de los más de veinte premios y noventa menciones de honor que reparte anualmente. Un concurso en constante evolución en sus procedimientos, rigor y transparencia en la comunicación, combinando siempre el trato personal con los participantes y un impecable y estricto desarrollo técnico. Su web es su escaparate de trabajo donde muestra con total claridad sus procesos y fases de selección.

Un enorme valor añadido del concurso es la publicación con las fotos finalistas de cada edición que se ha convertido en una lujosa divulgación imprescindible por su contenido y calidad. *MontPhoto* es, conjuntamente con el *Memorial María Luisa*, uno de los concursos españoles de fotografía de naturaleza mejor considerados en el panorama internacional.

Francisco supo ver la singularidad de este certamen y creo que le sorprendió tanto la escasez de medios como el

enorme valor y potencial humano. No es extraño que Mingorance se sintiese bien aquí, puesto que comparte su filosofía de compromiso con la naturaleza. Un trabajo que se debe de realizar con sencillez, transparencia y honestidad.

Jugando a adivinar el futuro, la organización de este concurso apuesta por mantener una constante adaptación, consciente de que la sociedad cambia y que esta transformación traerá nuevos valores que reinterpretarán la fotografía documental de naturaleza.

Ahí está Mingorance, en el escaparate de todos los grandes concursos de fotografía, trabajando día a día en ella y combinándolo con otra ocupación que le permita vivir dignamente. Nada es gratuito. ¡Qué difícil es ser fotógrafo de naturaleza en nuestro tiempo!

Las fotografías que disfrutamos en este libro son esfuerzo, tesón y trabajo, mucho trabajo. Todo es poco para intentar despertar admiración o para remover las conciencias de la fragilidad y belleza de la naturaleza. Desconozco si una imagen podrá cambiar el mundo, pero si esa imagen algún día existiese sería muy parecida a las que hace Francisco Mingorance.

Paco Membrives Jiménez
Director de *MontPhoto*

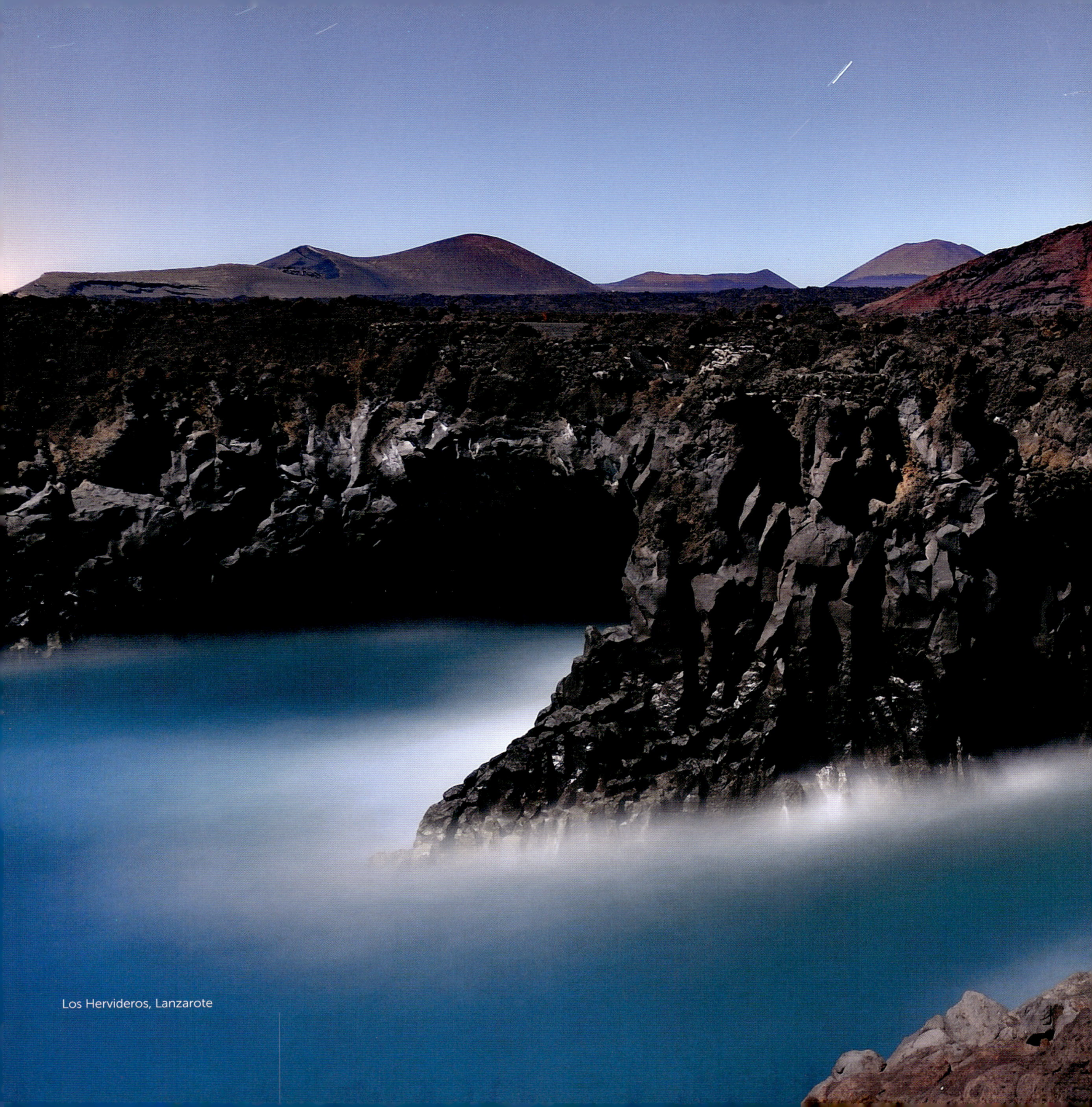

Los Hervideros, Lanzarote

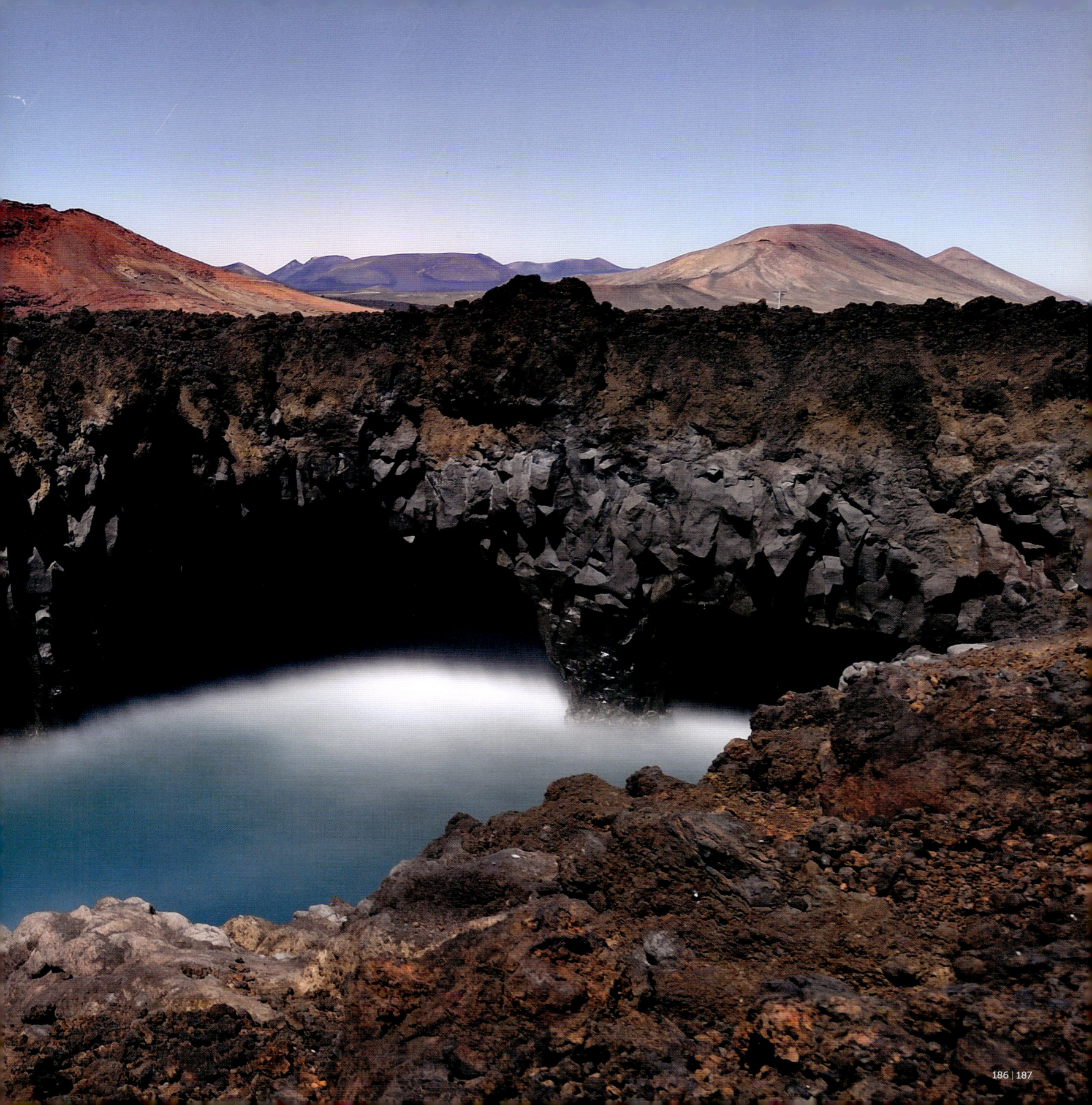

Convertir la imagen en emoción

Según la Real Academia Española, la fotografía es el "arte de fijar y reproducir por medio de reacciones químicas, en superficies convenientemente preparadas, las imágenes recogidas en el fondo de una cámara oscura".

Pero el espectador de la obra de Francisco Mingorance sabe que eso no es todo. Quienes gozamos contemplando la obra de este mago de las luces sabemos que hay algo tras cada imagen que la hace diferente. No sólo disfrutamos a través de lo que vemos, sino de lo que adivinamos. Durante casi tres décadas de profesión, ha logrado lo que sólo unos pocos consiguen: convertir la imagen en emoción. Sus fotografías de espacios protegidos de la península no sólo muestran una muy variada gama de fauna en su hábitat natural, sino que transmiten vida: son fotografías vivas, que nos transportan sobre las alas de una mariposa, nos permiten planear como un águila, nos llevan a espacios inaccesibles o nos muestran lugares ya visitados pero con unos ojos totalmente nuevos...

Y eso sí es la fotografía: es el arte de fijar y reproducir imágenes, sin duda. Es técnica, también. Pero sobre todo es emoción, cercanía, imaginación visual, vocación de servicio, es comunicación. En palabras de Galen Rowell: "Los fotógrafos de aire libre... han perdido la certeza que tiene el resto de las criaturas del planeta de que lo que se siente en la forma que el ojo percibe se encuentra en realidad allí de esa manera. Sus mejores fotos nos muestran un mundo diferente del que observamos en directo, un mundo que posee un extraordinario parecido al que reside en el ojo de la mente de nuestra memoria".

Todo eso lo consigue Francisco Mingorance a través de su objetivo. Su obra nos acerca a los espacios ecológicamente más relevantes de nuestra península mostrándonos una realidad original que ha sido aplaudida en las competiciones fotográficas más prestigiosas del mundo.

A lo largo de las páginas de este libro nos conmoverá con cien imágenes sencillamente geniales como las que, reconociendo nuevamente su creatividad, le han convertido en ganador absoluto de la XXII edición del Certamen Internacional de Fotografía de Montaña y Naturaleza *Memorial María Luisa*, al obtener tres galardones en las categorías mundo vegetal, biodiversidad y paisajes naturales, con sus obras *Los guardianes del Teide, Las damas del mar y La estrella del silencio*.

El auge que alcanzó el *Memorial María Luisa* fue tal que los fotógrafos de naturaleza enviaban imágenes a cada edición aún a sabiendas de que la posibilidad de ganar el primer premio era muy remota, ya que por las propias bases la temática estaba centrada en el montañismo. La situación llegó a ser insostenible. Cada año la calidad de los trabajos de naturaleza como tal (fauna, flora, paisaje y aves) era mayor y nos dimos cuenta que teníamos que resolver ese problema. Abrimos el abanico y desde entonces un año puede ganar una fotografía de una escalada extrema en hielo y al siguiente una imagen de un nido de aves en medio del mar.

Este año, durante la cena homenaje que hacemos después de los premios, en mi mesa se sentó un escalador extremo, de los que permanecen varios días colgados en una pared, a

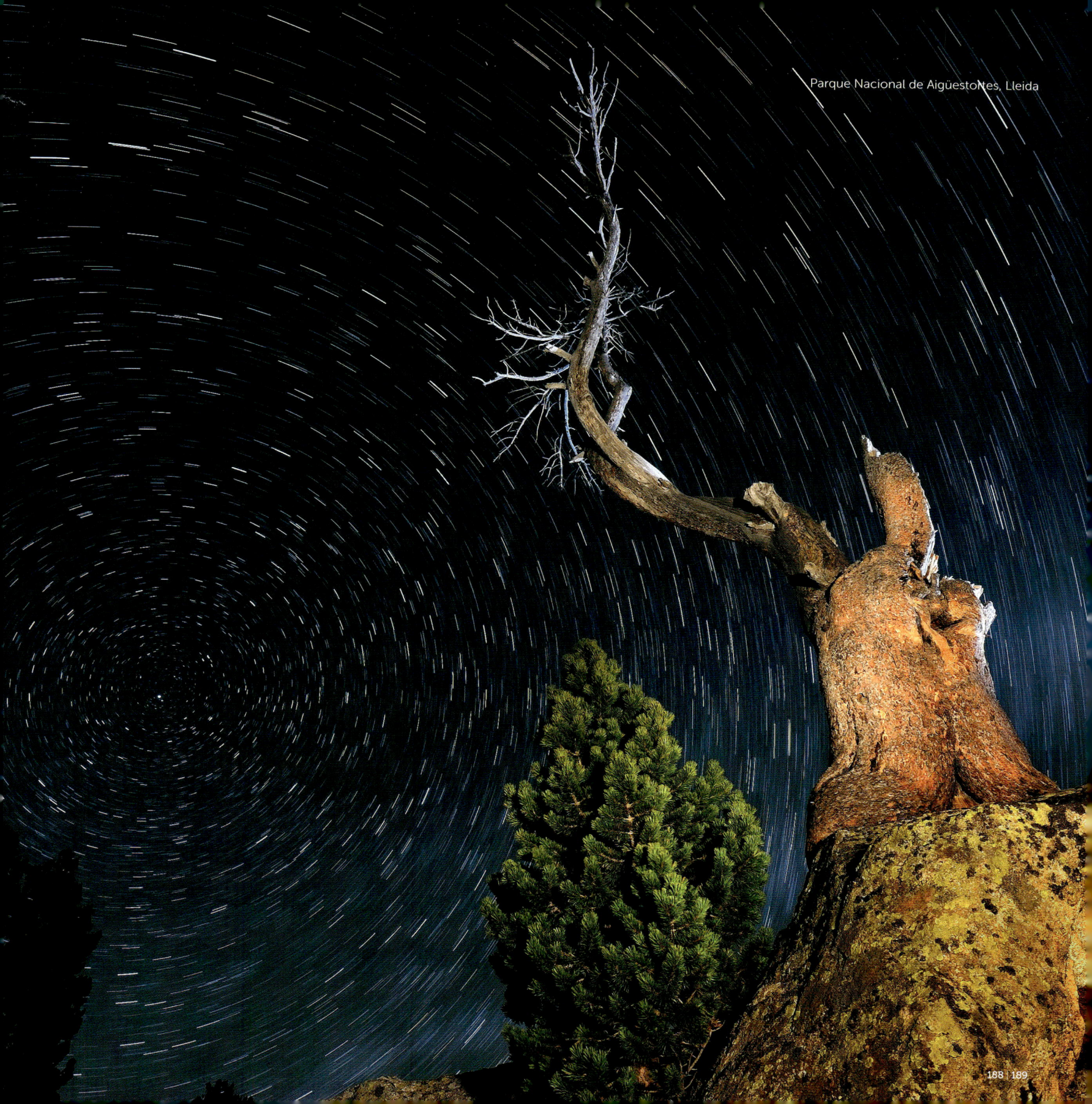

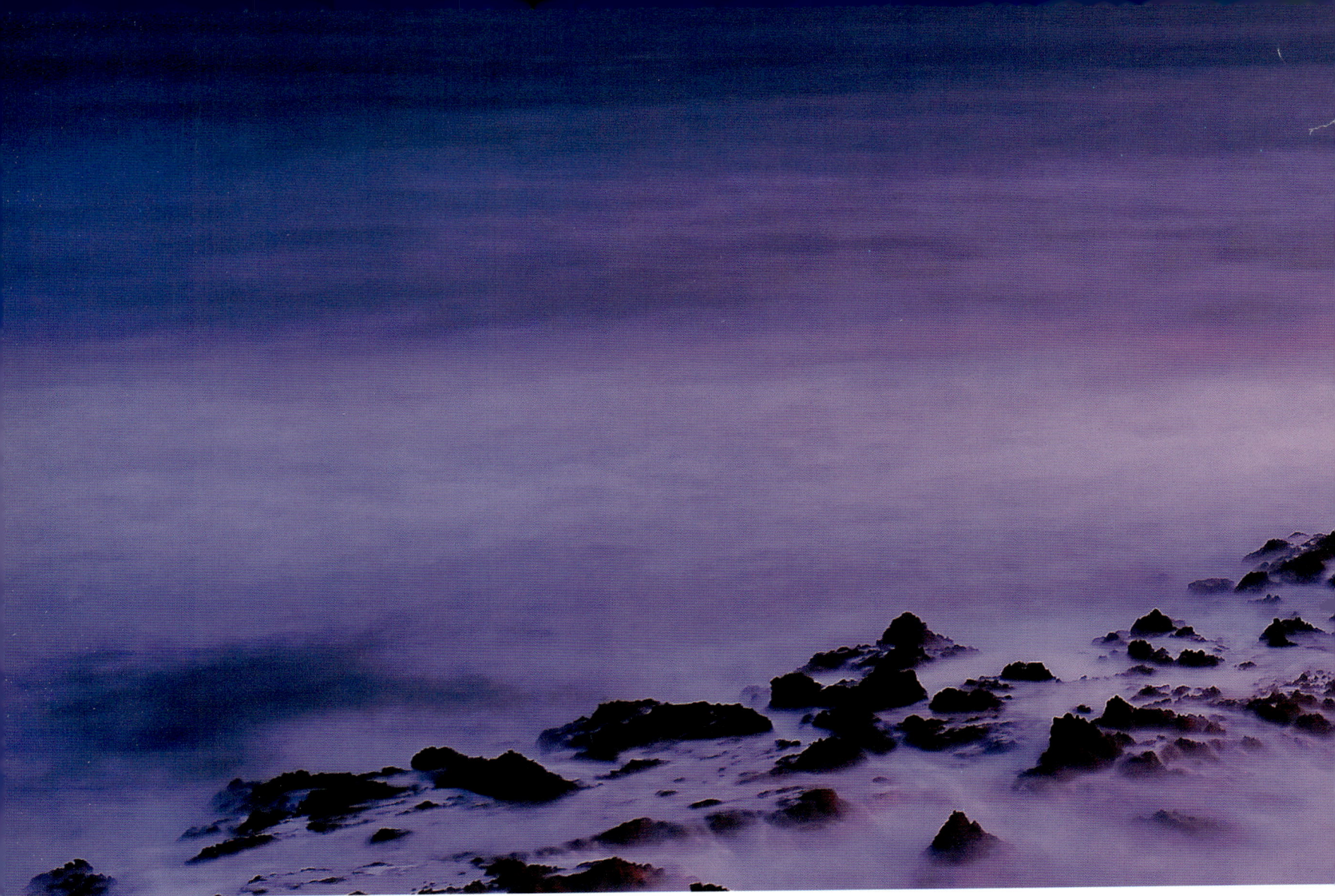

su lado otro de los ganadores, un naturalista de los que se pasan horas en un *hide* esperando que aparezca un pájaro y enfrente un viajero, de los que se dirige a cualquier país del mundo con la cámara de fotos al cuello y que no entiende por qué la gente se cuelga de las paredes... Este es uno de los puntos fuertes y convierte nuestro certamen en algo único en el mundo.

Cada edición es diferente a todas las anteriores. Por un lado está lo que nosotros denominamos el *efecto llamada*; es decir, el premio de una temática concreta de una edición supone un aluvión de fotos de esa misma temática para el

año siguiente. Por otro lado están las propias modas, de las que el mundo de la fotografía tampoco se escapa. Según la temática de las imágenes percibimos hasta la situación política y social del planeta. Después de los atentados de las Torres Gemelas comenzaron a llegar una gran cantidad de imágenes de la Patagonia y los Andes; enseguida entendimos que a la gente en aquel momento le daba respeto viajar a montañas del Himalaya o Karakorum y se dirigían a zonas del planeta supuestamente más tranquilas.

Efectivamente, hay fotos que destacan desde el primer momento. Se trata de esas imágenes que en el mismo

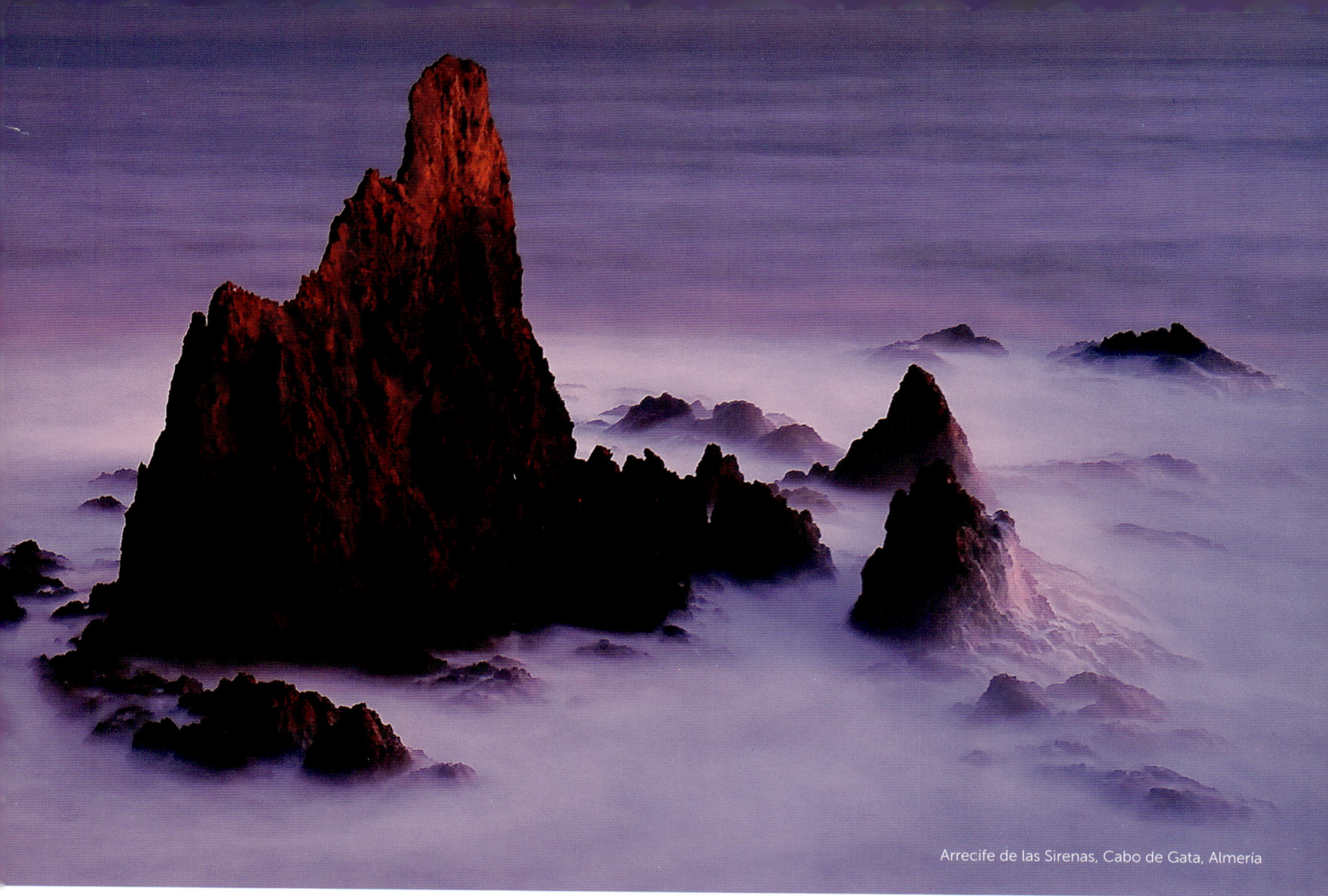

Arrecife de las Sirenas, Cabo de Gata, Almería

instante de la admisión a concurso se intuye que van a ser motivo de análisis minucioso por parte del jurado y que, con seguridad, se les van a dedicar especial atención para la selección final. Son las imágenes que cuando se hace una primera visualización de todas las recibidas, alguien pide que se vuelvan a mostrar; tienen ese punto de perfección, originalidad, técnica, visión creativa e innovación que las hacen destacar. *Las damas del mar* de Mingorance ha sido una de ellas. Además, en la fase final de deliberaciones del jurado, siempre la más complicada, hubo unanimidad, algo que sólo recuerdo que haya ocurrido con la foto de escalada de Andrew Burr de la edición del 2009.

En esta última edición se nos ha dado una circunstancia con Francisco Mingorance que nunca habíamos vivido con anterioridad. Se ha llevado muchos premios importantes, y en el jurado, cada vez que se conocía el autor de la foto premiada y volvía a salir su nombre, se armaba un gran revuelo. Nosotros premiamos a la fotografía. El fotógrafo viene de la mano de la misma.

Román Benito
Director del *Memorial María Luisa*